A-Z LIVERPOOL

D1434402

CONTENTS

REFERENCE

Motorway	**M62** ═M62═	Ambulance Station	⦂⦂
Dual Carriageway	═══ ═══	Car Parks (Selection of)	**P**
'A' Road	A580	Church or Chapel	†
'B' Road	B5201	Fire Station	■
One Way Street — One Way traffic flow is indicated on 'A' Roads by a heavy line on the drivers left.	traffic flow →	Hospital	**H**
Railway — Station / Level Crossing		House Numbers 'A' & 'B' Roads only	2 45
Map Continuation	▲ 50	Information Centre	**i**
County Boundary	+ · + · +	Police Station	▲
District Boundary	— · — · —	Post Office	●
Postcode Boundary By arrangement with the Post Office	L16	Toilet	▽
		Disabled Toilet (National Key Scheme)	♿

SCALE

4 inches to 1 mile	0 ¼ ½ mile 0 250 500 750 metres	1:15,840

Geographers' A-Z Map Co. Ltd.

Head Office :
Fairfield Road, Borough Green, Sevenoaks, Kent TN15 8PP
Telephone 0732 781000
Showrooms :
44 Gray's Inn Road, London WC1X 8LR
Telephone 071-242 9246
Edition 1 1990

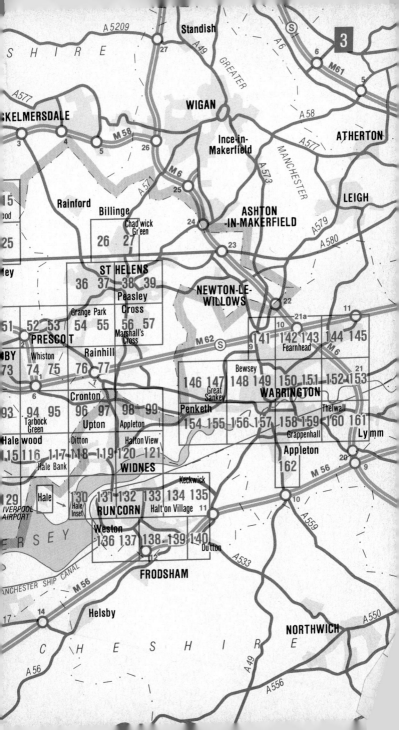

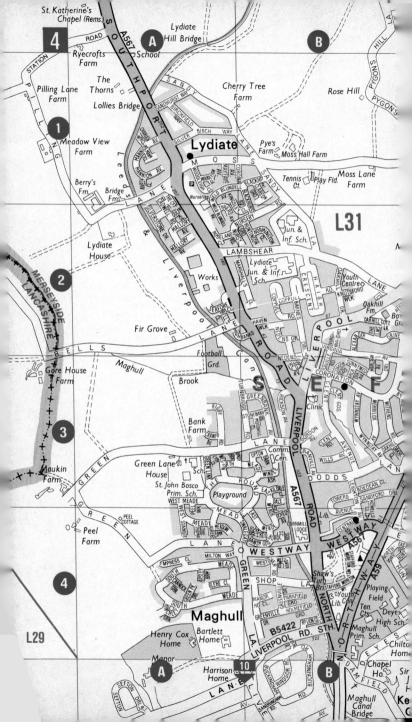

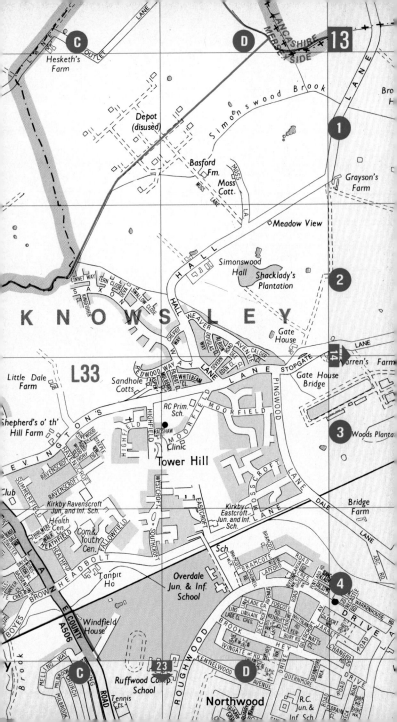

14

A

B

Brookfield House

1

WEST LANCASHIRE

KNOWSLEY

Voces Farm

Hesketh's Shroggs

Grayson's Farm

Meadow View

...klady's ...ntation

2

Wood House Farm

High Barn Farm

Abram's Farm

LANE

SINEAC...

Cold Store

Siding Lane Cottages

SIDING LANE

Mill

TOWER HO.

Gate House

STOPGATE

Heavy Vehicle Testing Centre

Timber Yard

Mill

Mill

Travel... Cro...

3

Warren's Farm

Gate House Bridge

PINGWOOD

Timber Yard

Timber Yard

Travelling Crane

K

N

O

W

Simonswood

3

Woods Plantation

Woodward's Plantation

LANE

DALE

Woods Farm

Keeper's House

Bridge Farm

Southead

Bullin's House

Spenc... Ho...

Woodward's Cotts. New Cotts.

PERIMETER

Moses House

4

ROUGHWOOD

...OSCOT AV

GIR...

NEWCASTLE

WARRENHOUSE RD

...BURY RD

WATTS

...KEN

JARRET...

...NDER

BURY RD

CHANGFOR... RD

...HEY

...TWRT

DRIVE

QUERNMORE

...NDE

ARC RD

LANE

NORTH

Ashcroft's Plantation

DEPOT

DRIVE

WOODWARD

ROAD

SIMONSWOOD

Warren's House

Warr... ...st

A

Sports Ground

24

B

BRADMAN

ROAD

R.C. Jun. & Inf. Sch.

...CLORAIN RD

...BECK

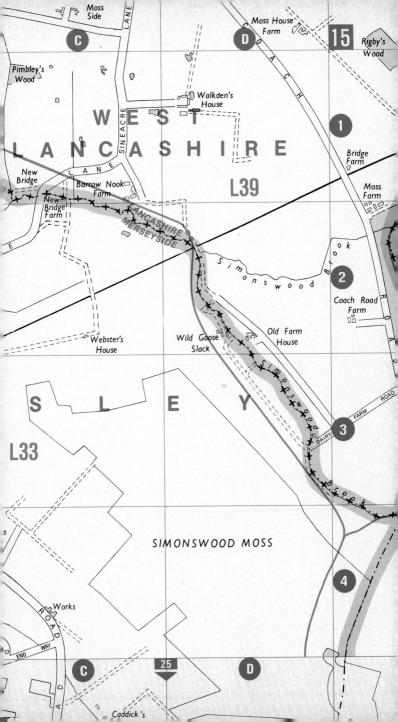

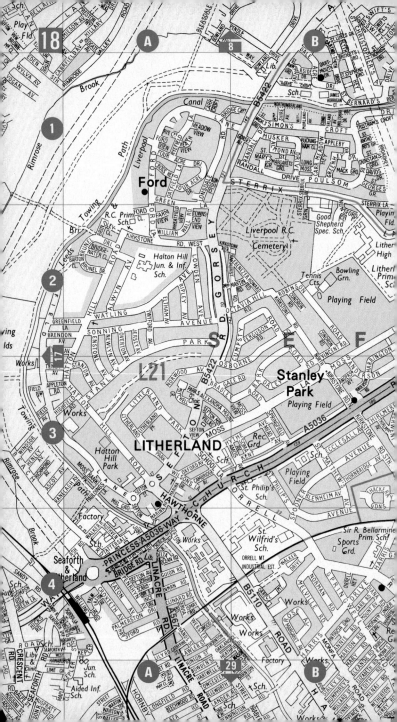

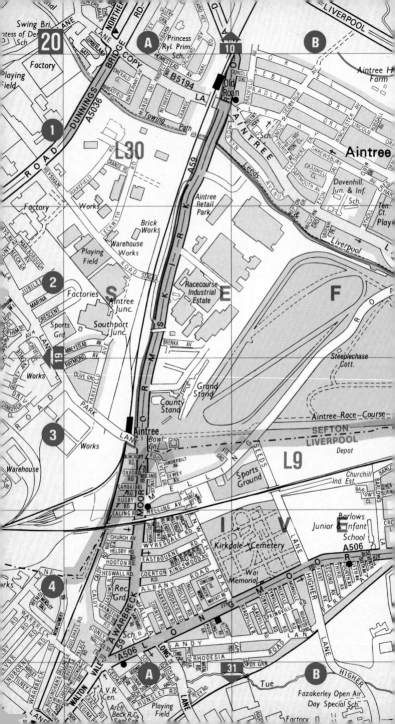

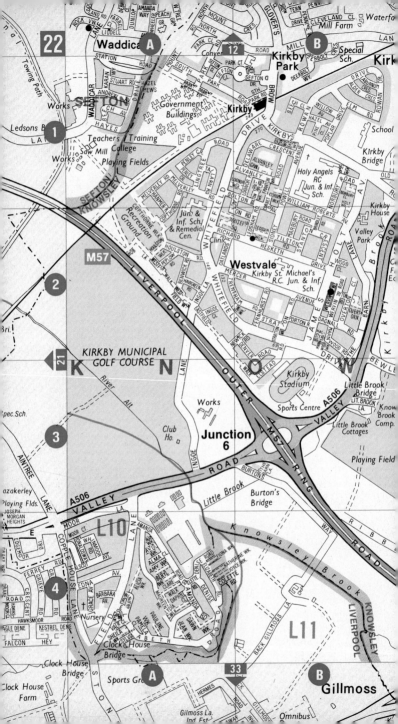

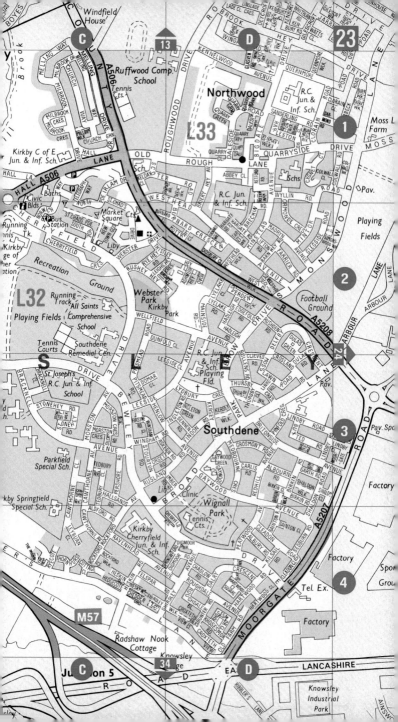

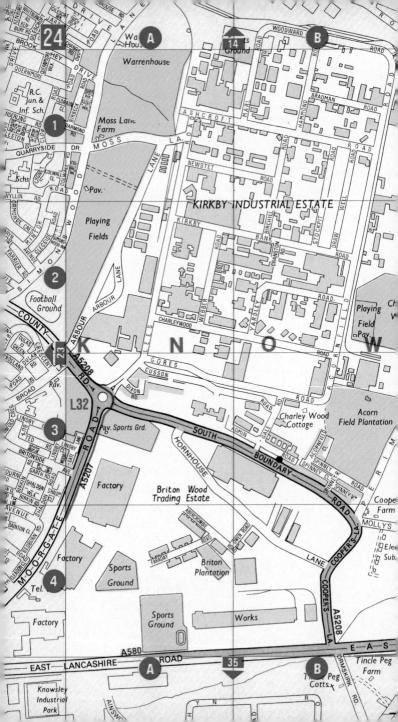

C **15** **D** **25**

ROAD

END WAY

Caddick's
Farm

Brown
Birches

ST. HELENS

KNOWSLEY

Top House
Farm

BOUNDARY   LANE

Playing
Fields

L33

Moss Plantation

KIRKBY RANK LANE   Kirkby Moss

2

S   **L**   **E**   **Y**

Swift's
Farm

LANE

CUT

Sandy
Brow

PRIVATE

New Cut
Farm

LANE

3

R E D

Swift's
Wood

LANE

ROAD

CUT

Sandy Brow
Cottage

BROW

Sandy Lane
Farm

New Cut
House

SANDY

NEW

CUT

LANE

LANE

CUT

LANE

Gore's
Farm

Cooper's Moss
Farm

K n o w s l e y   B r o o k

Moss
Cotts

4

HEWITTS

New Road
Farm

Moss
Cottages

L34

Moss Farm

Moss Side

LANE   A580   R O A D

L A N C A S H I R E

C **D**

Moss Plantation

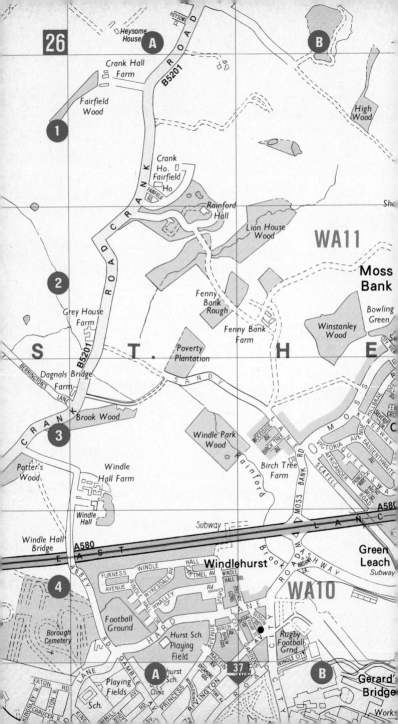

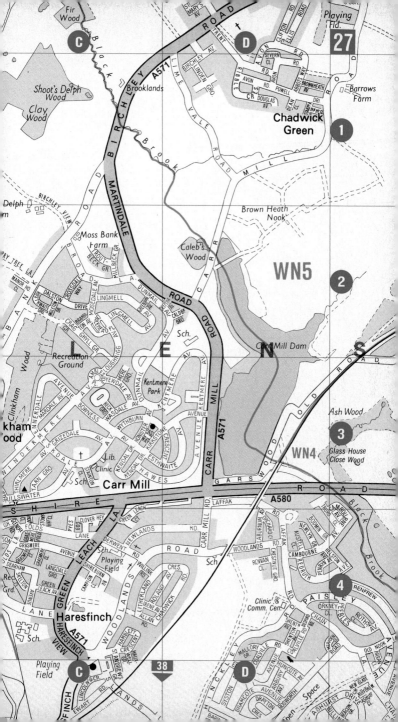

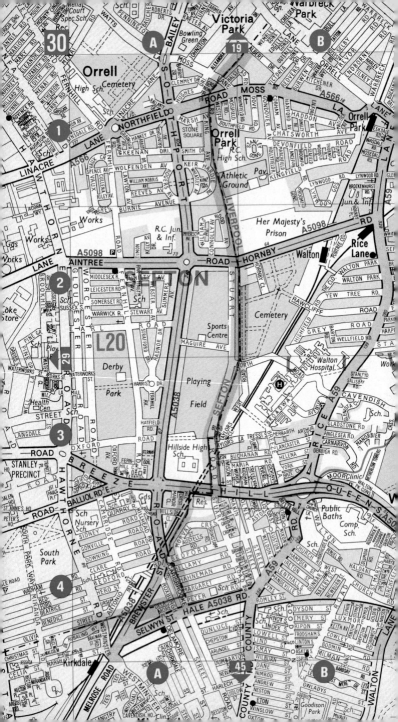

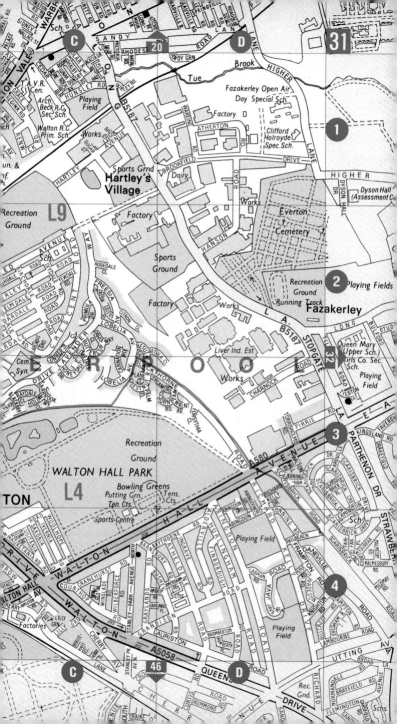

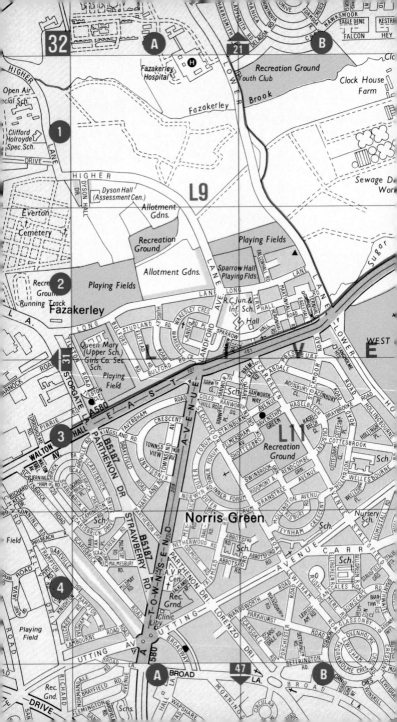

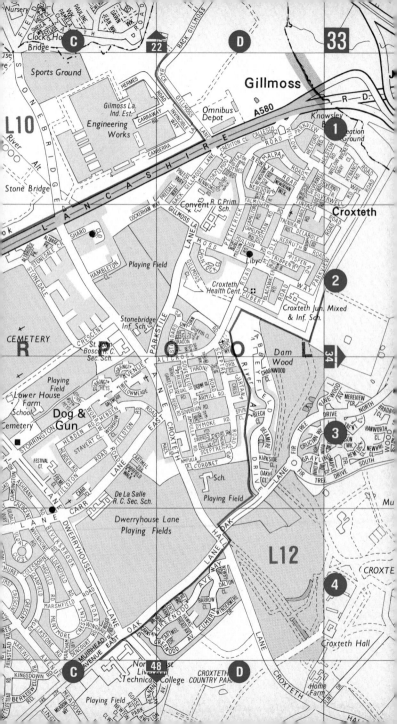

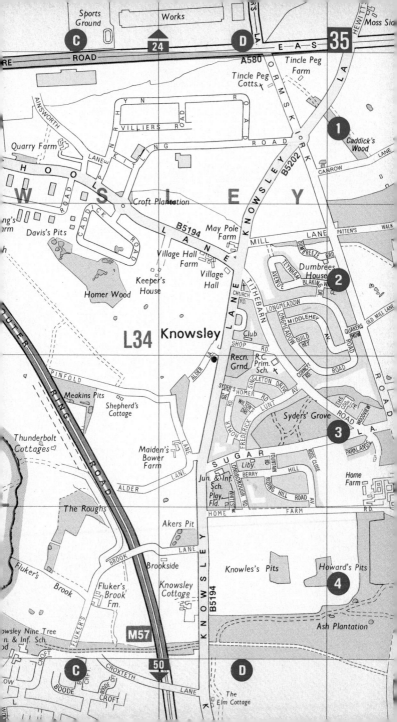

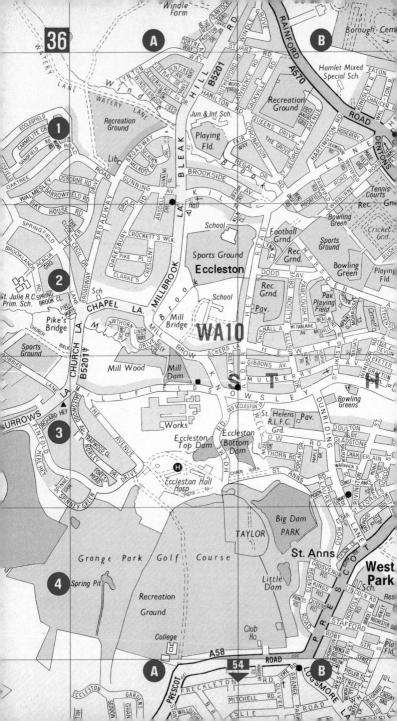

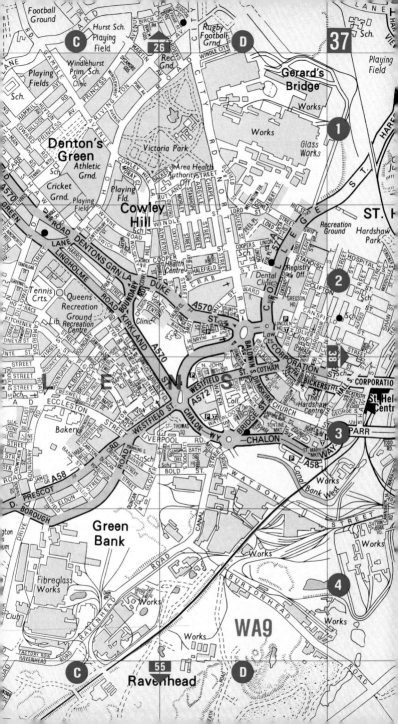

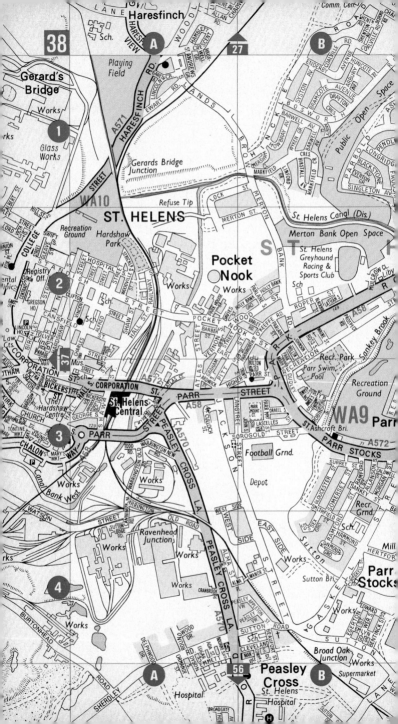

SEFTON

SEFTON
LIVERPOOL

R I V E R

LIVERPOOL
WIRRAL

LIVERPOOL

A   L

M E R S E Y

Egremont

Canada Branch Do
(No.3)

Canada Branch
(No.2)

Canada Gr

Canada Branc
(No.1)

Huskisson Branc
(No.3)

Huski
Dock

Hoskisson Bran
(No.1)

44
Sandon L

Sandon Half Tide
Dock

Wellingto
Dock

Bramley Moore
Dock

Nelson Dock

Collingwood
Dock

Salisbury
Dock

Trafalgar
Dock

Ferry
Terminal

rriers Dock

Dock

BRIGHTON

Town Hall

STREET

Guinea Gap Baths and
Recreation Centre

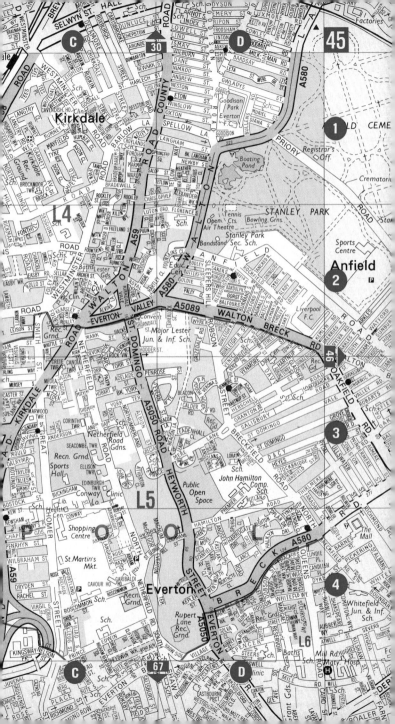

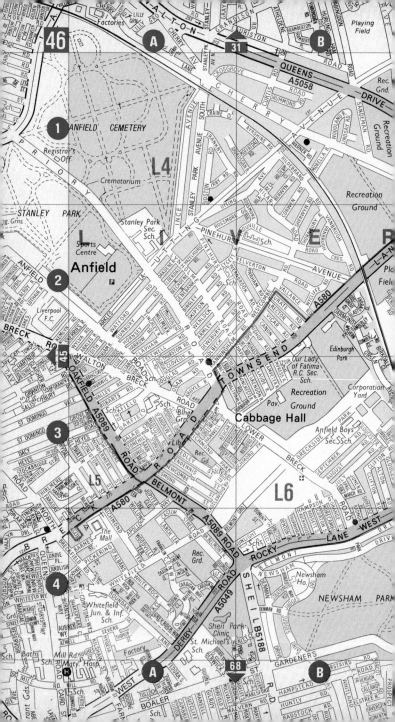

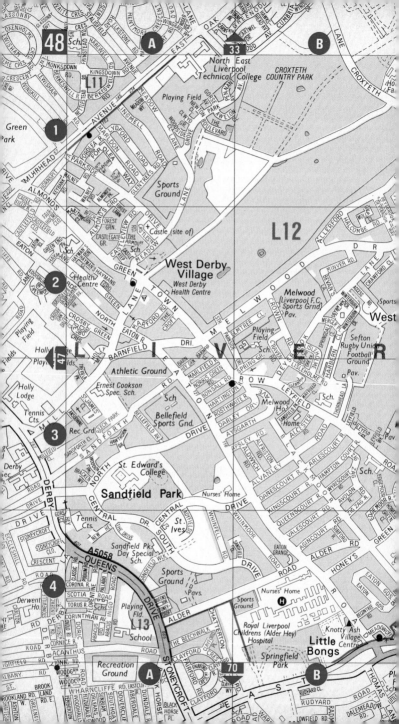

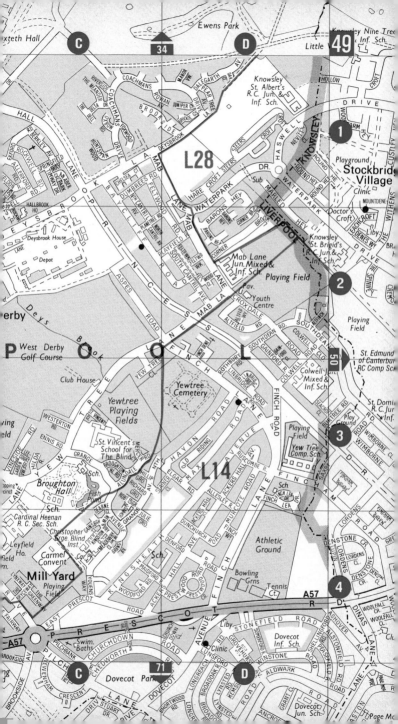

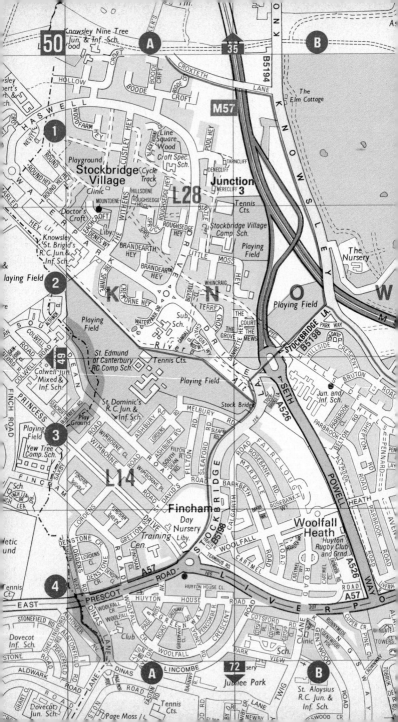

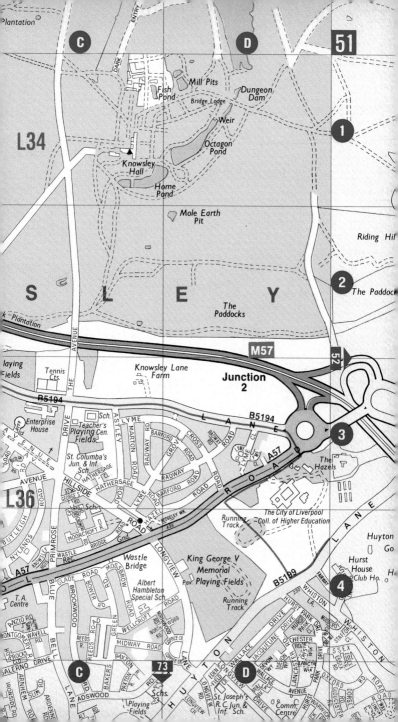

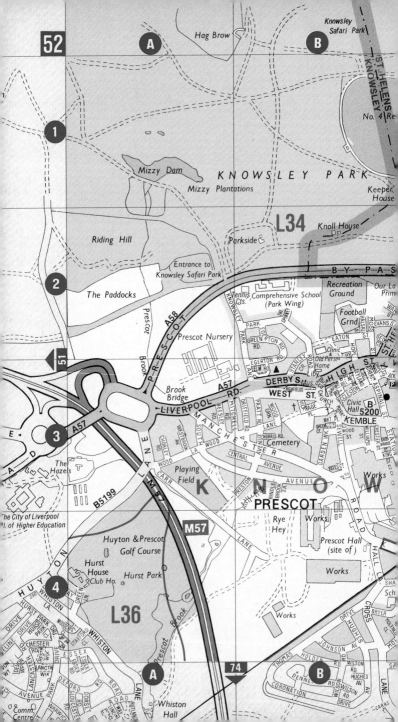

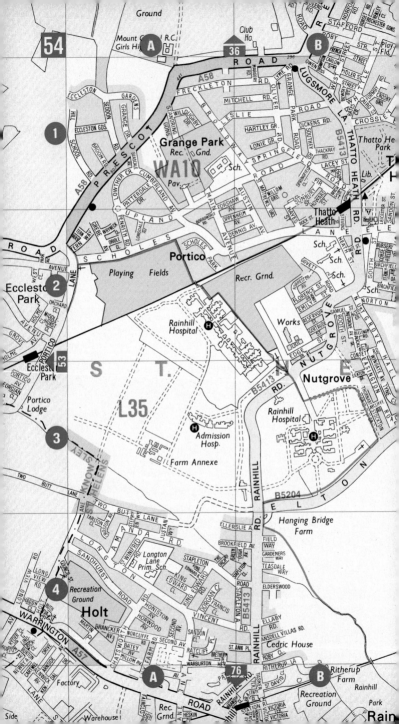

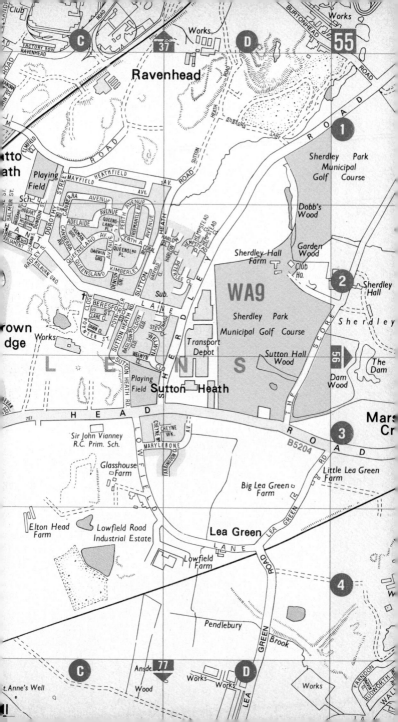

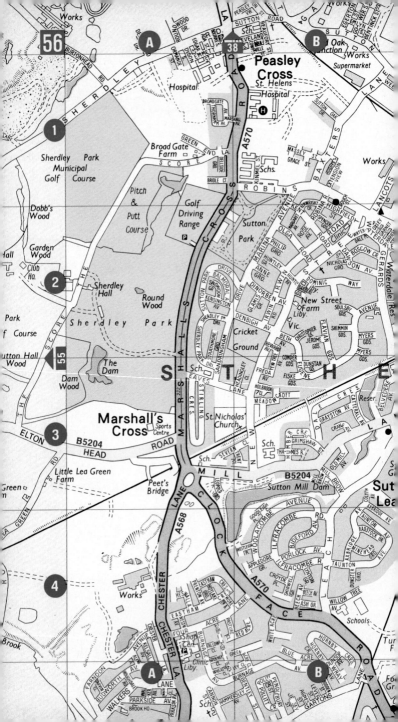

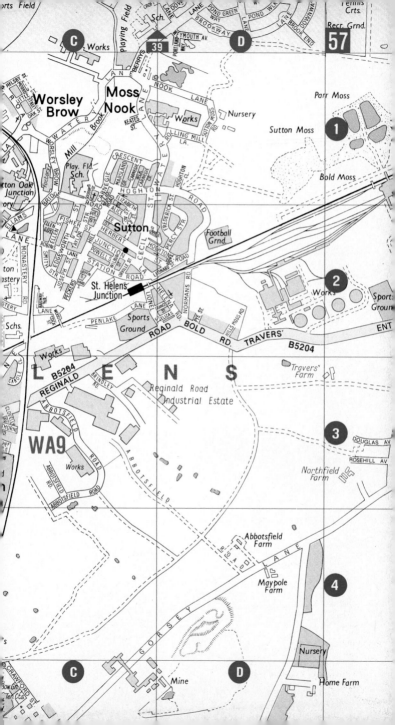

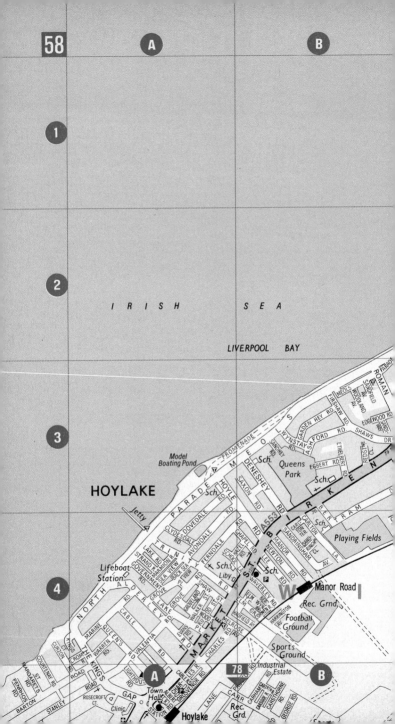

A   B

1

2

IRISH   SEA

LIVERPOOL BAY

3

Model
Boating Pond

HOYLAKE

Jetty

ROMAN
PARADE

MEOLS
SANDFIELD
WOODLAND RD.
SANDS
DR.

GARDEN HEY RD.
FLASHAW RD.
ASH FORD
EDGEWOOD RD.

Sch.

Queens
Park

EGBERT RD.
ETHELBERT RD.
AILSBERY RD.
79

Sch.

A553

Playing Fields

Lifeboat
Station

4

Manor Road

Rec. Grnd.

Football
Ground

Sports
Ground

Industrial
Estate

A   78   B

Town
Hall

Clinic

ROSECROFT
CT.

STANLEY

Hoylake

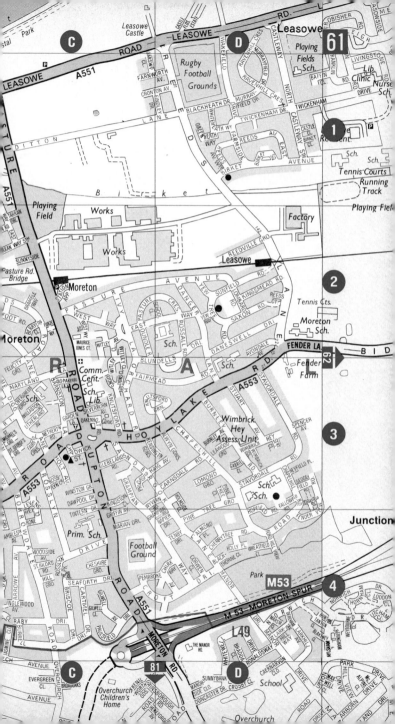

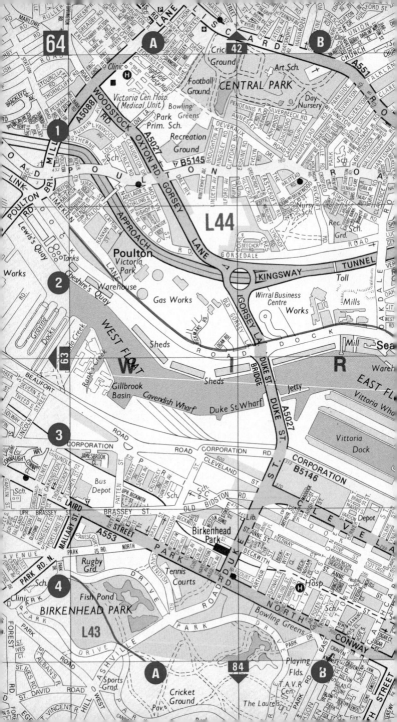

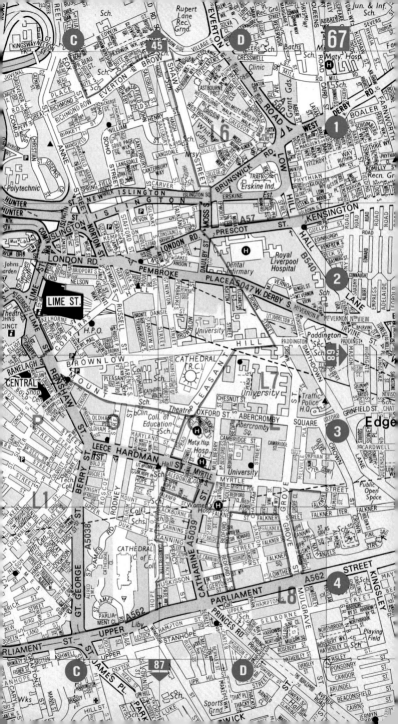

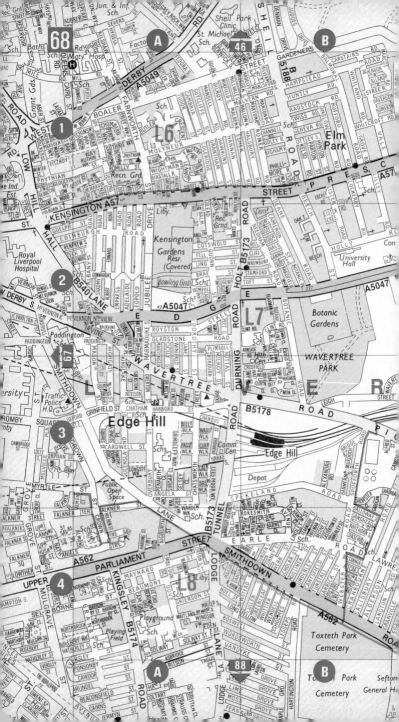

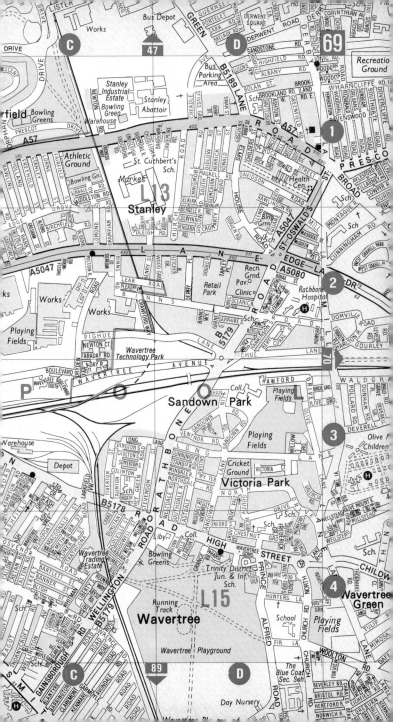

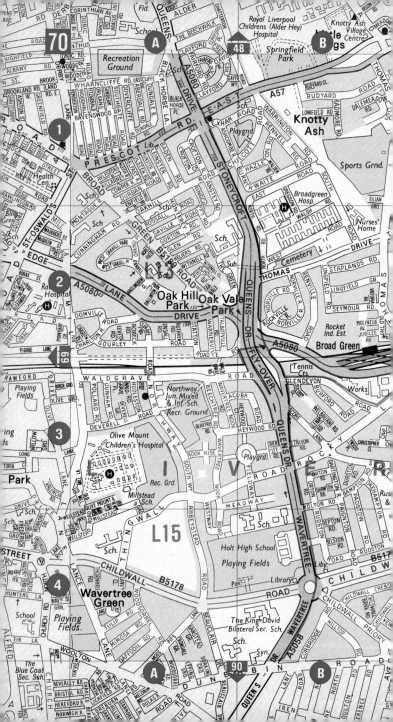

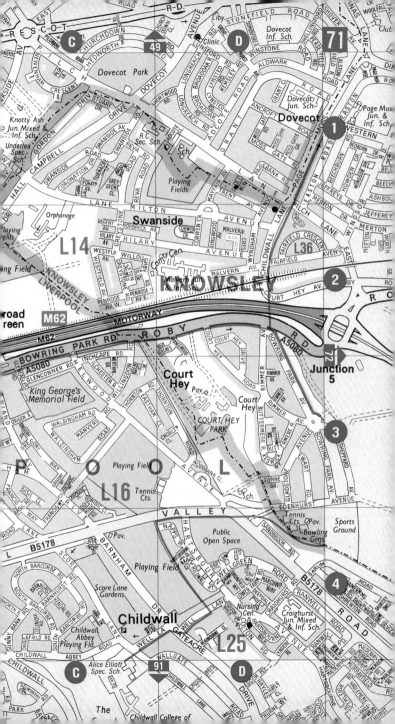

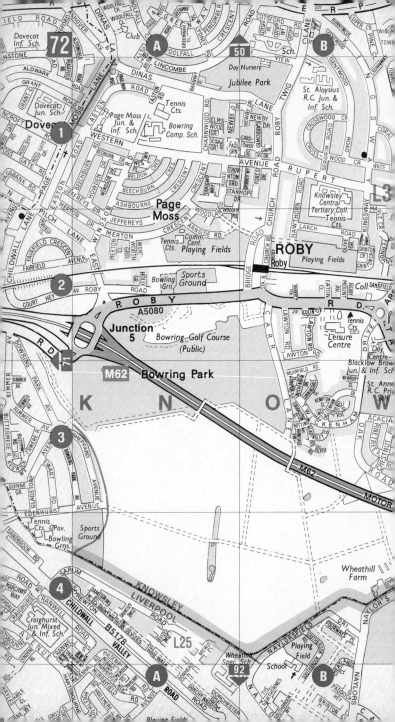

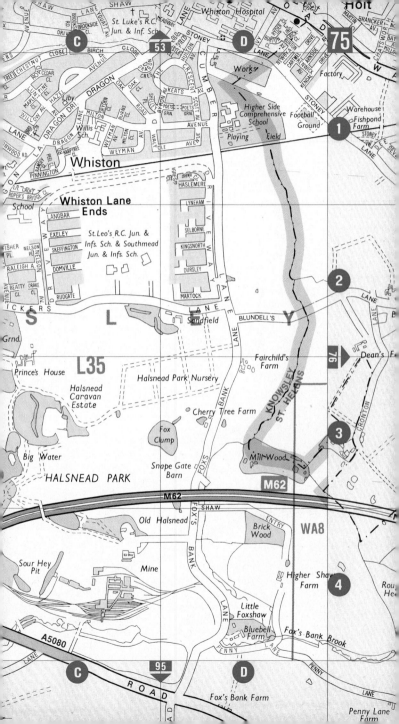

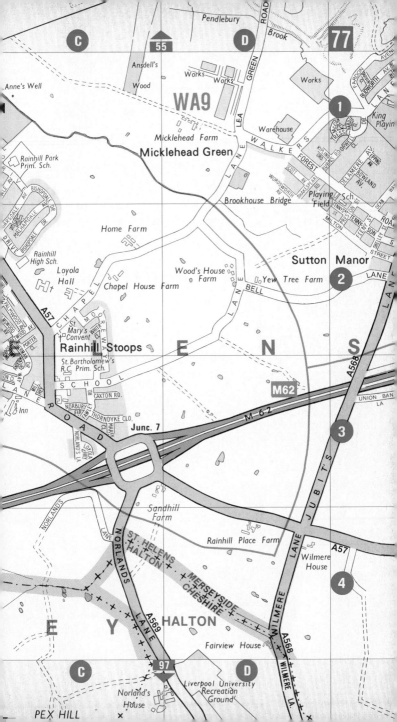

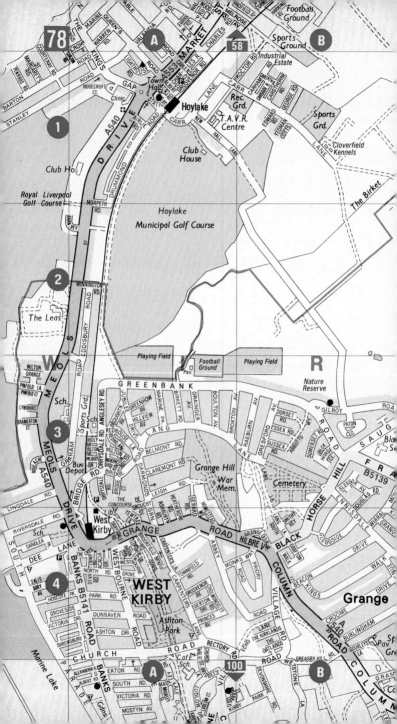

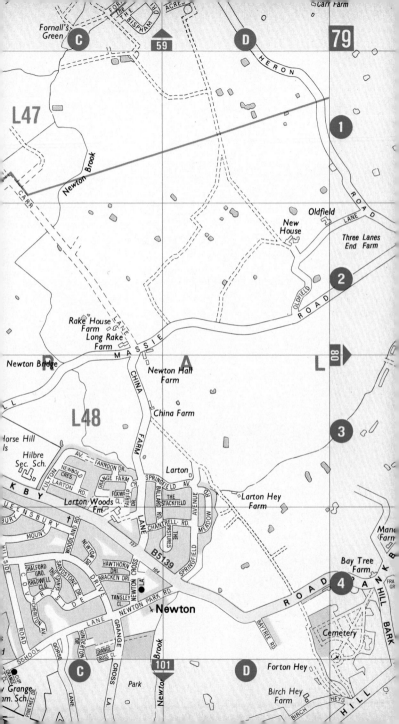

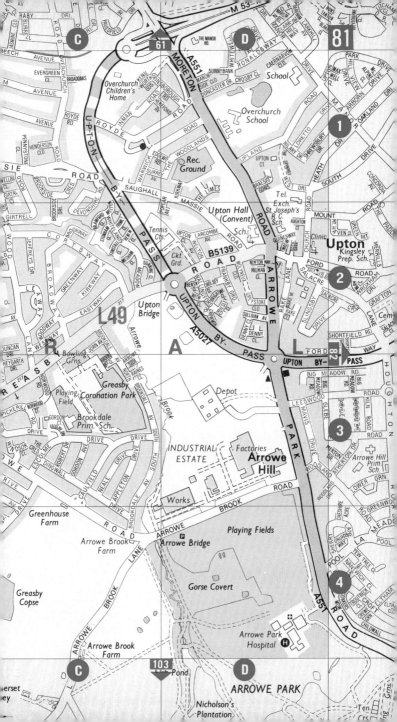

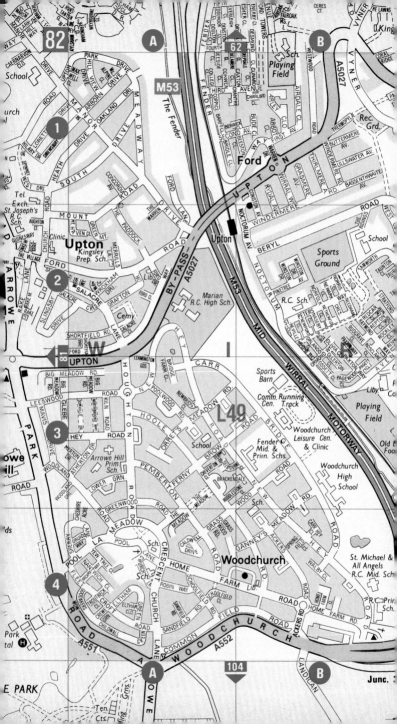

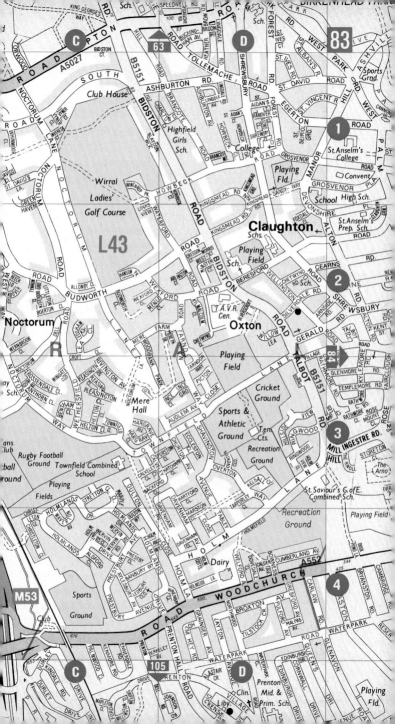

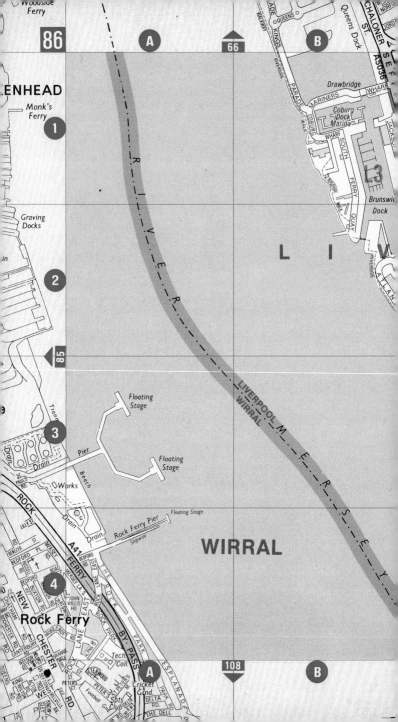

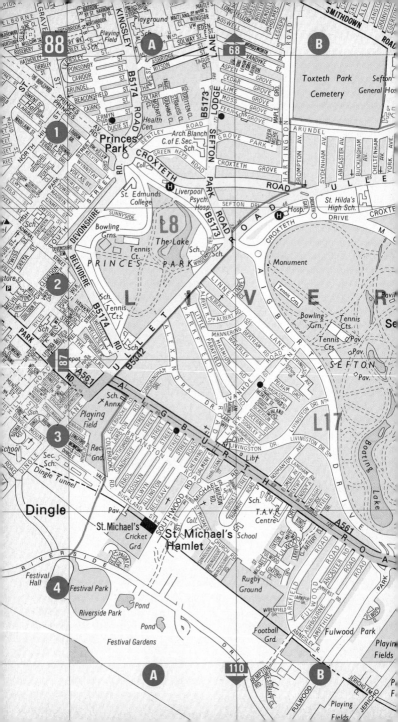

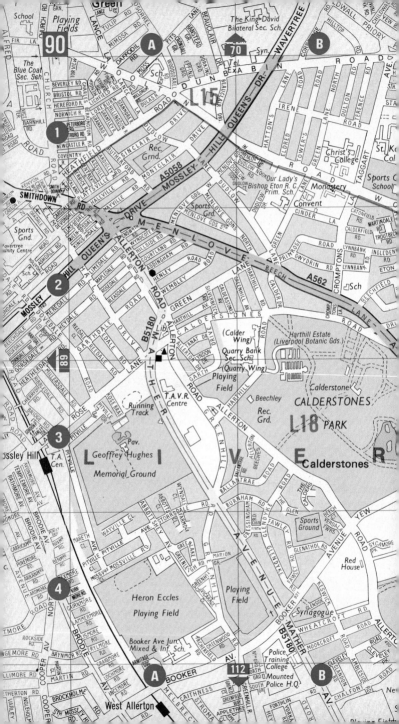

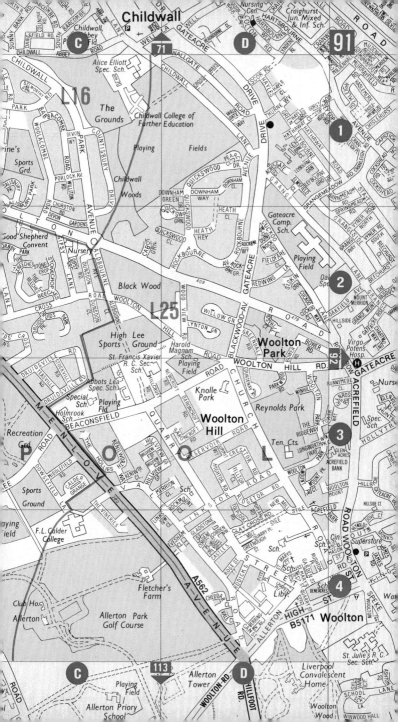

C ▲ 73 **D** 93

LANE
CONEY LANE

Holt Hall
(Adult Training Centre)

Sewage Works

1

DRIVE
LANE
GALES CROFT
DINGER BROW
HASTIE CLOSE
PENGALLOW HEY

LOREN LEA
St. Geregory's
R.C. Sch.
Health
Cen.
MAGNUM MEAD
COASTREE CL.
GARDEN LODGE GRO.
LONDON LODGE GROVE
B5178
VALLEY
Norman
Pannell
Jun. &
Inf. Sch.
BROWNBILL BANK
CALDOWAY
SKELLINGTON ROAD
WOOD DRIVE
MIDDLEMASS HEY
GLEBE
GRANT
FULMAR
CL.
STONE
BROW
CHEATEAR
DUNLIN
WATR.
BROW
CHT
PECKMILL GREEN
GREEN
LANGSHAW
NORTH DENE
LANE

KNOWSLEY

WHITEFIELD

Yew Tree
Farm

ROAD
B5178

L35

KNOWSLEY
Netherley Bri.
NETHERLEY
DRIVE
LIVERPOOL

Netherley
Comprehensive
School

L27

Playing   Field

P   **O**   **O**

Cross Farm Jun.
Mixed & Inf. Sch.

Subway

Brook
Mill
Brook

Mill Bridge

2

Mill
Bridge
Farm

NET

TOTHALE   TURN

WINSTER
LANE
WINSTER
ULVERSTN
GOREMONT
EGREMONT
GOREMONT
APPLETON
MARA
SIDE
MARBLE
MARA LAWN
MARBLE RD.
KINCHLEY
RO
IMPREST RD.
HEYSOM RD.
DELL
DR

94 ►

IRCKERSLEY
DR.

3

LIVERPOOL
KNOWSLEY

LANE

Netherley
Brook

Georgeson
Farm

North End
Cottages

NORTH
END
LANE

North End

Nursery

Weston Ho.

O   **W**   **S**   **L**   **E**   **Y**

GERRARD'S
FOXHILL
Halewood
Farm
Foxhill
Ho.
LANE
Foxhill
Farm

Halewood Green

LANE
DRIVE
CHURCH
LANE

Bridgefield

4

Cart
Bridge

CARTBRIDGE LA.

L26

Bridgefield
Forum

Green's
Bridge

OKELL'S
LANE
Stanley
Ho.

Okell's
Farm

C 115 **D**
CARTBRIDGE
ROAD

CHUDLEIGH
RD
WINWORTH
THORPE
VALE
KELSALL
PEOVER
AV
PILLMOSS
LA
AVENUE

The Court
Knowsley Cartbridge
Res. Spec. Sch.

's R.C.

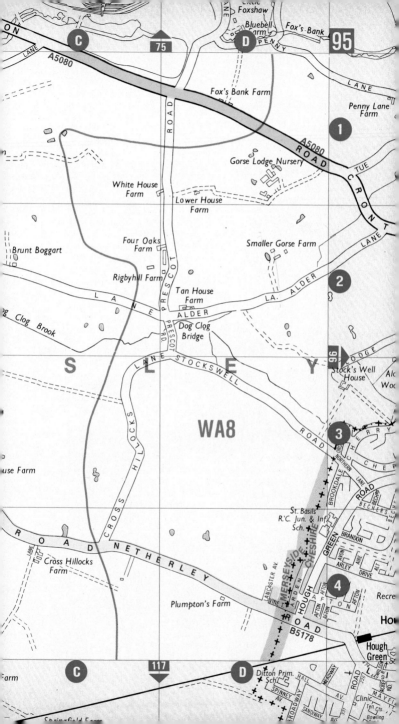

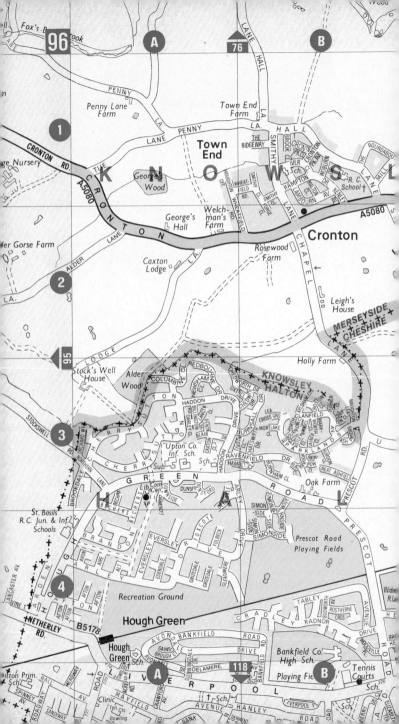

A · 76 · B

Fox's Brook

PENNY LANE

Penny Lane Farm

1

CRONTON RD. A5080

...ge Nursery

THE CRONTON

Town End Farm

PENNY LANE

Town End

THE RIDGEWAY

George's Wood

SMITHY LANE

HALL LA.

BROOK

CRONTON YEW Sch.

HAMPTON

WHEAT FIELD CL.

WELCHFIELD

HOUGHTON CFT.

SMITHY FORGE

AMBOURN AV.

WOBURN

HENLEY

R.C. School

THE ROUNDABOUT

KNOWSLEY

George's Hall

Welchman's Farm

A5080

Cronton

ALDER LANE

...er Gorse Farm

2

Caxton Lodge

ALDER LA.

Rosewood Farm

CHAPEL LANE

Leigh's House

**MERSEYSIDE
CHESHIRE**

◄ 95

LODGE

Stock's Well House

Alder Wood

STOCKSWELL RD.

COLUMBIA

REDBOURNE DR.

NEWSHAM CL.

WENTWORTH DR.

OXTON CL.

Holly Farm

**KNOWSLEY
HALTON**

HADDON

DRIVE

BURNSALL

LEA CROSS GRO.

MORTLAKE CL.

CLANFIELD

PARKLAND

3

CHERRYSUTTON

ORCHARD

HAWTHORN LANE

BROOKDALE

HADDON DR.

BLAIR

CHATSWORTH DR.

Upton Co. Inf. Sch.

Sub.

Sch.

RAVENFIELD

HAMBL...

BURNHAM CL.

GREAT ASHFIELD

BOW

Oak Farm

St. Basils R.C. Jun. & Inf. Schools

GREEN

CHESTERS

Lib. Com. Cen.

BEECHER...

DUNSFORD

HOUGH

BRANDON

EVERSLEY

FOXCOTE

FULBECK

ARLEY DRIVE

SIMON SIDE

SIMONSIDE

WHARNSIDE

PRESCOT ROAD

*Prescot Road
Playing Fields*

LANCASTER AV.

CARDEN

LOAF

AVON

AFTON

AIRE

EDENDALE

GREENDALE

GROZEDALE

GLEANMERE

4

VINE

NETHERLEY RD.

Recreation Ground

B5178

Hough Green

CRADLEY

TABLEY

RADNOR

ROSTHERNE CRES.

BUDWORTH

AVENUE

Widne... R.L...

...tton Prim. Sch.

SPINNEY

HALL

ROADWAY

SANDWAY

MELLWAY

Hough Green Sch.

AVONDALE

BANKFIELD

GAINSBROUGH DR.

SUTTONDALE DR.

DELAMERE

AVONDALE

ROAD

DRIVE

BANKFIELD RD.

118

*Bankfield Co.
High Sch.
Playing Fie...*

B

*Tennis
Courts*

Clinic

Ten. Cts.

Bowling

LIVERPOOL

CRAWFORTON DR.

MAYFIELD

BANK

HANLEY

AVENUE

...VERPOOL

ROAD

PERRY RD.

WOODVILLE ROAD

A

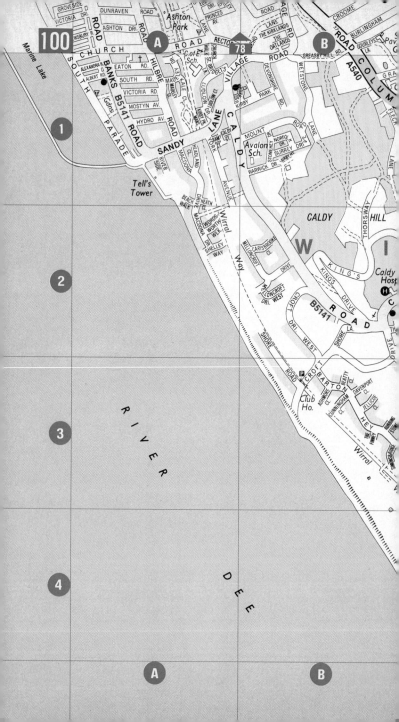

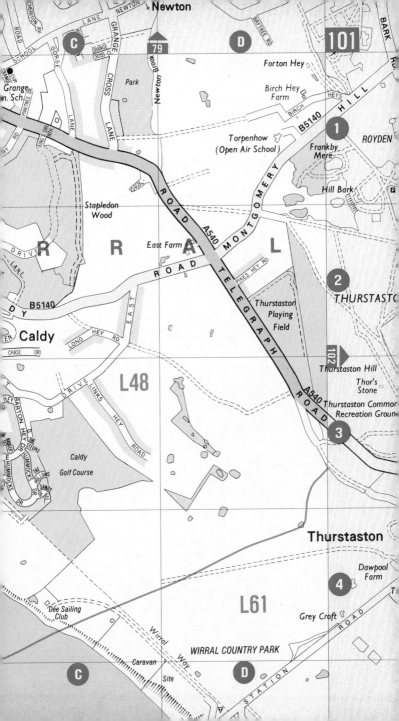

Newton

C

D

GRANGE CROSS CL.

Grange
n. Sch.

Park

79

Newton Brook

Forton Hey

Battree Rd.

Birch Hey
Farm

BIRCH

BARK RD

Grange n. Sch.

PINETREE DR.

GORSE

LANE

NEWTON

GRANGE

CROSS

LANE

B5140

HEYS

HILL

ROYDEN

1

Frankby
Mere

Hill Bark

P

Torpenhow
(Open Air School)

Stapledon
Wood

R

R

L

East Farm

ROAD

A540

MONTGOMERY

TELEGRAPH

ROAD

PIKES HEY RD.

2

THURSTASTO

Thurstaston
Playing
Field

DRIVE

LANE

DY

B5140

EN

Caldy

CHASE DRI.

EAST

HEY

RD.

LONG

HEY

RD.

102

Thurstaston Hill

Thor's
Stone

Thurstaston Common
Recreation Groun

A540

ROAD

3

L48

DRIVE

LINKS

HEY

ROAD

Caldy
Golf Course

HEY LINE

BARTON HEY DR.

STEEPLE

HUMMOCKS

MEADOWS

SANDS DEE

BADGERS

HUMMOCKS DR.

Thurstaston

Dawpool
Farm

4

L61

Grey Croft

STATION

ROAD

Dee Sailing
Club

Wirral Way

WIRRAL COUNTRY PARK

C

Caravan
Site

D

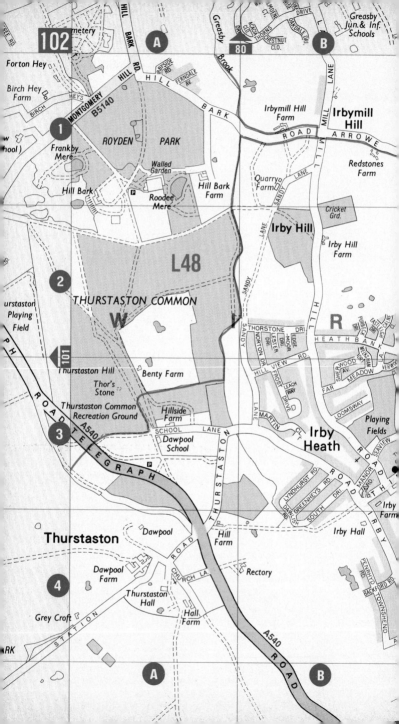

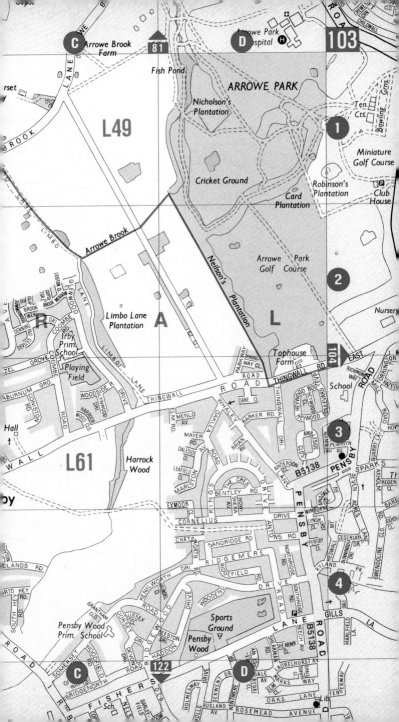

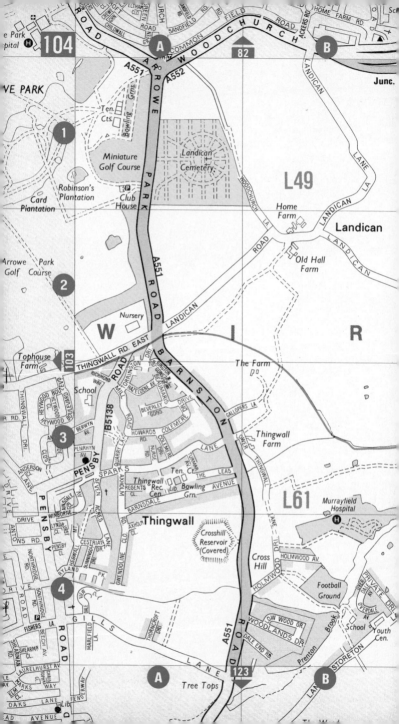

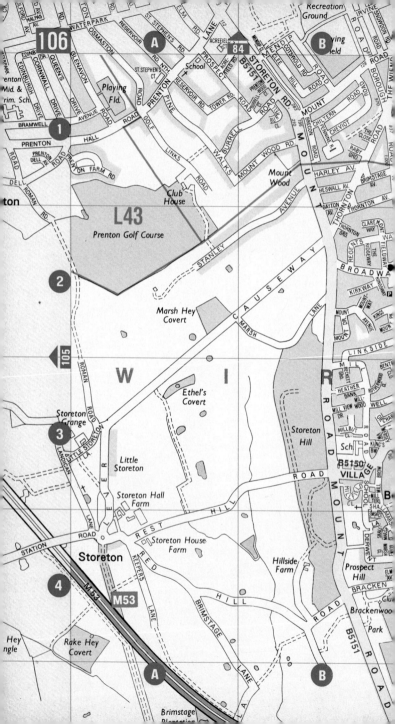

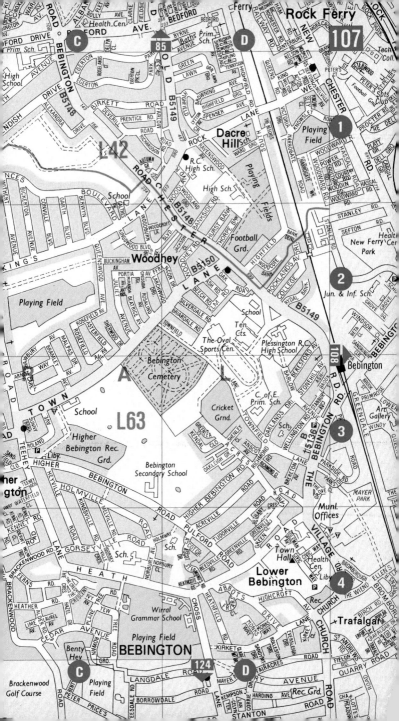

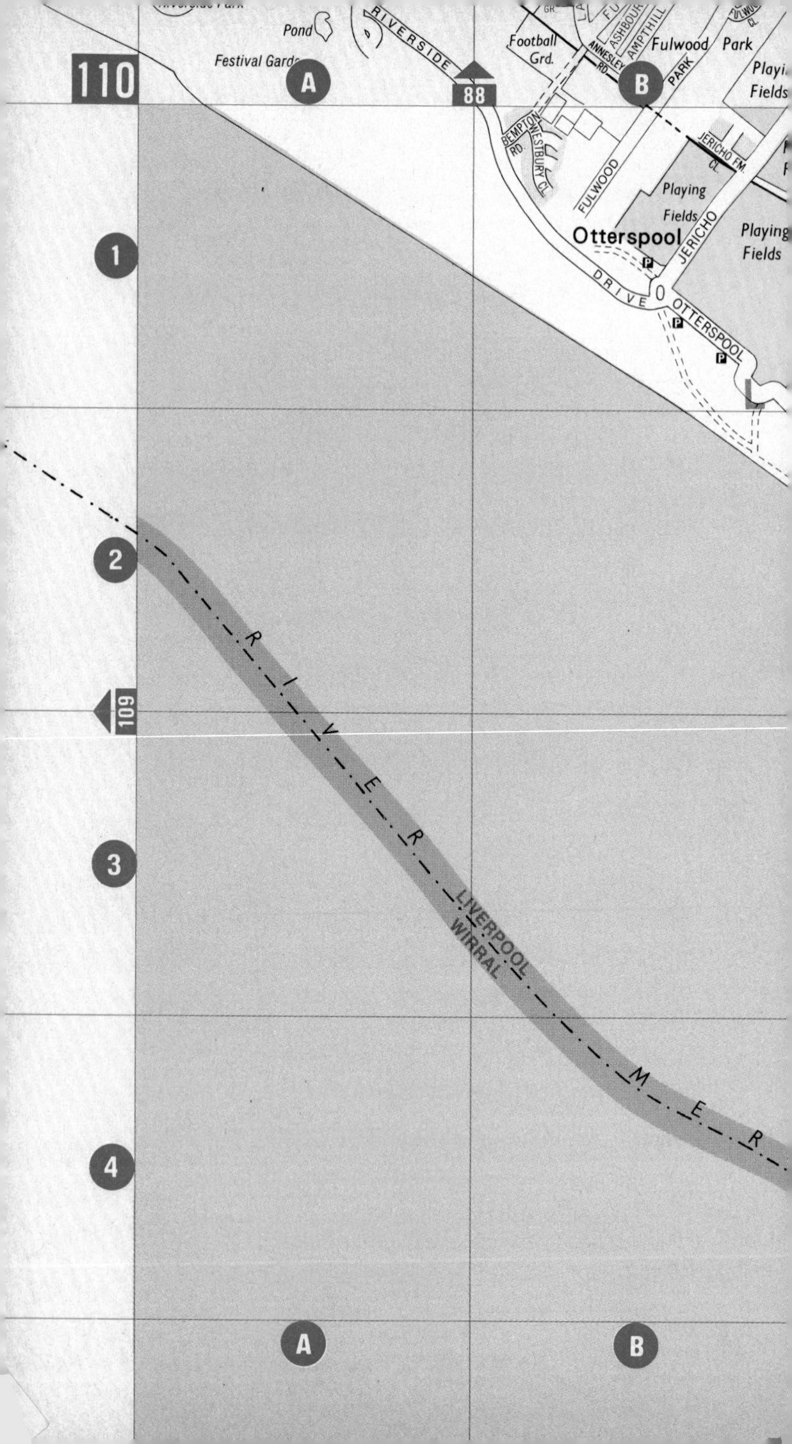

Riverside Park

Festival Gardens

Pond

A

RIVERSIDE

Football
Grd.

88

B

Fulwood Park

Playing
Fields

Otterspool

Playing
Fields

Playing
Fields

DRIVE

OTTERSPOOL

1

2

109

R - I - V - E - R -

3

LIVERPOOL
WIRRAL

4

- M - E - R -

A

B

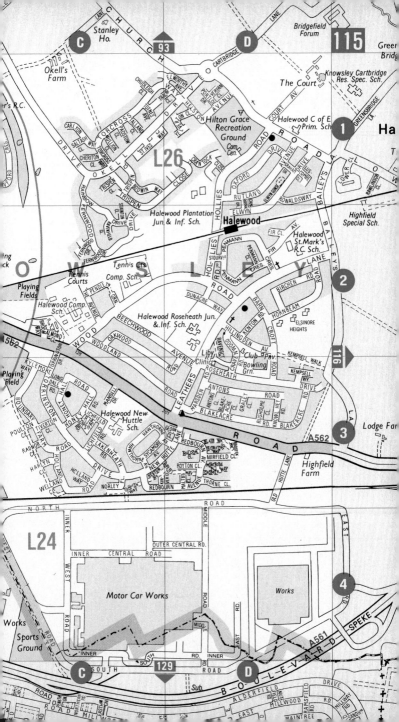

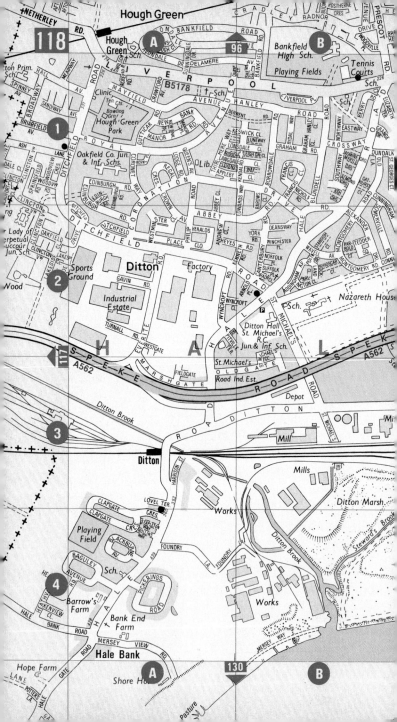

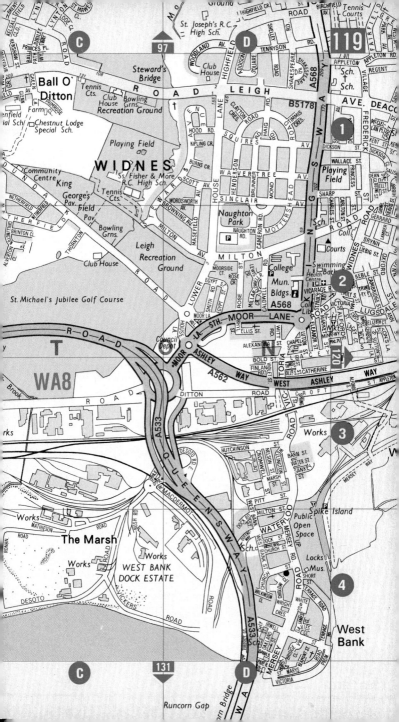

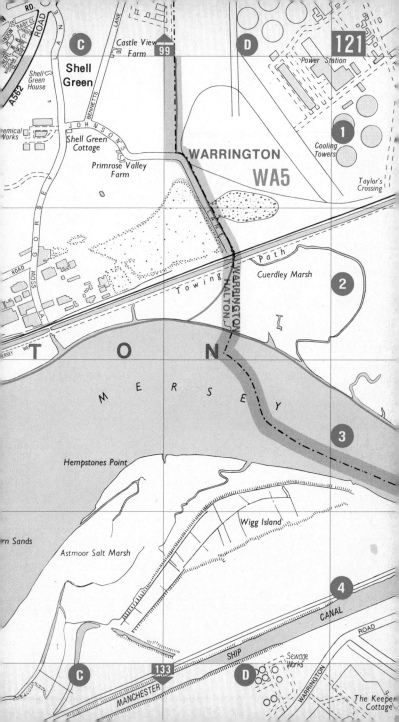

RD.

RABY CL.

RADLEY

A562

ROAD

Castle View
Farm

99

Power Station

**Shell
Green**

Shell
Green
House

BENNETTS LANE

JOHNSON S

1

Cooling
Towers

Chemical
Works

Shell Green
Cottage

GORSEY

WARRINGTON

Taylor's
Crossing

Primrose Valley
Farm

WA5

MOSS

ROAD

Towing

Path

WARRINGTON

Cuerdley Marsh

2

HALTON

MERSEY WAY

T O N

M   E   R   S   E   Y

3

Hempstones Point

Wigg Island

rn Sands

Astmoor Salt Marsh

4

CANAL

ROAD

133

SHIP

Sewage
Works

WARRINGTON

MANCHESTER

The Keeper
Cottage

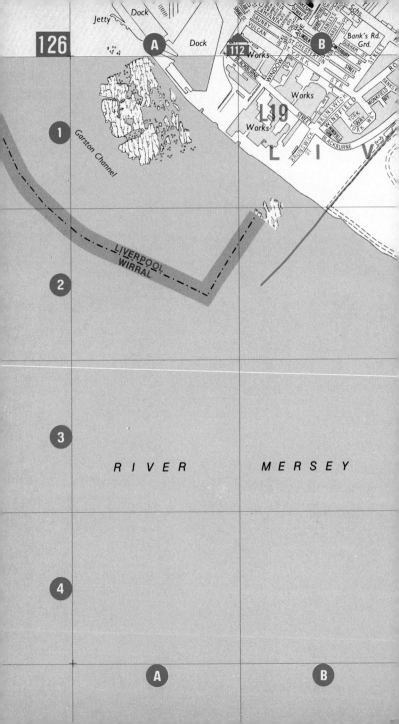

A

Jetty

Dock

Dock

112 Works

B

Bank's Rd. Grd.

SMABEL
CAMPANIA
VULCAN
CHESTERTON
BLACKBURNE
WINDOW
SAUNBY
CORK
Works
STREET
Works
BRUNSWICK
WINDFIELD
BLACKBURNE

L 19

L
BRUNSWICK
L I
YORK
WAY
V

1

Garston Channel

2

LIVERPOOL
WIRRAL

3

R I V E R   M E R S E Y

4

A

B

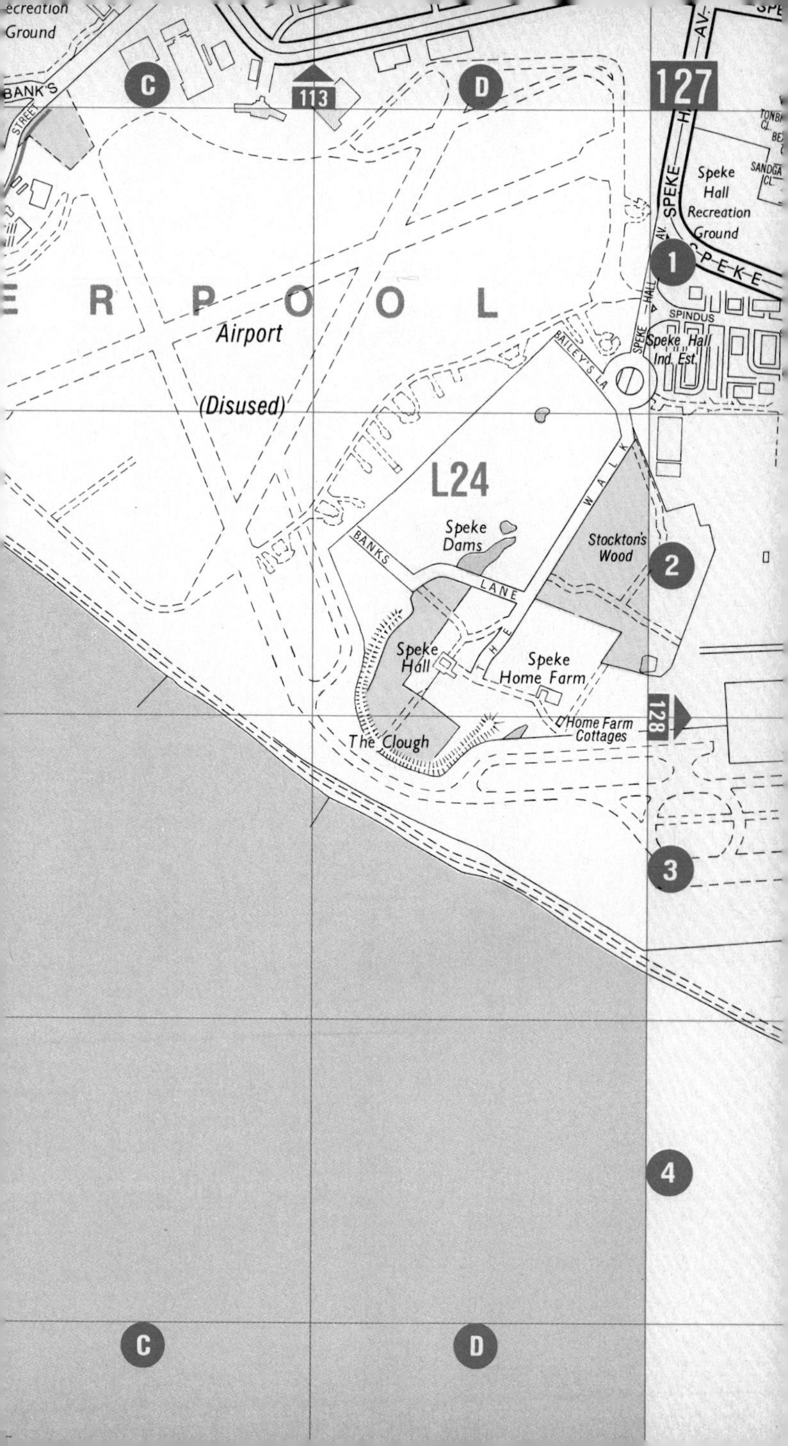

ecreation
Ground

BANK'S

C

113

D

ST R E E T

E R P O O L

Airport

(Disused)

SPEKE HALL AV.

SPE

TONB
CL.
SANDGA
CL.

Speke
Hall
Recreation
Ground

1

SPEKE

SPINDUS

Speke Hall
Ind. Est.

BAILEY'S LA.

L24

Speke
Dams

BANKS LANE

WALK

Stockton's
Wood

2

Speke
Hall

Speke
Home Farm

THE CLIFF

The Clough

Home Farm
Cottages

128

3

4

C

D

Works
Sports
Ground

C 115 **D** SPEKE

P E K E

SOUTH INNER ROAD MID. ST.

A561 Sub. BOULEVARD

ALDERFIELD DRIVE
MILLWOOD DRIVE
MILLWAY
RAMSFIELD
MAINTREE CI.
SANDH.
CLAMLY

Speke Park

MILLWOOD ROAD EAST
AVENUE EAST
HARLAND GREEN
ALDER
GREEN ROAD
CASSLEY RD.
WEST MAINS
EAST MAINS
Play Area
ELLO WAY
CLAMLY RD.
OAK VW.
VW.
RD.
ROAD

1

Pope John Paul R.C. Sec. Sch.
HEATON CLOSE
WOOD AVE
CROWE RD.
LEVERT
EASD.
GROVE
TORRIDGE WY.
MILLWOOD ESTATE

Comm. Cen.
Council Offs
Alderwood Jun. Mixed & Inf. School
GREENWAY ROAD
WOOD AVENUE

CHESHIRE

NORTH PARADE
CENTRAL WAY
ALDER
GREEN ROAD
CLIFFORD RD.
WITHINGT.
Millwood Jun. Mixed & Inf. Sch.
HEATHGATE AVENUE
RINGSFLD.
St. Ambrose R.C. Aided Jun. Mixed and Inf. Sch.

Liby.
Mem.
SOUTH PARADE
Speke Clinic
CONLEACH
GANWORTH
BRAMH. CL.
OLDBRIDGE ROAD
BURNAGE CLOSE
CRICHTON RD.
CHURCHW. RD.
Speke Ho.
ALMEDA RD.
ALDERFIELD

W O O D

EASTERN
ALDERFIELD
EAST
DRIVE

MERSEYSIDE

2

's

Playing Fields
Little Heath Wood

DUNGEON LANE
ASHTON'S LANE
R O A D

P O O L

Hale Heath
Nursery
BAILEY'S LANE
Overton House

3 Dungeon Marsh

Oglet

glet Farm

Yew Tree Farm
LANE
OGLET
LANE

4

Dungeon Point

Oglet Banks

M E R S E Y

C **D**

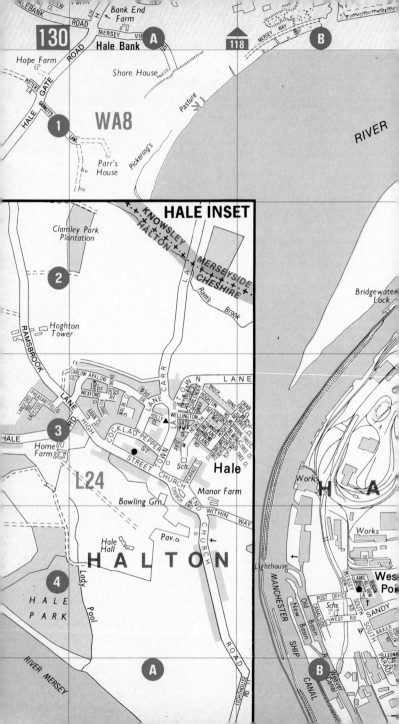

130

ALEBANK ROAD

Bank End Farm

MERSEY VIEW

A

MERSEY WAY

B

Hale Bank

118

Hope Farm

Shore House

Pasture

HALE GATE ROAD

POTTERS LA

GARNETTS LANE

1

WA8

RIVER

Parr's House

Pickering's

HALE INSET

KNOWSLEY HALTON

MERSEYSIDE CHESHIRE

Clamley Park Plantation

2

Ram's Brook

LA

Bridgewater Lock

RAMSBROOK LANE

Hoghton Tower

CARLOW ARKLOW
GREENHOW
WEXFORD AV
LANGFORD
PHEASANT FIELDS
LADYFORD

MALIN CL
ARAN
LANE
HOLLY

TOWN LANE

BROCK
GDNS
HOUGHTON RD
RD
OUR TOWER
THE TOWER
HECKET
GATE
WELLINGTON
HILL
HIGHLAND
IRELAND
BURTON

CRAB
CHY
BEECH
THORN
PINE TREE
MONK-TREE

LANE CARR

3

HALE

HIGH

HOME Farm

COCKLADE
PEPPER ST
STREET
TOWN

CHURCH END

Sch.

VICARAGE CL

Hale

L24

Bowling Grn.

Manor Farm

CHURCH END

Works

H A

Pav.

Hale Hall

H A L T O N

WITHIN WAY

4

HALE PARK

Lady Pool

ROAD

Lighthouse

MANCHESTER

Old Basin

New Basin

SHIP

Wes
Po

POST OFFICE
CANASBURG
WEST RD
Schs
MERSEY
CLARKS
HILTON
SOUTH
SANDY
SOUTH RD
BAKER

Waver
Canal

PLEONA

A

RIVER MERSEY

LIGHTHOUSE RD

B

CANAL

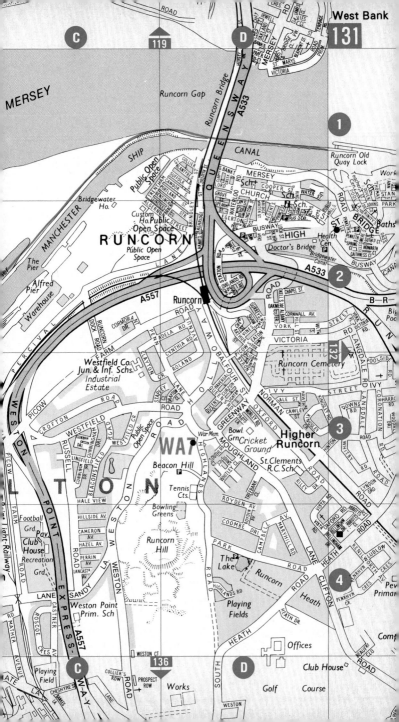

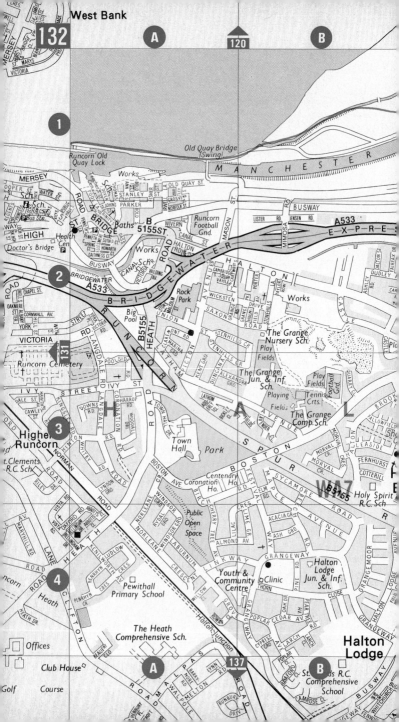

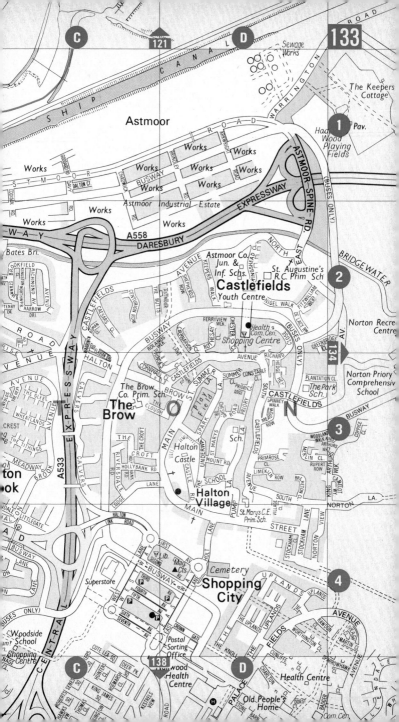

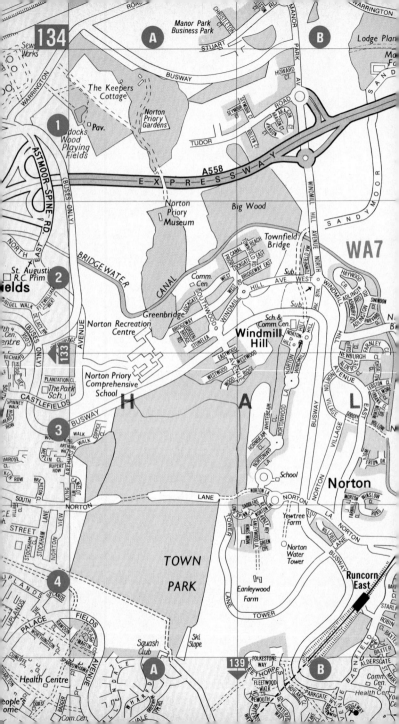

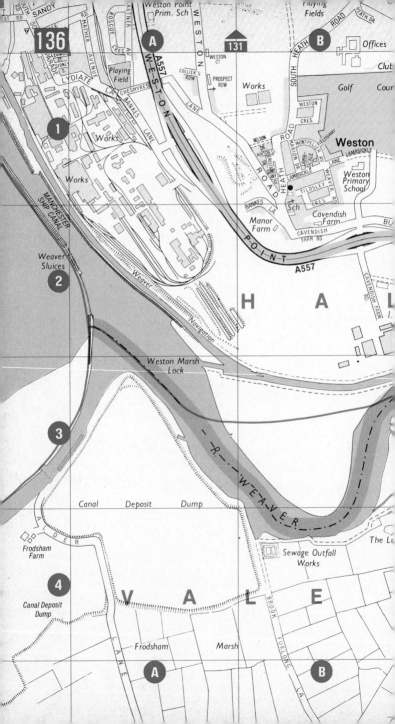

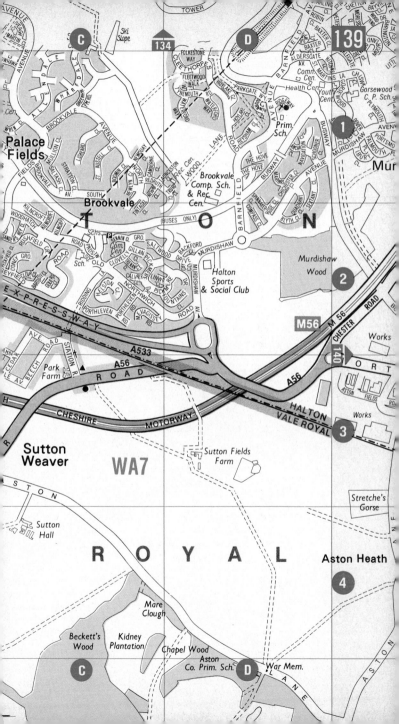

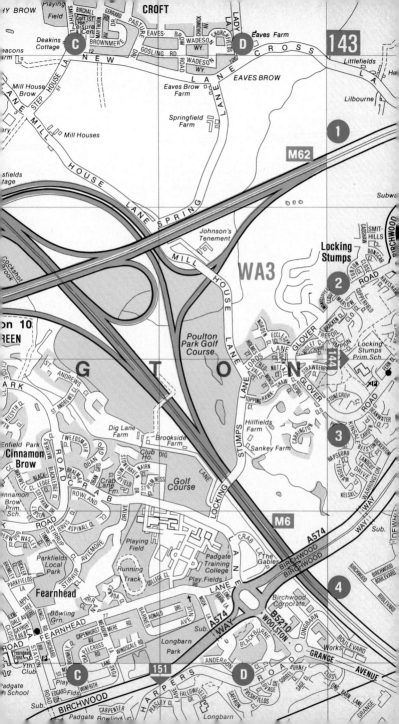

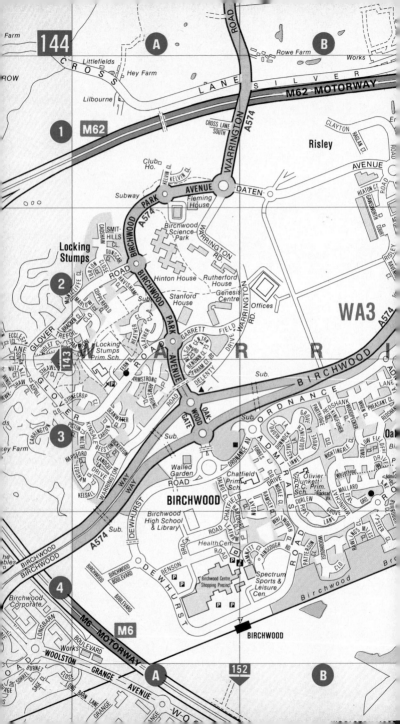

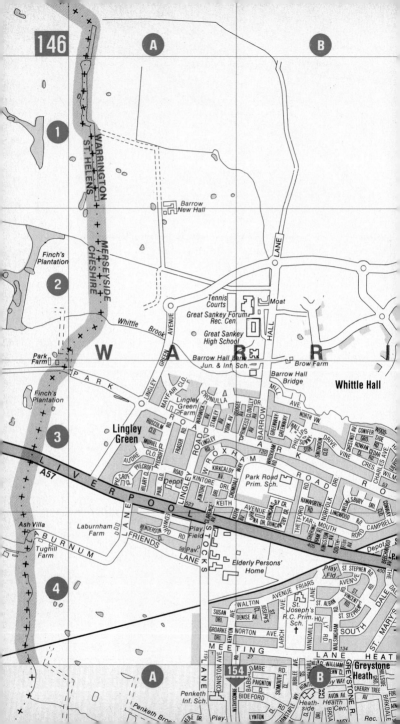

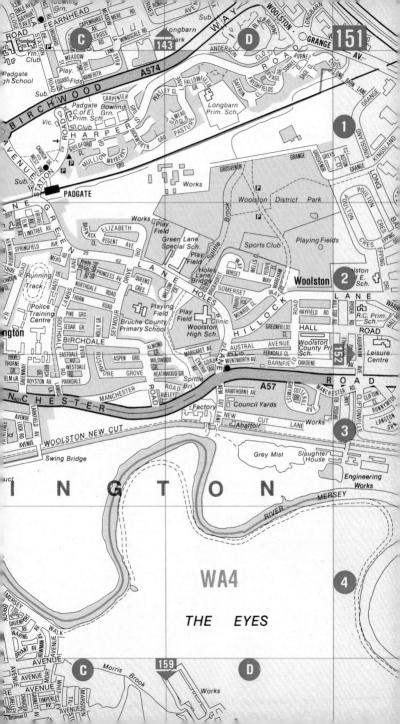

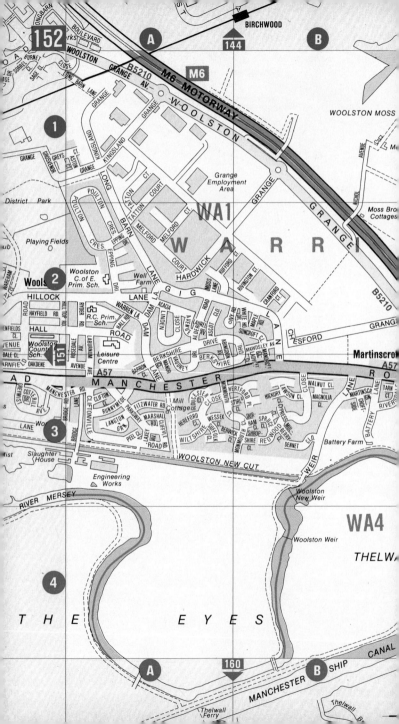

The Bungalow

LANE WOOD

Top End Farm

RIXTON MOSS

D

153

145

C

Martinscroft Moss

Farm

WA3

1

Marshall's Farm

Moss End Croft

Sandycroft

BROOK

Mount Pleasant Cottage

BUSH

Moss Farm

The Bungalow

Lyndon House

Green Alley Farm

N G T O N

LANE

Nurseries

Lynbrook

HOLLY

LANE

Green Valley Farm

2

Moss Side Farm

JUNIPER

A57

ROAD

MANCHESTER

Junction 21

Juniper Lodge

JUNIPER LANE

STATHAM LANE

Brookside Farm

A57

Swithen Hill Wood

AVENUE

A5210

D

RIVER MERSEY

3

L EYE

Ferry

LYMM GOLF COURSE

STATHAM

WA13

4

THELWALL VIADUCT

M6 MOTORWAY

M6

LANE

161

POOL

Statham Pool

C

D

Pool Farm

POOL LA

BROOKSIDE AV

Play

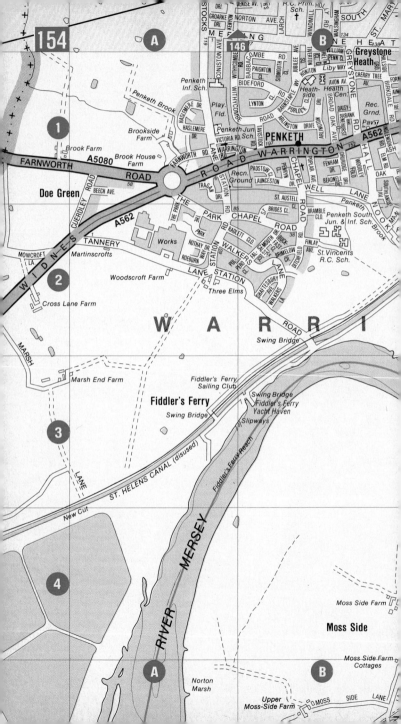

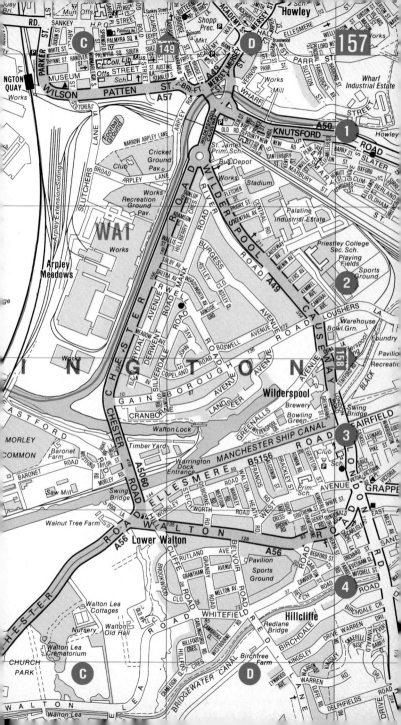

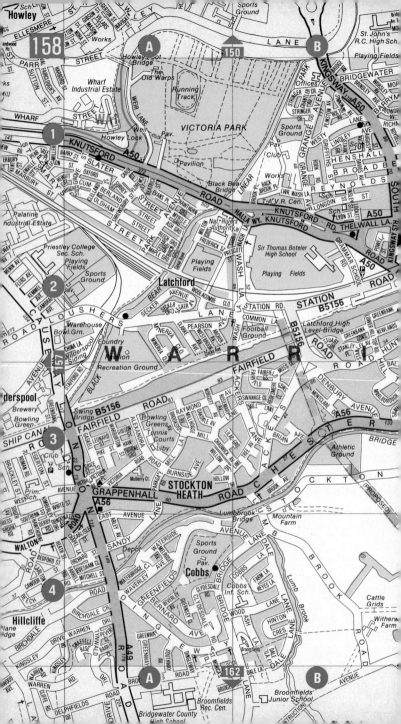

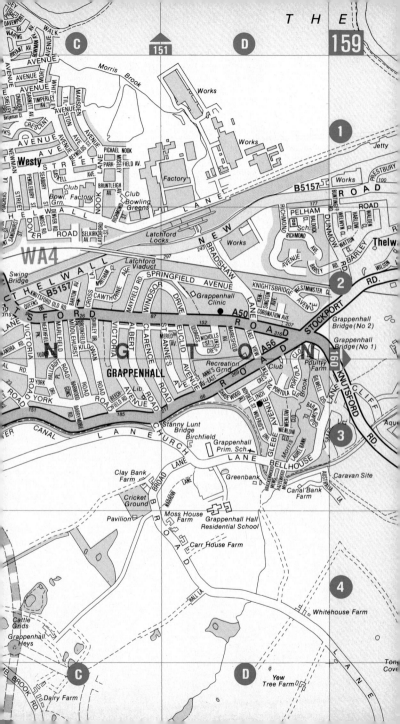

C

D

153

M6

POOL LANE

Statham Pool

Pool Farm

Oldfield

POOL LA.

BROOKSIDE AV.

Play. Fld.

Statham Lodge

OLDFIELD RD.

Statham Prim. Sch.

137

POOL LANE

WHITBARROW

1

ROAD

Meadow Vw.

The Pastures

WARRINGTON

ROAD

Thelwall Bridge

A56

Glebe Farm

ROAD

CAMSLEY

Depot

Camsley Grange

M6—MOTORWAY

ROAD

STAR LANE

BARS—

WEST HEATH

CAIRD

JUBILEE

WHITESANDS CL.

DONNERBY

CL.

ALBANY GROVE

ALBANY RD.

Statham

Statham Crossing

STATHAM AV.

ALBANY

STATHAM

LYMM

LYMMINGTON AVE.

BANK

BROW

WEST HYDE

OAK HO. DR.

KENILWORTH

DAISY BANK RD.

OLD

NEWFIELD RD.

MOSTON RD.

Thornley CL.

THORNLEY RD.

JOHN RD.

SPRINGS

DAVID RD.

ASH BANK

ASH RD.

GROVE AVE.

t

Ditchfield's Bridge

BOOTH'S

HILL

A56

R.S.B.

BARSBANK CLA.

ROAD

2

Camsley

BEECH GRO.

BROOK

LANE

HIGHFIELD

WYCHWOOD

EGERTON

HEYES

OLD SMITHY LA.

AV.

NORREYS DRG.

BERRY LA.

SMITHY DRI.

Booths Hill CL.

YEALD

MASSEY AVE.

LANE

HARDY

ROAD

B5158 LANE

Massey Hall Special School

MASSEY BROOK LA.

Masseybrook Farm

MASSEY LANE

LANE

BROOK

BOOTHS

B

HILLTOP RD.

HIGHFIELD DR.

HIGHFIELD

LANE

Boothslane Farm

B5158

H Hospital

Nursery

54

Ruloe

Res

3

CHERRY

Boothshill Farm

Higherhouse Farm

Tanners Pool

LANE

THE AVENUE

WA13

Massey Brook

Cherry Hall

Scholars Bridge

4

WARRINGTON

MACCLESFIELD

Bradley Brook

M6—MOTORWAY

Oxheys

B5158

CHERRY

M6

C

D

INDEX TO STREETS

HOW TO USE THIS INDEX

1. A strict alphabetical order is followed in which Av., Rd., St., etc, are read in full and as part of the name preceding them, e.g. Ash Cres. follows Ashcombe Rd. but precedes Ashcroft Dri.

2. Each street is followed by its Postal Code District Number and a map reference, e.g. Abacus Rd. L13—4A 48 is in the Liverpool 13 Postal Code District and is to be found in square 4A on page 48.

3. Where necessary each street is also followed by its place name abbreviation, e.g. Abbey Clo. Wid WA8—2A 118 is located in Widnes but is the Warrington 8 Postal Code District.

N.B. The Postal Code District Numbers given in this index are, in fact, only the first part of the Postcode to each address and are meant to indicate the Postal Code District in which each street is situated.

POST TOWN and PLACE NAME ABBREVIATIONS

Places covered by this atlas with their abbreviation, if used in this index, map reference and where applicable the Post Town and Postal Code District within which they are situated.

★The centres of these places are just outside the area covered by this atlas and the map references given are to the nearest adjoining map squares.

GENERAL ABBREVIATIONS

All: Alley
App: Approach
Arc: Arcade
Av: Avenue
Bk: Back
Boulevd: Boulevard
Bri: Bridge
B'way: Broadway
Bldgs: Buildings
Chyd: Churchyard
Cir: Circus
Clo: Close
Comn: Common
Cotts: Cottages
Ct: Court
Cres: Crescent
Dri: Drive
E: East

Embkmt: Embankment
Est: Estate
Gdns: Gardens
Ga: Gate
Gt: Great
Grn: Green
Gro: Grove
Ho: House
Junct: Junction
La: Lane
Lit: Little
Lwr: Lower
Mans: Mansions
Mkt: Market
M: Mews
Mt: Mount
N: North
Pal: Palace

Pde: Parade
Pk: Park
Pas: Passage
Pl: Place
Prom: Promenade
Rd: Road
S: South
Sq: Square
Sta: Station
St: Street
Ter: Terrace
Up: Upper
Vs: Villas
Wlk: Walk
W: West
Yd: Yard

INDEX TO STREETS

Albany Rd. L7—2A 68
Albany Rd. L9—4A 20
Albany Rd. L13—1D 69
Albany Rd. Birk L42—4C 85
Albany Rd. Lymm WA13—1D 161
Albany Ter. Run WA7—2D 131
Albany Ter. Pres L34—3C 53
Albermarle Rd. Wal L44—1C 65
Albert Dri. L8—4D 19
Albert Edward Rd. L7—2A 68
Albert Gro. L15—4D 69
Albert Gro. Cro L23—4B 6
Albert Rd. L13—3C 47
Albert Rd. WA4—2C 159
Albert Rd. Birk L42—3B 84
Albert Rd. Hoy L47—1A 78
Albert Rd. W Kir L48—1A 100
Albert Rd. Wid WA8—1A 120
  (in two parts)
Albert Schweitzer Av. Orr L30—4D 9
Albert Sq. Wid WA8—1A 120
Albert St. L7—3A 68
Albert St. St H WA10—1D 37
Albert St. Wal L45—1B 42
Albion Clo. Kir L33—2D 13
Albion Pl. Wal L45—1A 42
Albion St. L5—3C 45
Albion St. Birk L41—1D 85 & 4D 65
Albion St. St H WA10—3C 37
Albion St. Wal L45—1D 41
Albourne Rd. Kir L32—3D 23
Albury Rd. Kir L32—4D 23
Alcester Rd. L12—3B 48
Alcock St. Run WA7—2D 131
Aldbourne Av. L25—2C 91
Aldbourne Clo. L25—2C 91
Alder Av. Huy L36—3B 50
Alder Av. Wid WA8—3A 98
Alderbank Rd. WA5—3C 147
Alder Clo. Pres L34—3D 53
Alder Cres. WA2—2D 149
Alder Cres. Kir L32—1B 22
Alderfield Dri. L24—1D 129
Alder Gro. Cro L22—1B 16
Alder Hey Rd. St H WA10—3B 36
Alder La. WA2—2D 149
Alder La. Frod WA6—4A 136
Alder La. Kno L34—3C & 3D 35
Alder La. Tar & Cron WA8—2D 95
Alderley Av. Birk L41—4D 63
Alderley Rd. WA4 1A 160
Alderley Rd. Hoy L47—4A 58
  (in two parts)
Alderley Rd. Wal L44—1A 64
Alder Rd. L12—4A 48
Alder Rd. WA1—2A 152
Alder Rd. Beb L63—4C 107
Alder Rd. Pres L34—2C 53
Aldersgate Av. Run WA7—2D 139
Aldersley Clo. Run WA7—3B 134
Aldersley St. L3—1B 66
Alderson Rd. L15—4B 68
Alderville Rd. L4—4D 31
Alder Wood Av. L24—1C 129
Aldewood Clo. WA3—1C 145
Aldford Clo. Birk L43—4C 83
Aldford Rd. Kir L32—4C 23
Aldrin's La. Orr L30—4D 9
Aldwark Rd. L14—1D 71
Aldwych Rd. L12—3B 48
Aldykes. Mag L31—1C 11
Alexander Dri. Lyd L31—2B 4
Alexander Dri. Pen L61—1A 122
Alexander Dri. Wid WA8—2B 118
Alexander Fleming Av. Orr L30—4D 9
Alexander Grn. Huy L36—4C 51
Alexander Wlk. L4—1D 45
Alexander Wlk. L8—3D 87
Alexander Way. L8—3D 87
Alexandra Dri. L17—2A 88
Alexandra Dri. Birk L42—1C 107
Alexandra Dri. Orr L20—1A 30
Alexandra Dri. St H WA10—4C 37
Alexandra Gro. Run WA7—3A 132
Alexandra Mt. Lith L21—3A 18
Alexandra Rd. L7—3B 68

Alexandra Rd. L13—2D 69
Alexandra Rd. L19—2A 112
Alexandra Rd. WA4—2C 159
  (Grappenhall)
Alexandra Rd. WA4—3A 158
  (Stockton Heath)
Alexandra Rd. Birk L43—1A 84
Alexandra Rd. Cro L22—3C 17
Alexandra Rd. Cro L23—4B 6
Alexandra Rd. Wal L45—1D 41
Alexandra Rd. W Kir L48—1A 100
Alexandra St. WA1—3B 150
Alexandra St. St H WA10—1C 55
Alexandra St. Wid WA8—2D 119
Alfonso Rd. L4—1C 45
Alford Av. St H WA9—4A 56
Alforde St. Wid WA8—2A 120
Alford St. L7—2C 69
Alfred Clo. Wid WA8—2A 120
Alfred M. L1—4C 67
Alfred Pl. L8—2D 87
Alfred Rd. Birk L43—2B 84
Alfred Rd. Wal L44—2C 65
Alfred St. L15—3B 68
Alfred St. St H WA10—2A 38
Alfred St. Wid WA8—2A 120
Afriston Rd. L12—3B 48
Algernon St. WA1—3A 150
Algernon St. WA4—3D 157
Algernon St. Run WA7—2C 131
Alice Ct. Run WA7—1D 12
Alice St. St H WA9—2C 57
Alicia Wlk. Kir L10—4A 22
Alison Av. Birk L42—3D 85
Alison Pl. L13—2C 47
Alison Rd. L13—2C 47
Allandale Av. Rain L35—1B 76
Allangate Clo. Gre L49—4B 80
Allangate Rd. L19—1A 112
Allan Rd. St H WA11—4C 27
Allanson St. St H WA9—3B 38
Allcard St. WA5—2C 149
Allcot Av. Birk L42—4C 85
Allenby Av. Cro L23—2D 17
Allenby Sq. L13—2D 69
Allendale. Run WA7—1A 139
Allendale Av. L9—4A 20
Allengate. Cro L23—4C 7
Allen Rd. Run WA7—4B 130
Allen St. WA2—4C 149
Allerford Rd. L12—2B 48
Allerton Beeches. L18—3B 90
Allerton Dri. L18—2A 90
Allerton Dri. Birk L42—3C 85
Allerton Rd. L18—2A 90 to 1C 113
Allerton Rd. L25—4D 91
Allerton Rd. Birk L42—3C 85
Allerton Rd. Wal L45—2D 41
Allesley Rd. L14—3D 49
Alleyne Rd. L4—1C 47
Allington St. L17—3A 88
Allonby Clo. Birk L43—2C 83
Allport La. Beb L62—3D 125
Allport La. Precinct. Beb L62—3D 125
Allport Rd. Beb L62—4C 125
Allports, The. Beb L62—4D 125
All Saints Clo. Orr L30—1C 19
All Saints Dri. WA4—1A 160
All Saints Rd. L24—1A 128
Alma Clo. Kir L10—4A 22
Almacs Clo. Cro L23—1A 16
Alma Pl. St H WA9—4A 38
Alma St. Beb L62—3A 108
Alma St. Birk L41—1C 85
Alma St. St H WA9—4A 38
Almeda Rd. L24—2D 129
Almer Dri. WA5—4D 147
Almond Av. Orr L30—1B 18
Almond Av. Run WA7—4A 132
Almond Clo. Hal L26—2C 115
Almond Clo. Hay WA11—1C 39
Almond Gro. WA1—2C 151
Almond Gro. Wid WA8—1B 118
Almond Pl. L8—4A 68
Almonds Grn. L12—1D 47

Almond's Gro. L12—2A 48
Almond's Pk. L12—1A 48
Almond St. L8—3A 68
Almonds Turn. Orr L30—4B 8
Almond Ter. L8—4A 68
Almond Tree Clo. Hale L24—3A 130
Almond Way. Gre L49—4B 80
Alness Dri. Rain L35—2B 76
Alnwick Dri. Mor L46—3A 60
Alpass Av. WA5—2C 149
Alpass Rd. L17—3A 88
Alpha Dri. Birk L42—4A 86
Alpha St. Lith L21—2C 29
Alresford Rd. L19—1D 111
Alroy Rd. L4—2D 45
Alscot Av. Kir L10—4A 22
Alscot Clo. Mag L31—1B 10
Alston Clo. Beb L62—3C 125
Alstonfield Rd. L14—4A 50
Alston Rd. L17—1C 111
Alt. Wid WA8—4A 96
Alt Av. Mag L31—2A 10
Altbridge Pk. L11—2C 33
  (in two parts)
Altcar Av. L15—4B 68
Altcar Dri. Mor L46—4B 60
Altcar Rd. Boo L20—1D 29
Altcross Rd. L11—3D 33
Altcross Way. L11—2D 33
Altfield Rd. L14—2D 49
Altfield Way. L14—2D 49
Altfinch Clo. L14—2D 49
Altham Rd. L11—2D 47
Althorp St. L8—3D 87
Altmoor Rd. Huy L36—3B 50
Alton Av. Lith L21—2D 17
Alton Rd. L6—3B 46
Alton Rd. Birk L43—2A 84
Alt Rd. Boo L20—1A 29
Alt Rd. Huy L36—1C 73
Altway. Ain L10—1B 20
Alundale Rd. L12—3C 49
Alvanley Grn. Kir L32—1B 22
Alvanley Pl. Birk L43—1B 84
Alvanley Rd. L12—3B 48
Alvanley Rd. Kir L32—1B 22
Alvega Clo. Beb L62—2B 108
Alverstone Av. Birk L41—4D 63
Alverstone Rd. L18—2D 89
Alverstone Rd. Wal L44—1B 64
Alverton Clo. Wid WA8—2C 119
Alvina La. L4—2C 45
Alwain Grn. L24—2D 129
Alwen St. Birk L41—3D 63
Alwyn Av. Lith L21—2A 18
Alwyn Gdns. Mor L46—3D 61
Alwyn St. L17—3A 88
Alyssum Ct. Run WA7—2B 138
Amanda Rd. Kir L10—4A 22
Amanda Rd. Rain L35—4A 54
Amanda Way. Mell L31—4A 12
Amaury Clo. Cro L23—3A 8
Amaury Rd. Cro L23—3A 8
Ambergate Rd. L19—2A 112
Amberley Av. Mor L46—4B 60
Amberley Clo. L6—2B 46
Amberley Rd. Mor L46—4B 60
Ambleside Av. Mor L46—4C 61
Ambleside Clo. Beb L62—4D 125
Ambleside Clo. Run WA7—2A 138
Ambleside Clo. Thing L61—3D 103
Ambleside Cres. WA2—4D 141
Ambleside Pl. St H WA11—3C 27
Ambleside Rd. L18—1B 112
Ambleside Rd. Mag L31—4C 5
Amelia Clo. L6—1D 67
Amelia St. WA2—2D 149
Amersham Rd. L4—4C & 4D 31
Amery Gro. Birk L42—4A 84
Amherst Rd. L17—4B 88
Amity St. L8—2D 87
Amos Av. Lith L21—3B 18
Ampthill Rd. L17—4B 88
Ampulla Rd. L11—3D 33
Amy Wlk. Kir L10—4A 22
Ancaster Rd. L17—4B 88
Anchor Clo. Run WA7—1D 139

Bainton Rd. Kir L32—4D 23
Baird Av. Boo L20—2B 28
Baker Rd. Run WA7—4B 130
Bakers Grn. Rd. Huy L36—1C 73
Baker St. L6—1D 67
Baker St. WA5—4D 147
Baker St. H WA9—3B 38
Baker Way. L6—1D 67
Bakewell Gro. L9—4A 20
Bala Gro. Wal L44—1D 63
Bala St. L4—3A 46
Balcarres Av. L18—1D 89
Baldwin St. H WA10—2D 37
Bales, The. Neth L30—4A 10
Balfe St. Cro L21—1B 28
Balfour Av. Boo L20—2C 29
Balfour Rd. Birk L43—2A 84
Balfour Rd. Boo L20—2C 29
Balfour Rd. Wal L44—1D 63
Balfour St. L4—2D 45
Balfour St. Run WA7—3D 131
Balfour St. H WA10—3B 36
Balham Clo. Wid WA8—3D 97
Balker Dri. St H WA10—1C 37
Ballantrae Rd. L18—3A 90
Ballantyne Dri. Birk L43—2B 62
Ballantyne Gro. L13—2C 47
Ballantyne Gro. Orr L20—1A 30
Ballantyne Rd. L13—2C 47
Ballard Rd. Gra L48—3C 79
Ballater Dri. WA2—3B 142
Ball Av. Wal L45—1D 41
Balliol Clo. Birk L43—2B 62
Balliol Gro. Cro L23—1A 16
Balliol Ho. Boo L20—4D 29
Balliol Rd. Boo L20—4D 29
Balliol Rd. E. Boo L20—3A 30
Ball Path Way. Wid WA8—1C 119
Ball's Rd. Birk L43—2A 84
Ball's Rd. E. Birk L41—2B 84
Ball St. H WA9—2B 38
Balmer St. St H WA9—2C 55
Balmoral Av. Cro L23—1C 17
Balmoral Av. St H WA9—2A 56
Balmoral Ct. L13—4C 47
Balmoral Rd. L6—1B 68
Balmoral Rd. L9—1B 30
Balmoral Rd. WA4—3B 158
Balmoral Rd. Mag L31—4B 4
Balmoral Rd. Wal L45—1A 42
Balmoral Rd. Wid WA8—3D 97
Balm St. L7—2A 68
Balsam Clo. L25—2B 114
Baltic Rd. Boo L20—3C 29
Baltic St. L4—2D 45
Baltimore St. L1—3C 67
Bamber St. L7—2D 67
Bamford Clo. Run WA7—1D 137
Bampton Rd. L16—3B 70
Banbury Av. L25—4B 92
Banbury Dri. WA5—1D 155
Banbury Way. Birk L43—4C 83
Bancroft Clo. L25—2B 114
Bancroft Rd. Wid WA8—4B 98
Bangor Rd. Wal L45—3B 40
Bankburn Rd. L13—3C 47
Bank Dene. Birk L42—2D 107
Bankes La. Run WA7—1A & 2B 136
(in two parts)
Bankfield Rd. L13—3D 47
Bankfield Rd. Wid WA8—4A 96
Bankfield St. L20—1A 44
Bankhall La. L20—1B 44
Bankhall St. L20—1B 44
Bankland Rd. L13—4D 47
Bank La. Mell & Kir L31 & L33—2B 12
Bank Rd. Boo L20—3C 29
Bank's Av. Hoy L47—3C 59
Banks Cres. WA4—1C 159
Bankside. Run WA7—4C 134
Bankside Rd. Birk L42—2D 107
Bank's La. L19—1B 126
Bank's La. L24—2D 127
Bank's Rd. L19—4B 112
Bank's Rd. Hes L60—4A 122
Bank's Rd. W Kir L48—4A 78
Bank's, The. Wal L45—2C 41

Bank St. WA1—4D 149
(in two parts)
Bank St. Birk L41—1C 85
Bank St. H WA8—4D 119
Bank St. Wid WA8—4D 119
Bank's Way. L19—1B 126
Bankville Rd. Birk L42—3C 85
Banner Hey. Whis L35—2B 74
Bannerman St. L7—3B 68
Banner St. L15—4C 69
Banner St. St H WA10—3C 37
Banning Clo. Birk L41—4B 64
Banstead Gro. L15—4A 70
Barbara Av. Kir L10—4A 22
Barbauld St. WA1—1D 157
Barberi Gdns. St H WA9—2B 56
Barber St. St H WA9—2A 38
Barbour Dri. Orr L20—1A 30
Barbrook Way. L9—3C 31
Barclay St. L8—2D 87
Barcombe Rd. Barn L60—3D 123
Bardley Cres. Tar L35—4D 73
Bardon Clo. L25—2B 92
Bardsay Rd. L4—1D 45
Bardsley Av. WA5—1C 149
Barford Clo. Birk L43—1A 82
Barford Rd. L25—3A 114
Barford Rd. Kno L36—3C 51
Barham Ct. WA3—3A 144
Barington Dri. Run WA7—4C 135
Barkbeth Rd. Huy L36—3A 50
Barkbeth Wlk. Huy L36—4B 50
Barkeley Dri. Cro L21—1B 28
Barker La. Gre L49—4B 80
Barker Rd. Irby L61—3D 103
Barker's Hollow Rd. Pres B & Dut WA4
—1B 140
Barkerville Clo. L13—2B 46
Barkhill Rd. L17—1D 111
Barkis Clo. L8—2D 87
Bark Rd. Lith L21—3B 18
Barleyfield. Pen L61—1A 122
Barley Rd. WA4—2A 160
Barlow Av. Beb L63—3D 107
Barlow Gro. St H WA9—4D 39
Barlow La. L4—1C 45
Barlows Clo. L9—3B 20
Barlow's La. L9—3B 20
Barlow St. L4—1C 45
Barmouth Clo. WA5—1B 148
Barmouth Rd. Wal L45—3C 41
Barmouth Way. L5—3B 44
Barnack Clo. WA1—2C 151
Barnacre La. Mor L46—1A 80
Barnard Rd. Birk L43—2A 84
Barnard St. WA5—1A 156
Barn Clo. Neth L30—4A 10
Barncroft Pl. Cro L23—3C 7
Barn Croft Rd. Hal L26—2D 115
Barndale Rd. L18—2D 89
Barnes Av. WA2—4C 143
Barnes Clo. WA5—4D 147
Barnes Clo. Wid WA8—4B 98
Barnes Dri. Lyd L31—2B 4
Barnes Grn. Poul L63—2B 124
Barnes Rd. Wid WA8—4B 98
Barnes St. L6—4A 46
Barneston Rd. Wid WA8—3C 99
Barnet Clo. L7—4B 68
Barnfield Av. Run WA7—2D 139
Barnfield Clo. L12—2A 48
Barnfield Clo. Hoy L47—3C 59
Barnfield Clo. Orr L30—1C 19
Barnfield Dri. L12—2A 48
Barnfield Rd. WA1—3D 151
Barnham Clo. L24—4A 114
Barnham Dri. L16—4C 71
Barn Hey. Hoy L47—2A 78
Barn Hey Cres. Hoy L47—4D 59
Barn Hey Rd. L12—3A 48
Barn Hey Rd. Kir L33—2D 23
Barnhill Rd. L15—1D 89
Barnhurst Clo. L16—4C 71
Barnhurst Rd. L16—4C 71
Barnmeadow Rd. L25—1A 92
Barnsbury Rd. L4—4C 31
Barnsdale Av. Thing L61—3A 104
Barnstaple Gro. St H WA9—3C 57

Barnstaple Way. WA5—1B 154
Barnston La. Mor L46—3C 61
Barnston Rd. L9—4A 20
Barnston Rd. Thing, Barn & Gay L61 &
L60—3A 104 to 4C 123
Barnston Towers Clo. Barn L60
—4D 123
Barn St. Wid WA8—3D 119
Barnton St. Lith L21—4A 20
Barnwell Av. Wal L44—4A 42
Barnwood Rd. Huy L36—1A 72
Baroncroft Rd. L25—3D 91
Baronet Rd. WA4—3C 157
Barons Hey. L28—2D 49
Barows Clo. Wid WA8—1B 118
Barren Gro. Birk L43—2A 84
Barrington Rd. L15—1C 89
Barrington Rd. Wal L44—1B 64
Barron Clo. WA1—3A 152
Barrow Av. WA2—4A 142
Barrow Clo. L12—4D 33
Barrowfield Rd. Ecc WA10—1A 36
Barrow Hall La. WA5—3B 146
Barrows Cotts. Whis L35—1C 75
Barrows Grn. La. Wid WA8—4C 99
Barrow's Row. Wid WA8—3A 98
Barrow St. St H WA10—3D 37
Barrule Clo. WA4—4A 158
Barrymore Av. WA4—1B 158
Barrymore Rd. L13—1D 69
Barrymore Rd. WA4—3C 159
Barrymore Rd. Run WA7—1C 137
Barrymore Way. Beb L63—4C 125
Barry Pl. L4—2C 45
Barry St. WA4—1A 158
Barsbank Clo. Lymm WA13—2D 161
Barsbank La. Lymm WA13—1D 161
Bartlam St. L13—2C 67
Bartlegate Clo. Run WA7—2C 139
Bartlett St. L15—4C 69
Barton Av. WA4—2C 159
Barton Clo. Lith L21—2A 18
Barton Clo. Run WA7—4C 135
Barton Clo. St H WA10—2D 37
Barton Hey Dri. Cal L48—3C 100
Barton Rd. L9—2B 30
Barton Rd. Hoy L47—1A 78
Barwell Av. St H WA11—1B 38
Base Tree Clo. Wid WA8—4D 97
Basil Clo. L16—3C 71
Basildon Clo. St H WA9—2C 55
Basil Rd. L16—4C 71
Basing St. L19—3A 112
Baskervyle Rd. Gay L60—4C 123
Baslow Wlk. L7—3A 68
Basnett St. L1—2B 66
Bassendale Rd. Beb L62—2D 125
Bassenthwaite Av. Birk L43—1B 82
Bassenthwaite Av. Kir L33—4D 13
Bassenthwaite Av. St H WA11—3B 26
Basset Way. L7—3A 68
Batchelor St. L2—2B 66
(in two parts)
Bates Cres. St H WA10—1B 54
Batey Av. Rain L35—4A 54
Bathgate Way. Kir L33—3B 12
Bath St. L3—2A 66
Bath St. Beb L62—4A 108
Bath St. Cro L22—3C 17
Bath St. St H WA10—3D 37
Bathurst Rd. L19—3A 112
Batley St. L13—1D 69
Battenburg St. L7—2A 68
Battersby La. WA1 & WA2—3D 149
Battery Clo. L17—4B 88
Battery La. WA1—3B 152
Baucher Dri. Orr L20—4C 19
Baumville Dri. Poul L63—2A 124
Bawtry Clo. WA1—1B 150
Baxter Clo. Run WA7—4B 134 & 4C 135
Baxter's La. St H WA9—1B 56
Baxter St. WA5—4B 148
Baycliffe Clo. Run WA7—2A 138
Baycliff Rd. L12—1C 49
Bayfield Rd. L19—2D 111
Bayhorse La. L3—2D 67
Bayswater Ct. Wal L45—2C 41

Bayswater Gdns. Wal L45—2C 41
Bayswater Rd. Wal L45—3B 40
Baythorne Rd. L4—4D 31
Baytree Rd. Birk L42—3C 85
Baytree Rd. Fra L48—4D 79
Bayvil Clo. Run WA7—4C 135
Beach Bank. Cro L22—2B 16
Beachcroft Rd. Hoy L47—3C 59
Beach Gro. Wal L45—2B 42
Beach Lawn. Cro L22—2B 16
Beach Rd. Lith L21—3D 17
Beach Wlk. W Kir L48—1A 100
Beacon Ct. L5—3D 45
Beacon Dri. Gra L48—4B 78
Beacon Gro. St H WA11—1C 39
Beacon Hill View. Run WA7—4B 130
Beacon La. L5—3D 45
Beacon La. Hes L60—4B 122
Beaconsfield. Pres L34—3C 53
Beaconsfield Clo. Birk L42—3C 85
Beaconsfield Cres. Wid WA8—3D 97
Beaconsfield Gro. Wid WA8—3A 98
Beaconsfield Rd. L25—3C 91
Beaconsfield Rd. Beb L62—2A 108
Beaconsfield Rd. Cro L21—4D 17
Beaconsfield Rd. Run WA7—3C 131
Beaconsfield Rd. St H WA10—1B 36
Beaconsfield Rd. Wid WA8—3A 98
Beaconsfield St. L8—1A 88
Beacon St. L5—3A 44
Beadnell Dri. WA5—1B 154
Beames Clo. L7—3B 68
Beamont St. Wid WA8—4D 119
Beatrice Av. Beb L63—2C 107
Beatrice St. WA4—1A 158
Beatrice St. Boo L20—4D 29
Beatty Av. WA5—4C 147
Beatty Clo. Cal L48—3C 100
Beatty Clo. Whis L35—2C 75
Beatty Rd. L13—1D 69
Beauclair Dri. L15—4A 70
Beaufort Clo. WA5—4C 147
Beaufort Clo. Run WA7—4A 132
Beaufort Clo. Wid WA8—1D 117
Beaufort Dri. Wal L44—4C 41
Beaufort Rd. Birk L41—2D 63
Beaufort St. L8—1C & 2C 87
Beaufort St. WA5—1B 156
Beaufort St. St H WA9—4B 38
Beau La. L3—1C 67
Beaumaris Ct. Birk L43—2A 84
Beaumaris Dri. Thing L61—3A 104
Beaumaris Rd. Wal L45—3B 40
Beaumaris St. L20—1A 44
(in two parts)
Beaumont Av. St H WA10—2B 36
Beaumont Dri. Ain L10—2C 21
Beaumont Gro. L8—4A 68
Beaumont St. L8—4A 68
Beau St. L3—1C 67
Beaver Gro. L9—1C 31
Beaworth Av. Gre L49—3B 80
Bebington. Beb L63 & L62—3D 107 & 2A 108
Bebington Rd. Birk L42—4C 85
Bechers. Wid WA8—3A 96
Beckenham Av. L18—2D 89
Beckenham Rd. Wal L45—1A 42
Becket St. L4—2C 45
(in two parts)
Beckett Gro. Beb L63—3B 106
Beck Gro. St H WA11—3C 27
Beckingham Clo. Birk L41—4B 64
Beck Rd. Boo L20—1D 29
Beckwith Clo. Birk L41—4B 64
Beckwith St. L1—3B 66
Beckwith St. Birk L41—4A 64
Beckwith St. E. Birk L41—4C 65
(in two parts)
Becky St. L6—3A 46
Becontree Rd. L12—4B 48
Bective St. L7—4B 68
Bedale Wlk. Kir L33—4D 13
Bedburn Dri. Huy L36—1A 72
Bedford Av. Birk L42—4C 85
Bedford Av. Mell L31—2C 11
Bedford Clo. L7—3D 67
Bedford Clo. Huy L36—1D 73

Bedford Ct. Birk L42—4D 85
Bedford Dri. Birk L42—4D 85
Bedford Pl. Birk L42—4D 85
Bedford Pl. Boo L20—4C 29
Bedford Pl. Cro L21—4D 17
Bedford Rd. Birk L42—4D 85
Bedford Rd. Boo L20 & L4—4D 29 to 4B 30
Bedford Rd. Wal L45—2A 42
Bedford St. Wal L44—4D 157
Bedford St. St H WA9—4B 38
Bedford St. N. L7—3D 67
Bedford St. S. L7—4D 67
Bedford Wlk. L7—4D 67
Beecham Clo. Huy L36—2C 73
Beech Av. L14—4A 88
Beech Av. WA4—2A 160
Beech Av. WA5—1A 154
Beech Av. Cro L23—3D 7
Beech Av. Ecc L34—2D 53
Beech Av. Mell L31—1A 22
Beech Av. Pen L61—4D 103
Beech Av. St H WA9—4B 56
Beech Av. Upt L49—1C 81
Beechbank Rd. L18—2C 89
Beechburn Cres. Huy L36—1A 72
Beechburn Rd. Huy L36—1A 72
Beech Clo. L12—3D 33
Beech Clo. Kir L32—1B 22
Beech Ct. L18—4B 90
Beech Ct. Birk L42—2B 84
Beechcroft Rd. Wal L44—2B 64
Beechdale Rd. L18—2D 89
Beechdene Rd. L4—2A 46
Beeches, The. L18—2C 91
Beeches, The. Birk L42—1D 107
Beechfield. Mag L31—4C 5
Beechfield Clo. Hes L60—4B 122
Beechfield Rd. L18—2B 90
Beechfield Rd. WA4—3C 159
Beech Grn. L12—3D 33
Beech Gro. L9—1C 31
Beech Gro. WA1—3C 151
Beech Gro. WA4—2A 158
Beech Gro. Cro L21—1B 28
Beech Gro. Lymm WA13—2C 161
Beech Gro. Orr L30—2D 19
Beechill Clo. L25—2B 92
Beech La. L18—2B 90
Beech Lawn. L19—2D 111
Beech Lodge. Birk L43—2C 83
Beech Pk. L12—3A 48
Beech Pk. Cro L23—3D 7
Beech Rd. L4—4C 31
Beech Rd. WA4—4D 157
Beech Rd. Barn L60—3D 123
Beech Rd. Beb L63—2D 107
Beech Rd. Birk L42—2B 84
Beech Rd. Huy L36—3C 73
Beech Rd. Run WA7—4B 132
Beech Rd. Sut W WA7—3C 139
Beech St. L7—2B 68
Beech St. Boo L20—2D 29
Beech St. St H WA10—1B 54
Beech Ter. L7—2B 68
Beech Ter. Wid WA8—1D 131
Beechtree Rd. L15—3A 70
Beechurst Clo. L25—2A 92
Beechurst Rd. L25—2A 92
Beechwalk, The. L14—4A 48
Beechway. Beb L63—1A 124
Beechway. Mell L31—4C 5
Beechway Av. Mell L31—4D 5
Beechways. WA4—2A 162
Beechwood Av. WA1—2B 150
Beechwood Av. WA5—4B 146
Beechwood Av. Hal L26—2C 115
Beechwood Av. Run WA7—1D 137
Beechwood Av. Wal L45—3C 41
Beechwood Clo. L19—2D 111
Beechwood Ct. Mag L31—4C 5
Beechwood Gdns. L19—2D 111
Beechwood Grn. L19—2D 111
Beechwood Gro. Pres L35—4C 53
Beechwood Rd. L19—2D 111
Beechwood Rd. Beb L62—3C 125
Beechwood Rd. Lith L21—1C 29
Beecroft Clo. WA5—1A 148

Beeley Wlk. L7—3A 68
Beerbolt Clo. Kir L32—4B 12
Beesley Rd. Pres L34—3A 52
Beeston Clo. WA3—3A 144
Beeston Clo. Birk L43—1B 82
Beeston Ct. Run WA7—1B 134
Beeston Dri. Neth L30—4A 10
Beeston Dri. Pen L61—4D 103
Beeston Gro. L19—2D 111
Beeston St. L4—1C 45
Beldon Cres. Huy L36—1A 72
Belfast Rd. L13—1A 70
Belfield Cres. Huy L36—3C 73
Belfield Dri. Birk L43—3A 84
Belford Dri. Mor L46—3A 60
Belfort Rd. L25—2A 92
Belgrave Av. WA1—2B 150
Belgrave Av. Wal L44—4B 42
Belgrave Clo. Wid WA8—3C 99
Belgrave Rd. L17—3A 88
Belgrave Rd. Cro L21—4D 17
Belgrave St. Wal L44—4A 42
Belgrave Ter. L6—4D 45
Belhaven Rd. L18—2D 89
Bellair Av. Cro L23—4D 7
Bellairs Rd. L11—1C 47
Bellamy Rd. L4—4A 30
Belldene Gro. Hes L61—2B 122
Bellefield Av. L12—3A 48
Belle Vale Rd. L25—2A 92
Belle Vue Rd. L25—2A 92
Believue Rd. Wal L44—2C 65
Bellew Rd. L11—2D 47
Bellfield Cres. Wal L45—2D 41
Bellgreen Rd. L11—4B 32
Bellingham Dri. Run WA7—4A 132
Bellini Clo. Cro L21—1B 28
Bell La. WA4—1B 160
Bell La. Rain & St H L35 & WA9—2D 77
Bellmore St. L19—3A 112
Bell Rd. Wal L44—1C 65
Bells Clo. Lyd L31—2A 4
Bells La. Lyd L31—2A 4
Bell St. L13—1D 69
Bellward Clo. Poul L63—2A 124
Belmont. Birk L41—2B 84
Belmont Av. WA4—2C 159
Belmont Av. Beb L62—3C 125
Belmont Cres. WA5—3C 147
Belmont Dri. L6—4B 46
Belmont Dri. Barn L61—1C 123
Belmont Gro. L6—4A 46
Belmont Gro. Birk L43—2B 84
Belmont Pl. L19—3B 112
Belmont Rd. L6—3A 46
Belmont Rd. Wal L45—1A 42
Belmont Rd. W Kir L48—3A 78
Belmont Rd. Wid WA8—4C 99
Belmont St. St H WA10—3B 36
Beloe St. L8—3D 87
Beloe Wlk. L8—3D 87
Belper St. L19—3A 112
Belston Rd. L16—4B 70
Belton Rd. Huy & Kno L36—3B 50
Belvedere Av. St H WA9—3B 56
Belvedere Pk. Cro L23—1C 17
Belvidere Rd. L8—2A 88
Belvidere Rd. Cro L23—1C 17
Belvidere Rd. Wal L45—3D 41
Belvoir Rd. L18—1B 112
Belvoir Rd. WA4—4D 157
Belvoir Rd. Wid WA8—4A 98
Bembridge Clo. Wid WA8—2D 97
Bempton Rd. L17—1B 110
Benbow St. Boo L20—4C 29
Benedict St. Boo L20—4D 29
Bengel St. L7—2D 67
Benledi St. L5—4B 44
Benmore Rd. L18—4D 89
Bennet's La. Hoy L47—2C 59
Bennett Av. WA1—3B 150
Bennett's Hill. Birk L43—3A 84
Bennetts La. Wid WA8—1C 121
Bennett St. L19—3A 112
Bennett St. WA1—4D 149
Bennett Wlk. Pen L61—1A 122
Ben Nevis Rd. Birk L42—4B 84

Bennison Dri. L19—2D 111
Benson Clo. Upt L49—2D 81
Benson Rd. WA3—4A 144
Benson St. L1—3C 67
Bentfield Clo. Beb L63—3B 106
Bentfield Gdns. Beb L63—3B 106
Bentham Av. WA2—4D 141
Bentham Clo. Birk L63—3B 106
Bentham Dri. L16—3B 70
Bentinck Clo. Birk L41—1B 84
Bentinck Ct. Birk L41—1B 84
Bentinck Pl. Birk L41—1B 84
Bentinck St. L5—3A 44
Bentinck St. Birk L41—1B 84
 (in two parts)
Bentinck St. Run WA7—1D 131
Bentinck St. St H WA9—4B 38
Bentley Rd. L8—1A 88
Bentley Rd. Birk L43—2A 84
Bentley Rd. Irby L61—3D 103
Bentley St. St H WA9—4B 56
Benton Clo. L5—3B 44
Bentway. Barn L60—3C 123
Benty Clo. Beb L63—4C 107
Benwick Rd. Kir L32—2A 22
Berbice Rd. L18—1A 90
Beresford Av. Beb L63—3D 107
Beresford Rd. L8—3D 87
Beresford Rd. Birk L43—2D 83
Beresford Rd. Wal L45—2D 41
Beresford St. L5—1C 67
Beresford St. WA9—2C 55
Beresford St. St H WA9—2C 55
Berkeley Av. Birk L43—4C 83
Berkeley Dri. Wal L45—2B 42
Berkeley Rd. Cro L23—3B 6
Berkeswell Rd. L11—1A 48
Berkley Av. L12—1C 69
Berkley St. L8—4D 67 & 1D 87
Berkshire Dri. WA1—3A 152
 (in two parts)
Bermuda Rd. Mor L46—3B 60
Bernard Av. WA4—4A 158
Bernard Av. Wal L45—2B 42
Berner's Rd. L19—2A 112
Berner St. Birk L41—4B 64
Berrington Av. L25—4D 91
Berrington's La. St H WA11—3A 26
Berry Hill Av. Kno L34—3D 35
Berrylands Clo. Mor L46—2C 61
Berrylands Rd. Mor L46—2B 60
Berry Rd. Wid WA8—1B 118
Berrys La. St H WA9—1C 57
Berry St. L1—3C 67
Berry St. Boo L20—3C & 4C 29
Bertha Gdns. Birk L41—3D 63
Bertha St. Birk L41—3D 63
Bertram Dri. Hoy L47—4B 58
Bertram Dri. N. Hoy L47—3C 59
Bertram Rd. L17—2B 88
Berwick Clo. L6—4A 46
Berwick Clo. WA1—3A 152
Berwick Clo. Birk L43—1A 82
Berwick Clo. Mor L46—3A 60
Berwick Dri. Cro L23—3B 6
Berwick St. L6—1A 68
Berwyn Av. Hoy L47—4B 58
Berwyn Av. Thing L61—3D 103
Berwyn Boulevd. Beb L63—2C 107
Berwyn Dri. Pen L61—2B 122
Berwyn Gro. St H WA9—3D 39
Berwyn Rd. L4—1B 46
Berwyn Rd. Wal L44—4B 42
Beryl Rd. Birk L43—2B 82
Beryl St. L13—2D 69
Beryl Wlk. Kir L10—4A 22
Besford Rd. L25—1A 92
Bessborough Rd. Birk L43—2A 84
Bessbrook Rd. L17—4C 89
Bessemer St. L8—2D 87
Beta Clo. Beb L62—2A 108
Betchworth Cres. Run WA7—1A 138
Bethany Cres. Beb L63—4D 107
Beth Av. St H WA9—2B 56
Betjeman Clo. WA4—1C 159
Betula Clo. L9—2C 31
Bevan Clo. WA5—3A 148
Bevan Clo. St H WA9—3C 54

Bevan's La. L12—2B 48
Beverley Av. WA4—4A 158
Beverley Dri. Gay L60—4C 123
Beverley Gdns. Thing L61—3A 104
Beverley Rd. L15—1D 89
Beverley Rd. WA5—4A 148
Beverley Rd. Beb L62—2A 108
Beverley Rd. Wal L45—3D 41
Beversbrook Rd. L11—4C 33
Bevington Bush. L3—1B 66
Bevington Hill. L3—4B 44
Bevington St. L3—4B 44
Bewley Dri. Kir L32—3B 22
Bewsey Rd. WA5 & WA2—3B 148
Bewsey St. WA2 & WA1—4C 149
Bewsey St. St H WA10—1B 54
Bexhill Av. WA2—3D 141
 (in two parts)
Bexhill Clo. L24—1A 128
Bianca St. Boo L20—4D 29
Bibby Av. WA1—3B 150
Bibbys La. Boo L20—2C 29
Bibby St. L13—1D 69
Bickerstaffe St. L3—1C 67
Bickerstaffe St. St H WA10—3D 37
Bickerton Av. Beb L63—1C 107
Bickerton Clo. WA3—3A 144
Bickerton St. L17—3B 88
Bickley Clo. WA2—4A 143
Bickley Clo. Run WA7—3A 132
Bideford Av. St H WA9—4B 56
Bideford Rd. WA5—1B 154
Bidston Av. Birk L41—4C 63
Bidston Av. WA11—2C 39
Bidston Av. Wal L45—3C 41
Bidston By-Pass. Mor & Birk L46 & L43
—2B 62
Bidston Ct. Birk L43—4C 63
Bidston Grn. Dri. Birk L43—3B 62
Bidston Link Rd. Birk & Wal L43, L41 &
L45—2B 62
Bidston Rd. L4—1A 46
Bidston Rd. Birk L43—1C 83
Bidston Sta. App. Birk L43—2B 62
Bidston Village Rd. Birk L43—3A 62
Bidston Way. St H WA11—1C 39
Bigdale Dri. Kir L33—1D 23
Biggin Ct. WA2—1B 150
Bigham Rd. L6—1B 68
Big Meadow Rd. Upt L49—3D 81
Billinge Cres. St H WA11—1C 39
Billingham Rd. St H WA9—2B 54
Billings Clo. L5—3B 44
Billington Rd. Wid WA8—3A 96
Bilston Rd. L17—1C 111
Bilton Clo. Wid WA8—4C 99
Bingley Rd. L4—2A 46
Binns Rd. L7 & L13—2C 69
Binns Way. L13—2D 69
Binsey Clo. Upt L49—2B 80
Birbeck Rd. Kir L33—1A 24
Birbeck Wlk. Kir L33—1A 24
Birchall St. L20—2B 44
Birch Av. L9—1C 31
Birch Av. WA2—3C 141
Birch Av. St H WA10—4A 26
Birch Av. Upt L49—1C 81
Birchcliffe Rd. Birk L42—4D 85
Birch Clo. Birk L43—3A 84
Birch Clo. Mag L31—4C 5
Birch Clo. Whis L35—4C 53
Birchdale Clo. Gre L49—2B 80
Birchdale Cres. WA4—4A 158
Birchdale Rd. L9—2C 31
Birchdale Rd. WA1—2C 151
Birchdale Rd. WA4—4D 157
Birchdale Rd. Cro L22—2C 17
Birchen Rd. Hal L26—2D 115
Birches Clo. Hes L60—3B 122
Birchfield. Mor L46—4B 60
Birchfield Av. Wid WA8—4D 97
Birchfield Clo. L7—2C 69
Birchfield Clo. Mor L46—4B 60
Birchfield Rd. L4—4B 30
Birchfield Rd. L7—2C 69
Birchfield Rd. WA5—4D 147
Birchfield Rd. Wid WA8—2D 97
Birchfield St. L3—1C 67

Birchfield St. St H WA9—2B 54
Birchfield Way. Lyd L31—1A 4
Birch Gdns. St H WA10—4A 26
Birch Gro. L15—3D 69
Birch Gro. WA1—3B 150
Birch Gro. WA4—2A 158
Birch Gro. Huy L36—2B 72
Birch Gro. Pres L35—4C 53
Birch Gro. Wal L45—3B 42
Birch Heys. Fra L48—1D 101
Birchill Rd. Kir L33—2B 24
Birchley Av. Bill WN5—1D 27
Birchley Rd. St H & Bill WA11 & WN5
—1C 27
Birchley St. St H WA10—2D 37
Birchley View. St H WA11—1C 27
Birchmuir Hey. Kir L32—2C 23
Birchover Wlk. L7—3A 68
Birchridge Clo. Beb L62—2C 125
Birch Rd. Beb L63—4A 108
Birch Rd. Birk L43—3A 84
Birch Rd. Hoy L47—4C 59
Birch Rd. Huy L36—3C 73
Birch Rd. Run WA7—3A 132
Birch Rd. Wid WA8—2A 98
Birch St. L5—3A 44
Birch Tree Av. St H WA11—3B 26
Birchtree Rd. L17—3C 89
Birchwood Av. Birk L41—4C 65
Birchwood Boulevd. WA3—4A 144
Birchwood Centre Shopping Precinct.
WA3—4A 144
Birchwood Clo. Birk L41—4C 65
Birchwood Corporate Ind. Est. WA2
—4D 143
Birchwood Pk. Av. WA3—2A 144
Birchwood Science Pk. WA3—2A 144
Birchwood Way. WA2 & WA3
—2A 150 to 1D 145
Bird St. L7—4B 68
Birdwell Dri. WA5—4C 147
Birdwood Rd. L11—2D 47
Birkdale Clo. L6—2B 46
Birkdale Clo. Huy L36—3B 72
Birkdale Rd. WA5—1B 154
Birkdale Rd. Wid WA8—2A 98
Birkenhead Rd. Hoy L47—4B 58
Birkenhead Rd. Wal L44—2C 65
Birkenshaw Av. Cro L23—4A 6
Birket Av. Mor L46—1D 61
Birket Clo. Mor L46—1D 61
Birket Sq. Mor L46—1D 61
Birkett Rd. Birk L42—1C 107
Birkett Rd. W Kir L48—3A 78
Birkett St. L3—1C 67
Birkin Clo. Kir L32—3D 23
Birkin Rd. Kir L32—3D 23
Birkin Wlk. Kir L32—3D 23
Birnam Dri. Rain L35—2B 76
Birnam Rd. Wal L44—1B 64
Birstall Av. St H WA11—1B 38
Birstall Rd. L6—1A 68
Birtle Croft. Kno L28—2A 50
Birtles Rd. WA2—1A 150
Bishop Dale Wlk. WA5—2C 147
Bishopdale Dri. Rain L35—1C 77
Bishop Dri. Whis L35—3B 74
Bishopgate St. L15—4C 69
Bishop Rd. L6—2B 46
Bishop Rd. St H WA10—2C 37
Bishop Rd. Wal L44—2A 64
Bishops Ct. L25—4A 92
Bishops Ct. WA2—3C 141
Bishop Sheppard Ct. L3—4B 44
Bishops Way. Wid WA8—3B 98
Bisley St. L15—4C 69
Bisley St. Wal L45—4A 42
Bispham Av. St H WA11—1B 38
Bispham Dri. Hoy L47—4C 59
Bispham Rd. WA5—1D 155
Bittern Clo. WA2—4A 142
Bixteth St. L3—2B 66
Blackbrook Av. WA2—3B 142 to 1C 151
Blackbrook Clo. L9—3C 31
Blackbrook Clo. Wjd WA8—3B 96
Blackbrook Rd. St H WA11—2C 39
Blackbrook Sq. WA2—4B 142
Blackburne Av. Wid WA8—4A 118
Blackburne Clo. WA2—4D 143

Blackburne Dri. L25—2B 114
Blackburne Pl. L8—4D 67
Blackburne St. L19—1B 126 to 4C 127
Blackcad Wlk. WA3—3B 144
Blackdown Gro. St H WA9—4C 39
Blackfield St. L5—3C 45
Blackheath Dri. Mor L46—1D 61
Black Horse Clo. Hoy L47—3B 78
Black Horse Hill. Gra L48—4B 78
Black Horse La. L13—1A 70
Blackhorse St. St H WA9—2B 38
Blackhouse Wlk. L9—3A 30
Blackhurst Rd. Lyd L31—1B 4
Blackhurst St. WA1—4D 149
Blackledge Clo. WA2—3C 143
Blacklock Hall Rd. L24—1B 128
Blacklow Brow. Huy L36—2B 72
Blackmoor Dri. L12 & L14—3B 48
Blackpool St. Birk L41—1C 85
Blackrod Av. L24—1B 128
Blackshaw Dri. WA5—1D 147
Blackstock St. L3—1B 66
Blackstone Av. St H WA11—1B 38
Blackstone St. L5—3A 44
Blackthorne Clo. Mor L46—4D 61
Blackthorne Cres. Kno L28—1A 50
Blackthorne Rd. L4—3C 31
Blackwater Rd. L11—2D 33
Blackwood Av. L25—2D 91
Blair Dri. Wid WA8—3A 96
Blair Pk. Poul L63—1B 124
Blair St. L8—4C 67
Blair Wlk. Hal L26—3D 115
Blaisdon Clo. L11—4B 32
Blakeacre Clo. Hal L26—3D 115
Blakeacre Rd. Hal L26—3D 115
Blake Ct. L19—4B 112
Blakefield Rd. Cro L23—3A 8
Blakeley Ct. Raby L63—4B 124
Blakeley Dene. Raby L63—4B 124
Blakeley Rd. Raby L63—4B 124
Blakeney Clo. Upt L49—4D 61
Blaking Dri. Kno L34—2D 35
Blandford Rd. WA5—4D 147
Bland Wlk. L6—1A 68
Blantyre Rd. L15—1C 89
Blantyre St. Run WA7—1D 131
Blay Clo. L25—1B 114
Blaydon Clo. Orr L30—2D 19
Blaydon Gro. St H WA9—2B 54
Blaydon Wlk. Birk L43—1C 83
Bleak Hill Rd. Ecc & Win WA10—1A 36
Bleasdale Av. Ain L10—2C 21
Bleasdale Rd. L18—2A 90
Bleasdale Way. Lith L21—4A 8
Blenheim Av. Lith L21—3B 18
Blenheim Clo. WA2—1B 150
Blenheim Rd. L18—1D 89
Blenheim Rd. Wal L44—3B 42
Blenheim St. L5—4B 44
Blenheim Way. L24—1A 128
Blessington Rd. L4—2D 45
Bletchley Av. Wal L44—4D 41
Bligh St. L15—4C 69
Blisworth St. Lith L21—1C 29
Blomfield Rd. L19—2B 112
Blossom St. Boo L20—2D 29
Blucher St. Cro L22—2B 16
Blue Acre. St H WA9—4B 56
Bluebell Av. Birk L41—4D 63
Bluebell Ct. Run WA7—2B 138
Blue Bell La. Huy L36—4C 51
Bluecoat St. WA2—3D 149
Bluefields St. L8—4D 67
Bluestone La. Mag L31—4C 5
Blundell Rd. Wid WA8—1B 118
Blundellsands Rd. E. Cro L23—4B 6
Blundellsands Rd. W. Cro L23—1A 16
Blundells Dri. Mor L46—3C 61
Blundell's La. Whis & Rain L35—2D 75
Blundell St. L1—4B 66
Blyth Clo. Run WA7—2D 139
Blythe Av. Wid WA8—2A 98
Blythe Wlk. L6—4D 45
Blyth Hey. Orr L30—4B 8

Blyth Rd. Beb L63—4C 125
Blythswood St. L17—3A 88
Boaler St. L6—1A 68
Boardsmans La. St H WA11 & WA9 —2C 39
Boat Wlk. WA4—3C 157
Bobbies La. Ecc WA10—3A 36
Bodden St. St H WA9—4B 56
Bodley St. L4—2D 45
Bodmin Clo. Run WA7—1C 139
Bodmin Gro. St H WA11—4D 27
Bodmin Rd. L4—4B 30
Bodmin Way. Hal L26—1C 115
Bognor Clo. L24—4A 114
Bolan St. L13—1D 69
Bolde Way. Poul L63—3B 124
Bold Pl. L1—3C 67
Bold Rd. St H WA9—2D 57
Bold St. L1—3C 67
Bold St. WA1—4C 149
Bold St. Run WA7—1A & 2A 132
Bold St. WA10—3D 37
Bold St. Wid WA8—3D 119
Boleyn St. Run WA5—1B 134
Bolton Av. WA4—1B 158
Bolton Av. Kir L32—1B 22
Bolton Clo. St H WA9—3B 38
Bolton Rd. Beb L62—4A 108
Bolton Rd. E. Beb L62—3B 108
Bolton St. L3—2C 67
Bolton St. St H WA9—2A to 3B 38
(in three parts)
Bolton Wlk. Kir L32—1B 22
Bolyn, The. Lyd L31—3C 5
Bond St. L3—4B 44
(in two parts)
Bond St. WA5—4D 147
Bond St. Pres L34—3C 53
Bonnington Av. Cro L23—3B 6
Bonshall Rd. L12—3A 48
Boode Croft. Kno L28—1A 50
Booker Av. L18—1A 112
Booth's Hill Clo. Lymm WA13—2D 161
Booth's Hill Rd. Lymm WA13—2D 161
Booth's La. Lymm WA13—3D 161
Booth St. L13—1D 69
Booth St. WA5—1B 156
Booth St. St H WA9—2B 54
Borax St. L13—2D 69
Border Rd. Barn L60—3C 123
Borella Rd. L13—3D 47
Borough Pavement. Birk L41—1C 85
Borough Pl. Birk L41—1C 85
Borough Rd. Birk L42 & L41 —1B 106 to 1C 85
Borough Rd. St H WA10—4C 37
Borough Rd. Wal L44—1C & 2C 65
Borough Rd. E. Birk L41—1C 85
(in two parts)
Borrowdale Av. WA2—4D 141
Borrowdale Rd. L15—1C 89
Borrowdale Rd. Beb L63—1A 124
Borrowdale Rd. Mor L46—4C 61
Borrowdale Rd. St H WA10—2A 54
Borrowdale Rd. Wid WA8—1B 118
Boscow Cres. St H WA9—2B 56
Bosnia St. L8—3D 87
Bossom Ct. Cro L22—2C 17
Bostock St. L5—3C 45
Bostock St. WA5—4B 148
Boston Av. Run WA7—3A 132
Boswell Av. 2D 157
Boswell Rd. Birk L43—1D 105
Boswell St. L8—4A 68
Boswell St. Boo L20—1C 29
Bosworth Clo. Poul L63—2A 124
Bosworth Rd. St H WA11—1B 38
Botanic Gro. L7—2B 68
Botanic Pl. L7—2B 68
Botanic Rd. L7—2B 68
Boteler Av. WA5—2B 148
Botley Clo. Upt L49—2B 80
Boulevard, The. L8—1D 87
Boulevard The. L12—1A 48
Boulting Av. WA5—1B 148
Boulton Av. Beb L62—1A 108
Boulton Av. Gra L48—3A 78
Boundary Dri. L25—2B 114

Boundary Dri. Cro L23—3B 6
Boundary Farm Rd. Hal L26—3C 115
Boundary La. L6—4A 46
Boundary La. Hes L60—4C 123
Boundary La. Kir L33—1C 25
Boundary Rd. Beb L62—2A 108
Boundary Rd. Birk L43—3B 62
Boundary Rd. Gra L48—1B 100
Boundary Rd. Huy L36—3D 73
Boundary Rd. Orr & Lith L30 & L21 —2C 19
Boundary Rd. St H WA10—3C 37
Boundary St. L5—3A to 3B 44
Boundary St. WA1—2B 150
Boundary St. E. L5—3C 45
Boundary Wlk. Huy L36—4D 73
Bournemouth Clo. Run WA7—1D 139
Bourne St. L6—1A 68
Bour..s St. St H WA9—4A 38
Bourton Rd. L25—3A 114
Bowden Clo. L12—3A 34
Bowden Rd. L19—3A 112
Bowden St. Lith L21—1C 29
Bowdon Clo. WA1—2C 151
Bowdon Rd. Wal L45—3D 41
Bower Cres. WA4—4A 162
Bower Gro. L21—4D 17
Bower Rd. L25—2D 91
Bower Rd. Barn L60—4D 123
Bower Rd. Huy L36—4C 51
Bowers Business Pk. Wid WA8 —2A 120
Bowers Pk. Ind. Est. Wid WA8—2B 120
Bower St. Wid WA8—1A 120
Bowfield Rd. L19—2A 112
Bowland Av. L16—3C 71
Bowland Av. St H WA9—1D 77
Bowland Clo. WA3—2D 145
Bowland Clo. Birk L62—3C 125
Bowland Clo. Run WA7—2A 138
Bowland Dri. Lith L21—4A 8
Bowles St. Boo L20—1B 28
Bowley Rd. L13—4D 47
Bowman Av. WA4—4C 151
Bowness Av. Birk L43—4D 83
Bowness Av. St H WA11—3C 27
Bowood Ct. WA2—3C 141
Bowood St. L8—3D 87
Bowring Clo. L8—2D 87
Bowring Pk. Av. Huy L16—2D 71
Bowring Pk. Rd. L14—2C 71
Bowring St. L8—2D 87
Bowscale Rd. L11—4B 32
Boxdale Ct. L18—2D 89
Boxdale Rd. L18—2D 89
Boxmoor Rd. L18—4D 89
Boycott St. L5—3A 46
Boyd Clo. Mor L46—1A 62
Boydell Av. WA4—3D 159
(Grappenhall)
Boydell Av. WA4—1B 158
(Westy)
Boydell Clo. Kno L28—2A 50
Boyer Av. Mag L31—2B 10
Boyes Brow. Kir L33—4C 13
Boyle Av. WA2—1A 150
Boyton Ct. L7—4B 68
Brabant Rd. L17—1C 111
Braby Rd. Lith L21—1D 29
Brack Clo. L6—4D 45
Bracken Clo. WA3—2A 144
Brackendale. Run WA7—3C 133
Brackendale. Upt L49—3A 82
Brackendale Av. L9—4A 20
Bracken Dri. Gra L48—4C 79
Brackenhurst Dri. Wal L45—2B 42
Bracken La. Beb L63—4B 106
Brackenside. Hes L60—2B 122
Bracken Way. L12—3A 48
Brackenwood M. WA4—3D 159
Brackenwood Rd. Beb L63—1A 124
Brackley Av. Boo L20—2C 29
Brackley Clo. Wal L44—1D 63
Brackley St. Boo L20—2C 29
Brackley St. WA4—3D 157
Brackley St. Run WA7—2D 131

Bracknell Av. Kir L32—3C 23
Bracknell Clo. Kir L32—3C 23
Bradbourne Clo. L12—3A 34
Bradda Clo. Upt L49—4D 61
Braddan Av. L13—3C 47
Bradden Clo. Poul L63—2B 124
Bradewell Clo. L4—1C 45
Bradewell St. L4—1C 45
Bradfield Av. Ain L10—1B 20
Bradfield St. L7—2B 68
Bradkirk Ct. Orr L30—4C 9
Bradley Pass. Wid WA8—1A 120
Bradley Rd. Lith L21—3A 18
Bradman Rd. Mor L46—2B 60
Bradmoor Rd. Beb L62—3D 125
Bradshaw Clo. St H WA10—2B 36
Bradshaw La. WA4—2D 159
Bradshaw Pl. L6—1D 67
Bradshaw St. Wid WA8—4D 97
Bradshaw Wlk. Boo L20—2C 29
Bradville Rd. L9—4B 20
Bradwell Clo. Gra L48—4C 79
Braehaven Rd. Wal L45—2B 42
Braemar Clo. WA2—3C 143
Braemar Clo. Whis L35—1D 75
Braemar St. L20—4A 30
Braemore Rd. Wal L44—4D 41
Braeside Gdns. Upt L49—1D 81
Brae St. L7—2A 68
Brahms Clo. L8—1A 88
Braid St. Birk L41—3B 64
Brainerd St. L13—4C 47
Braithwaite Clo. Rain L35—1B 76
Braithwaite Clo. Run WA7—1D 137
Bramberton Pl. L4—4D 31
Bramberton Rd. L4—4D 31
Bramble Av. Birk L41—4D 63
Bramble Way. Mor L46—2C 61
Bramble Way. Run WA7—2A 138
Brambling Clo. Run WA7—2B 138
Bramcote Av. St H WA11—1B 38
Bramcote Clo. Kir L33—4D 13
Bramcote Rd. Kir L33—4D 13
Bramcote Wlk. Kir L33—4D 13
Bramerton Ct. W Kir L48—3A 78
Bramford Clo. Upt L49—2C 81
Bramhall Clo. L24—2C 129
Bramhall Rd. Cro L22—3C 17
Bramhall St. WA5—1B 156
Bramley Av. Beb L63—2C 107
Bramley Wlk. L24—2B 128
Bramley Way. Kir L32—1B 22
Brampton Av. WA5—4D 147
Brampton Av. St H WA11—2C 27
Brampton Ct. St H WA9—3D 39
Bramshill Clo. WA3—1C 145
Bramwell Av. Birk L43—1D 105
Bramwell St. St H WA9—2C 39
Brancker Av. Rain L35—4A 54
Brancote Gdns. Beb L62—4D 125
Brancote Mt. Birk L43—1D 83
Brancote Rd. Birk L43—1D 83
Brandearth Hey. Kno L28—2A 50
Brandon. Wid WA8—4A 96
Brandon Clo. Hale L24—3A 130
Brandon St. Birk L41—1D 85
Brandreth Clo. Rain L35—1A 76
Brandwood Av. WA2—4D 141
Brandwood Ho. WA1—4D 149
Branstree Av. L11—3B 32
Bran St. L8—2C 87
Branthwaite Clo. L11—4B 32
Branthwaite Cres. L11—4B 32
Branthwaite Gro. L11—4B 32
Brasenose Rd. Boo L20—4C 29
Brassey St. L8—1C 87
Brassey St. Birk L41—3A 64
Bratton Rd. Birk L41—2B 84
Braunton Rd. L17—1C 111
Braunton Rd. Wal L45—3A 42
Braybrooke Rd. L11—3B 32
Bray Clo. Run WA7—1D 137
Braydon Clo. L25—3A 114
Brayfield Rd. L4—1C 47
Bray Rd. L24—4A 114
Bray St. Birk L41—4A 64

Brechin Rd. Kir L33—2D 23
Breckfield Pl. L5—3D 45
Breckfield Rd. N. L5—3D 45
Breckfield Rd. S. L6—4D 45
Breck Pl. Wal L44—1D 63
Breck Rd. L5 & L4—4D 45
Breck Rd. Wal L44—4D 41
Breck Rd. Wid WA8—4A 98
Breckside Av. Wal L44—4C 41
Breckside Pk. L6—3B 46
Breck Wlk. L6—4D 45
Brecon Av. Orr L30—2D 19
Brecon Rd. Birk L42—1B 106
Brecon Wlk. Orr L30—2D 19
Breeze Clo. L9—3B 30
Breeze Hill. Boo L20 & L9—3A 30
Breeze Hill Gdns. Boo L20—3A 30
Breeze La. L9—3B 30
Brelade Rd. L13—4D 47
Bremhill Rd. L11—3B 32
Bremner Clo. L7—2B 68
Brenda Cres. Thor L23—2A 8
Brendale Av. Mag L31—1B 10
Brendan's Way. Orr L30—1C 19
Brendon Av. WA2—3C 141
Brendon Gro. St H WA9—3D 39
Brendor Rd. L25—1A 114
Brenig St. Birk L41—3D 63
Brenka Av. Ain L9—2A 20
Brentfield. Wid WA8—4C 97
Brentnall Clo. WA5—4D 147
Brent Way. Hal L26—3D 115
Brentwood Av. L17—3B 88
Brentwood Av. Cro L23—3D 7
Brentwood St. Wal L44—1B 64
Brereton Av. L15—4D 69
Brereton Av. Beb L63—3D 107
Brereton Clo. Run WA7—3D 133
Bretherton Pl. Rain L35—4A 54
Bretherton Rd. Pres L34—3C 53
Bretlands Rd. Cro L23—3A 8
Brett St. Birk L41—4A 64
Brewery La. Mell L31—1C 21 to 3C 11
Brewster St. Boo L4 & L20—4A 30
Brian Av. WA2—3A 150
Brian Av. Irby L61—3D 103
Briar Clo. WA5—4D 147
Briardale Rd. L18—2D 89
Briardale Rd. Beb L63—2D 107
Briardale Rd. Birk L42—2B 84
Briardale Rd. Wal L44—2C 65
Briar Dri. Hes L60—4C 123
Briar Dri. Huy L36—2B 72
Briarfield Av. Wid WA8—1D 117
Briarfield Rd. Gay L60—4C 123
Briars Clo. Rain L35—2B 76
Briars La. Mag L31—4C 5
Briar St. L4—2B 44
Briarwood Av. WA1—2B 150
Briarwood Rd. L17—3C 89
Brickfields. Huy L36—2D 73
Brickfields La. L8—3C 87
Brickhurst Way. WA1—2D 151
Brick St. L1—4C 67
Brick St. WA1—4D 149
Brickwall Grn. Sef L29—2D 9
Brickwall La. Sef L29—3C 9
Bride St. L4—4B 30
Bridge Av. E. WA4—4B 150
Bridge Ct. Orr L30—4C 9
Bridge Ct. W Kir L48—3A 78
Bridge Croft. Lith L21—1A 18
Bridgecroft Rd. Wal L45—3A 42
Bridge Farm Clo. Upt L49—3A 82
Bridge Farm Dri. Mag L31—4D 5
Bridge Foot. WA1—1D 157
Bridgeford Av. L12—2D 47
Bridge Gdns. L12—1D 49
Bridge Ind. Est. L24—4A 114
Bridge La. WA1—3A 152
Bridge La. WA4—4A 158
Bridge La. Frod WA6—4D 137
Bridge La. Orr L30—1C 19
Bridgeman St. St H WA9—3D 39
Bridgeman St. St H WA10—3C 37

Bridgenorth Rd. Pen L61—1A 122
Bridge Rd. L7—3B 68
Bridge Rd. L18—3D 89
Bridge Rd. WA1—3A 152
Bridge Rd. Cro L23—1B 16
Bridge Rd. Huy L36—2B 72
Bridge Rd. Lith L21—4A 18
Bridge Rd. Mag L31—2C 11
Bridge Rd. Pres L34—4C 53
Bridge Rd. W Kir L48—3A 78
Bridges La. Sef & Mag L29 & L31—2D 9
Bridge St. WA1—1D 157
Bridge St. Beb L62—4A 108
(in two parts)
Bridge St. Birk L41—4C 65
Bridge St. Boo L20—4C 29
Bridge St. Run WA7—2A 132
Bridge St. St H WA10—3D 37
Bridge View Clo. Wid WA8—4D 119
Bridgewater Av. WA4—1B 158
Bridgewater Clo. Lith L21—2A 18
Bridgewater Expressway. Run WA7—2C 133
Bridgewater St. L1—4B 66
Bridgewater St. Run WA7—2D 131
Bridgeway E. Run WA7—2B 134
Bridgeway W. Run WA7—2A 134
Bridle Av. Wal L44—2C 65
Bridle Clo. Beb L62—4D 125
Bridle Clo. Birk L43—1A 82
Bridle Ct. St H WA9—1A 56
Bridlemere Ct. WA1—2B 150
Bridle Rd. Beb & East L62—4D 125
Bridle Rd. Orr L30—4C 19
Bridle Rd. Wal L44—2C 65
Bridle Rd. Ind. Est. Orr L30—3D 19
Bridle Way. Orr L30—3D 19
Bridport St. L3—2C 67
Brierfield Rd. L15—1D 89
Brierley Clo. Neth L30—4A 10
Brierley St. WA5—4C 149
Briers Clo. WA2—3B 142
Briery Hey Av. Kir L33—1D 23
Brighton Rd. Cro L22—2C 17
Brighton Rd. Huy L36—1A 74
Brighton St. WA5—3B 148
Brighton St. Wal L44—4C 43
Brighton Vale. Cro L22—1A 16
Bright St. L6—1D 67
Bright St. Birk L41—1B 84
Brightwell Clo. Upt L49—2D 81
Brill St. Birk L41—4A 64
Brimelow Cres. WA5—2B 154
Brimstage Clo. Beb L63—1B 106
Brimstage Clo. Barn L60—4D 123
Brimstage La. Stor L63—4A 106
Brimstage Rd. L4—4A 30
Brimstage Rd. Beb L63—1B 106
Brimstage Rd. Barn L60—4D 123
Brimstage Rd. Gay & Barn L60—4D 123
Brimstage St. Birk L41—2B 84
Brindley Av. WA4—1B 158
Brindley Clo. Lith L21—2A 18
Brindley Rd. Kir L32—2B 22
Brindley Rd. Run WA7—1D 133
Brindley Rd. St H WA9—3C 57
Brindley St. L8—1C 87
Brindley St. Run WA7—2D 131
Brinton Clo. L27—1B 92
Brinton Clo. Wid WA8—2C 119
Brisbane Av. Wal L45—1D 41
Brisbane St. St H WA9—2C 55
Briscoe Av. Mor L46—4D 61
Briscoe Dri. Mor L46—4C 61
Bristol Av. Run WA7—1A 140
Bristol Av. Wal L44—4B 42
Bristol Rd. L15—1D 89
Britannia Av. L15—3B 68
Britannia Cres. L8—3D 87
Britannia Rd. Wal L45—4A 42
Britonside Av. Kir L32—3D 23
Briton Wood Trading Est. Kir L33—3A 24
Brittarge Brow. L27—2C 93
Britten Clo. L8—1A 88
Britton St. L8—1C 87
Broad Arpley La. WA1—1C 157
Broadbelt St. L4—4A 30

Broadbent Av. WA4—1B 158
Broadgate Av. St H WA9—1A 56
Broad Grn. Rd. L13—1A 70
Broadheath Ter. Wid WA8—4B 96
Broadhey. Orr L30—1B 18
Broad Hey Clo. L25—3A 92
Broadhurst Av. WA1—1A 156
Broadhurst St. L17—3A 88
Broad La. L4—4A 32
Broad La. L11—1C 47
Broad La. WA4—3C & 4D 159
Broad La. Hes L60—4A 122
Broad La. Kir L32—3D 23
Broad La. St H WA11—2C 27
Broadmead. L19—2C 113
Broad Mead. Barn L60—4D 123
Broad Oak Av. WA5—1B 154
Broad Oak Av. Hay WA11—1D 39
Broadoak Rd. L14—1D 71
Broadoak Rd. Mag L31—4C 5
Broad Oak Rd. St H WA9—3C 39
Broadoaks. Upt L49—1C 81
Broad Pl. L11—1D 47
Broad Sq. L11—1D 47
Broadstone Dri. Poul L63—2A 124
Broad View. L11—1D 47
Broadway. L9—3B 30
Broadway. L11—4A 32
Broadway. Beb L63—2B 106
Broadway. Ecc WA10—2A 36
Broadway. Gre L49—2C 81
Broadway. St H WA10—1A 54
Broadway. Wal L45—4D 41
Broadway. Wid WA8—1D 117
Broadway Av. Wal L45—3D 41
Broadwood Av. Mag L31—2B 10
Broadwood St. L15—4C 69
Brock Av. Mag L31—3C 5
Brockenhurst Rd. L9—1B 30
Brock Gdns. Hale L24—3A 130
Brockholme Rd. L18—1A 112
Brocklebank La. L19—2B 112
Brocklebank St. Boo L20—4C 29
Brockley Av. Wal L45—1A 42
Brockmoor Tower. L4—1C 45
Brock Rd. WA3—4A 144
Brock St. L4—1C 45
Brockton Ct. WA4—1A 162
Brodie Av. L18 & L19—4D 89 to 2B 112
Bromborough Precinct. Birk L62
—3D 125
Bromborough Rd. Beb L63 & L62
—4A 108
Bromborough Village Rd. Beb L62
—3D 125
Brome Way. Poul L63—2B 124
Bromilow Rd. St H WA9—4C 39
Bromley Av. L18—2D 89
Bromley Clo. WA2—4C 143
Bromley Clo. Hes L60—4A 122
Bromley Rd. Wal L45—2A 42
Brompton Av. L17—1B 88
Brompton Av. Cro L23—1B 16
Brompton Av. Wal L44—4B 42
Bromsgrove Rd. Gre L49—3B 80
Bronshill Ct. Cro L23—4A 6
Bronte Clo. Cro L23—4A 6
Bronte St. L3—2C 67
Bronte St. St H WA10—2C 37
Brook Av. WA4—3B 158
(Stockton Heath)
Brook Av. WA4—4C 151
(Westy)
Brookbridge Rd. L13—2C 47
Brook Clo. Cron WA8—1B 96
Brook Clo. Wal L44—4B 42
Brookdale. Wid WA8—3A 96
Brookdale Av. N. Gre L49—2C 81
Brookdale Av. S. Gre L49—4C 81
Brookdale Rd. L15—1C 89
Brook Dri. WA5—4C 147
Brook End. St H WA9—4D 39
Brooke Rd. E. Cro L22—1B 16
Brooke Rd. W. Cro L22—2D 17
Brookfield Av. Cro L22—3D 17
Brookfield Av. Cro L23—1B 16
Brookfield Av. Rain L35—4A 54

Brookfield Av. Run WA7—2C 133
Brookfield Dri. L9—1D 31
Brookfield Gdns. W Kir L48—4A 78
Brookfield La. Augh L39—2D 5
Brookfield Pk. WA2—2C 159
Brookfield Rd. W Kir L48—4A 78
Brook Furlong La. Frod WA6—4B 136
Brook Hey Dri. Kir L33—4D 13
Brook Hey Wlk. Kir L33—4D 13
Brookhill Clo. Boo L20—3D 29
Brookhill Rd. Boo L20—2D 29
Brookland La. St H WA9—4D 39
Brookland Rd. Birk L41—2C 85
Brookland Rd. E. L13—1D 69
Brookland Rd. W. L13—1D 69
Brooklands Av. Cro L22—3C 17
Brooklands Dri. Mag L31—1C 11
Brooklands Rd. Ecc WA10—2A 36
Brooklands, The. Huy L36—3C 73
Brookland St. WA1—2B 150
Brook La. WA3—2C 153
Brooklet Rd. Barn L60—3D 123
Brook Meadow. Irby L61—2C 103
Brook Pl. WA4—1B 158
Brook Rd. L9—2B 30
Brook Rd. Boo L20—3C 29
(in two parts)
Brook Rd. Mag L31—1C 11
Brook Rd. Thor L23—2D 7
Brookside. L12—1C 49
Brookside. L14—4C 49
Brookside Av. L14—1C 71
Brookside Av. WA4—3A 158
Brookside Av. WA5—1C 155
Brookside Av. Cro L22—3D 17
Brookside Av. Ecc WA10—1A 36
Brookside Av. Lymm WA13—1D 161
Brookside Clo. Pres L35—4C 53
Brookside Cres. Upt L49—1C 81
Brookside Dri. Upt L49—2C 81
Brookside Rd. Pres L35—4C 53
Brook St. L3—2A 66
Brook St. Beb L62—3A 108
Brook St. Birk L41—4B 64
Brook St. Run WA7—2D 131
Brook St. St H WA10—3D 37
Brook St. Wal L44—3B 42
Brook St. Whis L35—4D 53
Brook St. Wid WA8—1A 120
Brook St. E. Birk L41—4C 65
Brook Ter. Run WA7—2C 133
Brook Ter. W Kir L48—4A 78
Brook Vale. Cro L22—3D 17
Brookvale Av. N. Run WA7—1C 139
Brookvale Av. S. Run WA7—1C 139
Brook Wlk. Irby L61—2C 103
Brook Way. WA5—4C 147
Brookway. Birk L43—1C 105
Brookway. Gre L49—2C 81
Brookway. Wal L45—3D 41
Brookway La. St H WA9—4D 39
Brookwood Clo. WA4—4C 157
Brookwood Rd. Huy L36—4C 51
Broom Av. WA4—1A 162
Broom Clo. Ecc L34—3D 53
Broomfield Gdns. L9—1B 30
Broomfield Rd. L9—1B 30
Broomfields. WA4—1B 158
Broomfields Rd. WA4—1A 162
Broom Hill. Birk L43—4D 63
Broom Rd. St H WA10—1A 54
Brooms Gro. Ain L10—2C 21
Broom Way. Hal L26—2C 115
Broseley Av. Beb L62—3C 125
Broster Av. Mor L46—4B 60
Broster Clo. Mor L46—4B 60
Brosters La. Hoy L47—3C 59
Brotherton Clo. Beb L62—3C 125
Brotherton St. Wal L44—2C 65
Brougham Av. Birk L41—3D 85
Brougham Rd. Wal L44—1C 65
Brougham Ter. L6—1D 67
Broughton Av. W Kir L48—3A 78
Broughton Dri. L19—2A 112
Broughton Hall Rd. L12—3C 49
Broughton Rd. Wal L44—1A 64
Brow La. Hes L60—4B 122
Brownbill Bank. L27—2C 93

Brownheath Av. Bill WN5—1D 27
Brownhill Dri. WA1—2B 150
Browning Av. Birk L42—1D 107
Browning Av. Wid WA8—2D 119
Browning Clo. Huy L36—3D 73
Browning Rd. L13—2D 47
Browning Rd. Cro L22—2B 16
Browning Rd. Wal L45—3C 41
Browning St. Boo L20—2C 29
Brownlow Arc. St H WA10—3D 37
Brownlow Hill. L3—3C 67
Brownlow Rd. Beb L62—2A 108
Brownlow St. L3—2D 67
Brownmere Dri. WA3—1C 143
Brownmoor Clo. Cro L23—1D 7
Brownmoor La. Cro L23—1D 17
Brownmoor Pk. Cro L23—1D 17
Brown's La. Orr L30—1D 19
Brown St. L3—2C 67
Brown St. Wid WA8—2B 120
Brownville Rd. L13—2C 47
Brow Rd. Birk L43—3C 63
Brow Side. L5—4D 45
Broxton Av. Birk L43—4D 63
Broxton Av. Gra L48—3A 78
Broxton Rd. Wal L45—3D 41
Broxton St. L15—3C 69
Bruce Av. WA2—1A 150
Bruce St. L8—2D 87
Bruce St. St H WA10—3C 37
Bruche Av. WA1—3B 150
Bruche Dri. WA1—2B 150
Bruche Heath Gdns. WA1—2C 151
Bruen Clo. L27—1B 92
Brunel Clo. L6—4D 45
Brunel Dri. Lith L21—2A 18
Brunel M. L6—4D 45
Brunel Wlk. L6—4D 45
Brunner Rd. Wid WA8—1D 119
Brunsfield Clo. Mor L46—4B 60
Brunstath Clo. Barn L60—3D 123
Brunswick Business Pk. L3—2C 87
Brunswick Clo. L4—1C 45
Brunswick Ct. Birk L41—4C 65
Brunswick M. Cro L22—3C 17
Brunswick Pde. Cro L22—3C 17
Brunswick Pl. L20—1A 44
Brunswick Rd. L6—1D 67
Brunswick St. L3 & L2—3A to 2B 66
Brunswick St. L19—1B 126
Brunswick St. St H WA9—3D 39
Brunswick Way. L3—2C 87
Brunt La. L19—2C 113
Bruntleigh Av. WA4—1C 159
Bruton St. Kno L36—3B 50
Bryanston Rd. L17—3A 88
Bryanston Rd. Birk L42—4A 84
Bryant Av. WA4—4C 151
Bryant Rd. Lith L21—1C 29
Bryceway, The. L12—4C 49
Brydges St. L7—3A 68
Bryer Rd. Pres L35—4B 52
Bryn Bank. Wal L44—4B 42
Brynmoor Rd. L18—4D 89
Brynmoss Av. Birk L42—1D 85
Brynmoss Av. Wal L44—1D 63
Brynn St. St H WA10—2D 37
Brynn St. Wid WA8—2A 120
Bryon Av. Whis L35—1C 75
Brythen St. L1—2B 66
Buccleuch St. Birk L41—3D 63
Buchanan Rd. L9—3B 30
Buchanan Rd. Wal L44—1C 65
Buckfast Clo. WA5—2B 154
Buckfast Clo. Orr L30—4D 9
Buckingham Av. L17—1B 88
Buckingham Av. Beb L63—2C 107
Buckingham Av. Birk L43—4D 63
Buckingham Av. Wid WA8—2D 97
Buckingham Clo. Orr L30—1B 18
Buckingham Dri. WA5—1D 155
Buckingham Rd. L9—1B 30
Buckingham Rd. L13—3C 47
Buckingham Rd. Mag L31—1B 10
Buckingham Rd. Wal L44—4D 41
Buckingham St. L5—3C 45
Buckland Clo. Wid WA8—2B 118

Buckland Dri. Poul L63—2A 124
Buckland St. L17—3A 88
Buckley Hill La. Sef L29—4B 8
Buckley St. WA2—3C 149
Buckley Wlk. L24—2B 128
Buckton St. WA1—3A 150
Bude Av. St H WA9—3C 57
Bude Clo. Birk L43—1B 82
Bude Rd. Wid WA8—4C 97
Budworth Av. WA4—1B 158
Budworth Av. St H WA9—4A 56
Budworth Av. Wid WA8—4B 96
Budworth Clo. Birk L43—2C 83
Budworth Clo. Run WA7—1D 137
Budworth Dri. L25—4B 92
Budworth Rd. Birk L43—2C 83
Buerton Clo. Birk L43—2C 83
Buffs La. Barn L60—3C 123
Bulford Rd. L9—2A 32
Bulkeley Rd. Wal L44—1B 64
Bull Bri. La. Ain L10—2C 21
Bullens Rd. L4—1D 45
Bullens Rd. Kir L32—3D 23
Bull La. L9—4D 19 & 4A 20
Bulwer St. L5—3A 46
Bulwer St. Boo L20—1B 28
Bunbury Dri. Run WA7—1C 137
Bundoran Rd. L17—4C 89
Bunter Rd. Kir L32—4D 23
Buntingford Rd. WA4—1A 160
Burbo Band Rd. S. Cro L23—1A 16
Burbo Bank Rd. Cro L23—4A 6
Burbo Bank Rd. N. Cro L23—3A 6
Burbo Cres. Cro L23—1A 16
Burbo Mans. Cro L23—1A 16
Burbo Way. Wal L45—2C 41
Burden Rd. Mor L46—3B 60
Burdett Av. Poul L63—2A 124
Burdett Clo. Poul L63—2B 124
Burdett Rd. Cro L22—2B 16
Burdett Rd. Wal L45—3C 41
Burdett St. L17—3A 88
Burdon Clo. Wid WA8—3B 96
Burfield Dri. WA4—1A 162
Burford Av. Wal L44—1D 63
Burford Rd. L16—3B 70
Burgess Av. WA4—2D 157
Burgess Gdns. Mag L31—4B 4
Burgess St. L3—2C 67
Burleigh Rd. N. L5—2D 45
Burleigh Rd. S. L4—2D 45
Burlingham Av. Gra L48—4B 78
Burlington Rd. Wal L45—1A 42
Burlington St. L3—4B 44
Burlington St. Birk L41—1C 85
Burman Cres. L19—2B 112
Burman Rd. L19—2B 112
Burnaby St. Wal L44—4B 42
Burnage Av. St H WA9—4A 56
Burnage Clo. L24—2D 129
Burnand St. L4—2D 45
Burnard Clo. Kir L33—2C 23
Burnard Cres. Kir L33—2D 23
Burnard Wlk. Kir L33—2D 23
Burnell Clo. Kir L33—1D 23
Burnell Clo. St H WA10—3C 37
Burnell Wlk. Kir L33—1D 23
Burnet Clo. WA2—1D 151
Burnham Clo. WA5—4B 146
Burnham Clo. Wid WA8—3B 96
Burnham Rd. L18—3A 90
Burnie Av. Boo L20—2A 30
Burnley Av. Mor L46—3D 61
Burnley Rd. Mor L46—3D 61
Burnley Way. L9—4C 113
Burnsall Dri. Wid WA8—3B 96
Burnsall St. L19—4C 113
Burns Av. Wal L45—4A 42
Burns Clo. Whis L35—1C 75
Burns Cres. Wid WA8—1D 119
Burns Gro. WA2—1D 149
Burns Gro. Huy L36—3D 73
Burnside Av. Wal L44—2A 64
Burnside Rd. Wal L44—2A 64
Burns Rd. St H WA9—1D 77

Burns St. Boo L20—1B 28
Burnthwaite Rd. L14—1B 70
Burrell Clo. Birk L42—1B 106
Burrell Ct. Birk L42—1B 106
Burrell Dri. Mor L46—4C 61
Burrell Rd. Birk L42—1A 106
Burrell St. L4—1D 45
Burrough Clo. WA3—3B 144
Burroughs Gdns. L3—4B 44
Burrows La. Ecc L34—2C 53
Burrow's La. Ecc WA10—3A 36
Burrow's St. Hay WA11—1D 39
Burton Av. Wal L45—4C 41
Burton Av. Whis & Rain L35—4D 53
Burton Clo. Whis L35—4D 53
Burtonhead Rd. St H WA9—4D 37
Burton Rd. WA2—1A 150
Burton St. L5—3A 44
Burtons Way. Kir L32—3B 22
Burtonwood Rd. WA5—1C to 3D 147
Burtree Rd. L14—3D 49
Burwen Dri. L9—1B 30
Busby's Cotts. Wal L45—2A 42
Bushey Rd. L4—4D 31
Bush Rd. Wid WA8—4C 119
Bush Way. Hes L60—4A 112
Butchers La. Augh L39—1D 5
Bute St. L5—1C 67
(in two parts)
Butleigh Rd. Huy L36—4C 51
Butler Cres. L6—1A 68
Butler St. L6—1A 68
Buttercup Way. L9—2C 31
Butterfield St. L45—2D 45
Buttermarket St. WA1—4D 149
Buttermere Av. WA2—4A 142
Buttermere Av. Birk L43—1B 82
Buttermere Av. St H WA11—3C 27
Buttermere Clo. Kir L33—4B 12
Buttermere Clo. Mag L31—4C 5
Buttermere Cres. WA2—4A 142
Buttermere Gdns. Cro L23—1D 17
Buttermere Gro. Run WA7—2D 137
Buttermere Rd. Huy L16—3D 71
Buttermere St. L8—4A 68
Butterwick Dri. L12—3A 34
Button St. L2—2B 66
Butts, The. Run WA7—2C 133
Buxted Rd. Kir L32—3D 23
Buxted Wlk. Kir L32—3D 23
Buxton La. Wal L44—4C 41
Buxton Rd. Birk L42—4D 85
Byerley St. Wal L44—1C 65
Byles St. L8—2D 87
Byng Pl. L4—1C 47
Byng Rd. L4—1C 47
Byng St. Boo L20—4C 29
By-Pass, The. Cro L23—4C 7
Byrne Av. Birk L42—4D 85
Byrom St. L3—2B 66
Byrom Way. L3—1C 67
Byron Av. L12—2A 48
Byron Clo. Birk L43—1D 105
Byron Clo. Huy L36—2D 73
Byron Ct. WA2—4D 141
Byron Rd. Cro L23—4B 6
Byron Rd. Lyd L31—3B 4
Byron St. L19—4B 112
Byron St. Boo L20—1B 28
Byron St. Run WA7—3D 131
Byton Wlk. Kir L33—4D 13
Byway, The. Cro L23—4C 7

Cable Rd. Hoy L47—4A 58
Cable Rd. Whis L35—4C 53
Cable Rd. S. Hoy L47—1A 78
Cable St. L1—3B 66
Cabot Clo. WA5—1A 148
Cabot Grn. L25—2C 91
Cabul Clo. WA2—3A 150
Caddick Rd. Kno L34—2C 35
Cadmus Wlk. L6—4D 45
Cadnam Rd. L25—2B 92
Cadogan St. L15—3B 68
Cadshaw Clo. WA3—3A 144
Cadwell Rd. Lyd L31—2A 4

Caernarvon Clo. Run WA7—2D 133
Caernarvon Clo. Upt L49—1D 81
Caerwys Gro. Birk L42—3C 85
Caesars Clo. Run WA7—2C 133
Caird St. L6—1D 67
Cairne St St H WA9—2C 55
Cairnmore Rd. L18—4A 90
Cairns St. L8—1A 88
Cairo St. L4—4A 30
Cairo St. St H WA10—1B 54
Caithness Ct. Run WA7—2A 132
Caithness Dri. Cro L23—1C 17
Caithness Dri. Wal L45—3B 42
Caithness Rd. L18—1A 112
Calcott Rake. Orr L30—4C 9
Caldbeck Av. WA2—3C 142
Caldbeck Gro. St H WA11—2D 27
Caldbeck Rd. Beb L62—2D 125
Calder Av. Birk L43—4D 83
Calder Clo. Kir L33—4C 12
Calder Clo. Wid WA8—3C 99
Calder Dri. L18—2B 90
Calder Dri. Mag L31—3C 5
Calder Dri. Rain L35—1A 76
Calderfield Rd. L18—2B 90
Calder Grange. L18—3C 91
Calderhurst Dri. Win WA10—1A 36
Calder Rd. L5—3D 45
Calder Rd. Beb L63—4C 107
Calders, The. L18—3B 90
Calderstones Av. L18—2A 90
Calderstones Rd. L18—2A 90
Caldicott Av. Beb L62—4D 125
Caldway Dri. L27—2C 93
Caldwell Av. WA5—1C 149
Caldwell Dri. Upt L49—4A 82
Caldwell Rd. L19—2B 112
Caldwell Rd. Wid WA8—2D 119
Caldwell St. St H WA9—3B 38
Caldy Chase Dri. Cal L48—2B 100
Caldy Ct. W·Kir L48—1A 100
Caldy Grange Clo. Gra L48—1C 101
Caldy Gro. St H WA11—1B 38
Caldy Rd. L9—4A 20
Caldy Rd. Wal L45—3A 42
Caldy Rd. W·Kir & Cal L48
—1A 100 to 2D 101
Caledonia St. L7—3D 67
Caigarth Rd. Huy L36—4A 50
California Rd. L13—2C 47
Callaghan Clo. L5—4B 44
Callander Rd. L6—1B 68
Callands Rd. WA5—1A 148
Callestock Clo. L11—1D 33
Callon Av. St H WA11—2C 39
Callow Rd. L15—4C 69
Calne Clo. Irby L61—2B 102
Calstock Clo. WA5—2B 154
Calthorpe St. L19—3A 112
Calton Av. L18—1D 89
Calveley Clo. Birk L43—3C 83
Calverly Clo. Run WA7—2C 139
Calver Rd. WA2—3C 141
Calvers. Run WA7—3C 133
Calver Wlk. L7—3A 68
Camberley Dri. L25—1B 114
Camborne Av. L25—1B 114
Camborne Clo. Run WA7—1C 139
Cambourne Av. St H WA11—4D 27
Cambrai Av. WA4—2D 157
Cambrian Av. Mor L46—4A 60
Cambrian Rd. Mor L46—4A 60
Cambrian Way. L25—3A 92
Cambria St. L6—1A 68
Cambridge Av. Cro L23—4B 6
Cambridge Av. Lith L21—3A 18
Cambridge Clo. WA4—4D 157
Cambridge Dri. Cro L23—4B 6
Cambridge Dri. Hal L26—1D 115
Cambridge Gdns. WA4—1A 162
Cambridge Rd. L9—3A 20
Cambridge Rd. Beb L62—4D 125
Cambridge Rd. Birk L42—4A 84
Cambridge Rd. Boo L20—4A 30
Cambridge Rd. Cro L22 & L21—4C 17
Cambridge Rd. Cro L23—3B 6
Cambridge Rd. St H WA10—2C 37

Cambridge Rd. Wal L45—2A 42
Cambridge St. L7—3D 67
Cambridge St. L15—3B 68
Cambridge St. Pres L34—3B 52
Cambridge St. Run WA7—2A 132
Cambridge St. Wid WA8—2A 120
Camdale Clo. Kno L28—2A 50
Camden St. L3—2C 67
Camden St. Birk L41—1C 85
Camelford Rd. L11—2D 33
Camelot Way. Run WA7—3A 134
Cameron Av. Run WA7—4C 131
Cameron Ct. WA2—3C 141
Cameron Rd. Mor L46—1A 62
Cameron Rd. Wid WA8—2D 119
Cameron St. L7—2B 68
Cam Gro. L8—4A 68
Campania St. L19—4B 112
Campbell Av. Run WA7—4D 131
Campbell Cres. WA5—4A 148
Campbell Dri. Huy L14—1C 71
Campbell St. L1—3B 66
Campbell St. Boo L20—3C 29
Campbell St. St H WA10—2C 37
Camperdown St. Birk L41—1D 85
Camphill Rd. L25—2A 114
Campion WA3—2A 144
Campion Clo. St H WA11—4C 27
Campion Way. Tar L36—4D 73
Camp Rd. L25—1A 114
Camp Rd. WA5—1A 148
Camrose Clo. Run WA7—1D 137
Camsley La. Lymm WA13—2C 161
Cam St. L25—4D 91
Canada Clo. WA2—4C 143
Canal Bank. WA4—2A 158
Canal Reach. Run WA7—2A 134
Canalside. Run WA7—4B 130
Canal St. Boo L20—3C 29
Canal St. Run WA7—2A 132
Canal St. St H WA10—4D 37
Canberra Av. WA2—4A 142
Canberra Av. St H WA9—2C 55
Canberra La. L10—1C 33
Canberra Sq. WA2—3A 142
Candia Tower. L5—3C 45
Candish Pl. L6—4D 45
Canford Clo. WA5—4A 148
Cannell Ct. Run WA7—1B 138
Cannell St. WA5—1A 156
Canning Pl. L1—3B 66
Canning St. L8—4D 67
Canning St. Birk L41—4C 65
Canning St. Cro L22—3B 16
Cannington Rd. St H WA9—4A 38
Canniswood Rd. Hay WA11—1D 39
Cann La. WA4—3B 162
Cannock Grn. Mag L31—4A 4
Cannon Hill. Birk L43—1A 84
Cannon Mt. Birk L43—1A 84
Cannons. WA5—3A 148
Cannon St. St H WA9—4A 56
Canon Rd. L6—2B 46
Canon St. Run WA7—2D 131
Canrow La. Kno L34—1D 35
Cansfield St. St H WA10—2D 37
Canterbury Av. Cro L22—1B 16
Canterbury Clo. Ain L10—2C 21
Canterbury Rd. Birk L42—4D 85
Canterbury Rd. Wal L44—1B 64
Canterbury Rd. Wid WA8—2B 118
Canterbury St. L3—1C 67
Canterbury St. L19—4B 112
Canterbury St. WA4—1D 157
Canterbury Way. L3—1C 67
Canterbury Way. Orr L30—4D 9
Cantly Clo. Run WA7—1A 138
Canton St. L6—1D 67
Cantsfield St. L7—4B 68
Canvey Clo. L15—4A 70
Capenhurst Av. WA2—4C 143
Cape Rd. L9—4B 20
Capesthorne Rd. WA2—1A 150
Capstick Cres. L25—1A 92
Captain's Grn. Orr L30—3C 19
Captain's La. Orr L30—3C 19

Caradoc Rd. Cro L21—1B 28
Caraway Clo. Cro L23—3A 8
Carden Clo. L4—2C 45
Carden Clo. WA3—3A 144
Cardeston Clo. Sut W WA7—3A 138
Cardigan Av. Birk L41—1C 85
Cardigan Clo. WA5—1A 148
Cardigan Rd. Wal L45—2A 42
Cardigan St. L15—3B 68
Cardigan Way. L6—4A 46
Cardigan Way. Neth L30—4A 10
Cardus Clo. Mor L46—4A 60
Cardwell Rd. L19—3B 112
Cardwell St. L7—3A 68
Carey Av. Beb L63—3C 107
Carey St. Wid WA8—1A 120
Carfax Rd. Kir L33—4D 13
Cargill Gro. Birk L42—1A 108
Carham Rd. Hoy L47—1B 78
Carisbrooke Clo. W Kir L48—2B 100
Carisbrooke Rd. Boo L20 & L4—4A 30
Carkington Rd. L25—1B 114
Carlaw Rd. Birk L42—4D 83
Carley Wlk. L24—2C 129
Carlingford Clo. L8—4A 68
Carlingford Rd. WA4—4D 157
Carlisle Av. Orr L30—2D 19
Carlisle Clo. Birk L43—2B 84
Carlisle M. Birk L43—1B 84
Carlisle St. L7—3A 68
Carlisle St. WA4—4A 158
Carlisle St. Wid WA8—4B 98
Carlis Rd. Kir L32—3D 23
Carlow Clo. Hale L24—3A 130
Carlow St. St H WA10—1B 54
Carlton Av. Run WA7—2B 132
Carlton La. L13—4D 47
Carlton La. Hoy L47—4B 58
Carlton Mt. Birk L42—3C 85
Carlton Rd. Beb L63—4A 108
Carlton Rd. Birk L42—3B 84
Carlton Rd. Wal L45—2A 42
Carlton St. L3—4A 44
Carlton St. WA4—4D 157
Carlton St. St H WA10—3C 37
Carlton St. Wid WA8—1A 120
Carlton Ter. Hoy L47—4B 58
Carlyon Way. Hal L26—1C 115
Carmarthen Clo. WA5—1A 148
Carmarthen Cres. L8—1C 67
Carmel Clo. Wal L45—1A 42
Carmelite Cres. Ecc WA10—1A 36
Carmichael Av. Gre L49—4B 80
Carnarvon Rd. L9—3B 30
Carnarvon St. St H WA9—2B 54
Carnatic Rd. L18—3C 89
Carnation Rd. L9—3C 31
Carnegie Av. Cro L23—1B 16
Carnegie Cres. St H WA9—1C 57
Carnegie Rd. L13—4C 47
Carnegie Wlk. St H WA9—1C 57
Carnforth Clo. L12—4C 33
Carnforth Rd. L18—4B 90
Carno St. L15—4C 69
Carnoustie Gro. Hay WA11—1D 39
Carnsdale Rd. Mor L46—3D 61
Carol Dri. Barn L60—4D 123
Carole Clo. St H WA9—3C 57
Carolina St. Boo L20—3C 29
Caroline Pl. Birk L43—2A 84
Carol St. WA4—1A 158
Caronia St. L19—4C 112
Carpathia St. L19—4B 112
Carpenter Gro. WA2—1C 151
Carpenter's La. W Kir L48—4A 78
Carpenter's Row. L1—4B 66
Carraway Rd. L10—1C 33
Carr Bri. Rd. Upt L49—3A 82
Carr Clo. L11—3C 33
Carr Croft. Lith L21—1A 18
Carrfield Av. Cro L21—1A 18
Carr Field Wlk. L11—3C 33
Carr Ga. Mor L46—4A 60
Carr Hey. Mor L46—4A 60
Carr Hey Clo. Upt L49—4B 82
Carr Ho. La. Mor L46—4A 60

Carrick Ct. Cro L23—1D 17
Carrickmore Av. L18—4D 89
Carrington Clo. WA3—3D 143
Carrington Rd. Wal L45—3A 42
Carrington St. Birk L41—3D 63
Carr La. L11—4B 32
Carr La. Gra L48—1C 79
Carr La. Hale L24—3A 130
Carr La. Hal WA8—4C 117
Carr La. Hoy L47—1A 78
Carr La. Hoy & Mor L47 & L46—3D 59
Carr La. Huy L36—2B 72
Carr La. Pres L34—3A 52
Carr La. E. L11—3C 33
Carr Meadows Hey. Orr L30—1B 18
Carr St. St H WA10—1B 36
Carrow Clo. Mor L46—4A 60
Carr Rd. Orr L20—4B 18
Carrs Ter. Whis L35—1B 74
Carr St. St H WA10—1B 36
Carruthers St. L3—1B 66
Carsdale Rd. L18—2D 89
Carsgoe Rd. Hoy L47—1B 78
Carsington Rd. L11—3C 33
Carstairs Rd. L6—1B 68
Carsthorne Rd. Hoy L47—1B 78
Cartbridge La. Hal & Tar L26—1D 115
Carters, The. Gre L49—2B 80
Carters, The. Neth L30—4A 10
Carter St. L8—4D 67
Carterton Rd. Hoy L47—1B 78
Cartmel Av. WA2—4D 141
Cartmel Av. Mag L31—4C 5
Cartmel Clo. Birk L41—2B 84
Cartmel Clo. Huy L36—4B 50
Cartmel Dri. L12—4D 33
Cartmel Dri. Mor L46—4C 61
Cartmel Dri. Rain L35—1D 75
Cartmell Av. St H WA10—4A 26
Cartmell Clo. Run WA10—1C 137
Cartmel Rd. Huy L36—4B 50
Cartmel Ter. L11—3C 33
Cartmel Way. Huy L36—4B 50
Cartwright St. WA5—4B 148
Cartwright St. Run WA7—2A 132
Carver St. L3—1D 67
Caryl Gro. L8—2C 87
Caryl St. L8—1C 87
Cases St. L1—3C 67
Caspian Rd. L4—4D 31
Cassia Clo. L9—2C 31
Cassino Rd. Huy L36—1C 73
Cassio St. Boo L20—4A 30
Cassley Rd. L24—1D 129
Cassville Rd. L18—1A 90
Castell Gro. St H WA10—3C 37
Casterton St. L7—4B 68
Castle Av. WA9—3C 39
Castle Clo. Mor L46—1D 61
Castle Dri. Hes L60—4B 122
Castlefield Clo. L12—2D 47
Castlefield Rd. L12—2D 47
Castlefields Av. E. Run WA7—2C 133
Castlefields Av. N. Run WA7—2C 133
Castlefields Av. S. Run WA7—3D 133
Castle Fields Est. Mor L46—1D 61
Castleford St. L15—4D 69
Castlegate Gro. L12—2A 48
Castle Grn. WA5—1D 147
Castle Keep. L12—2A 48
Castle Rise. Run WA7—2B 132
Castle Rd. Run WA7—3D 133
Castle Rd. Wal L45—3A 42
Castlesite Rd. L12—2A 48
Castle St. L2—2B 66
Castle St. L25—4D 91
Castle St. Birk L41—1D 85
Castle St. Wid WA8—1B 120
Castleton Dri. Neth L30—4A 10
Castleview Rd. L12—2A 48
Castleway N. Mor L46—1D 61
Castleway S. Mor L46—1D 61
Castlewell. Whis L35—4D 53
Castlewood Rd. L6—3A 46
Castner Av. Run WA7—4C 131
Castor St. L6—4A 46
Catford Grn. L24—2D 129

Catfoss Clo. WA2—1B 150
Catharine St. L8—4D 67
Cathcart St. Birk L41—4B 64
Cathedral Clo. L1—4C 67
Cathedral Rd. L6—3A 46
Cathedral Wlk. L3—3C 67
Catherine St. WA5—3C 149
(in two parts)
Catherine St. Birk L41—1B 84
Catherine St. Lith L21—4A 18
Catherine St. Wid WA8—3D 119
Catherine Way. Hay WA11—1D 39
Catonfield Rd. L18—2B 90
Catterall Av. WA2—4A 142
Catterall St. St H WA9—3B 56
Caulfield Dri. Gre L49—3C 81
Caunce Av. Hay WA11—1D 39
Causeway Av. WA4—2D 157
Causeway, The. L12—4C 49
Causeway, The. Beb L62—3A 108
Cavan Rd. L11—1C 47
Cavell Clo. L25—1A 114
Cavendish Clo. WA5—3A 148
Cavendish Dri. L9—3B 30
Cavendish Dri. Birk L42—1C 107
Cavendish Farm Rd. Run WA7—2B 136
(in two parts)
Cavendish Ho. L4—1C 45
Cavendish Rd. Birk L41—4A 64
Cavendish Rd. Cro L23—1B 16
Cavendish Rd. Wal L45—1A 62
Cavendish St. Birk L41—4A 64
Cavendish St. Run WA7—2D 131
(in two parts)
Cavern Walks. L2—2B 66
Caversham Clo. WA4—1A 162
Cavour Ho. L5—4C 45
Cawdor St. L8—1A 88
Cawdor St. WA4—4D 157
Cawdor St. Run WA7—1D 131
Cawfield Av. Wid WA8—1C 119
Cawley St. Run WA7—3D 131
Cawthorne Av. WA4—2C 159
Cawthorne Av. Kir L32—4C 23
Cawthorne Clo. Kir L32—4C 23
Cawthorne Wlk. Kir L32—3C 23
Caxton Clo. Birk L43—1B 82
Caxton Clo. Wid WA8—3A 96
Caxton Rd. Rain L35—3C 77
Cazneau St. L3—1C 67
Cearns Rd. Birk L43—2D 83
Cecil Dri. Ecc WA10—2A 36
Cecil Rd. Beb L62—2A 108
Cecil Rd. Birk L42—4A 84
Cecil Rd. Cro L21—4D 17
Cecil Rd. Wal L44—4A 42
Cecil St. L15—3B 68
Cecil St. St H WA9—2C 57
Cedar Av. Beb L63—4C 107
Cedar Av. Run WA7—4B 132
Cedar Av. Sut W WA7—3C 139
Cedar Av. Wid WA8—4A 98
Cedar Clo. Whis L35—1C 75
Cedar Cres. Huy L36—3C 73
Cedardale Rd. L9—2C 31
Cedar Gro. WA1—2C 151
Cedar Gro. WA4—2A 158
Cedar Gro. Cro L22—1B 16
Cedar Gro. Mag L31—3B 10
Cedar Rd. L9—1C 31
Cedar Rd. WA5—3B 146
Cedar Rd. Whis L35—1C 75
Cedars, The. Mor L46—4B 60
Cedar St. Birk L41—2B 84
Cedar St. Boo L20—2D 29
Cedar St. St H WA10—4B 36
Cedarways. WA4—2A 162
Cedarwood Clo. Gre L49—3A 80
Celia St. L20—1B 44
Celtic Rd. Hoy L47—3C 59
Celtic St. L8—1D 87
Celt St. L6—4A 46
Cement Av. Birk L41—3C 65
Central Av. L24—1B 128
Central Av. WA2—2D 149
Central Av. WA4—2D 157
Central Av. Beb L62—2C 125

Central Av. Ecc L34—2D 53
Central Av. Pres L34—3A 52
Central Dri. L12—3A 48
Central Expressway. Run WA7
—1A 138
Central Pde. L24—2C 129
Central Pk. Av. Wal L44—4B 42
Central Rd. WA4—2D 157
Central Rd. Beb L62—3A 108
(New Ferry)
Central Rd. Beb L62—4A 108
(Port Sunlight)
Central Sq. Mag L31—4B 4
Central St. St H WA10—2D 37
Central Way. L24—2C 129
Centreville Rd. L18—1A 90
Centurion Clo. WA3—2A 144
Centurion Clo. Hoy L47—2C 59
Centurion Dri. Hoy L47—3C 59
Centurion Row. Run WA7—2C 133
Century Rd. Croy L23—4C 7
Ceres Ct. Birk L43—4B 62
Ceres St. L20—1B 44
Cestrian Dri. Thing L61—4A 104
Chadlow Rd. Kir L32—4D 23
Chadwell Rd. Kir L33—4D 13
Chadwick Av. WA3—1D 143
Chadwick Av. WA4—3A 158
Chadwick Rd. Run WA7—1C 133
Chadwick Rd. St H WA11—4C 27
Chadwick St. L3—1A 66
Chadwick St. Mor L46—3C 61
Chaffinch Clo. WA3—3C 145
Chain La. St H WA11—4D 27
Chain Wlk. St H WA10—3A 36
Chalfont Clo. WA4—1B 162
Chalfont Rd. L18—1B 112
Chalfont Way. Kno L28—2A 50
Chalgrave Clo. Wid WA8—3C 99
Chalkwell Dri. Barn L60—4D 123
Challis St. Birk L43—3C 63
Chaloner Gro. L19—3D 111
Chaloner St. L1—4B 66
Chalon Way. St H WA10—3D 37
Chamberlain St. Birk L41—2C 85
Chamberlain St. St H WA10—3B 36
Chamberlain St. Wal L44—1A 64
Chancel St. L4—2D 45
Chancery La. St H WA9—3C 39
Chandos St. L7—3A 68
Changford Rd. Kir L33—4A 14
Channell Rd. L6—1B 68
Channel Reach. Cro L23—1A 16
Channel Rd. Cro L23—1A 16
Channel, The. Wal L45—2C 41
Chantler Av. WA4—3B 158
Chantrell Rd. Gra L48—4C 79
Chantry Clo. Birk L43—1A 82
Chapel Av. L9—1C 31
Chapelcross Rd. WA2—4C 143
Chapel Gdns. L5—4C 45
Chapelhill Rd. Mor L46—3D 61
Chapel La. WA4—4A 158
Chapel La. Cron WA8—2B 96
Chapel La. Ecc WA10—2A 36
Chapel La. Mell L31—4A 12
Chapel La. Neth L30—4D 9
Chapel La. Rain & St H L35 & WA9
—2C 77
Chapel Pl. L19—3B 112
Chapel Pl. L25—4D 91
Chapel Pl. Run WA7—2A 132
Chapel Rd. L6—2B 46
Chapel Rd. L19—3B 112
Chapel Rd. WA5—1B 154
Chapel Rd. Hoy L47—4B 58
Chapel St. L3—2A 66
Chapel St. Pres L34—3B 52
Chapel St. Run WA7—2D 131
Chapel St. St H WA10—1D 37
Chapel St. Wid WA8—2D 119
Chapel Ter. Boo L20—3C 29
Chapman Clo. L8—1C 87
Charing Cross. Birk L41—1B 84
Charlcombe St. Birk L42—2B 84
Charlecote St. L8—3D 87
Charles Av. WA5—3B 146
Charles Berrington Rd. L15—1A 90

Charles Best Grn. Orr L30—4D 9
Charles Rd. Hoy L47—1A 78
Charles St. Birk L41—4B 64
Charles St. St H WA10—2A 38
Charles St. Wid WA8—1D 119
Charlesville. Birk L43—2A 84
Charlesville Ct. Birk L43—2A 84
Charles Wlk. L14—1D 71
Charlesworth Clo. Lyd L31—1A 4
Charleywood Rd. Kir L33—2A 24
Charlotte Rd. Wal L44—4B 42
Charlotte's Meadow. Beb L63—1B 124
Charlotte Wlk. Wid WA8—2A 120
Charlton Clo. Run WA7—1B 138
Charlton Ct. Birk L43—1D 83
Charlton Pl. L13—2A 70
Charlton Rd. L13—2A 70
Charlton St. WA4—2C 159
Charlwood Av. Huy L36—3C 73
Charlwood Clo. Birk L43—1B 82
Charmalue Av. Cro L23—4D 7
Charminster Clo. WA5—4D 147
Charnock Rd. L9—3D 31
Charnwood Clo. L12—3D 33
Charnwood Clo. WA3—2C 145
Charnwood Rd. Huy L36—1A 72
Charnwood St. St H WA9—2C 39
Charter Av. WA5—2C 149
Charterhouse Dri. Ain L10—2C 21
Charterhouse Rd. L25—1A 114
Charters St. L3—1B 66
Chartmount Way. L25—2A 92
Chase, The. Tar L36—3C 73
Chatburn Wlk. L8—3D 87
Chatfield Dri. WA3—3A 144
Chatham Clo. Cro L21—4D 17
Chatham Pl. L7—3A 68
Chatham Rd. Birk L42—4D 85
Chatham St. L7—4D 67
Chatsworth Av. L9—1B 30
Chatsworth Av. Wal L44—4B 42
Chatsworth Dri. Wid WA8—3B 96
Chatsworth Rd. Birk L42—4D 85
Chatsworth Rd. Pen L61—4D 103
Chatsworth Rd. Rain L35—4A 54
Chatsworth St. L7—3A 68
Chatterton Dri. Run WA7—4C 135
Chatterton Rd. L14—4A 48
Chaucer Dri. L12—3A 34
Chaucer Pl. WA4—1C 159
Chaucer Rd. St H WA10—1B 36
Chaucer St. L3—1C 67
Chaucer St. Boo L20—2C 29
Chaucer St. Run WA7—3D 131
Cheadle Av. L13—1D 69
Cheapside. L2—2B 66
Cheddar Clo. L25—4D 91
Cheddar Gro. Kir L32—4C 23
Chedworth Dri. Wid WA8—3B 96
Chedworth Rd. L14—1C 71
Chellow Dene. Thor L23—2A 8
Chelmsford Clo. L4—2C 45
Chelsea Ct. L12—1C 49
Chelsea Lea. L9—4D 19
Chelsea Rd. L9—1C 31
Chelsea Rd. Lith L21—1C 29
Cheltenham Av. L17—1B 88
Cheltenham Clo. Ain L10—2C 21
Cheltenham Cres. Huy L36—3B 72
Cheltenham Cres. Run WA7—1C 137
Cheltenham Rd. Wal L45—3C 41
Chelwood Av. L16—3C 71
Chepstow Av. Wal L44—4B 42
Chepstow St. L4—4A 30
Chequers Gdns. L19—1D 111
Cheriton Av. Gra L48—4C 79
Cheriton Clo. Hal L26—1C 115
Chermside Rd. L17—4C 89
Cherry Av. L4—4C 31
Cherry Bank Rd. Wal L44—2B 64
Cherry Blossom Rd. Run WA7—3B 138
Cherry Clo. L4—4C 31
Cherrydale Rd. L18—3D 89
Cherryfield Cres. Kir L32—2C 23
Cherryfield Dri. Kir L32—2C 23
Cherryfield Heights. Kir L32—4D 23
Cherry La. L4—4C 31
Cherry La. Lymm WA13—4D 161

Cherry Sq. Wal L44—4A 42
Cherrysutton. WA8—3A 96
Cherry Tree Av. WA5—1B 154
Cherry Tree Av. Run WA7—4A 132
Cherry Tree Clo. Hale L24—3A 130
Cherry Tree Clo. Hay WA11—1D 39
Cherry Tree Clo. Whis L35—1B 74
Cherry Tree Dri. St H WA9—4D 39
Cherry Tree La. St H WA11—2C 27
Cherry Tree Rd. Huy L36—3C 73
Cherrytree Rd. Mor L46—4D 61
Cherry Vale. L25—3A 92
Cheryl Dri. Wid WA8—1C 121
Chesford Grange. WA1—2B 152
Cheshire Acre. Upt L49—4A 82
Cheshire Av. Kir L10—4A 22
Cheshire Gro. Mor L46—4C 61
Cheshire Way. Pen L61—1B 122
Cheshyres Dri. Run WA7—3D 133
Cheshyre's La. Run WA7—1A 136
Chesnut Gro. Birk L42—2B 84
Chesnut Gro. Boo L20—2C 29
(in two parts)
Chesnut Rd. Cro L21—3D 17
Chesnut St. L7—3D 67
Chessington Av. WA4—1B 162
Chester Av. Orr L30—2D 19
Chester Clo. Cro L23—4A 8
Chester Clo. Run WA7—2D 133
Chesterfield Rd. Cro L23—3D 7
Chesterfield St. L8—4C 67
Chester La. St H WA9—4A 56
Chester Rd. L6—3B 46
Chester Rd. WA4—3B 158
(Grappenhall)
Chester Rd. WA4—4B 156 to 1D 157
(Higher Walton)
Chester Rd. Gay L60—4C 123
Chester Rd. Huy L36—4D 51
Chester Rd. Sut W, Run, Pres B & Dar
WA7 & WA4—4A 138 to 4D 135
Chester St. Birk L41—1D 85
Chester St. Pres L34—2B 52
Chester St. Wal L44—1D 63
Chester St. Wid WA8—1A 120
Chesterton St. L19—4B 112
Chester Wlk. Huy L36—4D 51
Chestnut Av. WA5—3B 146
Chestnut Av. Cro L23—3D 7
Chestnut Av. Hay WA11—1D 39
Chestnut Av. Huy L36—3B 72
Chestnut Av. Wid WA8—4A 98
Chestnut Clo. Gre L49—4B 80
Chestnut Clo. Whis L35—1C 75
Chestnut Ct. Boo L20—2C 29
Chestnut Gro. L15—4D 69
Chestnut Gro. Beb L62—3C 125
Chestnut Gro. St H WA11—4D 27
Chestnut Ho. WA4—1A 162
Chestnut Ho. Boo L20—2C 29
Chestnut Rd. L4—3C 31
Chesyers La. WA1—4C 149
Chetham Ct. WA2—4C 141
Chetton Dri. Run WA7—4C 135
Chetwood Av. Cro L23—3D 7
Chetwood Dri. Wid WA8—2D 97
Chetwynd Clo. Birk L43—2D 83
Chetwynd Dri. Birk L43—2D 83
Chetwynd St. L17—3A 88
Cheverton Clo. Upt L49—3A 82
Chevin Rd. L9—1B 30
Cheviot Av. WA2—4C 141
Cheviot Av. St H WA9—3C 39
Cheviot Rd. L7—1C 69
Cheviot Rd. Birk L42—1B 106
Cheviot Way. Kir L33—2D 13
Cheyne Clo. Cro L23—1A 16
Cheyne Gdns. L19—1D 111
Cheyne Walk. St H WA9—3C 55
Chichester Clo. L15—3B 68
Chichester Clo. Run WA7—1D 139
Chidden Clo. Gre L49—3B 80
Chidlow Clo. Wid WA8—4D 119
Chigwell Clo. L12—3A 34
Chilcott Rd. L14—1A 70
Childers St. L13—1D 69
Childwall Abbey Rd. L16—4C 71
Childwall Av. L15—4B 68

Childwall Av. Mor L46—4B 60
Childwall Bank Rd. L16—4B 70
Childwall Clo. Mor L46—4B 60
Childwall Cres. L16—4B 70
Childwall Grn. Upt L49—4A 82
Childwall Heights. L25—4D 71
Childwall La. L25—1D 91
Childwall La. Huy L14—2D 71
Childwall Mt. Rd. L16—4B 70
Childwall Pk. Av. L16—1C 91
Childwall Priory Rd. L16—4B 70
Childwall Rd. L15—4A 70
Childwall Valley Rd. L16—4B 70
Childwall Valley Rd. L25 & L27
—4D 71 to 2C 93
Chillerton Rd. L12—1B 48
Chillingham St. L8—3D 87
Chillington Av. Wid WA8—2C 119
Chiltern Clo. Kir L32—4B 12
Chiltern Cres. WA2—4C 141
Chiltern Dri. Kir L32—4B 12
Chiltern Pl. WA2—4C 141
Chiltern Rd. WA2—3C & 4C 141
Chiltern Rd. Birk L42—1B 106
Chiltern Rd. St H WA9—3D 39
China Farm La. Gra L48—3C 79
China La. WA4—2D 157
Chippenham Av. Gre L49—3B 80
Chippindale Clo. WA5—4A 148
Chirkdale St. L4—1C 45
Chirk Way. Mor L46—4D 61
Chisenhale St. L3—1B 66
Chislehurst Av. L25—1A 92
Chisnall Av. St H WA10—2B 36
Chiswell St. L7—2B 68
Chiswick Clo. Run WA7—1A 140
Cholmondeley Rd. Run WA7—3D 137
Cholmondeley Rd. W Kir L48—4A 78
Cholmondeley St. Wid WA8—4D 119
Cholsey Clo. Upt L49—2D 81
Chorley Rd. Pres L34—3A 52
Chorley's La. Wid WA8—3C 99
Chorley St. WA2—3D 149
(in two parts)
Chorley St. St H WA10—2C 37
Chorley Way. Poul L63—3B 124
Chorlton Clo. L16—3D 71
Chorlton Clo. Run WA7—3B 134
Chorlton Gro. Wal L45—4B 40
Christchurch Rd. Birk L43—2A 84
Christian St. L3—1C & 2C 67
Christie St. Wid WA8—1B 120
Christleton Clo. Birk L43—4C 83
Christleton Ct. Run WA7—1A 134
Christmas St. L20—4D 29
Christopher Clo. L16—3B 70
Christopher Gdns. St H WA9—2B 56
Christophers Clo. Pen L61—1B 122
Christopher St. L4—1C 45
Christopher Way. L16—3B 70
Christowe Wlk. L11—1D 33
Chudleigh Clo. Hal L26—1C 115
Chudleigh Rd. L13—1C 69
Church All. L1—3B 66
Church Av. L9—4A 20
Church Cres. Wal L44—2C 65
Churchdown Clo. L14—4D 49
Churchdown Gro. L14—4C 49
Churchdown Rd. L14—4C 49
Church Dri. WA2—1C 151
Church Dri. Beb L62—3A 108
Church End. Hale L24—3A 130
Church Farm Ct. Hes L60—4B 122
Churchfield Rd. L25—2B 92
Churchfields. WA3—1D 143
Churchfields. Wid WA8—1A 98
Church Gdns. Boo L20—3C 29
Church Gdns. Wal L44—4B 42
Church Grn. L16—4D 71
Church Grn. Kir L32—1C 23
Church Gro. Cro L21—1B 28
Church Hill. Wal L44—4D 41
Churchill Av. Birk L41—4A 64
Churchill Gro. Wal L44—3B 42
Churchill Ind. Est. L9—3B 20
Churchill Way N. L3—2B 66
Churchill Way S. L3—2B 66
Church La. L4—4B 30

Church La. L17—1C 111
Church La. WA4—3D 159
Church La. Beb L62—3D 125
Church La. Ecc WA10—3A 36
Church La. Thur L61—4A 102
Church La. Upt L49—4A 82
Church La. Wal L44—4B 42
Church Meadow La. Hes L60—4A 122
Church M. L24—1A 128
Church Mt. L7—2A 68
Church Pl. Birk L42—3C 85
Church Rd. L4—4B 30
Church Rd. L13—2D 69
Church Rd. L15—1D 89
Church Rd. L19—4B 112
Church Rd. L25—3D 91
Church Rd. Beb L63—1B 124
Church Rd. Birk L42—3C 85
Church Rd. Cro L21—1B 28
Church Rd. Cro L22—3C 17
Church Rd. Cro L23—4C 7
Church Rd. Hale L24—4A 130
Church Rd. Hal L26—4C 93
Church Rd. Kno L34—2D 35
Church Rd. Lith L21—3A & 4A 18
Church Rd. Mag L31—2C 11
Church Rd. Orr L20—4B 18
Church Rd. Upt L49—2D 81
Church Rd. Wal L44—2C 65
Church Rd. W Kir L48—4A 78
Church Rd. N. L15—4D 69
Church Rd. Roby. Huy L36—2B 72
Church Rd. S. L25—4A 92
Church Rd. W. L4—4B 30
Church Sq. St H WA10—3D 37
Church St. L1—3B 66
Church St. WA1—4D 149
Church St. Birk L41—1D 85
Church St. Boo L20—3C 29
Church St. Pres L34—3B 52
Church St. Run WA7—1D 131
Church St. St H WA10 & WA9—3D 37
Church St. Wal L44—4B 42
Church St. Wid WA8—4D 119
Church Ter. Birk L42—3C 85
Church View. Boo L20—3C 29
Church Vw. WA2—1C 141
Church Wlk. W Kir L48—4A 78
Church Way. Kir L32—1C 23
Church Way. Orr L30—4C 9
Churchway Rd. L24—2D 129
Churchwood Clo. Beb L62—3D 125
Churnet St. L4—1C 45
Churn Way. Gre L49—2B 80
Churston Rd. L16—1C 91
Churton Av. Birk L43—8D 83
Churton Ct. L6—1D 67
Cicely St. L7—2A 68
Cinder La. L18—2B 90
Cinder La. WA4—3B 160
Cinder La. Orr L20—4B 18
Cinnamon La. WA2—4B 142
Cinnamon La. N. WA2—3B 142
Circular Dri. Beb L62—2A 108
Circular Dri. Gre L49—3C 81
Circular Dri. Hes L60—3A 122
Circular Dri. Birk L41—2C 85
Circular Rd. E. L11—1D 47
Circular Rd. W. L11—1D 47
Cirencester Av. Gre L49—3B 80
Citrine Rd. Wal L44—2B 64
Citron Clo. L9—2C 31
City Gdns. St H WA10—4A 26
City Rd. L4—1D 45
City Rd. St H WA10—4B 26 to 1D 37
City View. St H WA11—2B 26
Civic Way. Beb L63—4D 107
Clairville Clo. Boo L20—3D 29
Clairville Way. L13—4C 47
Clamley Gdns. Hale L24—3A 130
Clamley Rd. L24—1D 129
Clandon Rd. L18—1B 112
Clanfield Av. Wid WA8—3B 96
Clanfield Rd. L11—4C 33
Clapgate Cres. Wid WA8—4A 118
Clap Gates Cres. WA5—3B 148
Clap Gates Rd. WA5—3B 148
Clapham Rd. L4—2A 46

Clare Clo. St H WA9—2C 55
Clare Cres. Wal L44—4C 41
Claremont Av. Mag L31—1A 10
Claremont Av. Wid WA8—2A 98
Claremont Clo. Cro L21—4D 17
Claremont Dri. Beb L63—4D 107
Claremont Dri. Wid WA8—2A 98
Claremont Rd. L15—1C 89
Claremont Rd. Cro L21—4D 17
Claremont Rd. Cro L23—4C 7
Claremont Rd. Run WA7—2A 132
Claremont Rd. Wal L45 & L44—2D 41
Claremont Rd. W Kir L48—3A 78
Claremont Way. Beb L63—2B 106
Clarence Av. WA5—3A 146
Clarence Av. Wid WA8—2D 97
Clarence Rd. WA4—2C 159
Clarence Rd. Birk L42—3B 84
Clarence Rd. Wal L44—1B 64
Clarence St. L3—3C 67
Clarence St. WA1—3B 150
Clarence St. Run WA7—1D 131
Clarendon Clo. Birk L41—2B 84
Clarendon Clo. Run WA7—4C 135
Clarendon Gro. Lyd L31—1B 4
Clarendon Rd. L6—3B 46
Clarendon Rd. L19—3B 112
Clarendon Rd. Cro L21—1B 28
Clarendon Rd. Wal L44—1B 64
Clarendon Wlk. Birk L43—2B 84
Clare Rd. Boo L20—4A 30
Clare Ter. L5—3C 45
Clare Wlk. Kir L10—4A 22
Clare Way. Wal L45—3D 41
Claribel St. L8—1D 87
Clarke Av. WA4—2A 158
Clarke Av. Birk L42—4C 85
Clarke's Cres. Ecc WA10—2A 36
Clarks Ter. Run WA7—4B 130
Classic Rd. L13—4A 48
Clatterbridge Rd. Thor & Poul L63
—3A & 2A 124
Claude Rd. L6—3B 46
Claude St. WA1—3A 150
Claughton Dri. Wal L44—1A 64
Claughton Firs. Birk L43—2A 84
Claughton Grn. Birk L43—2A 84
Claughton Pl. Birk L41—1B 84
Claughton Rd. Birk L41—1B 84
Claughton St. St H WA10—2D 37
Clavell Rd. L19—1B 112
Claverton Clo. Run WA7—1C 137
Clay Cross Rd. L25—4D 91
Clayfield Clo. Boo L20—3A 30
Clayford Cres. L14—4A 48
Clayford Pl. L14—4A 48
Clayford Rd. L14—1A 70
Clayford Way. L14—1A 70
Claypole Clo. L7—4B 68
Clayton Cres. Run WA7—3C 131
Clayton Cres. Wid WA8—1D 119
Clayton La. Wal L44—2A 64
Clayton Pl. Birk L41—1B 84
Clayton Rd. WA3—1B 144
Clayton Sq. Shopping Centre. L1
—3C 67
Clayton St. Birk L41—1B 84
Cleadon Clo. Kir L32—4D 23
Cleadon Rd. Kir L32—4D 23
Cleary St. Boo L20—2C 29
Clee Hill Rd. Birk L42—1B 106
Cleethorpes Rd. Run WA7—1D 139
Clegge St. WA2—3D 149
Clegg St. L5—4C 45
Clelland St. WA4—1A 158
Clementina Rd. Cro L23—4A 6
Clemmey Dri. Orr L20—1A 30
Clent Av. Lyd & Mag L31—3B 4
Clent Gdns. Lyd L31—3B 4
Clent Rd. Mag L31—3B 4
Cleopas St. L8—3D 87
Clevedon St. L8—2D 87
Cleveland Bldgs. L1—3B 66
Cleveland Clo. Kir L32—4B 12
Cleveland Gdns. Birk L41—4C 65
Cleveland Rd. WA2—4D 141
Cleveland Sq. L1—3B 66

Cleveland St. Birk L41—3A 64 to 4C 65
Cleveland St. St H WA9—4B 38
Cleveley Pk. L18—4B 90
Cleveley Rd. L18—1B 112
Cleveley Rd. Hoy L47—3C 59
Cleveleys Av. Wid WA8—4B 98
Cleveleys Rd. WA5—1D 155
Cleves, The. Lyd L31—3C 5
Clieves Rd. Kir L32—3D 23
Cliff Dri. Wal L44—3B 42
Cliffe Rd. WA1—4A 162
Cliffe Rd. Wal L44—4C 149
Cliffe St. Wid WA8—4B 98
Cliff La. WA4—3A 160
Clifford Rd. WA10—1C 155
Clifford Rd. Wal L44—1A 64
Clifford St. L3—2C 67
Clifford St. Birk L41—4D 63
Cliff Rd. Wal L44—1D 63
Cliff St. L7—2B 68
Cliff, The. Wal L45—1D 41
Clifton Clo. WA1—3A 152
Clifton Ct. L19—1B 112
Clifton Cres. Birk L41—1C 85
Clifton Cres. Frod WA6—4D 137
Clifton Cres. St H WA10—4B 36
Clifton Dri. Ain L10—1B 20
Clifton Gro. L5—4C 45
Clifton Gro. Wal L44—4B 42
Clifton La. Run & Sut W WA7
—3D 137 & 3A 138
Clifton Rd. L6—3B 46
Clifton Rd. Bill WA5—1D 27
Clifton Rd. Birk L41—2C 85
Clifton Rd. Run WA7—4D 131
Clifton Rd. Run & Sut W WA7—4A 138
Clifton Rd. E. L6—3B 46
Clifton St. L19—3B 112
Clifton St. WA4—1D 157
Clifton St. St H WA10—2D 37
Clifton Ter. St H WA10—4B 36
Cliftonville Rd. WA1—3A 152
Cliftonville Rd. Pres L34—3C 53
Clifton Wlk. Boo L20—2C 29
Clincton Clo. Wid WA8—1D 117
Clincton View. Wid WA8—1D 117
Clinton Pl. L12—2D 47
Clinton Rd. L12—2D 47
Clint Rd. L7—2B 68
(in two parts)
Clint Way. L7—2B 68
Clipsley Brook View. Hay WA11
—1D 39
Clive Av. WA2—1D 149
Clive Rd. Birk L43—2A 84
Clock Face Rd. St H & Bold WA9—3A 56
Clock La. Cuer WA8—3D 99
Cloisters, The. Cro L23—1C 17
Clorain Clo. Kir L33—1D 23
Clorain Rd. Kir L33—1D 23
Close St. St H WA11—2C 55
Close, The. L9—2B 30
Close, The. Birk L42—1B 106
Close, The. Cro L23—1C 17
Close, The. Ecc WA10—2A 36
Close, The. Gre L49—4B 80
Close, The. Hay WA11—1D 39
Close, The. Irby L61—3B 102
Clough Av. WA2—4D 141
Clough Rd. L24—1B 128
Clough, The. Run WA7—3C 133
Clovelly Av. WA5—3B 146
Clovelly Av. St H WA9—3C 57
Clovelly Gro. Run WA7—2C 139
Clovelly Rd. L4—3A 46
Clover Ct. Run WA7—2C 139
Clover Hey. St H WA11—4C 27
Club St. St H WA11—2B 26
Clwyd Gro. L12—1A 48
Clwyd St. Birk L41—1C 85
(in two parts)
Clwyd St. Wal L45—2A 42
Clydesdale Rd. WA4—4A 158
Clydesdale Rd. Hoy L47—4A 58
Clydesdale Rd. Wal L44—4B 42
Clyde St. L20—1A 44
Clyde St. Birk L42—4D 85
Coach Ho. Ct. Sef L29—2C 9

Coachmans Dri. L12—1C 49
Coach Rd. Bic L39—1D 15
Coalgate La. Whis L35—2B 75
Coal St. L3—2C 67
Coalville Rd. St H WA11—1B 38
Coastal Dri. Wal L45—2C 41
Cobb Av. Lith L21—1C 29
Cobbs La. WA4—4B 158 & 1B 162
Cobden Av. Birk L42—3D 85
Cobden Ct. Birk L42—3C 85
Cobden Pl. L25—4D 91
Cobden Pl. Birk L42—3C 85
Cobden St. L6—1D 67
Cobden St. WA2—3D 149
Cobden View. L25—4D 91
Cobham Av. L9—1B 30
Cobham Rd. Mor L46—4B 60
Cobham Wlk. Orr L30—4C 9
Coburg St. Birk L41—1B 84
Coburg Wharf. L3—1B 86
Cochrane St. L5—4D 45
Cockburn St. L8—3D 87
Cockerell Clo. L4—2C 45
Cockerham Way. L11—2C 33
Cockhedge Centre. WA1—4D 149
Cockhedge La. WA1—4D 149
(in two parts)
Cocklade La. Hale L24—3A 130
Cockshead Rd. L25—1A 92
Cockshead Way. L25—1A 92
Cockspur St. L3—2B 66
Cockspur St. W. L3—2B 66
Coerton Rd. L9—4A 20
Colbern Clo. Mag L31—1C 11
Coldstream Clo. WA2—3B 142
Colebrooke Clo. WA3—3C 145
Colebrooke Rd. L17—3A 88
Coleman Dri. Gre L49—3B 80
Colemere Dri. Thing L61—3A 104
Coleridge Av. St H WA10—2C 37
Coleridge St. L6—1A 68
Coleridge St. Boo L20—2C 29
Colesborne Rd. L11—4C 33
Coles Cres. Thor L23—3A 8
Coleshill Rd. L11—3A 32
Cole St. Birk L43—1B 84
Colette Rd. Kir L10—4A 22
Coleus Clo. L9—2C 31
Colin Clo. Huy L36—2B 72
Colindale Rd. L16—4C 71
Colinton St. L15—3C 69
College Av. Cro L23—1C 17
College Clo. WA1—3A 150
College Clo. WA2—4C 143
College Clo. Birk L43—1A 82
College Clo. Wal L45—3C 41
College Ct. L12—3A 48
College Dri. Beb L63—2D 107
College La. L1—3B 66
College Rd. Cro L23—4B 6
College Rd. N. Cro L23—3B 6
College St. St H WA10—2D 37
College St. N. L6—1D 67
College St. S. L6—1D 67
College View. Boo L20—4D 29
Collier's Row. Run WA7—1A 131
Collier St. Run WA7—1D 131
Collingwood Rd. Beb L63—4A 108
Collin Rd. Birk L43—3C 63
Collins Clo. Boo L20—1C 29
Collin St. WA5—4B 148
Colmore Rd. L11—4A 32
Colquitt St. L1—3C 67
Coltart Rd. L8—1A 88
Colton Rd. L25—4D 71
Colton Wlk. L25—4D 71
Columban Clo. Orr L30—1C 19
Columbia Rd. Birk L43—2A 84
Columbia Rd. L4—4B 30
Columbia Rd. Birk L43—2A 84
Columbia Rd. Pres L34—3C 53
Columbine Clo. Wid WA8—3A 96
Columbus Dri. Pen L61—1A 122
Columbus Way. Lith L21—4A 18
Column Rd. W Kir, Gra, Cal & Fra L48
—4B 78
Colville Ct. WA2—4C 141
Colville Rd. Wal L44—4D 41

Colville St. L15—4C 69
Colwall Clo. Kir L33—1D 23
Colwall Rd. Kir L33—1A 24
Colwall Wlk. Kir L33—1A 24
Colwell Clo. L12—2D 49
Colwell Rd. L14—3D 49
Colwyn Rd. L12—2D 69
Colwyn St. Birk L41—4D 63
Colyton Av. St H WA9—3B 56
Combermere St. L8—1C 87
Combermere St. L15—3B 68
Comely Av. Wal L44—4B 42
Comely Bank Rd. Wal L44—4B 42
Comer Gdns. Lyd L31—3B 4
Commercial Rd. L5—3B 44
Commercial Rd. Beb L62—2D 125
Common Field Rd. Upt L49—4A 82
Common La. WA4—2B 158
Common St. St H WA9—2C 55
Commutation Row. L3—2C 67
Company's Clo. Run WA7—1B 136
Compass Clo. Run WA7—2D 139
Compton Rd. Birk L41—2C 63
Compton Wlk. Boo L20—2C 29
Compton Way. L4—4A 46
Compton Way. Hal L26—3C 115
Comus St. L3—1C 67
Concert St. L1—3C 67
Concordia Av. Upt L49—1A 82
Concourse, The. W Kir L48—4A 78
Concourse Way. St H WA9—4D 39
Conder Clo. L19—3B 112
Conder Gdns. St H WA9—3B 56
Condron Rd. Lith L21—2B 18
(in two parts)
Coney Cres. Cro L23—3A 8
Coney Gro. Run WA7—2C 139
Coney La. Tar L35 & L36—4D 73
Conifer Clo. L9—2C 31
Conifer Gro. WA5—3B 146
Coningsby Dri. Wal L45—4A 42
Coningsby Rd. L4—2D 45
Coniston Av. WA5—1A 154
Coniston Av. Birk L43—1B 82
Coniston Av. Pres L34—3D 53
Coniston Av. Wal L45—2C 41
Coniston Clo. L9—4A 20
Coniston Clo. Kir L33—4C 13
Coniston Clo. Run WA7—1D 137
Coniston Gro. St H WA11—4C 27
Coniston Rd. Irby L61—3C 103
Coniston Rd. Mag L31—4C 5
Coniston St. L5—3A 46
Conleach Rd. L24—2C 129
Connaught Av. WA1—3B 150
Connaught Clo. Birk L41—3D 63
Connaught Rd. L7—2A 68
Connaught Way. Birk L41—3D 63
Connolly Av. Boo L20—2A 30
Consett Rd. St H WA9—2B 54
Constable's Clo. Run WA7—3D 133
Constance St. L3—2D 67
Constance St. St H WA10—3B 36
Constantine Av. Hes L60—3B 112
Convent Clo. L19—2D 111
Convent Clo. Birk L42—2C 85
Conville Boulevd. Beb L63—2C 107
Conway Av. WA5—4C 141
Conway Clo. WA5—3B 146
Conway Clo. Beb L63—4C 107
Conway Ct. Birk L41—1B 84
Conway Pl. Birk L41—1C 85
Conway St. L5—4C 45
Conway St. Birk L41—4B 64 & 1C 85
Conway St. St H WA10—3B 36
Conwy Dri. L6—4A 46
Coogee Av. WA3—3B 146
Cook Rd. Mor L46—4A 40
Cookson Rd. Cro L21—1B 28
Cookson St. L1—4C 67
Cook's Rd. Cro L23—4C 7
Cook St. L2—2B 66
Cook St. Birk L41—1B 84
Cook St. Pres L34—3B 52
Cook St. Whis L35—4D 53
Coombe Dri. Run WA7—4D 131
Coombe Rd. Irby L61—2C 103
Cooper Av. WA2—4D 141

Cooper Av. N. L18—4D 89
Cooper Av. S. L19—1D 111
Cooper Clo. L19—1D 111
Cooper's La. Kir L33—4B 24
Coopers Row. Cro L22—3C 17
Cooper St. Run WA7—1D 131
Cooper St. St H WA10—4B 38
Cooper St. Wid WA8—1A 120
Copeland Clo. Pen L61—1A 122
Copeland Gro. Run WA7—2A 138
Copeland Rd. WA4—3D 157
Copperas Hill. L3—2C 67
Copperas St. St H WA10—3D 37
Copperfield Clo. L8—1D 87
Copperfield Clo. WA3—2A 144
Coppice Clo. Birk L43—1A 82
Coppice Clo. Run WA7—3A 134
Coppice Cres. Huy L36—4D 51
Coppice Grange. Mor L46—4B 60
Coppice Gro. Gre L49—4B 80
Coppice La. Tar L35—4A 74
Coppice, The. L6—2B 46
Coppice, The. Kno L34—3D 35
Coppice, The. Wal L45—2D 41
Coppins, The. WA2—4D 141
Copple Ho. La. Kir L10—4D 21
Coppull Rd. Lyd L31—2B 4
Copse Gro. Irby L61—2C 103
Copse, The. Run WA7—1B 138
Copthorne Rd. Kir L32—2A 22
Copthorne Wlk. Kir L32—2A 22
Copy Clo. Neth L30—4D 9
Copy La. Neth, Orr & Ain L30
——4D 9 to 1A 20
Copy Way. Neth L30—4D 9
Coral Av. Huy L36—1B 72
Coral Av. St H WA9—2C 55
Coral Ridge. Birk L43—1B 82
Coral St. L13—2D 69
Corbet Av. WA2—2D 149
Corbet Clo. Kir L32—1B 22
Corbet St. WA2—2D 149
Corbet Wlk. Kir L32—1B 22
Corbridge Rd. L16—4B 70
Corbyn St. Wal L44—2C 65
Corfu St. Birk L41—1B 84
Corinthian Av. L13—4A 48
Corinthian St. Birk L42—4D 65
Corinthian St. Cro L21—4D 17
Corinth Tower. L5—3C 45
Corinto St. L8—1C 87
Cormorant Dri. Run WA7—2C 131
Corncroft Rd. Kno L34—3D 35
Corndale Rd. L18—2D 89
Cornelius Dri. Irby L61—4D 103
Cornel Way. Tar L36—4D 73
Corner Brook L28—2D 49
Cornett Rd. L9—4A 20
Corney St. L7—4B 68
Corn Hill. L1—4B 66
Cornice Rd. L13—4D 47
Corniche Rd. Beb L62—3A 108
Cornmill Lodge. Mag L31—4B 4
Corn St. L8—2C 87
Cornubia Rd. Wid WA8—2B 120
Cornwall Av. Run WA7—2D 131
Cornwall Clo. Run WA7—3C 133
Cornwall Dri. Birk L43—1D 105
Cornwallis St. L1—4C 67
Cornwall Rd. Wid WA8—3A 98
Cornwall St. WA1—3B 150
Cornwall St. St H WA9—4C 39
Corona Av. Lyd L31—1A 4
Corona Rd. L13—4A 48
Corona Rd. Beb L62—3B 108
Corona Rd. Cro L22—2C 17
Coronation Av. WA4—2D 159
Coronation Av. Huy L14—1C 71
Coronation Av. Wal L45—2A 42
Coronation Ct. L9—2B 32
Coronation Dri. WA5—1C 155
Coronation Dri. Beb L62—1D 125
Coronation Dri. Cro L23—4B 6
Coronation Dri. Frod WA6—4D 137
Coronation Dri. Huy L14—1C 71
Coronation Dri. Pres L35—1B 74
Coronation Dri. Wid WA8—2A 118
Coronation Rd. Cro L23—4B 6

Coronation Rd. Lyd L31—3B 4
Coronation Rd. Run WA7—1A 140
(Preston Brook)
Coronation Rd. Run WA7—3A 132
(Runcorn)
Coronation Rd. Win WA10—1B 36
Coroner's La. Wid WA8—2D 97
Coronet Rd. L11—3D 33
Coronet Way. Wid WA8—1A 118
Corporation Rd. Birk L41
——3D 63 to 4C 65
Corporation St. St H WA10 & WA9
——2D 37
Corrie Dri. Beb L63—1A 124
Corsefield. St H WA9—2B 54
Corsewall St. L7—4B 68
Corsham Rd. Hal L26—3C 115
Cortsway. Gre L49—2C 81
Corwen Clo. WA5—1B 148
Corwen Clo. Birk L43—1A 82
Corwen Clo. Mor L46—4D 61
Corwen Cres. Huy L14—2D 71
Corwen Dri. Neth L30—4A 10
Corwen Rd. L4—2B 46
Corwen Rd. Hoy L47—4B 58
Cosgrove Clo. L6—2B 46
Cossack Av. WA2—1D 149
Costain St. L20—2B 44
Cote Lea Sq. Run WA7—4C 133
Cotham St. St H WA10—3D 37
Cotsford Clo. Huy L36—4B 50
Cotsford Pl. Huy L36—4B 50
Cotsford Rd. Huy L36—4B 50
Cotsford Way. Huy L36—4B 50
Cotswold Gro. St H WA9—3D 39
Cotswold Pl. WA2—3C 141
Cotswold Rd. WA2—3C 141
Cotswold Rd. Birk L42—4B 84
Cotswold St. L7—2A 68
Cottage Clo. Kir L32—4C 23
Cottage St. Birk L41—4B 64
Cottenham St. L6—1A 68
Cotterill. Run WA7—3B 132
Cotterill Dri. WA1—3D 151
Cottesbrook Clo. L11—3B 32
Cottesbrook Pl. L11—3B 32
Cottesbrook Rd. L11—3B 32
Cottesmore Dri. Barn L60—4D 123
Cottham Dri. WA2—3C 143
Cotton La. Run WA7—4B 132
Cotton St. L3—4A 44
Cotton Way. Kir L32—1B 22
Cottrell Clo. L19—4B 112
Coulsdon Pl. L8—2D 87
Coulthard Rd. Birk L42—1A 108
Coulton Rd. Wid WA8—3C 99
Council St. Rain L35—4D 53
Countisbury Dri. L16—1C 91
County Rd. L4—1D 45
County Rd. Kir L32—4C 13 to 3A 24
Court Av. Hal L26—1D 115
Courtenay Av. Cro L22—2B 16
Courtenay Rd. L25—3D 91
Courtenay Rd. Cro L22—2B 16
Courtenay Rd. Hoy L47—1A 78
Court Hey. Mag L31—4C 5
Court Hey Av. L36—2D 71
Court Hey Dri. Huy L16—2D 71
Court Hey Rd. Huy L16—2D 71
Courthope Rd. L4—4C 31
Courtland Rd. L18—2A 90
Courtney Av. Wal L44—1D 63
Courtney Rd. Birk L42—1A 108
Court, The. Kno L28—2B 50
Covent Garden. L2—2A 66
Coventry Av. Orr L30—2D 19
Coventry Rd. L15—1D 89
Coventry St. Birk L41—1B 84
Coverdale Av. Rain L35—2B 76
Covertside. Gra L48—4C 79
Cowan Way. L6—4D 45
Cowanway. Wid WA8—2D 97
Cowdell St. WA2—2D 149
Cowdrey Av. Birk L43—3B 62
Cow Hey La. Run WA7—2C 137
Cowley Clo. Upt L49—2B 80
Cowley Hill La. St H WA10—1C 37
Cowley Rd. L4—4B 30

Cowley St. St H WA10—2D 37
Cowper Rd. L13—1A 70
Cowper St. Boo L20—1C 29
Cowper St. St H WA9—4B 38
Cowper Way. Huy L36—3D 73
Coylton Av. Rain L35—2B 76
Crab La. WA2—3C & 4D 143
Crab St. St H WA10—2D 37
Crabtree Clo. L27—1C 93
Crab Tree Clo. Hale L24—3B 130
Cradley. Wid WA8—4B 96
Crag Gro. St H WA11—2C 27
Craigburn Rd. L13—3C 47
Craighurst Rd. L25—4D 71
Craigmore Rd. L18—4A 90
Craigside Av. L12—2A 48
Craigs Rd. L13—2C 47
Craigwood Way. Huy L36—1A 72
Craine Clo. L4—1A 46
Cramond Av. L18—1D 89
Cranage Clo. Run WA7—1A 138
Cranborne Av. WA4—3C 157
Cranbourne Av. Birk L41—4D 63
Cranbourne Av. Hoy L47—3C 59
Cranbourne Av. Mor L46—4B 60
Cranbourne Rd. L15—4B 68
Cranbrook St. St H WA9—4A 38
Crane Av. St H WA9—3B 56
Cranehurst Rd. L4—4C 31
Cranfield Rd. Cro L23—4A 8
Cranford Rd. L19—2A 112
Cranford St. Wal L44—1B 64
Crank Rd. St H & Rain WA11—3A 26
Cranleigh Clo. WA4—4D 157
Cranleigh Pl. L25—1A 92
Cranleigh Rd. L25—1A 92
Cranmer St. L5—3B 44
(in two parts)
Cranmore Av. Cro L23—1C 17
Cranshaw La. Wid & Bold WA8—1A 98
Cranston Rd. Kir L33—2B 24
Crantock Clo. L11—2D 33
Crantock Clo. Hal L26—1D 115
Crantock Gro. Win WA10—1A 36
Cranwall Clo. Ain L10—1B 20
Cranwell Rd. L25—4D 71
Cranwell Rd. Gre L49—3A 80
Cranwell Wlk. L25—4A 72
Crask Wlk. Kir L33—4D 13
Craven Clo. Birk L41—1B 84
Craven Pl. Birk L41—4B 64
Craven Rd. L12—2B 48
Craven Rd. Rain L35—1B 76
Craven St. L3—2C 67
Craven St. Birk L41—1B 84
Cravenwood Rd. Hal L26—3D 115
Crawford Av. L18—1D 89
Crawford Av. Mag L31—3A 4
Crawford Av. Wid WA8—1A 118
Crawford Clo. L12—2B 48
Crawford Clo. Bold WA9—4C 57
Crawford Ct. L15—3D 69
Crawford Pk. L18—3D 89
Crawford Pl. Run WA7—1A 137
Crawford St. Bold WA9—4C 57
Crawford Way. L7—2C 69
Crawley Av. WA2—3C 141
Crawley Clo. L25—1B 114
Crediton Clo. L11—1D 33
Creek, The. Wal L45—1C 41
Creer St. L5—4C 45
Cremorne Hey. Kno L28—2A 50
Crescent Rd. L9—2C 31
Crescent Rd. Cro L21—4D 17
Crescent Rd. Cro L23—4A 6
Crescent Rd. Wal L44—4B 42
Crescent, The. L24—1A 128
Crescent, The. Beb L63—4C 107
Crescent, The. Cro L22—2C 17
Crescent, The. Gre L49—3C 81
Crescent, The. Huy L36—2A 74
Crescent, The. Irby L61—3D 103
Crescent, The. Mag L31—2B 10
Crescent, The. Thor L23—2A 8
Crescent, The. W Kir L48—4A 78
Crescent, The. Whis L35—1D 75
Cressbrook Rd. WA4—4D 157

Cresside Av. Beb L63—2C 107
Cressingham Rd. Wal L45—1A 42
Cressington Av. Birk L42—4C 85
Cressington Prom. L19—3D 111
Cresson Ct. Birk L42—2D 83
Cresswell St. L6—1D 67
(in two parts)
Cresta Dri. Run WA7—1B 136
Cresttor Rd. L25—3D 91
Creswell Clo. Orr L30—3D 19
Creswell St. St H WA10—3C 37
Cretan Rd. L15—4C 69
Crete Tower. L5—3C 45
Crewe Grn. Upt L49—4A 82
Cringles Dri. Tar L35—4D 73
Crispin St. St H WA10—3C 37
Critchley Rd. L24—2D 129
Croasdale Dri. Run WA7—2A 138
Crockett's Wlk. Ecc WA10—2A 36
Crocus Av. Birk L41—4D 63
Crocus St. L5—2B 44
Croft Av. Beb L62—3C 125
Croft Av. E. Beb L62—2D 125
Croft Clo. Birk L43—3C 83
Croft Dri. Cal L48—3C 100
Croft Dri. Mor L46—4C 61
Croft Dri. E. Cal L48—2B 100
Croft Dri. E. Cal L48—4C 101
Croft Dri. W. Cal L48—2B 100
Croft Edge. Birk L43—3A 84
Croft End. St H WA9—4C 39
Crofters, The. Gre L49—2B 80
Croftfield. Mag L31—4C 5
Croft Ho. WA3—1C 143
Croft La. L9—2D 69
Croft La. Beb L62—3D 125
Crofton Cres. L13—1A 70
Crofton Rd. L13—1A 70
Crofton Rd. Birk L42—3C 85
Crofton Rd. Run WA7—3C 131
Croftside. WA1—3B 152
Croft St. Wid WA8—3D 119
Croftsway. Hes L60—4A 122
Croft, The. L12—2A 48
Croft, The. Gre L49—4B 80
Croft, The. Kir L32—4C 23
Croft, The. Lyd L31—2A 4
Croft, The. Mor WA3—4C 133
Croft Way. Cro L23—3A 8
Cromarty Rd. L13—2D 69
Cromarty Rd. Wal L44—4D 41
Cromdale Gro. St H WA9—4C 39
Cromdale Way. WA5—3A 146
Cromer Dri. Wal L45—4A 42
Cromer Rd. Hoy L47—4A 58
Cromer Way. Hal L26—3D 115
Cromford Rd. Huy L36—4C 51
Crompton Dri. L12—3A 34
Cromptons La. L18—2B 90
Crompton St. L5—3B 44
Cromwell Av. WA5 & WA2
—4A 148 to 4C 141
Cromwell Av. S. WA5—1A 156
Cromwell Rd. L4—4A 30
Cromwell St. Wid WA8—3D 119
Crondall Gro. WA4—4A 70
Cronton Av. Mor L46—1C 61
Cronton Av. Whis L35—3B 74
Cronton La. Rain WA8 & L35—3A 76
Cronton La. Wid WA8—1C 97
Cronton Pk. Av. Cron WA8—1B 96
Cronton Pk. Clo. Cron WA8—1B 96
Cronton Rd. L15—1D 89
Cronton Rd. Tar & Cron L35 & WA8
—4A 74 to 2C 97
Cronulla Dri. WA5—3A 146
Croome Dri. Gra L48—4B 78
Croppers Rd. WA2—3B 142
Cropper St. L1—3C 67
Crosby Av. WA5—2C 149
Crosby Clo. Upt L49—1D 81
Crosby Grn. L12—3A 48
Crosby Gro. St H WA10—1B 54
Crosby Rd. N. Cro L22—2C 17
Crosby Rd. S. Cro L22 & L21
—3C 17 to 1B 28
Crosender Rd. Cro L23—1B 16
Crosfield Clo. L7—2B 68

Crosfield Rd. L7—3B 68
Crosfield Rd. Wal L44—1B 64
Crosfield Rd. Whis L35—4C 53
Crosfield St. WA1—4C 53
Crosfield Wlk. L7—2B 68
Crosgrove Rd. L4—1A 46
Crosland Rd. Kir L32—3D 23
Crossdale Rd. Cro L23—1B 16
Crossdale Way. St H WA11—2C 27
Crossfield St. St H WA9—3A 38
Crosshall St. L1—2B 66
Cross Hey. Lith L21—1A 18
Cross Hey. Mag L31—2C 11
Cross Hey Av. Birk L43—2B 82
Cross Hillocks La. Tar WA8—4C 95
Cross La. WA3—1D 143
Cross La. WA4—2C 159
Cross La. Beb L63—4D 107
Cross La. Pres & Whis L35—4B 52
Cross La. Wal L45—4B 40
Cross La. S. WA3—1A 144
Crossley Dri. Hes L60—4A 122
Crossley Rd. St H WA10—1B 54
Crossley St. WA1—4D 149
Cross La. WA2—2D 149
Cross St. Beb L62—4A 108
Cross St. Birk L41—1D 85
Cross St. Cro L22—3C 17
Cross St. Pres L34—2C 53
Cross St. Run WA7—2D 131
Cross St. St H WA10—3D 37
Cross St. Wid WA8—1A 120
Crossvale Rd. Huy L36—3C 73
Crossway. Birk L43—3C 63
Crossway. Wid WA8—1B 118
Crossways. L25—1D 91
Crossways. Beb L62—1D 125
Crosswood Cres. Huy L36—1B 72
Croston Av. Rain L35—4A 54
Croston Clo. Wid WA8—3B 96
Crouch Av. WA2—4D 141
Crouch St. L5—3A 46
Crouch St. St H WA9—1B 56
Crowe Av. WA2—4D 141
Crowmarsh Clo. Upt L49—2D 81
Crownacres Rd. L25—1B 114
Crown Ga. Run WA7—4D 133
Crown Rd. L12—2B 48
Crown St. L7—2D 67
Crown St. WA1—4D 149
Crown St. St H WA9—2C 55
Crownway. Huy L36—1B 72
Crow St. L8—1C 87
Crowther St. St H WA10—3C 37
Crow Wood La. Wid WA8—1A 118
Crow Wood Pl. Wid WA8—3B 98
Croxdale Rd. L14—2D 49
Croxteth Av. Lith L21—4A 18
Croxteth Av. Wal L44—4A 42
Croxteth Clo. Mag L31—3C 5
Croxteth Dri. L17—2B 88
Croxteth Ga. L17—1B 88
Croxteth Gro. L8—1A 88
Croxteth Hall La. L11 & L12—3D 33
Croxteth La. Kno L34—1A 50
Croxteth Rd. L8—1A 88
Croxteth Rd. Boo L20—1C 29
Croxteth View. Kir L32—4D 23
(in two parts)
Croyde Pl. St H WA9—4B 56
Croyde Rd. L24—1D 129
Croydon Av. L18—2D 89
Croylands St. L4—1C 45
Crucian Way. L12—3D 33
Crump St. L1—4C 67
Crutchley Av. Birk L41—3A 64
Cubbin Cres. L5—3B 44
Cubert Rd. L11—2D 33
Cuckoo Clo. L25—2D 91
Cuckoo La. L25—2D 91
Cuckoo Way. L25—2D 91
Cuerdley Grn. Cuer WA5—4D 99
Cuerdley Rd. WA5—2A 154
Cuerdon Dri. WA4—3A 160
Culbin Clo. WA3—2C 145
Culford Clo. Run WA7—2B 134
Cullen Av. Boo L20—1A 30
Cullen Rd. Run WA7—4B 130

Cullen St. L8—4B 68
Culme Rd. L12—2D 47
Culzean Clo. L13—3A 34
Cumberland Av. L17—1C 89
Cumberland Av. Birk L43—4D 83
Cumberland Av. Orr L30—1B 18
Cumberland Av. St H WA10—1A 54
Cumberland Clo. L6—2B 46
Cumberland Cres. Hay WA11—1D 39
Cumberland Ga. Orr L30—4A 10
Cumberland Rd. Wal L45—2B 42
Cumberland St. L1—2B 66
Cumberland St. WA4—1A 158
Cumber La. Whis L35—1D 75
Cumbria Way. L12—4D 33
Cummings St. L1—3C 67
Cumpsty Rd. Lith L21—2B 18
Cunard Av. Wal L44—3B 42
Cunard Clo. Birk L43—1B 82
Cunard Rd. Lith L21—4A 18
Cunliffe Clo. Run WA7—1B 138
Cunliffe St. L2—2B 66
Cunningham Clo. WA5—4C 147
Cunningham Clo. Birk L43—2C 105
Cunningham Clo. Cal L48—3C 100
Cunningham Dri. Beb L63—4C 125
Cunningham Dri. Run WA7—3C 131
Cunningham Rd. L13—2A 70
Cunningham Rd. Wid WA8—2B 118
Cuper Cres. Huy L36—4B 50
Curate Rd. L6—2B 46
Curbar Wlk. L7—3A 68
Curlender Clo. Birk L41—3C 63
Curlender Way. Hale L24—3A 130
Curlew Av. Upt L49—1B 80
Curlew Clo. Upt L49—1B 80
Curlew Ct. Mor L46—2B 60
Curlew Gro. WA3—3B 144
Curlew Way. Mor L46—2B 60
Currans Rd. WA2—4C 141
Curtana Cres. L11—3D 33
Curtis Rd. L4—1B 46
Curwell Clo. Poul L63—1B 124
Curzon Av. Birk L41—4A 64
Corzon Av. Wal L45—2A 42
Curzon Rd. Birk L42—4A 84
Curzon Rd. Cro L22—2C 17
Curzon Rd. Hoy L47—4A 58
Curzon St. Run WA7—3D 131
Cusson Rd. Kir L33—3A 24
Custley Hey. Kno L28—1A 50
Cut La. Kir L33—4C 25
Cygnet Ct. Kir L33—1D 23
Cynthia Av. WA1—3D 151
Cynthia Rd. Run WA7—2D 131
Cypress Av. Wid WA8—4A 98
Cypress Clo. WA1—3B 152
Cypress Croft. Poul L63—1B 124
Cypress Gro. Run WA7—4B 132
Cypress Rd. Huy L36—3C 73
Cyprian's Way. Orr L30—1C 19
Cyprus St. Pres L34—3B 52
Cyprus Ter. Wal L45—2A 42
Cyril Gro. L17—4C 89
Cyril St. WA2—3D 149

Dacre's Bri. La. Tar L35—4B 74
Dacre St. Birk L41—1C 85
Dacre St. Boo L20—1A 44
Dacy Rd. L5—3D 45
Daffodil Clo. Wid WA8—3C 99
Daffodil Rd. L15—4A 70
Daffodil Rd. Birk L41—4D 63
Dagnall Av. WA5—4C 141
Dagnall Rd. Kir L32—2B 22
Dahlia Clo. L9—2C 31
Dairy Farm Rd. Bic L39—3D 15
Daisy Gro. Wal L44—2C 65
Daisybank Rd. WA5—1B 154
Daisy Bank Rd. Lymm WA13—2D 161
Daisy Mt. Mag L31—1C 11
Daisy St. L5—2B 44
Dakin Wlk. Kir L33—1D 23
Dalamore St. L4—4A 30
Dalby Clo. WA3—2C 145
Dale Acre Dri. Orr L30—1B 18
Dale Av. Beb L62—3D 125

Dale Av. Hes L60—3B 122
Dale Clo. WA5—1A 156
Dale Clo. Mag L31—3B 4
Dale Clo. Wid WA8—1D 117
Dale Cres. St H WA9—3B 56
Dale End Rd. Barn L61—4B 104
Dalegarth Av. L12—1D 49
Dalehead Pl. St H WA11—2C 27
Dale Hey. Wal L44—1A 64
Dale La. L33—4A 14
Dale La. WA4—4B 158
Dalemeadow Rd. L14—1B 70
Dale M. L25—3A 92
Daleside Clo. Mag L31—3D 103
Daleside Rd. Kir L33—1D 23
Daleside Wlk. Kir L33—1D 23
Dales Row. Whis L35—2A 74
Dale St. L2—2B 66
Dale St. L19—4B 112
Dale St. Run WA7—3D 131
Dalesway. Hes L60—4A 122
Dale, The. WA5—4B 146
Dale View Clo. Thing L61—4A 104
Dalewood. L12—3A 34
Daley Pl. Orr L20—4C 19
Daley Rd. Lith L21—3B 18
Dallam La. WA2—2C & 4C 149
Dallas Gro. L9—1B 30
Dallington Ct. L13—3A 48
Dalmeny St. L17—3A 88
Dalmorton Rd. Wal L45—2A 42
Dalry Cres. Kir L32—4D 23
Dalrymple St. L5—3C 45
Dalry Wlk. Kir L32—4D 23
Dalston Dri. St H WA11—2C 27
Dalton Av. WA5—2C 149
Dalton Bank. WA1—4A 150
Dalton Clo. L12—4D 33
Dalton Ct. Run WA7—1C 133
Dalton Rd. Wal L45—2B 42
Dalton St. Run WA7—2B 132
Daltry Clo. L12—2D 47
Damerham Croft. L25—4A 72
Damerham M. L25—4A 72
Damfield La. Mag L31—1B 10
Dam La. WA1—2A 152
Dam La. WA3—1B 142
Dam Row. St H WA10—4C 37
Dam Wood Rd. L24—2B 128
Danby Clo. L5—4D 45
Danby Clo. Run WA7—1A 138
Dane Clo. Irby L61—3D 103
Dane Ct. Rain L35—1A 76
Danefield Pl. L19—2C 113
Danefield Rd. L19—2C 113
Danefield Rd. Gre L49—4B 80
Danefield Ter. L19—2C 113
Danehurst Rd. L9—4A 20
Danehurst Rd. Wal L45—2D 41
Danescourt Rd. L12—3B 48
Danescourt Rd. Birk L41—4A 64
Danescroft. Wid WA8—3A 96
Dane St. L4—1D 45
Daneswell Dri. Mor L46—2D 61
Danes Well Rd. L24—2D 129
Daneville Rd. L4—4D 31
Danger La. Mor L46—2D 61
Daniel Clo. WA3—3C 145
Daniel Ho. Boo L20—3D 29
Dannette Hey. Kno L28—2B 50
Dansie St. L3—2C 67
Dan's Rd. Wid WA8—4C 99
Danube St. L8—4A 68
Daphne Clo. Kir L10—4A 22
Darby Gro. L19—3A 112
Darby Rd. L19—2A 112
Daresbury By-Pass. Dar WA4—3D 135
Daresbury Expressway. Run WA7
—2C 133
Daresbury Rd. Ecc WA10—2A 36
Daresbury Rd. Wal L44—4A 42
Dark Entry. Kno L34—1C 51
Dark La. Mag L31—4C 5
Darley Clo. Wid WA8—3A 96
Darley Dri. L12—3A 48
Darlington Clo. Wal L44—4B 42
Darlington St. Wal L44—4B 42
Darmond Rd. Kir L33—1D 23

Darmond's Grn. W Kir L48—3A 78
Darmonds Grn. Av. L6—2B 46
Darnaway,Clo. WA3—1D 145
Darnley St. L8—1C 87
Darrel Dri. L7—4B 68
Darsefield Rd. L16—4C 71
Dartington Rd. L16—3B 70
Dartmouth Av. Ain L10—1B 20
Dartmouth Dri. Orr L30—4B 8
Darwell Rd. L19—1C 113
Darwen St. L5—3A 44
Darwick Dri. Huy L36—3D 73
Darwin Gro. St H WA9—2C 55
Daryl Rd. Hes L60—3B 122
Daten Av. WA3—1B 144
Daulby St. L3—2D 67
Dauntsey Brow. L25—4A 72
Dauntsey M. L25—4A 72
Dauntsey Wlk. L25—4A 72
Davenham Av. WA1—2B 150
Davenham Av. Birk L43—4D 83
Davenham Clo. Birk L43—4D 83
Davenhill Pk. Ain L10—2B 20
Davenport Av. WA4—4C 151
Davenport Clo. Cal L48—3C 100
Davenport Rd. Hes L60—4A 122
Daventree Rd. Wal L45—3A 42
Daventry Rd. L17—4C 89
David Rd. Lymm WA13—2D 161
David's Av. WA5—4D 147
Davidson Rd. L13—1D 69
David St. L8—2D 87
Davies Av. WA4—4B 158
Davies Clo. Wid WA8—4D 119
Davies St. Boo L20—2D 29
Davies St. St H WA9—2A 38
Davis Rd. Mor L46—1A 62
Davy Clo. Ecc WA10—2A 36
Davy Rd. Run WA7—1C 133
Davy St. L5—3D 45
Dawlish Clo. L25—1B 114
Dawlish Rd. Irby L61—4B 102
Dawlish Rd. Wal L44—1D 63
Dawn Wlk. Kir L10—4A 22
Dawpool Dri. Beb L62—4C 125
Dawpool Dri. Mor L46—3C 61
Dawson Av. Birk L41—3A 64
Dawson Av. St H WA9—2B 56
Dawson Gdns. Mag L31—4B 4
Dawson St. L1—2B 66
Dawstone Rd. Hes & Gay L60—4B 122
Days Meadow. Gre L49—3B 80
Day St. L13—1D 69
Deacon Clo. Cro L22—3C 17
Deacon Ct. L25—4A 92
Deacon Ct. Cro L22—3C 17
Deacon Rd. Wid WA8—1A 120
Deakin St. Birk L41—3D 63
Dean Av. Wal L45—2C 41
Dean Clo. Bill WN5—1D 27
Dean Clo. Wid WA8—1A 120
Dean Cres. WA2—4D 141
Deane Rd. L7—2B 68
Deane St. L1—2C 67
Deansburn Rd. L13—3C 47
Deanscales Rd. L11—4B 32
Deans La. WA4—2B 160
Dean St. Cro L22—3C 17
Dean St. Wid WA8—1A 120
Deans Way. Birk L41—3D 63
Deansway. Wid WA8—2B 118
Deanwater Clo. WA3—3A 144
Dean Way. St H WA9—2D 77
Dearham Av. St H WA11—4C 27
Dearne Clo. L12—3C 49
Dearnley Av. St H WA11—1C 39
Deauville Rd. L9—4B 20
Debra Clo. Mell L31—4A 12
Dee Clo. Kir L33—3D 13
Dee Ct. L25—3B 92
Dee La. W Kir L48—4A 78
Deeley Clo. L7—3B 68
Deepdale Wid WA8—3A 96
Deepdale Av. Boo L20—1B 28
Deepdale Av. St H WA11—2D 27
Deepdale Clo. Birk L43—1B 82
Deepdale Dri. Rain L35—1B 76
Deepdale Rd. L25—4D 71

Deepfield Dri. Huy L36—3D 73
Deepfield Rd. L15—1D 89
Deerbarn Dri. Orr L30—4A 10
Deerbolt Clo. Kir L32—4B 12
Deerbolt Cres. Kir L32—1B 22
Deerbolt Way. Kir L32—1B 22
Dee Rd. Rain L35—1A 76
Deer Pk. Sq. Run WA7—1A 138
Deeside Clo. Birk L43—1A 82
Dee View Rd. Hes L60—4B 122
De Grouchy St. W Kir L48—3A 78
Deidre Av. Wid WA8—1A 120
Delabole Rd. L11—2D 33
De Lacy Row. Run WA7—2D 133
Delafield Clo. WA2—3B 142
Delagoa Rd. L10—4D 21
Delamain Rd. L13—2C 47
Delamere Av. St H WA9—1D 77
Delamere Av. Wid WA8—1A 118
Delamere Clo. L12—3D 33
Delamere Clo. Birk L43—1A 82
Delamere Gro. Wal L44—1C 65
Delamere St. WA5—4B 148
Delamore Pl. L4—4A 30
Delavor Clo. Hes L60—4A 122
Delavor Rd. Hes L60—4A 122
Delaware Cres. Kir L32—1B 22
Delenty Dri. WA3—3A 144
Delery Dri. WA1—2B 150
Delfby Cres. Kir L32—2D 23
Delf La. L4—4B 30
Dell Dri. WA2—1C 151
Dellfield. Mag L31—1C 11
Dell Gro. Birk L42—1A 108
Dell La. Gay L60—4C 122
Dellside Dri. St H WA9—1A 56
Dell St. L7—2B 68
Dell, The. L12—1C 49
Dell, The. Birk L42—1A 108
Delphfields Rd. WA4—1A 162
Delph La. L24—4A 114
Delph La. WA2—1A 142
  (Houghton Green)
Delph La. WA2—2C 141
  (Winwick)
Delph La. Dar WA4—1D to 3D 135
Delph La. Whis L35—4D 53
Delph Rd. Cro L23—1B 6
Delphwood Dri. St H WA9—4A 38
Delta Dri. L12—1C 49
Delta Rd. Birk L42—1A 108
Delta Rd. Lith L21—4A 18
Delta Rd. St H WA9—3C 39
Delta Rd. W Birk L42—1A 108
Delves Av. WA5—2B 148
Delves Av. Poul L63—1A 124
Delyn Clo. Birk L42—4C 85
Demesne St. Wal L44—1C 65
Denbigh Av. St H WA9—2B 56
Denbigh Rd. L9—3B 30
Denbigh Rd. Wal L44—1B 64
Denbigh St. L5—3A 44
Denbury Av. WA4—3B 158
Dencourt Rd. L11—4C 33
Deneacres. L25—4D 91
Denebank Rd. L4—2A 46
Denecliff. Kno L28—1A 50
Denehurst Clo. WA5—1B 154
Deneshey Rd. Hoy L47—3B 58
Denes Way. Kno L28—2A 50
Denford Rd. L14—4D 49
Denham Av. WA5—4C 147
Denise Av. WA5—4B 146
Denise Rd. Kir L10—4A 22
Denison St. St H WA9—2C 55
Denman Dri. L6—4B 46
Denman Gro. Wal L44—1C 65
Denman St. L6—1A 68
Denman Way. L6—4B 46
Denmark St. Cro L22—2B 16
Dennet Clo. WA1—3B 152
Dennett Clo. Mag L31—2B 10
Dennett Rd. Pres L36—1B 74
Denning Dri. Irby L61—2C 103
Dennis Av. St H WA10—2A 54
Dennis Rd. Wid WA8—2B 120
Denny Clo. Upt L49—2D 81
Densham Av. WA2—1C 149

Denston Clo. Birk L43—4A 62
Denstone Av. Ain L10—1B 20
Denstone Clo. L25—1A 114
Denstone Clo. Huy L14—4A 50
Denstone Cres. Huy L14—4A 50
Denton Dri. Wal L45—3B 42
Denton Gro. L6—4B 46
Dentons Grn. La. St H WA10—1B 36
Denton St. L8—2D 87
Denton St. Wid WA8—1A 120
Dentwood St. L8—3D 87
Denver Rd. WA4—2C 159
Denver Rd. Kir L32—2B 22
Depot Rd. Kir L33—4B 14
Deptford Clo. L25—1B 92
Derby Dri. WA1—2B 150
Derby Gro. Mag L31—2B 10
Derby La. L13—4D 47
Derby Pl. L13—2D 69
Derby Rd. WA4—4D 157
Derby Rd. Birk L42—3B 84
Derby Rd. Boo L20—3C 29 to 2A 44
Derby Rd. Huy L36—2C 73
Derby Rd. Wal L45—3A 42
Derby Rd. Wid WA8—3A 98 to 2C 99
Derbyshire Hill Rd. St H WA9—3D 39
Derby Sq. L2—3B 66
Derby Sq. Pres L34—3C 53
Derby St. L13—1D 69
Derby St. L19—4B 112
Derby St. Birk L43—2B 84
Derby St. Huy L36—2D 73
Derby St. Pres L34—3B 52
Derby Ter. Huy L36—1C 73
Dereham Av. Upt L49—4D 61
Dereham Cres. L10—4D 21
Derek Av. WA2—1A 142
Derna Rd. Huy L36—1B 72
Derwent Av. Pres L34—3C 53
Derwent Clo. Beb L68—4C 107
Derwent Clo. Kir L33—4B 12
Derwent Clo. Mag L31—3D 5
Derwent Clo. Rain L35—1A 76
Derwent Dri. Lith L21—3B 18
Derwent Dri. Pen L61—1B 122
Derwent Dri. Wal L45—3A 42
Derwent Rd. L13—4D 47
Derwent Rd. WA4—2C 157
Derwent Rd. Beb L63—4B 106
Derwent Rd. Birk L43—2A 84
Derwent Rd. Cro L23—1D 17
Derwent Rd. Hoy L47—2C 59
Derwent Rd. St H WA11—4C 27
Derwent Rd. Wid WA8—1A 118
Derwent Sq. L13—4D 47
Desborough Cres. L12—2A 48
Desford Rd. L19—1C 111
Desford Rd. St H WA10—4D 27
De Silva St. Huy L36—2D 73
Desmond Clo. Birk L43—4B 62
Desmond Gro. Cro L23—1D 17
Desoto Rd. Wid WA8—4C 119
Desoto Rd. E. Wid WA8—3C & 3D 119
Desoto Rd. W. Wid WA8—3C 119
Deva Clo. Kir L33—2C 13
Deva Rd. W Kir L48—4A 78
Devereaux Dri. Wal L44—1A 64
Deverell Gro. L15—3A 70
Deverell Rd. L15—3A 70
Deverell Rd. Birk L42—1C 107
De Villiers Av. Cro L23—3C 7
Devizes Clo. L25—4A 72
Devizes Dri. Irby L61—2C 103
Devizes M. L25—4A 72
Devizes Wlk. L25—4A 72
Devoke Av. St H WA11—3B 26
Devon Av. Wal L45—3B 42
Devon Clo. Cro L23—2A 6
Devon Ct. L5—4D 45
Devondale Rd. L18—2D 89
Devon Dri. Pen L61—4C 103
Devonfield Rd. L9—1B 30
Devon Gdns. L16—2C 91
Devon Gdns. Birk L42—1C 107
Devon Pl. Wid WA8—3A 98
Devonport Row. Run WA7—4C 133
Devonport St. L8—1D 87

Devonshire Clo. Birk L43—2A 84
Devonshire Pl. L5—2C 45
  (in two parts)
Devonshire Pl. Birk L43—1D 83
Devonshire Rd. Run WA7—2D 131
Devonshire Rd. L8—2A 88
Devonshire Rd. WA1—2B 150
Devonshire Rd. Birk L43—1A 84
Devonshire Rd. Cro L23—1B 16
Devonshire Rd. Pen L61—1A 122
Devonshire Rd. St H WA10—1B 36
Devonshire Rd. Upt L49—2C 81
Devonshire Rd. Wal L44—4A 42
Devonshire Rd. W Kir L48—1B 100
Devonshire Rd. W. L8—2D 87
Devon St. L3—2C 67
Devon St. St H WA10—2B 36
Devon Way. L16—1C 91
Devon Way. Huy L36—1D 73
Dewes La. WA4—1B 160
Dewey Av. L9—3A 20
Dewhurst Rd. WA3—4A 144
Dewlands Rd. Cro L21—3D 17
Dewsbury Rd. L4—2A 46
Dexter St. L8—1C 87
Deyburn Wlk. L12—2B 48
Deycroft Av. Kir L33—4D 13
Deycroft Wlk. Kir L33—4D 13
Deyes End. Mag L31—4C 5
Deyes La. Mag L31—4B 4 to 4D 5
Deysbrook La. L12—3B 48
Deysbrook Way. L12—1B 48
Dial Rd. Birk L42—3C 85
Dial St. L7—2B 68
Dial St. WA1—4D 149
Diana Rd. Orr L20—4B 18
Diana St. L4—1D 45
Dibbinsdale Rd. Poul & Beb L63
—4B 124
Dibbins Hey. Poul L63—2B 124
Dibbinview Gro. Poul L63—2C 125
Dibb La. Cro L23—2B 6
Dicconson St. St H WA10—2D 37
Dickens Av. Birk L43—1D 105
Dickens Clo. Birk L43—1D 105
Dickenson St. WA2—3D 149
Dickens Rd. St H WA10—1B 54
Dickens St. L8—1C 87
Dickinson Clo. Hay WA11—1D 39
Dickson Clo. Wid WA8—1A 120
Dickson St. L3—4A 44
Dickson St. Wid WA8—1A 120
  (in two parts)
Didcot Clo. L25—1B 114
Didsbury Clo. Kir L33—2D 23
Digg La. Mor L46—3C 61
Dig La. WA2—3D 143
Digmoor Rd. Kir L32—4D 23
Digmoor Wlk. Kir L32—4D 23
Dignum Mead. L27—1C 93
Dilloway St. St H WA10—2C 37
Dinas La. Huy L36—4A 50
Dinesen Rd. L19—2B 112
Dingle Brow. L8—3D 87
Dingle Gro. L8—3D 87
Dingle La. L8—3D 87
Dingle La. WA4—2B 162
Dingle Mt. L8—3D 87
Dingle Rd. L8—3D 87
Dingle Rd. Birk L42—2B 84
Dingle Ter. L8—3D 87
Dingle Vale. L8—3D 87
Dingleway. WA4—4A 158
Dingley Av. L9—1B 30
Dingwall Dri. Gre L49—3C 81
Dinmore Rd. Wal L44—4A 42
Dinorben Av. St H WA9—2B 56
Dinorwic Rd. L4—3A 46
Dinsdale Rd. Birk L62—2D 125
Ditchfield Pl. Wid WA8—2A 118
Ditchfield Rd. WA5—2B 154
Ditchfield Rd. Wid WA8—2A 118
Ditton La. Mor L46—1C 61
Ditton Rd. Wid WA8—3B 118 to 3D 119
Dixon Rd. Kir L33—3A 24
Dixon St. WA1—4C 149
Dobson St. L6—4D 45
Dobson Wlk. L6—4D 45

Dock Rd. L19—4A 112
Dock Rd. Wal L42—2D 63 to 3C 65
Dock Rd. Wid WA8—4D 119
Dock Rd. N. Beb L62—3B 108
Dock Rd. S. Beb L62—4B 108
Dock St. Wid WA8—4D 119
Dodd Av. Gre L49—3B 80
Dodd Av. St H WA10—2B 36
Doddridge Rd. L8—2C 87
Dodd's La. Mag L31—3B 4
Dodleston Clo. Birk L43—2C 83
Dodman Rd. L11—2D 33
Doel St. L6—1A 68
Doe's Meadow Rd. Beb L63—4C 125
Dolmans La. WA1—4D 149
Domar Clo. Kir L32—2C 23
Dombey St. L8—1D 87
Dominic Clo. L16—3C 71
Dominic Rd. L16—3C 71
Dominic Way. St H WA9—2B 56
Dominion St. L6—4B 46
Domville. Whis L35—2C 75
Domville Dri. Upt L49—3A 82
Domville Rd. L13—2A 70
Donaldson St. L5—3D 45
Donalds Way. L17—1C 111
Doncaster Dri. Upt L49—1D 81
Donegal Rd. L13—4D 70
Donegal St. Birk L42—4D 85
Donhead M. L25—1A 92
Donne Av. Poul L63—1A 124
Donne Clo. Poul L63—2B 124
Donsby Rd. L9—1C 31
Dooley Dri. Orr L30—4A 10
Doon Clo. L4—1C 45
Dorans La. L2—2B 66
(in two parts)
Dorbett Dri. Cro L23—1D 17
Dorchester Pk. L25—1A 92
Dorchester Rd. WA5—4D & 3D 147
Dorchester Wlk. L25—1A 92
Doreen Av. Mor L46—3B 60
Dorgan Clo. Rain L35—4A 54
Doric Rd. L13—4A 48
Doric St. Birk L42—4D 85
Doris St. Cro L21—4D 17
Dorien Rd. L13—2D 69
Dorincourt. Birk L43—3D 83
Dorking Gro. L15—1A 90
Dorothea St. WA2—2D 149
Dorothy St. L7—2A 68
Dorothy St. St H WA9—2C 55
Dorrington Clo. Run WA7—4C 135
Dorrit St. L8—1D 87
Dorset Av. L15—4B 68
Dorset Clo. Boo L20—3D 29
Dorset Ct. Run WA7—1B 138
Dorset Dri. Pen L61—4C 103
Dorset Rd. L6—3C 47
Dorset Rd. Gra L48—3B 78
Dorset Rd. Huy L36—1A 74
Dorset Rd. St H WA10—4B 36
Dorset Rd. Wal L45—2A 42
Dorset Way. WA1—2D 151
Dosen Brow. L27—1C 93
Douglas Av. Bill WN5—1D 27
Douglas Av. St H WA9—3D 57
Douglas Clo. Wid WA8—3C 99
Douglas Dri. Mag L31—4D 5
Douglas Dri. Mor L46—3B 60
Douglas Pl. Boo L20—4C 29
Douglas Rd. L4—3A 46
Douglas Rd. Gra L48—3B 78
Douglas St. Birk L41—1C 85
Douglas St. St H WA10—3C 37
Douglas Way. Kir L33—2D 13
Doulton Clo. Birk L43—4A 62
Doulton Pl. Whis L35—1B 74
Doulton St. St H WA10—3B 36
Dounrey Clo. WA2—4C 143
Douro Pl. L13—2D 69
Douro St. L5—1C 67
Dove Clo. WA3—3C 145
Dovecot Av. L14—1C 71
Dove Ct. L25—4A 92
Dovedale Av. Mag L31—4B 4
Dovedale Clo. Birk L43—4D 83

Dovedale Rd. L18—2D 89
Dovedale Rd. Hoy L47—4A 58
Dovedale Rd. Wal L45—2D 41
Dovepoint Rd. Hoy L47—2C 59
Dovercliffe Rd. L13—1A 70
Dover Clo. Birk L41—4B 64
Dover Clo. Run WA7—1A 140
Dove Rd. L9—1B 30
Dover Rd. WA4—2C 159
Dover Rd. Mag L31—3B 10
Dover St. Run WA7—1A 132
Dovesmead Rd. Barn L60—4D 123
Dove St. L8—4A 68
Dovey St. L8—1D 87
Doward St. Wid WA8—4A 98
Dowhills Dri. Cro L23—3A 6
Dowhills Pk. Cro L23—3A 6
Dowhills Rd. Cro L23—3A 6
Down Clo. St H WA9—2C 55
Downes Grn. Poul L63—3B 124
Downham Clo. L25—1D 91
Downham Dri. Hes L60—3B 122
Downham Grn. L25—1D 91
Downham Rd. Birk L42—3C 85
Downham Rd. N. Barn L61—2B 122
Downham Rd. S. Hes & Barn L60
—3B 122
Downham Way. L25—1D 91
Downing Clo. Birk L43—4A 84
Downing Rd. Boo L20—4A 30
Downland Way. St H WA9—4D 39
Downside. Wid WA8—3A 96
Downside Clo. Orr L30—4C 9
Downside Rd. Ain L10—2D 21
Downs Rd. Run WA7—3A 132
Downs Rd. St H WA10—3C 37
Downs, The. Cro L23—1A 16
Downway La. St H WA9—4D 39
Dowsefield La. L18—3C 91
Dragon Clo. L11—2D 33
Dragon Cres. Whis L35—1C 75
Dragon Dri. Whis L35—1C 75
Dragon La. Whis L35—1C 75
Dragon Wlk. L11—2D 33
Dragon Yd. Wid WA8—2A 98
Drake Clo. L10—4D 21
Drake Clo. WA5—1A 148
Drake Clo. Whis L35—2C 75
Drake Cres. L10—4D 21
Drakefield Rd. L11—3A 32
Drake Pl. L10—4D 21
Drake Rd. L10—4D 21
Drake Rd. Mor L46—4A 40
Drake St. St H WA10—2C 37
Drake Way. L10—4D 21
Draw Well Rd. Kir L33—2B 24
Draycott St. L8—3D 87
Drayton Clo. Irby L61—4C 103
Drayton Clo. Run WA7—3D 131
Drayton Cres. St H WA11—1B 38
Drayton Rd. L4—4B 30
Drayton Rd. Wal L44—1B 64
Drayton St. St H WA9—3D 39
Drennan Rd. L19—2C 113
Drewell Rd. L18—3D 89
Driffield Rd. Pres L34—3B 52
Drinkwater Gdns. L3—1C 67
Drive, The. L12—4A 48
Driveway. Whis L35—2C & 2D 75
Droitwich Av. Gre L49—2B 80
Dromore Av. L18—4D 89
Dronfield Way. L25—4D 71
(in two parts)
Druid's Cross Gdns. L18—2C 91
Druid's Cross Rd. L18—2B 90
Druids Pk. L18—2C 91
Druidsville Rd. L18—3C 91
Druids Way. Upt L49—4A 82
Drummond Rd. L4—1B 46
Drummond Rd. Cro L23—4A 8
Drummond Rd. Hoy L47—1A 78
Druridge Dri. WA5—1B 154
Drury La. L2—2B 66
Dryburgh Way. L4—1C 45
Dryden Clo. Birk L43—4B 62
Dryden Clo. Whis L35—1C 75
Dryden Gro. Huy L36—3D 73
Dryden Pl. WA2—1A 150

Dryden Rd. L7—3C 69
Dryden St. L5—4C 45
Dryden St. Boo L20—1C 29
Dryfield Clo. Gre L49—2B 80
Drysdale St. L8—2D 87
Dublin St. L3—4A 44
Duchess Way. L13—1C 69
Ducie St. L8—1B 88
Duckinfield St. L3—3D 67
Duck Pond La. Birk L42—4A 84
Duckworth Gro. WA2—1C 151
Duddingston Av. L18—1D 89
Duddingston Av. Cro L23—1C 17
Duddon Av. Mag L31—4C 5
Dudley Av. Run WA7—2B 132
Dudley Clo. Birk L43—3A 84
Dudley Gro. L23—1C 17
Dudley Pl. St H WA9—3B 38
Dudley Rd. L18—1D 89
Dudley Rd. Wal L45—1D 41
Dudley St. WA2—3D 149
Dudley St. St H WA9—3B 38
Dudlow Ct. L18—1B 90
Dudlow Dri. L18—1B 90
Dudlow Gdns. L18—1B 90
Dudlow Grn. Rd. WA4—3A 162
Dudlow La. L18—1A 90
Dudlow Nook Rd. L18—1B 90
Dugdale Clo. L19—2D 111
Dukes Rd. L5—3C 45
Duke St. L1—3B 66
Duke St. L19—3B 112
Duke St. Birk L41—3B to 4A 64
Duke St. Cro L22—3B 16
Duke St. Pres L34—2C 53
Duke St. St H WA10—2C 37
Duke St. Wal L45—1A 42
Duke St. Bri. Wal L41—3B 64
Dulas Grn. Kir L32—2D 23
Dulas Rd. L15—1A 90
Dulas Rd. Kir L32—3D 23
Dulverton Rd. L17—1C 111
Dumbarton St. L4—1C 45
Dumbrees Rd. L12—1C 49
Dumbreeze Gro. Kno L34—2D 35
Dumfries Way. Kir L33—3B 12
Dunbabin Rd. L15 & L16—1A 90
Dunbar St. L4—4B 30
Dunbeath Av. Rain L35—2B 76
Dunbeath Clo. Rain L35—2B 76
Duncan Av. Run WA7—3A 132
Duncan Clo. St H WA10—3C 37
Duncan Dri. Gre L49—2C 81
Duncansby Cres. WA5—3B 146
Duncan St. L1—4C 67
Duncan St. WA2—2D 149
Duncan St. Birk L41—1D 85
Duncan St. St H WA10—3C 37
Dunchurch Rd. L14—4D 49
Duncombe Rd. N. L19—2A 112
Duncombe Rd. S. L19—2A 112
Dundale Rd. L13—1A 70
Dundalk La. Wid WA8—1B 118
Dundalk Rd. Wid WA8—1C 119
Dundee Clo. WA2—3B 142
Dundee Gro. Wal L44—1D 63
Dundonald Av. WA4—4D 157
Dundonald Rd. L17—1C 111
Dundonald St. Birk L41—3D 63
Dunedin St. St H WA9—2C 55
Dunfold Clo. Kir L32—2C 23
Dungeon La. L24—2D 129
Dunham Rd. L15—3A 70
Dunkeld St. L6—1A 68
Dunkirk Way. WA3—2C 145
Dunlin Clo. WA2—4B 142
Dunlin Clo. Run WA7—2B 138
Dunlin Ct. L25—2D 91
Dunlop Dri. Mell L31—4A 12
Dunlop Rd. L24—2A 128
Dunlop St. WA4—1D 157
Dunluce St. L4—4A 30
Dunmail Av. St H WA11—2C 27
Dunmail Gro. Run WA7—2A 138
Dunmore Rd. L13—1C 69
Dunmow Way. L25—1B 114
Dunnerdale Rd. L11—4C 33

Egdon Clo. Wid WA8—4C 99
Egerton Av. WA1—3B 150
Egerton Dri. W Kir L48—4A 78
Egerton Gro. Wal L45—4A 42
Egerton Pk. Birk L42—1C 107
Egerton Pk. Clo. Birk L42—1C 107
Egerton Rd. L15—4B 68
Egerton Rd. Beb L62—2A 108
Egerton Rd. Birk L43—1D 83
Egerton Rd. Lymm WA13—2D 161
Egerton Rd. Pres L34—2B 52
Egerton St. L8—4D 67
Egerton St. WA1—4A 150
Egerton St. WA4—3D 157
Egerton St. Run WA7—2D 131
Egerton St H WA9—4B 38
Egerton St. Wal L45—1A 42
Eglington Av. Whis L35—1B 74
Egremont Clo. L27—3D 93
Egremont Lawn. L27—2D 93
Egremont Prom. Wal L45 & L44—3B 42
Egremont Rd. L27—3D 93
Egypt St. WA1—4C 149
Egypt St. Wid WA8—2D 119
Eilian Gro. L14—1B 70
Elaine Clo. Wid WA8—4B 98
Elaine St. L8—1D 87
Elaine St. WA1—3A 150
Elderdale Rd. L4—2A 46
Elder Gdns. L19—2A 112
Elder Gro. W Kir L48—4A 78
Eldersfield Rd. L11—4C 33
Elderswood. Rain L35—4B 54
Elderwood Rd. Birk L42—3C 85
Eldon Gro. L3—4B 44
Eldonian Av. L3—4B 44
Eldon Pl. L3—4B 44
Eldon Pl. Birk L41—1C 85
Eldon Rd. Birk L42—4D 85
Eldon Rd. Wal L44—4A 42
Eldon St. L3—4B 44
Eldon St. WA1—4A 150
Eldon St. St H WA10—3C 37
Eldred Rd. L16—1B 90
Eleanor Rd. Birk L43—3B 62
Eleanor Rd. Mor L46—2B 60
Eleanor Rd. Orr L20—1D 29
Eleanor St. L20—1A 44
Eleanor St. Wid WA8—2D 119
Elephant La. St H WA9—2B 54
Elfet St. Birk L41—4D 63
Elgar St. L14—3D 49
Elgin Av. WA4—3C 157
Elgin Dri. Wal L45—3B 42
Elgin St. L41—4C 65
Eliot St. Boo L20—1C 29
Elizabeth Ct. Wid WA8—2A 120
Elizabeth Dri. WA1—2C 151
Elizabeth Rd. Huy L36—3D 73
Elizabeth Rd. Kir L10—4A 22
Elizabeth Rd. Orr L20—1D 29
Elizabeth St. L3—2D 67
Elizabeth St. St H WA9—1C 57
Elizabeth Ter. Wid WA8—1B 118
Eliza St. St H WA9—2D 57
Elkan Clo. Wid WA8—4C 99
Elkan Rd. Wid WA8—4C 99
Elkstone Rd. L11—4C 33
Ellaby Rd. Rain L35—4B 54
Ellams Bri. Rd. St H WA9—2C 57
Ellel Gro. L6—4B 46
Ellen Gdns. St H WA9—2C 57
Ellens Clo. L6—1D 67
Ellen's La. Beb L63—4A 108
Ellen St. WA5—3C 149
Ellen St. St H WA9—2C 57
Elleray Pk. Rd. Wal L45—2D 41
Ellerby Clo. Run WA7—4C 135
Ellergreen Rd. L11—4B 32
Ellerman Rd. L3—3C 87
Ellerslie Av. Rain L35—4A 54
Ellerslie Rd. L13—3C 47
Ellerton Way. L12—3A 34
Ellesmere Dri. Ain L10—1B 20
Ellesmere Gro. Wal L45—2A 42
Ellesmere Rd. WA4—3D 157
Ellesmere St. WA1—4D 149
Ellesmere St. Run WA7—2D 132
Ellsworth Clo. WA5—2D 147

Elliot St. L1—2C 67
Elliot St. St H WA10—3C 37
Elliot St. Wid WA8—1A 120
Elliott Av. WA1—3B 150
Ellis Ashton St. Huy L36—2D 73
Ellison Dri. St H WA10—2B 36
Ellison St. L13—1D 69
Ellison St. WA1—4D 149
Ellison Tower. L5—3C 45
Ellis Pl. L8—2D 87
Ellis Rd. Bill WN5—1D 27
Ellis St. Wid WA8—2D 119
Elion Av. Rain L35—2B 76
Elloway Rd. L24—1D 129
Eimar Rd. L17—4C 89
(in two parts)
Elm Av. Cro L23—3D 7
Elm Av. Upt L49—1C 81
Elm Av. Wid WA8—4A 98
Elmbank Rd. L18—1C 89
Elmbank Rd. Beb L62—3A 108
Elmbank St. Wal L44—1B 64
Elm Clo. L12—3B 34
Elm Clo. Pen L61—1B 122
Elmdale Rd. L9—2C 31
Elmdene Ct. Gre L49—4B 80
Elm Dri. Cro L21—4D 17
Elm Dri. Gre L49—3B 80
Elmfield Clo. St H WA9—1C 55
Elmfield Rd. L9—1B 30
Elm Gro. L7—3D 67
Elm Gro. WA1—3C 151
Elm Gro. Birk L42—2C 85
Elm Gro. Ecc L34—2D 53
Elm Gro. Hoy L47—4B 58
Elm Gro. Wid WA8—4A 98
Elm Hall Dri. L18—2D 89
Elmham Cres. L10—4D 21
Elm Ho. Pres L34—3B 52
Elm Ho. M. L25—3A 92
Elmore Clo. L5—4D 45
Elmore Clo. Run WA7—3B 134
Elm Pk. Rd. Wal L45—2A 42
Elm Rd. L4—4B 30
Elm Rd. WA2—3C 141
Elm Rd. WA5—1B 154
Elm Rd. Beb L63—2D 107
Elm Rd. Birk L42—3B 84
(Devonshire Park)
Elm Rd. Birk L42—4A 84
(Prenton)
Elm Rd. Cro L21—1D 17
Elm Rd. Irby L61—3D 103
Elm Rd. Kir L32—1B 22
Elm Rd. Run WA7—3B 132
Elm Rd. St H WA10 & WA9—1B 54
Elm Rd. N. Birk L42—4A 84
Elmsdale Rd. L18—2A 90
Elmsfield Clo. L25—1D 91
Elmsfield Rd. Cro L23—3A 8
Elms Ho. Rd. L13—1D 69
Elmsley Rd. L18—3D 89
Elms Rd. Mag L31—3B 10
Elms, The. L8—3A 88
Elms, The. Lyd L31—2B 4
Elm St. Birk L41—1C 85
Elm St. Huy L36—2D 73
Elmswood Av. Rain L35—2C 77
Elmswood Ct. L18—3D 89
Elmswood Gro. Huy L36—1A 72
Elmswood Rd. L17—4C 89
Elmswood Rd. Wal L44—4C 43
Elm Ter. L7—2B 68
Elm Ter. Hoy L47—4B 58
Elm Tree Av. WA1—2C 151
Elmtree Clo. L12—2B 48
Elmure Av. Beb L63—4B 106
Elm Vale. L6—1B 68
Elmwood Av. WA1—3A 150
Elmwood Av. Cro L23—4D 7
Elmwood Dri. Pen L61—2B 122
Elmworth Av. Wid WA8—2D 97
Elphin Gro. L4—4B 30
Elric Wlk. Kir L33—1D 23
Elsie Rd. L4—3A 46
Elsinore Heights. Hal L26—2D 115
Elsmere Av. L17—3B 88
Elstead Rd. L9—2A 32

Elstead Rd. Kir L32—3B 22
Elstow St. L5—2B 44
Elstree Rd. L6—1B 68
Elswick St. L8—4B 66
Eltham Av. Lith L21—2A 18
Eltham Clo. Upt L49—4A 82
Eltham Clo. Wid WA8—3C 99
Eltham Grn. Upt L49—4A 82
Eltham St. L7—2C 69
Eltham Wlk. Wid WA8—3C 99
Elton Av. Cro L23—4B 6
Elton Clo. Wha3—3A 144
Elton Dri. Poul L63—2B 124
Elton Head Rd. St H WA9—3B 54
Elton St. L4—4B 30
Elvington Clo. Sut W WA7—3B 138
Elworthy Av. Hal L26—1D 115
Elwyn Dri. Hal L26—2D 115
Elwyn Gdns. Hal L26—1D 115
Elwyn Rd. Hoy L47—2C 59
Elwy St. L8—1D 87
Ely Av. Mor L46—4B 60
Ely Clo. Orr L30—2D 19
Embledon St. L8—4A 68
Embleton Gro. Run WA7—2A 138
Emerald Clo. Orr L30—1A 20
Emerson St. L8—4D 67
Emery St. L4—4B 30
Emily St. St H WA9—2B 54
Emily St. Wid WA8—2A 120
Emlyn St. St H WA9—4B 38
Emmett St. St H WA9—4B 38
Empire Rd. Lith L21—1C 29
(in two parts)
Empress Clo. Mag L31—4A 4
Empress Rd. L6—3B 46
Empress Rd. L7—2A 68
Empress Rd. Wal L44—4B 42
Emstry Wlk. Kir L32—1B 22
Endborne Rd. L9—1B 30
Endbutt La. Cro L23—4C 7
Enderby Av. St H WA11—1B 38
Endfield Pk. L19—2A 112
Endmoor Rd. Huy L36—3B 50
Endsleigh Rd. L13—1C 69
Endsleigh Rd. Cro L22—2A 16
Enerby Clo. Birk L43—4B 62
Enfield Av. Cro L23—4C 7
Enfield Pk. Rd. WA2—3B 142
Enfield Pl. WA5—4B 148
Enfield Rd. L13—1A 70
Enfield Rd. WA5—4B 148
Enfield St. St H WA10—3C 37
Enfield Ter. Birk L43—2A 84
Enid St. L8—1D 87
Ennerdale Av. WA2—3D 141
Ennerdale Av. Mag L31—3C 5
Ennerdale Av. St H WA11—3C 27
Ennerdale Clo. Kir L33—4B 12
Ennerdale Dri. Lith L21—2C 19
Ennerdale Rd. Birk L43—4C 63
Ennerdale Rd. Wal L45—1D 41
Ennerdale St. L3—4B 44
Ennis Clo. Hale L24—3A 130
Ennisdale Dri. Gra L48—3B 78
Ennismore Rd. L13—1D 69
Ennismore Rd. Cro L23—3B 6
Ennis Rd. L12—3C 49
Ensor St. L20—1A 44
Enstone Av. Lith L21—2A 18
Enstone Rd. L25—3A 114
Ensworth Rd. L18—2A 90
Enville St. WA4—1D 157
Epping Av. St H WA9—1D 77
Epping Clo. Rain L35—2B 76
Epping Dri. WA1—2A 162
Epping Gro. L15—1A 90
Epsom Clo. Ain L10—2C 21
Epsom Gdns. WA4—1A 162
Epsom St. L5—3B 44
Epsom St. St H WA9—2C 39
Epsom Way. L5—3B 44
Epstein Ct. L6—1A 68
Epworth St. L6—2D 67
Erfurt Av. Beb L63—4A 108
Erica Ct. Hes L60—3A 122
Eric Av. WA1—3B 150

Eric Gro. Wal L44—1A 64
Eric Rd. Wal L44—4A 42
Eric St. Wid WA8—4A 98
Eridge St. L8—3D 87
Erl St. L9—4A 20
Ermine Cres. L5—3D 45
Errington Ct. L17—2C 111
Errington St. L5—3B 44
Errol St. L17—3A 88
Erskine Clo. St H WA11—1C 39
Erskine Ind. Est. L6—1D 67
Erskine Rd. Wal L44—1B 64
Erskine St. L6—1D 67
Erwood Rd. WA2—3C 149
Erylmore Rd. L18—4A 90
Escolme Dri. Gre L49—3C 81
Escor Rd. L25—1D 91
Eshelby Clo. Cro L22—3C 17
Esher Clo. Beb L62—2A 108
Esher Clo. Birk L43—4B 62
Eshe Rd. Cro L23—4B 6
Eshe Rd. N. Cro L23—3A 6
Esher Rd. L6—1A 68
Esher Rd. Beb L62—2A 108
Eskburn Rd. L13—3C 47
Eskdale Av. WA2—4A 142
Eskdale Av. Mor L46—3B 60
Eskdale Av. St H WA11—3C 27
Eskdale Clo. Run WA7—2D 137
Eskdale Dri. Mag L31—3C 5
Eskdale Rd. L9—1B 30
Esk St. L20—1A 44
Eslington St. L19—2A 112
Esmond St. L6—3A 46
Esonwood Rd. Whis L35—1C 75
Espin St. L4—1D 45
Esplanade, The. Birk L42—4A 86
Esplanade, The. Cro L22—4C 17
Esplen Av. Cro L23—3C 7
Essex Rd. Gra L48—3B 78
Essex Rd. Huy L36—4A 52
Essex St. L8—1C 87
Essex Way. Boo L20—2D 29
Esther St. Wid WA8—1A 120
Esthwaite Av. St H WA11—3C 27
Ethelbert Rd. Birk L43—3B 58
Ethel Rd. Wal L44—1C 65
Etna St. Birk L42—4D 85
Eton Ct. L18—2B 90
Eton Dri. Ain L10—1B 20
Eton St. L4—1D 45
Etruria St. L19—1B 112
Etruscan Rd. L13—2D 47
Ettington Rd. L4—2A 46
Euclid Av. WA4—2D 159
Eugene Av. St H WA9—3D 51
Eustace St. WA2—3C 149
Euston Gro. Birk L43—2A 84
Euston St. L4—4B 30
Evans Pl. WA4—1A 158
Evans Rd. L24—4B 114
Evans Rd. Hoy L47—4A 58
Evans St. Pres L34—2B 52
Evelyn Av. Pres L34—2C 53
Evelyn Av. St H WA9—3C 39
Evelyn Rd. Wal L44—1B 64
Evelyn St. L5—3B 44
Evelyn St. WA5—1A 156
Evelyn St. St H WA9—3C 39
Evered Av. L9—2B 30
Everest Rd. Birk L42—4B 84
Everest Rd. Cro L23—4C 7
Evergreen Clo. Upt L49—1C 81
Everite Rd. Wid WA8—2A 118
Everleigh Clo. Birk L43—4A 62
Eversley. Wid WA8—4A 96
Eversley Clo. WA4—2B 162
Eversley Pk. Birk L43—3A 84
Eversley St. L8—1D 87
Everton Brow. L3—1C 67
Everton Gro. St H WA11—1B 38
Everton Rd. L6—4D 45
Everton Ter. L5—4C 45
Everton Valley. L4—2C 45
Everton View. Boo L20—4C 29
Every St. L6—1A 68
Evesham Clo. L25—4D 91

Evesham Clo. WA4—4A 158
Evesham Rd. L4—4A 32
Evesham Rd. Wal L45—3D 41
Ewanville. Huy L36—2C 73
Ewart Rd. Cro L21—4D 17
Ewart Rd. Huy L16—3D 71
Ewart Rd. St H WA11—1A 38
Exchange Pas. E. L2—2B 66
Exchange Pas. W. L2—2B 66
Exchange Pl. Rain L35—1B 76
Exchange St. St H WA10—3D 37
Exchange St. E. L2—2B 66
Exchange St. W. L2—2B 66
Exe Gro. L8—4A 68
Exeley. Whis L35—2C 75
Exeter Clo. Ain L10—2C 21
Exeter Rd. Boo L20—4D 29
Exeter Rd. Wal L44—4B 42
Exeter St. St H WA10—3B 36
Exford Rd. L12—1C 49
Exley Wlk. L6—1A 68
Exmoor Clo. Irby L61—3D 103
Exmouth Cres. Run WA7—1A 140
Exmouth Gdns. Birk L41—1B 84
Exmouth St. Birk L41—1B 84
Exmouth Way. Birk L41—1B 84
Expressway. Run WA7—1B 134
Extension View. St H WA9—1B 56

Factory La. WA5—4C 149
Factory La. Wid WA8—3A 98
Factory Row. St H WA10—4C 37
Fairacre Rd. L19—2D 111
Fairacres Rd. Beb L63—1B 124
Fairash Clo. Birk L43—4B 62
Fairbairn Rd. Cro L22—2C 17
Fairbank St. L15—4C 69
Fairbeech Ct. Birk L43—4B 62
Fairbeech M. Birk L43—4B 62
Fairbrother Cres. WA2—4A 142
Fairburn Clo. Wid WA8—3C 99
Fairburn Rd. L13—3C 47
Fairclough Cres. Hay WA11—1D 39
Fairclough La. Birk L43—3A 84
Fairclough Rd. Huy L36—3B 50
Fairclough Rd. Rain L35—1A 76
Fairclough Rd. St H WA10—2B 36
Fairclough's St. L1—3C 67
Fairfax Dri. Run WA7—2B 132
Fairfax Pl. L11—4A 32
Fairfax Rd. L11—4A 32
Fairfax Rd. Birk L41—2C 85
Fairfax Rd. Wal L44—2C 65
Fairfield. Cro L23—4C 7
Fairfield Av. Huy L36—2D 71
Fairfield Clo. Huy L36—2D 71
Fairfield Cres. L6—1C 69
Fairfield Cres. Huy L36—2D 71
Fairfield Cres. Mor L46—3C 61
Fairfield Dri. Gra L48—3C 79
Fairfield Gdns. WA4—3B 158
Fairfield Gdns. Rainf WA11—1A 26
Fairfield Rd. WA4—3A 158
Fairfield Rd. Birk L42—4C 85
Fairfield Rd. St H WA10—1B 36
Fairfield Rd. Wid WA8—4A 98
Fairfield St. L7—1C 69
Fairfield St. WA1—3A 150
Fairford Cres. L14—1A 70
Fairford Rd. L14—1A 70
Fairhaven Rd. Birk L42—4D 85
Fairhaven Rd. Wid WA8—4A 98
Fairholme Av. Ecc L34—2D 53
Fairholme Clo. L12—2D 47
Fairholme Rd. Cro L23—4C 7
Fairhurst Ter. Pres L34—3C 53
Fairleaf Clo. Birk L43—4B 62
Fairleaf Way. Birk L43—3B & 4B 62
Fairlie Cres. Orr L20—4C 19
Fairlie Dri. Rain L35—2B 76
Fairmead Rd. L11—4A 32
Fairmead Rd. Mor L46—3C 61
Fairoak Clo. Birk L43—4B 62
Fairoak La. Run WA7—3B 140
Fairoak M. Birk L43—4B 62
Fairthorne Wlk. Kir L33—1A 24
Fairtree Clo. Birk L43—4B 62

Fair View. Birk L41—2C 85
Fairview Av. Wal L45—4A 42
Fairview Clo. Birk L43—3A 84
Fair View Pl. L8—2D 87
Fairview Rd. Birk L43—4A 84
Fairview Way. Pen L61—2B 122
Fairway. Huy L36—4D 51
Fairway. Win WA10—1B 36
Fairway Cres. Beb L62—1D 125
Fairway N. Beb L62—1D 125
Fairways. L25—1A 114
Fairways. WA4—2A 162
Fairways. Cro L23—3B 6
Fairway S. Beb L62—2D 125
Fairway, The. L14—4C 49
Falcondale Rd. WA2—1D 141
Falconer St. Boo L20—1C 29
Falconhall Rd. L9—2B 32
Falcon Hey. L10—4D 21
Falcon Rd. Birk L41—2B 84
Falcon View. Run WA7—1A 138
Falkland Rd. Wal L44—1B 64
Falklands App. L11—4A 32
Falkland St. L3—2D 67
Falkland St. Birk L41—4D 63
Falkner Pl. L8—3D 87
Falkner Sq. L8—4D 67
Falkner St. L8—3D 67 & 4A 68
Falkner Ter. L8—4D 67
(in two parts)
Fallow Clo. St H WA9—4A 56
Fallowfield. Kir L33—4C 13
Fallowfield. Run WA7—3B 132
Fallowfield Gro. Wal L32—1D 151
Fallowfield Rd. L15—1D 89
Fallowfield Rd. Mor L46—3D 61
Fallows Way. Whis L35—3B 74
Falmouth Dri. WA5—2B 154
Falmouth Pl. Run WA7—1A 40
Falmouth Rd. L11—1D 33
Falstaff St. L20—1B 44
Falstone Clo. WA3—1D 145
Falstone Dri. Run WA7
—4C 135 & 1A 140
Falstone Rd. Kir L33—4D 13
(in two parts)
Faraday Rd. L7—2C 69
Faraday Rd. Run WA7—1C 133
Faraday St. L5—3D 45
Fareham Rd. L7—1B 68
Faringdon Clo. L25—3A 114
Faringdon Rd. WA2—1D 141
Farley Av. Beb L62—3C 125
Farlow Rd. Birk L42—1C 107
Farm Clo. Gre L49—3B 80
Farmdale Clo. L18—4A 90
Farmdale Dri. Mag L31—4C 5
Far Meadow La. Irby L61—3B 102
Farmer Pl. Orr L20—4C 19
Farm La. WA4—4B 158
Far Moss Rd. Cro L23—3A 6
Farm Rd. Rain L35—4A 54
Farmside. Mor L46—1D 61
Farm View. Lith L21—2A 18
Farmwood Av. Birk L43—4B 62
Fardale. Wid WA8—2A 98
Farndon Av. St H WA9—4A 56
Farndon Av. Wal L45—3C 41
Farndon Dri. Gra L48—3C 79
Farndon Way. Birk L43—2D 83
Farnhill Clo. Run WA7—1B 134
Farnley Clo. Run WA7—2B 134
Farnworth Av. Mor L46—1C 61
Farnworth Clo. Wid WA8—3A 98
Farnworth Rd. WA5—1A 154
Farnworth Rd. Bold WA8 & WA5
—2C 99
Farnworth St. L6—1A 68
Farnworth St. St H WA9—4A 56
Farnworth St. Wid WA8—3A 98
Farrant St. Wid WA8—1A 120
Farrar St. L13—2C 47
Farrell Clo. Mell L31—4A 12
Farrell Rd. WA4—4A 158
Farrell St. WA1—4A 150
Farr Hall Dri. Hes L60—4A 122
Farr Hall Rd. Hes L60—4A 122
Farrier Rd. Kir L33—2D 23

Farriers Way. Orr L30—3D 19
Farrington Clo. St H WA9—3D 55
Fatherside Dri. Orr L30—1B 18
Faversham Rd. L11—3A 32
Fawcett Rd. Lyd L31—3C 5
Fawley Rd. L18—4B 90
Fawley Rd. Rain L35—3C 77
Fazakerley Rd. L9—2B 30
Fazakerley Rd. L9—2B 30
Fazakerley Rd. Pres L35—4C 53
Fazakerley St. L3—2A 66
Fearnhead Cross. WA2—4C 143
Fearnhead La. WA2—4C 143
Fearnley Rd. Birk L41—1B 84
Fearnside St. L7—4B 68
Feather La. Hes L60—4B 122
Fedora St. L6—1A 68
Feeny St. St H WA9—2D 77
Felbeech Clo. Birk L43—4B 62
Felicity Gro. Mor L46—3C 61
Fell Gro. St H WA11—3B 26
Fell St. L7—2A 68
Fell St. Wal L44—2C 65
Felltor Clo. L25—3D 91
Felmersham Av. L11—3A 32
Felspar Rd. Kir L32—4C 23
Felsted Av. L25—4B 92
Felsted Dri. Ain L10—2C 21
Felton Clo. Mor L46—3A 60
Feltree Av. Birk L43—4B 62
Feltree Clo. Birk L43—4B 62
Feltwell Rd. L4—2A 46
Feltwood Clo. L12—2D 49
Feltwood Rd. L12—1C 49
Feltwood Wlk. L12—2D 49
Felwood Clo. Birk L43—4B 62
Fender La. Mor L46—2D 61
Fender View Rd. Mor L46—4D 61
Fenderway. Barn L61—1C 123
Fender Way. Birk L43—1A 82 to 3B 62
Fenham Dri. WA5—1B 154
Fennel St. WA1—3B 150
Fennel Clo. L24—2B 128
Fenton Clo. St H WA10—2C 37
Fenton Clo. Wid WA8—3A 96
Fenton Grn. L24—2B 128
Fenwick La. Run WA7—1D 137
Fenwick St. L2—2B 66
Ferguson Av. Gre L49—3B 80
Ferguson Dri. WA2—1A 150
Ferguson Rd. L11—1C 47
Ferguson Rd. Lith L21—2B 18
Fernbank Av. Huy L36—2B 72
Fern Clo. WA3—3A 144
Ferndale Av. Fra L48—1A 102
Ferndale Av. Wal L44—4B 42
Ferndale Clo. WA1—2D 151
Ferndale Clo. Bold WA8—1C 99
Ferndale Rd. L15—1C 89
Ferndale Rd. Cro L22—2C 17
Ferndale Rd. Hoy L47—4A 58
Fern Gro. L8—1A 88
Fern Hey. Cro L23—3A 8
Fern Hill. Wal L45—2A 42
Fernhill Av. Boo L20—3A 30
Fernhill Clo. Boo L20—3A 30
Fernhill Dri. L8—1D 87
Fernhill Gdns. Boo L20—3A 30
Fernhill M. E. Boo L20—3A 30
Fernhill M. W. Boo L20—3A 30
Fernhill Rd. Boo L20—1A to 3A 30
Fernhill Way. Boo L20—3A 30
Fernhurst. Run WA7—3B 132
Fernhurst Rd. Kir L32—2B 22
Fernie Cres. L8—2C 87
Fernlea Av. St H WA9—2B 54
Fernlea Rd. Hes L60—3C 123
Fernleigh. Birk L43—3A 84
Fernleigh Rd. L13—1A 70
Ferns Rd. Beb L63—4C 107
Fernwood Dri. Hal L26—2C 115
Fernwood Rd. L17—4C 89
Fernybrow Gdns. Upt L49—3A 82
Ferny Brow Rd. Upt L49—3A 82
Ferrey Rd. L10—4D 21
Ferry La. WA4—1A 160
Ferry View Rd. Wal L44—1C 65
Ferryview Wlk. Run WA7—2D 133

Festival Av. WA2—4A 142
Festival Ct. L11—3C 33
Festival Cres. WA2—4A 142
Festival Way. Run WA7—3B 132
Ffrancon Dri. Beb L63—2C 107
Fiddlers Ferry Rd. Wid WA8—2B 120
Fidler St. St H WA10—1B 54
Field Av. Lith L21—3D 17
Field Clo. Beb L62—2A 108
Fielden Rd. Beb L63—1B 124
Fieldfare Clo. L25—2D 91
Fieldfare Clo. WA3—3B 144
Fieldgate. Wid WA8—3A 118
Field Ho. Row. Run WA7—4B 132
Fielding St. L6—1A 68
Field La. Kir L10—4A 22
Field La. Lith L21—2D 17
Field Rd. Wal L45—2A 42
Fields End. Huy L36—3C 73
Fieldside Rd. Birk L42—4C 85
Field St. L3—1C 67
Fieldsway. Run WA7—1B 136
Fieldton Rd. L11—3C 33
Field View. Lith L21—3D 17
Fieldview Dri. WA2—1A 150
Field Wlk. Cro L23—3A 8
Fieldway. L15—3B 70
Fieldway. Barn L60—3D 123
Fieldway. Beb L63—2B 106
Fieldway. Hoy L47—4D 59
Fieldway. Huy L36—3D 73
Fieldway. Mag L31—2C 11
Field Way. Rain L35—4B 54
Fieldway. Wal L45—3D 41
Fieldway. Wid WA8—4C 99
Fieldway Ct. Birk L41—4B 64
Fife Rd. WA1—3B 150
Fifth Av. L9—4B 20
Fifth Av. Birk L43—4A 62
Fifth Av. Run WA7—4C 133
Filbert Clo. Kir L33—3D 13
Fildes Clo. WA5—4D 147
Filton Rd. Huy L14—3A 50
Finborough Rd. L4—4D 31
Fincham Clo. Huy L14—4A 50
Fincham Grn. Huy L14—4A 50
Fincham Rd. Huy L14—3D 49
Fincham Sq. Huy L14—3A 50
Finch Clo. L14—3D 49
Finch Ct. Birk L41—4B 64
Finchdean Clo. Gre L49—3B 80
Finch Dene. L14—2D 49
Finch La. L14—2D to 4D 49
Finch La. Hal L26—3A 116
Finch Lea Dri. L14—3D 49
Finchley Rd. L4—2A 46
Finch Pl. L3—2D 67
Finch Rd. L14—3D 49
Finch Way. L14—4D 49
Findley Dri. Mor L46—1C 61
Findon Rd. Kir L32—3D 23
Fingall Rd. L15—1A 90
Fingland Rd. L15—4C 69
Finlan Rd. Wid WA8—3D 119
Finlay Av. WA5—2B 154
Finlay St. L6—1B 68
Finney, The. Cal L48—3B 100
Finningley Ct. WA2—1B 150
Finstall Rd. Poul L63—2A 124
Finvoy Rd. L13—2C 47
Fiona Wlk. Kir L10—4A 22
Fir Av. Hal L26—2D 115
Firbank Clo. Run WA7—3B 134
Fir Clo. Hal L26—2D 115
Firdale Rd. L9—2C 31
Fire Sta. Rd. Whis L35—4D 53
Fir Gro. L9—3A 20
Fir Gro. WA1—3B 150
Fir La. L15—4D 69
Fir Rd. Cro L22—2C 17
Firs Av. Beb L63—1A 124
Firscraig. Kno L28—2B 50
Firshaw Rd. Hoy L47—3B 58
First Av. L9—4B 20
First Av. Birk L43—1B 82
First Av. Cro L23—4C 7
First Av. Rain L35—1A 76

First Av. Run WA7—4C 133
Firstone Rd. Kir L32—3C 23
Fir St. St H WA10—1B 54
Fir St. Wid WA8—4A 98
Firthland Way. St H WA9—4D 39
Firtree Av. WA1—2C 151
Fir Tree Dri. N. L12—3D 33
Fir Tree Dri. S. L12—3D 33
Fisher Av. WA2—1D 149
Fisher Av. Whis L35—2C 75
Fisherfield Dri. WA3—2C 145
Fisher Pl. Whis L35—2C 75
Fishers La. Pen L61—1A 122
Fisher St. L8—1C 87
Fisher St. St H WA9—2C 57
Fishguard Clo. L6—4D 45
Fiske Gdns. St H WA9—3B 56
Fistral Dri. Win WA10—1A 36
Fitzclarence Wlk. L6—1D 67
Fitzclarence Way. L6—1D 67
Fitzgerald Rd. L13—1A 70
Fitzherbert St. WA2—2D 149
Fitzroy Way. L6—1D 67
Fitzwater Rd. L13—4A 152
Fitzwilliam Wlk. Run WA7—2D 133
Fiveways. Ecc WA10—2A 36
Flail Clo. Gre L49—2B 80
Flatfield Way. Mag L31—4C 5
Flavian Brow. Run WA7—2C 133
Flavian Gdns. St H WA9—2B 56
Flawn Rd. L11—1C 47
Flaxhill. Mor L46—3C 61
Flaxley Clo. WA3—2C 145
Flaxman St. L7—2B 68
Fleck La. Gra, W Kir & Cal L48
                    —1B 100 to 2C 101
Fleet Croft Rd. Upt L49—4A 82
Fleet La. St H WA9—3C 39
Fleet St. L1—3C 67
Fleetwood Pl. L25—4D 91
Fleetwoods La. Orr L30—4B 8
Fleetwood Wlk. Run WA7—1D 139
Fleming Rd. L24—3B 114
Flemington Av. L4—1C 47
Flers Av. WA4—2D 157
Fletcher Av. Birk L42—4C 85
Fletcher Dri. L19—2A 112
Fletcher Gro. L13—2D 69
Fletcher St. WA4—1D 157
Flinders St. L5—2B 44
Flint Dri. L12—1C 49
Flint St. L1—4C 67
Florence Av. Hes L60—3B 122
Florence Clo. L9—3B 30
Florence Nightingale Clo. L30—4D 9
Florence Rd. Wal L44—1C 65
Florence St. L4—2D 45
Florence St. WA4—1A 158
Florence St. Birk L41—1B 84
Florence St. St H WA9—2B 54
Florentine Rd. L13—4A 48
Florida Ct. L19—2A 112
Flowermead Clo. Hoy L47—3D 59
Fluker's Brook La. Kno L34—4C 35
Folds La. St H WA11—4C 27
Folds Rd. Hay WA11—1D 39
Foley Clo. L4—2C 45
Foley St. L4—2C 45
  (in two parts)
Folkestone Way. Run WA7—1D 139
Folly La. WA5—3B 148
Folly La. Run WA7—3C 131
Folly La. Wal L44—4C 41
Fontenoy St. L3—1B 66
  (in two parts)
Fonthill Clo. L4—2C 45
Fonthill Rd. L4—1C 45
Forbes Clo. WA3—3B 144
Ford Clo. Lith L21—1A 18
Ford Clo. Orr L20—4C 19
Ford Clo. Upt L49—2A 82
Fordcombe Rd. L25—2B 92
Ford Dri. Upt L49—2A 82
Fordham St. L4—1C 45
Ford Hill View. Mor L46—4D 61
Fordington Rd. WA5—4D 147
Ford La. Lith L21—1A 18
Ford La. Upt L49—1A 82

Fordlea Rd. L12—1A 48
Fordlea Way. L12—1A 48
Ford Precinct. Birk L43—4A 62
Ford Rd. Upt L49—2A 82
Ford Rd. Whis L35—3D 53
Fords Bldgs. L3—1B 66
Ford St. L3—1B 66
Ford St. WA1—3A 150
Ford Towers. Birk L43—4B 62
Ford View. Lith L21—1A 18
Ford Way. Upt L49—2D 81
Forefield La. Cro L23—3D 7
Forest Clo. Ecc L34—2D 53
Forest Clo. Hoy L47—3C 59
Forest Dri. Huy L36—1B 72
Forest Grn. L12—2A 48
Forest Gro. Ecc L34—2D 53
Forest Lawn. L12—2A 48
Forest Mead. Ecc WA10—3A 36
Forest Rd. Birk L43—4D 63 to 1D 83
Forest Rd. Hes L60—3C 123
Forest Rd. Hoy L47—3C 59
Forest Rd. St H WA9—1D 77
Forfar Rd. L13—2C 47
Forge Clo. Cron WA8—1B 96
Forge Cotts. L17—3B 88
Forge St. L20—1A 44
Formby Clo. WA5—1B 154
Formby Rd. St H WA10—1B 54
Formosa Dri. L10—4D 21
Formosa Rd. L10—4D 21
Formosa Way. L10—4D 21
Fornalls Grn. La. Hoy L47—4C 59
Forrester Av. St H WA9—2B 54
Forrest St. L1—3B 66
Forshaw Av. St H WA10—1A 54
Forshaw St. WA2—3D 149
Forster St. WA2—3D 149
Forsythia Clo. L9—3D 31
Forthlin Rd. L18—1B 112
Forth St. L20—1A 44
Fortside. Run WA7—4C 134
Fort St. Wal L45—2B 42
Forwood Rd. Beb L62—3D 125
Foscote Rd. Kir L33—4D 13
Foster Gro. La. Wid WA8—4A 118
Fosters Rd. Hay WA11—1D 39
Foster St. L20—2B 44
Foster St. Wid WA8—1A 120
Fothergill St. WA1—3A 150
Foundry La. Wid WA8—4A 118
Foundry St. WA2—4C 149
Foundry St. St H WA10—3D 37
Fountain Ct. Cro L23—3A 6
Fountain Rd. Kno L34—3D 35
Fountain Rd. Wal L45—2A 42
Fountains Clo. L4—2D 45
Fountains Clo. Run WA7—2D 139
Fountains Rd. L4—2B 44
Fountain St. WA4—1D 157
Fountain St. Birk L42—3B 84
Fountain St. St H WA9—2B 54
Four Acre Dri. Lith L21—1A 18
Four Acre La. Shopping Centre. St H
WA9—4A 56
Fouracres. Mag L31—2A 10
Four Bridges. Wal L41—3C 65
Fourth Av. L9—4B 20
Fourth Av. Birk L43—4A 62
Fourth Av. Run WA7—4C 133
Fourways Clo. L27—4B 72
Fowell Rd. Wal L45—1A 42
Fowler Clo. L7—3B 68
Fowler St. L5—4A 46
Foxcote. Wid WA8—4A 96
Foxcover Rd. Barn L60—4D 123
Foxcovers Rd. Beb L63—1B 124
Foxdale Clo. Birk L43—2D 83
Foxdale Rd. L15—1C 89
Foxfield Rd. Hoy L47—3C 59
Foxglove Rd. Birk L41—4D 63
Fox Hey Rd. Wal L44—1D 63
Foxhill Clo. L8—1D 87
Foxhill La. Hal L26—4C 93
Foxhouse La. Mag L31—1C 11
Fox Pl. St H WA10—2D 37
Foxs Bank La. Whis L35—4D to 3D 75
Foxshaw Clo. Whis L35—3B 74

Fox St. L3—1C 67
Fox St. WA5—4B 148
Fox St. Birk L41—1B 84
Foxwood. L1—4D 31
Foxwood Clo. Gra L48—3C 79
Frampton Rd. L4—4D 31
Franceys St. L3—3C 67
Francis Av. Birk L43—1A 84
Francis Av. Mor L46—3B 60
Francis Clo. Rain L35—4A 54
Francis Clo. Wid WA8—1B 118
Francis Rd. WA4—3D 157
Francis St. St H WA9—2D 57
Francis Way. L16—3C 71
Frankby Av. Wal L44—4A 42
Frankby Clo. Gre L48—3A 80
Frankby Grn. Fra L48—4A 80
Frankby Gro. Upt L49—2D 81
Frankby Rd. L4—1A 46
Frankby Rd. Gra, Fra & & Gre L48 & L49
—3B 78 to 3B 80
Frankby Rd. Hoy L47—3C 59
Franklin Clo. WA5—2A 148
Franklin Pl. L6—4A 46
Franklin Rd. Mor L46—1A 62
Frank St. L8—2C 87
Frank St. Wid WA8—1B 120
Franton Wlk. Kir L32—1B 22
Fraser Pl. L3—2C 67
Fraser Rd. WA5—3A 146
Fraser St. L3—2C 67
Freckleton Rd. St H WA10—1A 54
Freda Av. St H WA9—3B 56
Frederick Banting Clo. Or L30—4D 9
Frederick Gro. L15—4D 69
Frederick Lunt Av. Kno L34—3D 35
Frederick St. L1—3B 66
Frederick St. WA2—2A 158
Frederick St. St H WA9—2D 57
Frederick St. Wid WA8—1A 120
Freehold St. L7—1C 69
Freeland St. L4—2C 45
Freeman St. L7—4B 68
Freeman St. Birk L41—4C 65
Freemantle Av. St H WA9—2C 55
Freemasons Row. L3—1B 66
Fremont Rd. L12—2D 47
Freeport Gro. L9—4A 20
Freesia Av. L9—2C 31
Freme Clo. L11—3C 33
French St. St H WA10—4B 36
French St. Wid WA8—1B 120
Frensham Clo. Poul L63—2A 124
Frensham Way. L25—1B 114
Freshfield Rd. L15—1D 89
Freshfields Dri. WA2—1D 151
Friars Av. WA5—4B 146
Friars Clo. Beb L63—4D 107
Friars Ga. WA1—1D 157
Friars La. WA1—1D 157
Friar St. St H WA10—4B 36
Friends La. WA5—4A 146
Frinstead Rd. L11—4C 33
Frith Clo. WA3—2C 145
Frobisher Clo. WA5—2A 148
Frobisher Rd. Mor L46—4A 40
Frodsham Dri. St H WA11—1B 38
Frodsham St. L4—4B 30
Frodsham St. Birk L41—2C 85
(in two parts)
Froghall La. WA5, WA1 & WA2—4C 149
Frogmore Rd. L13—1C 69
Frome Clo. Irby L61—2B 102
Frome Way. L25—1B 114
Frost Dri. Irby L61—3B 102
Frost St. L7—2B 68
Fry St. St H WA9—3C 39
Fuchsia Wlk. Gre L49—4B 80
Fulbeck. Wid WA8—4A 96
Fulbrook Clo. Poul L63—2A 124
Fulbrook Rd. Poul L63—2A 124
Fulmar Clo. L27—2C 93
Fulmar Gro. L12—3A 34
Fulshaw Clo. L27—1B 92
Fulton Av. Gra L48—3C 79
Fulton St. L5—3A 44
Fulwood Clo. L17—4B 88

Fulwood Dri. L17—4B 88
Fulwood Pk. L17—1B 110
Fulwood Rd. L17—4B 88
Fulwood Way. Lith L21—4A 8
Furness Av. L12—4D 33
Furness Av. St H WA10—4A 26
Furness St. L4—2C 45
Furze Way. Mor L46—2C 61

Gables Clo. WA2—3B 142
Gabriel Clo. Mor L46—3D 61
Gaerwen St. L6—1A 68
Gainford Clo. L14—2D 49
Gainford Clo. Wid WA8—3B 96
Gainford Rd. L14—2D 49
Gainsborough Av. Mag L31—1A 10
Gainsborough Clo. L12—4C 49
Gainsborough Ct. Wid WA8—4A 96
Gainsborough Rd. L15—1C 89
Gainsborough Rd. WA4—3C 157
Gainsborough Rd. Upt L49—1C 81
Gainsborough Rd. Wal L45—4C 41
Gairloch Clo. WA2—3B 142
Gale Av. WA5—1B 148
Galemeade. L11—3C 33
Gale Rd. Lith L21—3A 18
Gales Croft. L27—1C 93
Gallopers La. Thing L61—3A 104
Galloway Rd. Cro L22—2C 17
Galloway St. L15—4B 68
Galston Av. Rain L35—2B 76
Galston Clo. Kir L33—3B 12
Galsworthy Av. Orr L30—3C 19
Galsworthy Pl. Orr L30—3C 19
Galsworthy Wlk. Orr L30—4C 19
Galton St. L3—1A 66
Galtres Pk. Beb L63—2C 107
Gambier Ter. L1—4C 67
Gamble Av. St H WA10—1C 37
Gamlin St. Birk L41—3D 63
Gandy St. WA1—4D 149
Gandys Wlk. WA1—4D 149
Ganney's Meadow Rd. Upt L49—4B 82
Gannock St. L7—2B 68
Ganton Clo. Wid WA8—2A 98
Ganworth Clo. L24—2C 129
Ganworth Rd. L24—2C 129
Gardener's Dri. L6—1B 68
Gardeners Way. Rain L35—4B 54
Garden Hey Rd. Hoy L47—3B 58
Garden Hey Rd. Mor L46—4A 60
Garden La. L3—3C 21
Garden Lodge Gro. L27—1C 93
Garden Pl. Boo L20—3D 29
Gardenside. Mor L46—4A 40
Gardens Rd. Beb L63—4A 108
Gardens St. L25—4D 91
Garden View. L12—3C 49
Garden View. Boo L20—3D 29
Garden Wlk. Pres L34—3B 52
Garden Way. Boo L20—3D 29
Gardner Av. Orr L20—4C 19
Gardner Rd. L13—3C 47
Gardner's Row. L3—1B 66
Gareth Av. St H WA11—1A 38
Garfield Ter. Upt L49—2D 81
Garforth Clo. L19—3B 112
Garibaldi Ho. L5—4C 45
Garibaldi St. WA5—4B 148
(in two parts)
Garmoyle Clo. L15—4C 69
Garmoyle Rd. L15—1C 89
Garner St. WA2—2D 149
Garnet St. L13—2D 69
Garnet St. St H WA9—2B 56
Garnett Av. L4—1C 45
Garnett Av. WA4—1C 159
Garnetts La. Tar L35—4C 95
Garnett's La. Wid WA8—1A 130
Garrett Field. WA3—2A 144
Garrick Av. Mor L46—4B 60
Garrick Rd. Birk L43—1D 105
Garrick St. L7—4B 68
Garrowby Dri. Huy L36—1B 72
Garsdale Av. Rain L35—2C 77
Garsfield Rd. L4—1C 47

Garston By-Pass. L19—3A 112
Garston Old Rd. L19—2A 112
Garston Way. L19—3A 112
Garswood Clo. Mag L31—3C 5
Garswood Clo. Mor L46—1C 61
Garswood St. L8—3D 87
Garswood St. St H WA10—2D 37
Garter Clo. L11—3D 33
Garth Boulevd. Beb L63—2C 107
Garth Ct. Cro L22—2C 17
Garthdale Rd. L18—2A 90
Garth Dri. L18—3A 90
Garthowen Rd. L7—2C 69
Garth Rd. Kir L32—3D 23
Garth, The. Huy L36—1C 73
Garth Wlk. Kir L32—3D 23
Gartons La. St H & Bold WA9—4B 56
Garven Pl. WA1—4C 149
Garway. L25—3B 92
Gascoyne St. L3—1B 66
Gaskell Av. WA4—1C 159
Gaskell Rake. Orr L30—3C 9
Gaskell St. WA4—3A 158
Gaskell St. St H WA9—4B 38
Gaskill Rd. L24—4B 114
Gaslyn Way. L9—3C 31
Gas St. Run WA7—2A 132
Gatclif Rd. L13—2C 47
Gateacre Brow. L25—3A 92
Gateacre Pk. Dri. L25—2D 91
Gateacre Rise. L25—2A 92
Gateacre Vale Rd. L25—3A 92
Gates La. Thor L29—1A 8
Gathurst Ct. Wid WA8—1B 118
Gatley Dri. Mag L31—1C 11
Gatley Wlk. L24—1D 129
Gaunts Way. Run WA7—1A 138
Gautby Rd. Birk L41—3C 63
Gavin Rd. Wid WA8—2A 118
Gawsworth Ct. WA3—1B 144
Gaybeech Clo. Birk L43—4A 62
Gayhurst Av. WA2—4C 143
Gayhurst Cres. L11—4C 33
Gaypine Clo. Birk L43—3B 62
Gayton Av. Beb L63—1B 106
Gayton Av. Wal L45—1A 42
Gayton La. Gay L60—4C 123
Gayton Rd. Hes L60—4B 122
Gaytree Ct. WA3—4B 62
Gaywood Av. Kir L32—3D 23
Gaywood Clo. Birk L43—4B 62
Gaywood Clo. Kir L32—3D 23
Gaywood Grn. Kir L32—3D 23
Gellings Rd. Kno L34—1B 34
Gelling St. L8—1C 87
General St. WA1—4D 149
Geneva Rd. L6—1B 68
Geneva Rd. Wal L44—2B 64
Genista Clo. L9—3B 30
Gentwood Pde. Huy L36—4B 50
Gentwood Rd. Huy L36—4B 50
George Harrison Clo. L6—1A 68
George Rd. WA5—1D 155
George Rd. Hoy L47—1B 78
Georges Cres. WA4—2D 159
George's Dock Gates. L2—2A 66
Georges Dockway. L3—3A 66
George's Pierhead. L3—2A 66
George's Rd. L6—4A 46
George St. L3—2B 66
George St. Birk L41—4C 65
George St. St H WA10—3A 38
Georgian Clo. Ecc L35—3D 53
Georgian Clo. Hal L26—3D 115
Geraint St. L8—1D 87
Gerald Rd. Birk L43—2D 83
Gerard Av. Wal L45—2D 41
Gerard Rd. Wal L45—2D 41
Gerard Rd. W Kir L48—3A 78
Gerards La. St H WA9—2B 56
Gerneth Clo. L24—1A 128
Gerneth Rd. L24—1A 128
Gerrard Av. WA5—2B 148
Gerrard's La. Hal L26—4C 93
Gerrard St. Wid WA8—2A 120
Gertrude Rd. L4—3A 46
Gertrude St. Birk L41—1D 85

Gertrude St. St H WA9—2B 54
Geves Gdns. Cro L22—3C 17
Ghyll Gro. St H WA11—2C 27
Gibbons Av. St H WA10—3B 36
Gibralter Row. L3—2A 66
Gibson Clo. Pen L61—2A 122
Gibson St. L8—1D 87
Gibson St. WA1—4A 150
Gibson St. WA4—3A 158
Giddigate La. Mell L31—2A 12
Gidlow Rd. L13—1D 69
Gidlow Rd. S. L13—2D 69
Gig La. WA1—2A 152
Gig La. WA4—1B 160
Gilbert Clo. Poul L63—2A 124
Gilbert Rd. Whis L35—4D 53
Gilbert St. L1—3B 66
Gildart St. L3—2C 67
Gilderdale Clo. WA3—2D 145
Gilead St. L7—1A 68
(in two parts)
Gilescroft Av. Kir L33—4D 13
Gilescroft Wlk. Kir L33—4D 13
Gillan Clo. Run WA7—2C 139
Gillmoss Clo. L11—2D 33
Gillmoss La. L11—2D 33
Gills La. Barn L61—4A 104
Gill St. L3—2C 67
Gilman St. L4—2D 45
Gilmour Mt. Birk L43—2A 84
Gilpin Av. Mag L31—3C 5
Gilroy Rd. L6—1A 68
Gilroy Rd. Gra L48—3B 78
Gilwell Av. Mor L46—4D 61
Gilwell Clo. Mor L46—4D 61
Ginnel, The. Beb L62—3A 108
Gipsy Gro. L18—2C 91
Gipsy La. L18—2C 91
Girton Av. Boo L20—3A 30
Girtrell Clo. Upt L49—1C 81
Girtrell Rd. Upt L49—1C 81
Givenchy Clo. L16—4C 71
Glade Rd. Huy L36—4C 51
Glade, The. Hoy L47—3C 59
Gladeville Rd. L17—4C 89
Gladstone Av. Cro L21—4D 17
Gladstone Av. Huy L36—3C 51
Gladstone Clo. Birk L41—1B 84
Gladstone Hall Rd. Beb L62—4A 108
Gladstone Rd. L7—2A 68
Gladstone Rd. L9—3B 30
Gladstone Rd. L19—3B 112
Gladstone Rd. Wal L44—1C 65
Gladstone Rd. Cro. L21—4D 17
Gladstone St. L3—1B 66
Gladstone St. L25—4D 91
Gladstone St. WA2—3C 149
Gladstone St. Birk L41—1C 85
Gladstone St. St H WA10—3B 36
Gladstone St. Wid WA8—1A 120
Glaisher St. L5—3D 45
Glamis Gro. St H WA9—2B 56
Glamis Rd. L13—3C 47
Glan Aber Pk. L12—1C 49
Glasgow St. L3—1A 66
Glasgow St. Birk L42—4D 85
Glasier Rd. Mor L46—2B 60
Glassonby Cres. L11—4B 32
Glassonby Way. L11—4B 32
Glastonbury Clo. L6—2B 46
Glaston St. L3—1A 66
Glasven Rd. Kir L33—1D 23
Glazebrook St. WA1—3A 150
Gleadmere. Wid WA8—4A 96
Gleaston Clo. Birk L62—3C 125
Gleave Sq. L6—1D 67
Gleave St. St H WA10—2D 37
Glebe Av. WA4—3D 159
Glebe Clo. Mag L31—4A 4
Glebe End. Sef L29—2C 9
Glebe Hey. L27—2C 93
Glebe Hey Rd. Upt L49—3D 81
Glebelands Rd. Mor L46—3C 61
Glebe La. Wid WA8—2A 98
Glebe Rd. Wal L45—2D 41
Glebe, The. Run WA7—3C 133
Gleggside. Gra L48—4B 78
Glegg St. L3—4A 44

Glegside Rd. Kir L33—2D 23
Glenacres. L25—3A 92
Glenalmond Rd. Wal L44—4B 42
Glenathol Rd. L18—4B 90
Glenavon Rd. L16—3B 70
Glenavon Rd. Birk L43—4A 84
Glenbank Clo. L9—1B 30
Glenburn Rd. Wal L44—1C 65
Glenby Av. Cro L23—1D 17
Glencairn Rd. L13—1D 69
Glencoe Rd. Wal L45—3A 42
Glenconner Rd. L16—3C 71
Glencourse Rd. Wid WA8—2A 98
Glendale Clo. L8—3D 87
Glendale Gro. Poul L63—2C 125
Glendale Rd. St H WA11—4C 27
Glendevon Rd. L16—3B 70
Glendevon Rd. Huy L36—3C 73
Glendower Rd. Cro L22—2C 17
Glendower St. L20—1B 44
Glendyke Rd. L18—4B 90
Gleneagles Clo. Pen L61—1B 122
Gleneagles Dri. Huy WA11—1D 39
Gleneagles Dri. Wid WA8—2A 98
Gleneagles Rd. L16—3C 71
Glenfield Rd. L15—1D 89
Glengariff St. L13—2C 47
Glenhead Rd. L19—1A 112
Glenholm Rd. Mag L31—2B 10
Glenluce Rd. L19—1A 112
Glenlyon Rd. L16—3B 70
Glenmarsh Clo. L12—3B 48
Glenmarsh Clo. Beb L63—4B 106
Glenmaye Clo. L12—4A 34
Glenmore Av. L18—3D 89
Glenmore Rd. Birk L43—3A 84
Glenn Bank. Cro L22—2B 16
Glenn Pl. Wid WA8—1C 119
Glen Pk. Rd. Wal L45—2D 41
Glen Rd. L13—2A 70
Glen Ronald Dri. Gre L49—2B 80
Glenrose Rd. L25—3A 92
Glenside. L18—4B 90
Glen, The. Beb L62—1C 125
Glen, The. Run WA7—2B 138
Glentree Clo. Gre L49—2B 80
Glentrees Rd. L12—1A 48
Glenvale Wlk. L6—4D 45
Glenville Clo. L25—3A 92
Glenville Clo. Run WA7—1C 137
Glenwood Dri. Irby L61—2C 103
Glenwyllin Rd. Cro L22—2C 17
Globe Rd. Boo L20—2C 29
Globe St. L4—2C 45
Gloucester Clo. WA1—3A 152
Gloucester Pl. L6—1D 67 & 1A 68
Gloucester Rd. L6—3B 46
Gloucester Rd. Boo L20—2A 30
Gloucester Rd. Huy L36—1A 74
(in two parts)
Gloucester Rd. Wal L45—2C 41
Gloucester Rd. Wid WA8—3A 98
Gloucester St. L3—2C 67
Gloucester St. St H WA9—3B 38
Gloucester Way. L6—1D 67
Glover Pl. Boo L20—2C 29
Glover Rd. WA3—3D 143
Glover's Brow. Kir L32—4B 12
Glover's La. Orr L30—4C 9
Glover St. L8—1C 87
Glover St. Birk L42—2B 84
Glover St. St H WA10—3C 37
Glyn Av. Beb L62—4D 125
Glynne Gro. Huy L16—3D 71
Glynne St. Orr L20—1D 29
Glynn St. L15—4D 69
Glyn Rd. Wal L44—4A 42
Goddard Rd. Run WA7—1C 133
Godfrey St. WA2—3A 150
Golborne Rd. WA2—1C 141
Golborne St. WA1—4C 149
Goldcrest Clo. Run WA7—2B 138
Golden Gro. L4—4B 30
Golden Sq. Shopping Precinct. WA1
—4C 149
Goldfinch Farm Rd. L24—1B 128
Goldfinch Clo. WA3—3B 144

A-Z Liverpool 189

Goldie St. L4—2D 45
Goldsmith Rd. Birk L43—1D 105
Goldsmith St. Boo L20—2C 29
Goldsmith Way. Birk L43—1D 105
Golf Links Rd. Birk L42—1A 106
Gondover Av. L9—1B 30
Gonville Rd. Boo L20—4A 30
Goodacre Rd. L9—4A 20
Goodakers Meadow. Upt L49—4A 82
Goodall Pl. L4—1C 45
Goodall St. L4—1C 45
Goodban St. St H WA9—1C 57
Goodison Av. L4—1D 45
Goodison Pl. L4—1D 45
Goodison Rd. L4—4B 30
Goodlass Rd. L24—3D 113
Goodleigh Pl. St H WA9—4B 56
Goodwin Av. Birk L41—2C 63
Goodwood Clo. Huy L36—3B 72
Goodwood St. L5—3B 44
Gooseberry Hollow. Run WA7—3B 134
Goose Grn., The. Hoy L47—3C 59
Goostrey Clo. Poul L63—3B 124
Gordon Av. L3—3D 151
Gordon Av. Beb L62—4D 125
Gordon Av. Cro L22—2B 16
Gordon Av. Gre L49—3C 81
Gordon Av. Mag L31—3B 4
Gordon Ct. Gre L49—3C 81
Gordon Dri. L19—2D 111
Gordon Dri. Huy L14—1C 71
Gordon Pl. L18—3D 89
Gordon Rd. Wal L45—2A 42
Gordon St. L15—4C 69
Gordon St. Birk L41—1B 84
Goree. L2—2A 66
Gores Rd. Kir L33—3A 24
Gore St. L8—1C 87
Gorse Av. L12—1A 48
Gorsebank Rd. L18—1C 89
Gorsebank St. Wal L44—1B 64
Gorseburn Rd. L13—3C 47
Gorse Covert Rd. WA3—2C to 1D 145
Gorse Cres. Wal L44—2B 64
Gorsedale Rd. L18—3D 89
Gorsedale Rd. Wal L44—2A 64
Gorsefield Av. Cro L23—3A 8
Gorsefield Rd. Birk L42—3B 84
Gorse Hey. L13—4D 47
Gorsehill Rd. Hes L60—3B 122
Gorsehill Rd. Wal L45—2D 41
Gorse La. Gra L48—1C 101
Gorse Rd. Hoy L47—3C 59
Gorsewood Clo. L25—2A 92
Gorsewood Gro. L25—2A 92
Gorsewood Rd. L25—2A 92
Gorsewood Rd. Run WA7—1A 140
Gorsey Av. Orr L30—1B 18
Gorsey Cop Rd. L25—1D 91
Gorsey Cop Way. L25—1D 91
Gorsey Croft. Ecc L34—2D 53
Gorsey La. WA2 & WA1—2A 150
Gorsey La. Lith L21 & L30—2A 18
Gorsey La. Wal L44—1A to 2B 64
Gorsey La. Wid WA8—2C 121
Gorseyville Cres. Beb L63—4C 107
Gorseyville Rd. Beb L63—4C 107
Gorsey Well La. Run WA7—1A 140
Gorst St. L4—2D 45
Gorton Rd. L13—2A 70
Gort Rd. Huy L36—1C 73
Gorton St. L13—1D 69
Gosforth St. L8—3D 87
Gosling Rd. WA3—1C 143
Gosport St. WA2—1B 150
Goswell St. L15—4C 69
Gotham Rd. Poul L63—2B 124
Gothic St. Birk L42—4D 85
Gough Av. WA2—4C 141
Gough Rd. L13—2C 47
Goulden St. WA5—3B 148
Goulders Ct. Run WA7—2C 139
Gourley Rd. L13—2A 70
Gourleys La. Gra L48—4B 78

Government Rd. Hoy L47—4A 58
Govett Rd. St H WA9—2B 54
Gower St. L3—4B 66
Gower St. Boo L20—1C 29
Gower St. St H WA9—4B 38
Grace Av. WA2—2D 149
Grace Av. Kir L10—4A 22
Grace Rd. L9—1C 31
Grace St. L8—2D 87
Grace St. St H WA9—1B 56
Gradwell St. L1—3B 66
Grafton Cres. L8—1C 87
Grafton Dri. Upt L49—2A 82
Grafton Gro. L8—2C 87
Grafton Rd. Wal L45—2A 42
Grafton St. L8—1C 87
Grafton St. WA5—3B 148
Grafton St. Birk L43—2A 84
Grafton St. St H WA10—3B 38
Grafton Wlk. Gra L48—4B 78
Graham Clo. Wid WA8—1B 118
Graham Dri. Hal L26—1D 115
Graham Rd. W Kir L48—3A 78
Graham Rd. Wid WA8—1B 118
Graham's Rd. Huy L36—2D 73
Graham St. St H WA9—3A 38
Grainger Av. Birk L43—4D 83
Grainger Av. Gra L48—3A 78
Grainger Av. Orr L20—1A 30
Grain St. L8—2C 87
Graley Clo. Hal L26—3D 115
Grammar School La. Gra L48—1B 100
Grammar School Rd. WA4—2B 158
Grampian Av. Mor L46—4C 61
Grampian Rd. L7—2C 69
Grampian Way. Mor L46—3C 61
Granans Croft. Orr L30—4B 8
Granard Rd. L15—1A 90
Granby Clo. Run WA7—2D 139
Granby Cres. Poul L63—2B 124
Granby Rd. WA4—4D 157
Granby St. L8—4A 68
Grandison Rd. L4—4C 31
Grange Av. L12—3C 49
Grange Av. L25—3B 114
Grange Av. WA4—1B 158
Grange Av. Wal L45—3A 42
Grange Av. N. L12—4C 49
Grange Cross Clo. Gra L48—4C 79
Grange Cross La. Gra L48—4C 79
Grange Dri. WA5—1C 155
Grange Dri. Hes L60—2B 122
Grange Dri. St H WA10—1A 54
Grange Dri. Wid WA8—1B 118
Grange Employment Ave. WA1
—1A 152
Grange Farm Cres. Gra L48—3C 79
Grange Gro. L8—1A 88
Grangehurst Ct. L25—2A 92
Grange La. L25—1D 91
Grangemeadow Rd. L25—1D 91
Grangemoor. Run WA7—4B 132
Grange Mt. Birk L43—1B 84
Grange Mt. Gra L48—4B 78
Grange Mt. Hes L60—3B 122
Grange Old Rd. W Kir L48—4B 78
Grange Pk. Mag L31—2C 11
Grange Pk. Run WA7—2B 132
Grange Pk. Rd. St H WA10—1B 54
Grange Pavement. Birk L41—1C 85
Grange Pl. Birk L41—1B 84
Grange Rd. Birk L41—1B 84
Grange Rd. Hes L60—2B 122
Grange Rd. Orr L30—1A 20
Grange Rd. Run WA7—2A 132
Grange Rd. W Kir L48—4A 78
Grange Rd. E. Birk L41—1C 85
Grange Rd. W. Birk L43 & L41—1A 84
Grangeside. L25—2A 92
Grange St. L6—4B 46
Grange Ter. L15—4D 69
Grange, The. Wal L44—4B 42
Grange Vale. Birk L42—4D 85
Grange Way. L25—2A 92
Grangeway. Run WA7—4B 132
Grangewood. Huy L36—2D 71
Granite Ter. Huy L36—2A 74
Granston Clo. WA5—1B 148

Grant Av. L15—1D 89
Grant Clo. L14—1D 71
Grant Clo. WA5—1A 148
Grant Clo. St H WA10—2C 37
Grantham Av. WA4—3B 150
Grantham Av. WA4—4D 157
Grantham Clo. Pen L61—4C 103
Grantham St. L6—1A 68
Grantham Way. Neth L30—4A 10
Grantley Rd. L15—1A 90
Granton Rd. L5—2D 45
Grant Rd. L14—1D 71
Grant Rd. Mor L46—1A 62
Granville Av. Mag L31—3B 4
Granville Clo. Wal L45—3C 41
Granville Rd. L15—4B 68
Granville Rd. L19—3B 112
Granville St. WA1—3A 150
Granville St. Run WA7—2D 131
Granville St. St H WA9—3C 39
Grappenhall Rd. WA4—3A 158
Grasmere Av. WA2—4A 142
Grasmere Av. Birk L43—4B 82
Grasmere Av. Pres L34—3D 53
Grasmere Clo. Kir L33—4B 12
Grasmere Clo. St H WA11—4C 27
Grasmere Ct. St H WA11—4C 27
Grasmere Dri. Lith L21—3C 19
Grasmere Dri. Wal L45—3A 42
Grasmere Fold. St H WA11—4C 27
Grasmere Gdns. Cro L23—1D 17
Grasmere Rd. Mag L31—4C 5
Grasmere St. L5—3A 46
Grassendale La. L19—2D 111
Grassendale Prom. L19—3D 111
Grassendale Rd. L19—3D 111
Grassington Cres. L25—4B 92
Grassmoor Clo. Beb L62—3D 125
Grass Wood Rd. Upt L49—4A 82
Grasville Rd. Birk L42—4C 85
Gratrix Rd. Beb L62—3D 125
Gray Gro. Huy L36—3D 73
Graylands Pl. L4—4C 31
Graylands Rd. L4—4C 31
Graylands Rd. Beb L62—3B 108
Grayling Dri. L12—3D 33
Grays Av. Whis L35—3D 53
Grayson St. L1—4B 66
Grayston Av. St H WA9—3B 56
Gray St. Boo L20—1C 29
Greasby Hill Rd. W Kir L48—1B 100
Greasby Rd. Gre & Upt L49
—3B 80 to 2D 81
Greasby Rd. Wal L44—4A 42
Gt. Ashfield. Wid WA8—3B 96
Gt. Charlotte St. L1—2B 66 & 2C 67
Gt. Crosshall St. L3—2B 66
Gt. George Pl. L1—4C 67
Gt. George Sq. L1—4C 66
Gt. George's Rd. Cro L22—3C 17
Gt. George St. L1—4C 67
Gt. Hey. Orr L30—3C 9
Gt. Homer St. L5—3C 45
Gt. Howard St. L3, L5 & L20—1A 66
Gt. Mersey St. L5—3B 44
Gt. Nelson St. L3—4C 45
Gt. Newton St. L3—2D 67
Gt. Orford St. L3—3D 67
Gt. Richmond St. L3—1C 67
Greaves St. L8—2D 87
Grebe Av. St H WA10—2A 54
Grecian St. Cro L21—3D 17
Grecian Ter. L5—3C 45
Gredinton St. L8—3A 88
Greeba Av. WA4—2C 157
Greek St. L3—2C 67
Greek St. Run WA7—1D 131
Greenacre Clo. St H WA9—4B 56
Greenacre Dri. Beb L63—4C 125
Greenacre Rd. L25—2B 114
Green Acres Est. Gre L49—4B 80
Greenall Ct. Pres L34—3B 52
Greenall St. St H WA10—2C 37
Greenalls Av. WA4—3D 157
Greenall St. St H WA10—2C 37
Green Av. Wal L45—1A 42
Greenbank. Cro L22—3C 17

Greenbank Av. Mag L31—3B 4
Greenbank Av. Wal L45—2A 42
Greenbank Cres. St H WA10—3D 37
Greenbank Dri. L17—2C 89
Greenbank Dri. Pen L61—1B 122
Greenbank Gdns. WA4—2B 158
Greenbank La. L17—2C 89
Greenbank Rd. WA4—2B 158
Greenbank Rd. Birk L42—3B 84
Greenbank Rd. W Kir & Gra L48—3A 78
Greenbank Rd. N. L18—1C 89
Greenbank St. WA4—3D 157
Greenbridge Clo. Run WA7—2D 133
Greenbridge Rd. Run WA7—2A 134
Greenburn Av. St H WA11—2C 27
Green Coppice. Run WA7—4B 134
Green Croft. Cro L23—3A 8
Greencroft Rd. Wal L44—1B 64
Greendale Rd. L25—2D 91
Greendale Rd. Beb L62—3A 108
Green End La. St H WA9—1A 56
Green End Pk. L12—2D 47
Greenes Way L35—2B 74
Greenfield Ct. L18—1A 112
Greenfield Dri. Huy L36—3C 73
Greenfield La. Lith L21—2D 17
Greenfield Rd. L13—1D 69
Greenfield Rd. St H WA10—1B 36
Greenfields Av. WA4—4A 158
Greenfields Av. Beb L62—4C 125
Greenfields Clo. WA1—2D 151
Greenfields Cres. Beb L62—4C 125
Greenfield Wlk. Huy L36—3D 73
Greenfield Way. L18—1A 112
Greenfield Way. Wal L44—4A 42
Green Haven. Birk L43—1C 83
Greenheath Way. Mor L46—1D 61
Greenhey Clo. Birk L43—2C 105
Greenhey Dri. Orr L30—1B 18
Green Heys Dri. Mag L31—4D 5
Green Heys Rd. L8—1A 88
Greenheys Rd. Irby L61—3B 102
Greenheys Rd. Wal L44—1A 64
Greenhill Av. L18—2B 90
Greenhill Clo. L18—4A 90
Greenhill Rd. L18—3A to 4B 90
Greenhill Rd. L19—2B 112
Green Ho. Farm Rd. Run WA7—1C 139
Greenhow Av. W Kir L48—3A 78
Greenlake Rd. L18—4A 90
Greenlands. Huy L36—3C 73
Greenland St. L1—4C 67
Green La. L3—3C 47
Green La. L13—3C 47
Green La. L18—2A to 1B 90
Green La. WA1—2C 151
Green La. WA2—1C 141
Green La. WA4—2B 162
Green La. Beb L62—4D 125
Green La. Birk L41—2C 85
Green La. Cro L20—4C 17
Green La. Cro L22—1A 16
Green La. Lith L21—1A 18
Green La. Mag L31—3A to 4B 4
Green La. Thor L23—2A 8
Green La. Wal L45—3A 40
Green La. Wid WA8—1C 119
Green La. Clo. WA2—1C 141
Green La. N. L16—1B 90
Green Lawn. Birk L42—1D 107
Green Lawn. Huy L36—4A 52
Green Lawn Gro. Birk L42—1D 107
Green Leach Av. St H WA11—4C 27
Green Leach Ct. St H WA11—4C 27
Green Leach La. St H WA11—4C 27
Greenlea Clo. Beb L63—3D 107
Greenleaf St. L8—4B 68
Greenleas Rd. Wal L45—3B 40
Greenleigh Rd. L18—4A 90
Green Link. Mag L31—3A 4
Green Mt. Upt L49—2A 82
Green Oaks Path. Wid WA8—1B 20
Greenock St. L3—1A 66
Greenodd Av. L12—4D 33
Greenore Clo. Hale L24—3A 130
Greenough Av. Rain L35—4A 54
Greenough St. L25—4D 91

Green Pk. Orr L30—3D 9
Green Pk. Dri. Mag L31—4A 4
Green Rd. Pres L34—2B 52
Greensbridge La. Hal & Tar L26 & L35
—1A 116
Greenside. L6—1D 67
Greenside Av. L15—4D 69
Greenside Av. Ain L10—2C 21
Green St. L5—4B 44
Green St. WA5—4B 148
(in two parts)
Green, The. L13—2A 70
Green, The. Beb L62—4C 109
Green, The. Birk L43—3A 84
Green, The. Cal L48—2C 101
Green, The. Cro L23—4C 7
Green Town Row. L12—2A 48
Greenville Clo. Beb L63—4D 107
Greenville Dri. Mag L31—4B 4
Greenville Rd. Beb L63—4D 107
Greenway. WA1—3C 151
Greenway. WA4—4A 158
Greenway. WA5—3B 146
Greenway. Beb L62—1D 125
Greenway. Cro L23—3D 7
Greenway. Huy L36—4A 50
Greenway Clo. Huy L36—4A 50
Greenway Rd. L24—1D 129
Greenway Rd. Birk L42—3B 84
Greenway Rd. Run WA7—3D 131
Greenway Rd. Wid WA8—4A 118
Greenway Sq. Huy L36—4A 50
Greenway, The. L12—4C 49
Greenwich Ct. L9—3A 20
Greenwich Rd. L9—3A 20
Greenwood Clo. Pres L34—2C 53
Greenwood Cres. WA2—4A 142
Greenwood La. Wal L44—4B 42
Greenwood Rd. L18—4A 90
Greenwood Rd. Hoy L47—3C 59
Greenwood Rd. Upt L49—4A 82
Greetham St. L1—3B 66
Gregory Clo. L16—3C 71
Gregory Clo. WA5—2A 148
Gregory Way. L16—3C 71
Gregson Ct. Wal L45—1B 42
Gregson Ho. St H WA10—2D 37
Gregson Rd. L14—1B 70
Gregson Rd. Pres L35—4B 52
Gregson Rd. Wid WA8—1B 120
Gregson St. L6—1D 67
(in two parts)
Gregson Way. L6—1D 67
Greig Way. L8—2D 87
Grenfell Rd. L13—1C 47
Grenfell St. Wid WA8—2A 120
Grenloe Clo. L27—1D 93
Grenville Cres. Beb L63—4C 125
Grenville Rd. Birk L42—3D 85
Grenville St. S. L1—4C 67
Grenville Way. Birk L42—3D 85
Gresford Av. L17—1C 89
Gresford Av. Birk L43—4D 83
Gresford Av. Gra L48—3B 78
Gresford Clo. WA5—1A 148
Gresford Clo. Whis L35—1D 75
Gresford Pl. Wal L44—4B 42
Gresham St. L7—2C 69
Gresley Clo. L7—3B 68
Gressingham Rd. L18—4B 90
Greta St. L8—2D 87
Gretton Rd. Huy L14—4A 50
Greyhound Farm Rd. L24—1A 128
Greylag Clo. Run WA7—2B 138
Greymist Av. WA1—3D 151
Grey Rd. L9—2B 30
Grey Rock Wlk. L6—4A 46
Greys Ct. WA1—1D 151
Greystoke Clo. Upt L49—2D 81
Greystone Clo. Huy L14—1C 71
Greystone Pl. L10—4C 21
Greystone Rd. L10—4C 21
Greystone Rd. WA5—1B 154
Greystone Rd. Huy L14—2C 71
Grey St. WA1—4D 149

Gribble Rd. L10—4D 21
Grice St. WA4—3A 158
Grice Wlk. Kir L33—4D 13
Grierson St. L8—4A 68
Grieve Rd. L10—4D 21
Griffin Av. Mor L46—4C 61
Griffin Clo. L11—2D 33
Griffin M. Wid WA8—3A 98
Griffin St. St H WA9—2C 57
Griffin Wlk. L11—2D 33
Griffiths Clo. Gre L49—3B 80
Griffiths Rd. Huy L36—2C 73
Griffiths St. L1—4C 67
Griffiths St. WA4—1B 158
Grimley Av. Boo L20—2B 28
Grimshaw St. St H WA9—3B 36
Grindleford Way. L7—3A 68
Grinfield St. L7—3A 68
Grinshill Clo. L8—1D 87
Grinton Cres. Huy L36—2B 72
Grisedale Av. WA2—3D 141
Grisedale Clo. Run WA7—2A 138
Grizedale. Wid WA8—4A 96
Grizedale Av. St H WA11—3C 27
Grizedale Rd. L5—3D 45
Groarke Dri. WA5—4A 146
Groes Rd. L19—2A 112
Grogan Sq. Boo L20—1D 29
Gronow Pl. Orr L20—1A 30
Grosmont Rd. Kir L32—3D 23
Grosvenor Av. WA1—3B 150
Grosvenor Av. Cro L23—1C 17
Grosvenor Av. Kir L48—4A 78
Grosvenor Clo. WA5—4D 147
Grosvenor Ct. Birk L43—1A 84
Grosvenor Dri. Wal L45—1A 42
Grosvenor Grange. WA1—1D 151
Grosvenor Pl. Birk L43—1D 83
Grosvenor Rd. L4—4A 30
Grosvenor Rd. L15—4C 69
Grosvenor Rd. L19—3D 111
Grosvenor Rd. Birk L43—1D 83
Grosvenor Rd. Hoy L47—1A 78
Grosvenor Rd. Mag L31—2B 10
Grosvenor Rd. Pres L34—2B 52
Grosvenor Rd. St H WA10—4B 36
Grosvenor Rd. Wal L45—1A 42
Grosvenor Rd. Wid WA8—2A 98
Grosvenor St. L3—1C 67
Grosvenor St. Run WA7—1A 132
Grosvenor St. Wal L44—4A 42
Grounds St. WA2—3D 149
Grove Av. Hes L60—3B 122
Grove Av. Lymm WA13—2D 161
Grove Clo. L8—3D 67
Grovedale Rd. L18—2D 89
Grovehurst Av. L14—4D 49
Groveland Av. Hoy L47—4A 58
Groveland Av. Wal L45—3C 41
Groveland Rd. Wal L45—2C 41
Grove Lands. L8—4D 67
Grove Mead. Mag L31—4D 5
Grove Mt. Birk L41—3C 85
Grove Pk. L8—1A 88
Grove Pk. Av. L12—1A 48
Grove Pl. Hoy L47—4A 58
Grove Pl. St H WA10—4C 37
Grove Rd. L6—1B 68
Grove Rd. Birk L42—4D 85
Grove Rd. Hoy L47—4A 58
Grove Rd. Wal L45—2C 41
Groveside. L8—4D 67
Groveside. W Kir L48—4A 78
Grove Sq. Beb L62—2A 108
Groves, The. L8—4D 67
Groves, The. Kir L32—4C 23
Grove St. L7—3D 67
Grove St. L15—4D 69
Grove St. WA4—1A 158
Grove St. Beb L62—2A 108
Grove St. Boo L20—2B 28
Grove St. Run WA7—1D 131
Grove St. St H WA10—4D 37
Grove, The. L13—3D 47
Grove, The. WA5—1C 155
Grove, The. Beb L63—3D 107
Grove, The. Birk L43—3A 84
Grove, The. Kno L28—2A 50

Grove, The. Wal L44—1B 64
Grove, The. Win WA10—1B 36
Grove Way. L7—3D 67
Grundy St. L5—3A 44
Guardian Ct. W Kir L48—1A 100
Guardian St. WA5—4B 148
Guelph Pl. L7—2D 67
Guelph St. L7—2D 67
Guernsey Clo. Wal WA4—4A 158
Guernsey Clo. Wid WA8—3C 99
Guernsey Rd. L13—4D 47
Guest St. Wid WA8—3D 119
Guffitts Clo. Hoy L47—2C 59
Guffitt's Rake. Hoy L47—3C 59
Guildford Av. Orr L30—2D 19
Guildford Clo. WA2—1C 151
Guildford St. Wal L44—4B 42
Guildhall Rd. L9—4A 20
Guild Hey. Kno L34—2D 35
Guilford Clo. L6—1D 67
Guilsted Rd. L11—4B 32
Guion Rd. Lith L21—4A 18
Guion St. L6—1A 68
Gulls Way. Hes L60—4A 122
Gunning Av. Ecc WA10—1A 36
Gunning Clo. Ecc WA10—1A 36
Gurnall St. L4—2D 45
Guthrie Way. L6—1A 68
Gutticar Rd. Wid WA8—1A 118
Gwendoline Clo. Thing L61—4A 104
Gwendoline St. L8—1D 87
Gwenfron Rd. L6—1A 68
Gwent Clo. L6—4A 46
Gwent St. L8—1D 87
Gwladys St. L4—1D 45
Gwydir St. L8—2D 87
Gwydrin Rd. L18—2B 90

Hackett Av. Boo L20—1D 29
Hackett Pl. Boo L20—1D 29
Hackins Hey. L2—2B 66
Hackthorpe St. L5—2C 45
Hadassah Gro. L17—3B 88
Haddock St. L20—1A 44
Haddon Av. L9—1B 30
Haddon Dri. Whis L35—4D 53
Haddon Dri. Pen L61—4D 103
Haddon Dri. Wid WA8—3A 96
Haddon Rd. Birk L42—4D 85
Haddon Wlk. L12—3A 34
Hadfield Av. Hoy L47—4B 58
Hadfield Clo. Wid WA8—4C 99
Hadfield Gro. L25—3A 92
Hadleigh Rd. Kir L32—2D 23
Hadley Av. Beb L62—3C 125
Hadlow Gdns. Birk L42—3C 85
Haggerston Rd. L4—4B 30
Hahneman Rd. L4—4A 30
Haig Av. WA5—1C 155
Haig Av. Mor L46—3C 61
Haigh Cres. Lyd L31—2B 4
Haigh Rd. Cro L22—2C 17
Haigh St. L3—1C & 1D 67
Haig Rd. Wid WA8—1D 119
Haileybury Av. Ain L10—1C 21
Haileybury Rd. L25—1A 114
Hailsham Rd. L19—1C 111
Halby Rd. L9—1C 31
Halcombe Rd. L12—2B 48
Halcyon Rd. Birk L41—2B 84
Haldane Av. Birk L41—4D 63
Haldane Rd. L4—4B 30
Hale Bank Rd. Hal & Wid WA8—3C 117
Hale Dri. L24—2B 128
Halefield St. St H WA10—2D 37
Hale Ga. Rd. Wid WA8—1A 130
Hale Gro. WA5—4C 147
Hale Rd. L4—4A 30
Hale Rd. Hale L24—1A 128 & 3A 130
Hale Rd. Wal L45—2B 42
Hale Rd. Wid WA8—4A to 1B 118
Hale St. L2—2B 66
Hale St. WA2—3D 149
Hale View. Run WA7—3C 131
Hale View Rd. Huy L36—2D 73
Halewood Clo. L25—3A 92
Halewood Dri. L25—4A 92

Halewood Pl. L25—3B 92
Halewood Rd. L25—3A 92
Halewood Way. L25—4B 92
Halfacre La. WA4—2B 160
Halidon Ct. Boo L20—2C 29
Halifax Cres. Thor L23—3A 8
Halkirk Rd. L18—1A 112
Halkyn Av. L17—1C 89
Halkyn Dri. L5—4D 45
Hallam Wlk. L7—2B 68
Hall Av. Wid WA8—1D 117
Hallbrook Ho. L12—2C 49
Hallcroft Pl. WA4—3C 159
Hall Dri. WA4—1A 162
Hall Dri. Gre L49—3B 80
Hall Dri. Kir L32—1C 23
Hallfields Rd. WA2—2A 150
Halliday Clo. WA3—3C 145
Hall La. L7—2D 67
Hall La. L9—4A 20
Hall La. WA4—4D 159
Hall La. Cron & Rain WA8 & L35
    —1B 96 to 2B 73
Hall La. Huy L36—2D 73
Hall La. Kir L32—1C 23
Hall La. Kir & Sim L33—2D 13
Hall La. Mag L31—1B 10
Hall La. Pres L34—4B 52
Hall Nook. WA5—1B 154
Hallows Av. WA2—1A 150
Hall Rd. WA1—2D 151
Hall Rd. E. Cro L23—3A 6
Hall Rd. W. Cro L23—3A 6
Hallsands Rd. Kir L32—3C 23
Hallside Clo. L19—2D 111
Hall St. WA1—4D 149
Hall St. St H WA10—3D 37
Hall Ter. WA5—2B 146
Halltine Clo. Cro L23—3A 6
Hallville Rd. L18—1A 90
Hallwood Clo. Run WA7—1C 137
Hallwood Link Rd. Run WA7—1A 138
Halsall Av. WA2—2A 150
Halsall Grn. Poul L63—3B 124
Halsall Rd. Boo L20—1D 29
Halsall St. Pres L34—2B 52
Halsbury Rd. L6—1B 68
Halsbury Rd. Wal L45—3A 42
Halsey Av. L12—2D 47
Halsey Cres. L12—2D 47
Halsnead Av. Whis L35—3B 74
Halstead Rd. L9—1A 30
Halstead Rd. Wal L44—1B 64
Halstead Wlk. Kir L32—2B 22
Halton Brook Av. Run WA7—3B 132
Halton Brow. Run WA7—3C 133
Halton Cres. Gre L47—3A 80
Halton Hey. Whis L35—2B 74
Halton Link Rd. Run WA7—4C 133
Halton Lodge Av. Run WA7—4B 132
Halton Rd. WA5—3B 146
Halton Rd. Lyd L31—3C 5
Halton Rd. Run WA7—2A 132
Halton Rd. Wal L45—3D 41
Halton Sta. Rd. Run & Sut W WA7
    —3A 138
Halton View Rd. Wid WA8—1B 120
Halton Wlk. L25—1A 92
Hambledon Dri. Gre L49—2B 80
Hamble Dri. WA5—2C 155
Hambleton Clo. L11—2C 33
Hambleton Clo. Wid WA8—3B 96
Hamblett Cres. St H WA11—4C 27
Hamer St. St H WA10—2D & 3D 37
Hamil Clo. Hoy L47—3C 59
Hamilton Ct. Cro L23—4A 6
Hamilton La. Birk L41—4C 65
Hamilton Rd. L5—4D 45
Hamilton Rd. Wal L45—2C 42
Hamilton Rd. Win WA10—1A 36
Hamilton Sq. Birk L41—4C 65
Hamilton St. Birk L41—1C 85
    (in two parts)
Hamlet Rd. Wal L45—3D 41
Hamlin Rd. L19—3B 112
Hammersley Av. St H WA9—4A 56

Hammil Av. St H WA10—1C 37
Hammil St. St H WA10—1B 36 & 1C 37
Hammond Rd. Kir L33—1B 24
Hammond St. St H WA9—4B 38
Hamnett Ct. WA3—4B 144
Hampden Gro. Birk L42—3C 85
Hampden Rd. Birk L42—3C 85
Hampden St. L4—4B 30
Hampshire Av. Orr L30—1B 18
Hampson St. L6—3B 46
Hampstead Rd. L6—3B 46
Hampstead Rd. Wal L44—1B 64
Hampton Clo. Wid WA8—3C 99
Hampton Ct. Rd. L12—3B 48
Hampton Dri. WA5—1D 155
Hampton Dri. Cron WA8—1B 96
Hampton St. L8—4D 67
Hamsterley Clo. WA3—1D 145
Hanbury Rd. L4—1C 47
Handfield Pl. L5—3D 45
Handfield Rd. Cro L22—2C 17
Handfield St. L5—3D 45
Handforth La. Run WA7—1D 137
Handley Ct. L19—2D 111
Hands St. Lith L21—4A 18
Hanford Av. L9—1B 30
Hankey Dri. Orr L20—1A 30
Hankey St. Run WA7—2D 131
Hankinson St. L13—2D 69
Hankin St. L5—3B 44
    (in two parts)
Hanley Clo. Wid WA8—1B 118
Hanley Rd. Wid WA8—1B 118
Hanlon Av. Boo L20—1D 29
Hanmer Rd. Kir L32—1A 22
Hannah Clo. Pen L61—1A 122
Hannan Rd. L6—1A 68
Hanover Clo. Birk L43—1D 83
Hanover Ct. Run WA7—1C 139
Hanover St. L1—3B 66
Hanover St. WA1—1C 157
Hanson Pk. Birk L43—2C 83
Hanson Rd. L9—2D 31
Hans Rd. L4—1D 45
Hanwell St. L6—3A 46
Hanworth Clo. L12—3A 34
Hapsford Clo. WA3—3A 144
Hapsford Rd. Lith L21—4A 18
Hapton M. Birk L43—3A 62
Hapton St. L5—3C 45
Harbern Clo. L12—3B 48
Harbord Rd. Cro L22—2B 16
Harbord St. L7—3A 68
Harbord St. WA1—1D 157
Harborne Dri. Poul L63—2A 124
Harcourt Av. Wal L44—1C 65
Harcourt Clo. WA3—4B 144
Harcourt St. L4—2B 44
Harcourt St. Birk L41—4A 64
Hardie Av. Mor L46—3B 60
Hardie Rd. Huy L36—1D 73
Harding Av. WA2—1A 150
    (in two parts)
Harding Av. Beb L63—1A 124
Harding Av. Birk L41—2C 63
Harding Clo. L5—3D 45
Hardinge Rd. L19—2B 112
Harding St. L8—4A 68
Hardknott Rd. Beb L62—3D 125
Hard La. St H WA10—1B 36
Hardman Av. WA5—1C 149
Hardman St. L1—3C 67
Hardshaw Centre, The. St H WA10
    —3D 37
Hardshaw St. St H WA10—3D & 2D 37
Hardwick Grange. WA1—2A 152
Hardy Rd. Lymm WA13—2D 161
Hardy St. L1—4C 67
    (in two parts)
Hardy St. L19—4B 112
Hardy St. WA2—3D 149
    (in two parts)
Harebell St. L5—2B 44
Hare Croft. L28—1D 49
Harefield Grn. L24—1C 129
Harefield Rd. L24—2B 128
Haresfinch Rd. St H WA11—1A 38

Haresfinch View. St H WA11—4C 27
Harewell Rd. L11—4C 33
Harewood Rd. Wal L45—2A 42
Hargate Rd. Kir L33—2D 23
Hargate Rd. Birk L33—2D 23
Hargrave Av Birk L43—3C 83
Hargrave Clo. Birk L43—3C 83
Hargreaves Ct. Wid WA8—1B 120
Hargreaves Rd. L17—3B 88
Hargreaves St H WA9—3C 39
Harker St. L3—1C 67
Harke St. L7—3A 68
Harland Grn. L24—1A 129
Harland Rd. Birk L42—3B 84
Harlech Rd. Cro L23—1B 16
Harlech St. L4—1C 45
Harlech St. Wal L44—2C 65
Harleston Rd. Kir L33—1D 23
Harleston Wlk. Kir L33—1D 23
Harley Av Birk L63—1B 106
Harley St. L9—1B 30
Harlian Av Mor L46—4B 60
Harlow Clo. WA4—2A 160
Harlow Clo. St H WA9—2D 55
Harlow St. L8—2C 87
Harlyn Clo. Hal L26—3C 115
Harper Rd. L9—2B 30
Harpers Rd. WA2—1C 151
Harper St. L6—1D 67
Harps Croft. Orr L30—1B 18
Harptree Clo. Whis L35—1C 75
Harradon Rd. L9—4A 20
Harringay Av L18—2D 89
Harrington Av Hoy L47—4B 58
Harrington Rd. L3—3C 87
Harrington Rd. Cro L23—4C 7
Harrington Rd. Lith L21—3B 18
Harrington St. L2—2B 66
Harris Clo. Poul L63—2A 124
Harris Dri. Orr L20 & L30—4B 18
Harrismith Rd. L10—4C 21
Harrison Dri. Boo L20—3A 30
Harrison Dri. Hay WA11—1D 39
Harrison Dri. Wal L45—1D 41
Harrison Hey Huy L36—2C 73
Harrison Sq. WA5—1B 148
Harrison St. St H WA9—2B 56
Harrison St. Wid WA8—3A 118
Harrison Way. L3—3C 87
Harris St. St H WA9—2C 37
Harris St. Wid WA8—1B 120
Harrocks Clo. Orr L30—3C 9
Harrock Wood Clo. Irby L61—3C 103
Harrogate Dri. L5—4D 45
Harrogate Rd. Birk L42—1D 107
Harrogate Wlk. Birk L42—1D 107
Harrop Rd. Run WA7—3A 132
Harrops Croft. Orr L30—4C 9
Harrowby Clo L8—4A 68
Harrowby Rd. Birk L42—3B 84
Harrowby Rd. Cro L21—4C 7
Harrowby Rd. Wal L44—1C 65
Harrowby Rd S. Birk L42—3B 84
Harrowby St L8—4D 67 & 4A 68
Harrow Clo. Wal L44—4D 41
Harrow Dri. Ain L10—1B 20
Harrow Dri. Run WA7—2C 133
Harrow Gro Beb L62—4D 125
Harrow Rd L4—2A 46
Harrow Rd. Wal L44—4D 41
Hartdale Rd L18—2D 89
Hartdale Rd. Thor L23—2A 8
Hartford Clo Birk L43—3D 83
Harthill Av L18—2A 90
Harthill M. Birk L43—3B 62
Harthill Rd L18—2B 90
Hartington Av Birk L41—4A 64
Hartington Rd. L8—1B 88
Hartington Rd. L12—3A 48
Hartington Rd L19—3B 112
Hartington Rd St H WA10—1B 36
Hartington Rd. Wal L44—4A 42
Hartismere Rd Wal L44—1B 64
Hartland Clo Wid WA8—2D 97
Hartland Rd L11—3A 32
Hartley Av L9—1C 31
Hartley Clo L4—2C 45

Hartley Gro. St H WA10—1B 54
Hartley Quay. L3—3B 66
Hartley St. Run WA7—1A 132
Hartnut St. L5—3D 45
(in two parts)
Hartopp Rd. L25—1A 92
Hartsbourne Av. L25—4D 71 to 1A 92
Hartsbourne Clo. L25—4D 71
Hartsbourne Heights. L25—4D 71
Hartsbourne Wlk. L25—4D 71
Hart St. L3—2C 67
Hartwell St. Lith L21—1C 29
Hartwood Clo. Kir L32—4D 23
Hartwood Rd. Kir L32—4D 23
Hartwood Sq. Kir L32—4D 23
Hartynton Av WA5—2B 148
Harty Rd. Hay WA11—1D 39
Harvard Clo. Run WA7—2B 134
Harvester Way. Gre L49—2B 80
Harvester Way. Neth L30—4A 10
Harvest La. Mor L46—2B 60
Harvey Av. Gre L49—3B 80
Harvey Rd. Wal L45—3D 41
Harwood Gdns. WA4—3C 159
Harwood Rd. L19—3B 112
Haselbeech Cres. L11—3B 32
Hasfield Rd. L11—4C 33
Haslemere. Whis L35—1D 75
Haslemere Dri. WA5—1A 154
Haslemere Rd. L25—1A 92
Haslemere Way. L25—1D 91
Haslingden Clo. L13—2A 70
Hassal Rd. Birk L42—1A 108
Hassop Wlk. L7—3A 68
Hastie Clo. L27—1C 93
Hastings Av. WA2—3D 141
Hastings Rd. Cro L22—1A 16
Haswell Dri. Kno L28—1D 49
Haswell St. St H WA10—2D 37
Hatchmere Clo. WA5—4B 148
Hatchmere Clo. Birk L43—3D 83
Hatfield Clo. St H WA9—2C 55
Hatfield Rd. Boo L20—3A 30
Hathaway. Mag L31—1A 10
Hathaway Clo. L25—1D 91
Hathaway Rd. L25—1D 91
Hatherley Av Cro L23—1C 17
Hatherley Av. Cro L23—1C 17
Hatherley Clo. L8—4A 68
Hatherley St. L8—4D 67
Hatherley St. Wal L44—2C 65
Hathersage Clo. Huy L36—3C 51
Hathersage Rd. Huy L36—3C 51
Hatton Clo. Hes L60—3A 122
Hatton Garden L3—2B 66
Hatton Hill Rd. Lith L21—3A 18
Hatton La. WA4—4A 162
Hatton's La. L16—1B 90
Hauxwell Gro. St H WA11—4C 27
Havelock Clo. St H WA10—3C 37
Haven Rd. L10—3D 21
Haven Wlk. Lyd L31—2B 4
Havergal St. Run WA7—3D 131
Haverstock Rd. L6—1B 68
Haverton Wlk. L12—3A 34
Havisham Clo. WA3—2A 144
Hawarden Av. L17—1C 89
Hawarden Av Birk L43—1A 84
Hawarden Av Wal L44—4B 42
Hawarden Gro. Cro L21—1B 28
Hawdon Ct. L7—4B 68
Hawes Av St H WA11—3C 27
Haweswater Av Hay WA11—1D 39
Haweswater Clo. Kir L33—4B 12
Haweswater Clo. Run WA7—2B 138
Haweswater Gro. Mag L31—4D 5
Hawgreen Rd. Kir L33—2A 22
Hawke Grn. Tar L35—4D 73
Hawke St. L3—2C 67
Hawkesworth St. L4—3A 46
Hawkins St. L6—1D 68
Hawkshaw Clo WA3—3D 143
Hawkshaw St. L5—3B 44
Hawkshead Av L12—4D 33
Hawkshead Clo Mag L31—3C 5
Hawkshead Rd. Run WA7—2B 138
Hawkshead Dri Lith L21—3C 19
Hawksmoor Clo. L10—4D 21
Hawksmoor Rd L10—4D 21

Hawkstone St. L8—2D 87 & 2A 88
Hawkstone Wlk. L8—2D 87
Hawks View. Run WA7—1A 138
Hawks Way. Hes L60—4A 122
Hawley's Clo. WA5—1B 148
Hawleys La. WA5 & WA2—1C 149
Haworth Dri. Orr L20—4C 19
Hawthorn Av. Wid WA8—4A 98
Hawthorndale Rd. Wal L44—2B 64
Hawthorn Dri. Ecc WA10—2A 36
Hawthorn Dri. Gra L48—4C 79
Hawthorn Dri. Pen L61—2B 122
Hawthorne Av. WA1—3D 151
Hawthorne Av. WA5—4C 147
Hawthorne Av. Hal L26—3C 115
Hawthorne Av. Run WA7—3D 131
Hawthorne Gro. WA4—3A 158
Hawthorne Gro. Wal L44—2C 65
Hawthorne Rd. WA4—4D 157
Hawthorne Rd. Birk L42—3B 84
Hawthorne Rd. Frod WA6—4C 137
Hawthorne Rd. Lith, Orr & Boo L21 &
    L20—3A 18 to 4A 30
Hawthorne Rd. Pres L34—3C 53
Hawthorne Rd. St H WA9—3C 57
Hawthornes, The. L27—1B 92
Hawthorne St. WA5—2C 149
Hawthorn Gro. L12—3A 48
Hawthorn Gro. WA4—1A 158
Hawthorn La. Beb L62—4D 125
Hawthorn Rd. Huy L36—2B 72
Hawthorn Rd. Lymm WA13—2D 161
Hawthorn St. L7—2A 68
Haxted Gdns. L19—3C 113
Haydn Rd. L14—3D 49
Haydock Clo. L8—2D 87
Haydock Pk. Rd. Ain L10—1C 21
Haydock Rd. Wal L45—2B 42
Haydock St. WA2—3D 149
Haydock St. St H WA10—3A 38
Hayes Av. Pres L35—4C 53
Hayes Cres. Frod WA6—4C 137
Hayes Dri. Mell L31—1A 22
Hayes St. St H WA10—2B 54
Hayfield Rd. WA2—1D 151
Hayfield St. L4—2D 45
Hayles Clo. L25—1D 91
Hayles Grn. L25—1D 91
Hayles Gro. L25—1D 91
Hayman's Clo. L12—2A 48
Hayman's Grn. L12—2A 48
Haymans Grn. Mag L31—4C 5
Hayman's Gro. L12—2A 48
Haywood Cres. Run WA7—2B 134
Haywood Gdns. St H WA10—4B 36
Hazel Av. Kir L32—1B 22
Hazel Av. Run WA7—4C 131
Hazel Av. Whis L35—1C 75
Hazelborough Clo. WA3—2D 145
Hazeldale Rd. L9—2D 31
Hazeldene Av. Thing L61—3A 104
Hazeldene Av. Wal L45—4A 42
Hazeldene Way. Thing L61—3A 104
Hazel Gro. L9—1C 31
Hazel Gro. WA1—2C 151
Hazel Gro. Beb L63—4C 107
Hazel Gro. Cro L23—1D 17
Hazel Gro. Irby L61—3C 103
Hazel Gro. St H WA10—3B 36
Hazelhurst Rd. L4—2A 46
Hazel M. Mell L31—1A 22
Hazel Rd. Birk L41—1B 84
Hazel Rd. Hoy L47—4B 58
Hazel Rd. Huy L36—4C 51
Hazelslack Rd. L11—4B 32
Hazel St. WA1—3A 150
Hazelton Rd. L14—1B 70
Hazelwood. Gre L49—2B 80
Hazelwood M. WA4—3D 159
Headbolt La. Kir L33—4C 13
Headbourne Clo. L25—4D 71
Headingley Clo. Huy L36—3B 72
Headingley Clo St H WA9—3B 56
Headington Rd. Upt L49—2B 80
Headland Clo. W Kir L48—1A 100
Headley Clo. St H WA10—3C 37
Head St. L8—1C 87

High St. Run WA7—2D 131
Hightor Rd. L25—3D 91
Highville Rd. L16—1B 90
Highwood Rd. WA4—1A 162
Hignett Av. St H WA9—4D 39
Hilary Av. Huy L14—2C 71
Hilary Clo. L4—1B 46
Hilary Clo. WA5—3A 146
Hilary Clo. Ecc L34—2C 53
Hilary Clo. Wid WA8—3C 99
Hilary Dri. Upt L49—1D 81
Hilary Rd. L4—1B 46
Hilberry Av. L13—3C 47
Hilbre Av. Wal L44—4A 42
Hilbre Rd. Wal L48—1A 100
Hilbre St. L3—2C 67
Hilbre St. Birk L41—4B 64
Hilbre View. W Kir L48—4B 78
Hilda Rd. L32—3C 49
Hildebrand Clo. L4—1B 46
Hildebrand Rd. L4—1B 46
Hilden Rd. WA2—1A 150
Hillam Rd. Wal L45—3C 41
Hillary Cres. Mag L31—4C 5
Hillary Dri. Cro L23—4A 8
Hillary Wlk. Cro L23—4A 8
Hill Bark Rd. Fra, Gre & Irby L48—4A 80
Hillberry Cres. WA4—2D 157
Hillbrae Av. St H WA11—3B 26
Hill Cliffe Rd. WA4—4C 157
Hill Crest. Boo L20—3A 30
Hillcrest. Mag L31—1C 11
Hillcrest Av. Run WA7—3C 133
Hillcrest Av. Huy L36—2A 74
Hillcrest Dri. Gre L49—3B 80
Hillcrest Rd. L4—4D 31
Hillcrest Rd. Cro L23—4D 7
Hillcroft Rd. L25—3C 91
Hillcroft Rd. Wal L44—1B 64
Hillfield. Run WA7—4B 134
Hillfield Dri. Pen L61—2B 122
Hillfoot Av. L25—3A 114
Hillfoot Cres. WA4—4D 157
Hillfoot Grn. L25—2A 114
Hillfoot Hey. L25—2A 114
Hillfoot Rd. L25—1D 113 to 3A 114
Hill Gro. Mor L46—4C 61
Hillhead Rd. Boo L20—4A 30
Hillingden Av. Hal L26—2D 115
Hillingdon Av. Pen L61—2B 122
Hillingdon Rd. L15—1A 90
Hillock La. WA1—2D 151
Hill Rd. Birk L43—4C 63
Hill School Rd. St H WA10—1A 54
Hillsdene. L20—1A 50
Hillside. L25—2A 92
Hillside Av. Kno L36—3B 50
Hillside Av. Run WA7—4C 131
Hillside Clo. Boo L20—4A 30
Hillside Clo. L25—4A 92
Hillside Ct. Birk L41—3C 85
Hillside Cres. Kno L36—2B 50
Hillside Dri. L25—3A 92
Hillside Gro. WA5—1B 154
Hillside Rd. L18—2A 90
Hillside Rd. WA4—3A 162
Hillside Rd. Birk L41—3C 85
Hillside Rd. Birk L43—4C 63
Hillside Rd. Gra L48—4C 79
Hillside Rd. Hes L60—4B 122
Hillside Rd. Huy L36—3C 51
Hillside Rd. St H WA10—1C 37
Hillside Rd. Wal L44—4C 41
Hillside View. Birk L43—3D 83
Hills Moss Rd. St H WA9—2D 57
Hill St. L8—1C 87
Hill St. WA1—4D 149
Hill St. Cro L23—4D 7
Hill St. Pres L34—3B 52
Hill St. Run WA7—2D 131
Hill St. St H WA10—2D 37
Hilltop La. Gay L60—4C 123
Hilltop Rd. L16—4B 70
Hill Top Rd. WA1—2D 151
Hill Top Rd. WA4—3B 158
Hilltop Rd. Lymm WA13—3D 161
Hill Top Rd. Pres B WA4—1B 140
Hillview. L17—4C 89

Hill View. Wid WA8—2D 97
Hillview Av. W Kir L48—3A 78
Hill View Dri. Upt L49—1A 82
Hillview Gdns. L25—3C 91
Hill View Rd. Irby L61—3B 102
Hilton Av. WA5—4D 147
Hilton Clo. Birk L41—1B 84
Hilton Ct. Orr L30—4B 8
Hilton Gro. W Kir L48—3A 78
Hinchley Grn. Mag L31—4A 4
Hinckley Rd. St H WA11—1B 38
Hindburn Av. Mag L31—3C 5
Hinderton Dri. Gra L48—4C 79
Hinderton Rd. Hes L60—4B 122
Hinderton Rd. Birk L41—2C 85
Hindle Av. WA5—1B 148
Hindley Beech. Mag L31—3A 4
Hindley Wlk. L24—2B 128
Hindlip St. L8—3A 88
Hind St. Birk L41—1C 85
Hinson St. Birk L41—1C 85
Hinton Cres. WA4—4B 158
Hinton Rd. Run WA7—3A 132
Hinton St. L6—1B 68
Hinton St. Lith L21—1C 29
Hitchen's Clo. Run WA7—1A 140
Hobart St. L5—3C 45
Hobart St. St H WA9—2C 55
Hob La. Kir L32—2A 22
Hoblyn Rd. Birk L43—3C 63
Hockenhall All. L2—2B 66
Hockenhull Clo. Poul L63—2B 124
Hodder Av. Mag L31—4D 5
Hodder Clo. St H WA11—4C 27
Hodder Pl. L5—3D 45
Hodder Rd. L5—3D 45
Hodder St. L5—2C 45
Hodgkinson Av. WA5—1B 148
Hodson Pl. L6—4D 45
Hogarth St. Cro L22—4A 8
Hogarth Wlk. L4—1C 45
Hoghton Clo. St H WA9—1D 57
Hoghton Rd. Hale L24—3A 130
Hoghton Rd. St H WA9—1C 57
Holbeck St. L4—2A 46
Holborn Hill. Birk L41—2C 85
Holborn Sq. Birk L41—2C 85
Holborn St. L6—2D 67
Holbrook Clo. St H WA9—3B 56
Holcombe Clo. Gre L49—2B 80
Holden Gro. Cro L22—2B 16
Holden Rd. Cro L22—2A 16
Holden Rd. Pres L35—4B 52
Holden Rd. E. Cro L22—1B 16
Holden St. L8—4A 68
Holden Ter. Cro L22—2A 16
Holdsworth St. L7—2A 68
Holes La. WA1—2D 151
Holford Av. WA5—2B 148
Holgate. Thor L23—2A 8
Holgate Ct. Birk L43—3B 62
Holgate Pk. Thor L23—2A 8
Holland Ct. Orr L30—4B 8
Holland Gro. Hes L60—3B 122
Holland Pl. L7—2A 68
Holland Rd. L24—2C 129
Holland Rd. Hal L26—3C 115
Holland Rd. Wal L45—2B 42
Holland St. L7—1C 69
Holland St. WA5—4B 148
Holland Way. Hal L26—3C 115
Hollies, The. L25—3C 91
Hollies Rd. Hal L26—2D 115
Hollies, The. L25—3C 91
Hollingbourne Pl. L11—3B 32
Hollingbourne Rd. L11—3B 32
Hollingworth Clo. L9—3C 31
Hollin Hey Clo. Bill WN5—1D 27
Hollins Dri. WA2—1C 141
Hollins La. WA2—1C 141
Hollins Way. Wid WA8—4A 118
Holloway. Run WA7—3D 131
Hollow Croft. Kno L28—1A 50
Hollow Dri. WA4—3D 157
Hollows, The. Cal L48—3C 101
Holly Av. Beb L63—1A 124
Holly Bank Gro. St H WA9—2B 38
Hollybank Rd. L18—1C 89
Hollybank Rd. Birk L41—2B 84

Hollybank Rd. Run WA7—3C 133
Holly Bank St. St H WA9—2B 38
Holly Clo. Ecc WA10—2A 36
Holly Clo. Hale L24—3A 130
Hollydale Rd. L18—2D 89
Holly Farm Rd. L19—3B 112
Hollyfield Rd. L9—1B 30
Holly Gro. WA1—2C 151
Holly Gro. Birk L42—3C 85
Holly Gro. Cro L21—1B 28
Holly Gro. Huy L36—2A 72
Holly Hey. Whis L35—2B 74
Holly Mt. L12—2A 48
Hollymead Clo. L25—3A 92
Holly Pl. Mor L46—4D 61
Holly Rd. L7—2B 68
Holly Rd. WA5—4B 146
Holly Rd. Hay WA11—1D 39
Holly St. Boo L20—2D 29
Holly Ter. WA5—4C 147
Hollytree Rd. L25—3A 92
Hollywood Rd. L17—3C 89
Holman Rd. L19—3B 112
Holm Cotts. Birk L43—4D 83
Holme Clo. Ecc L34—2D 53
Holmefield. Birk L43—4D 83
Holmefield Av. L19—1D 111
Holmefield Gro. Mag L31—4B 4
Holmefield Rd. L19—1D 111
Holme Rd. St H WA10—3A 36
Holmes Ct. WA3—2D 143
Holmesfield Rd. WA1—4A 150
Holmes St. L8—4B 68
Holmes St. L5—2A 44
Holmesway. Pen L61—1B 122
Holmfield Av. Run WA7—2B 132
Holmfield Gro. Huy L36—3D 73
Holm Hey Rd. Birk L43—4D 83
Holmlands Cres. Birk L43—4C 83
Holmlands Dri. Birk L43—4C 83
Holmlands Way. Birk L43—4C 83
Holm La. Birk L43—4D 83
Holmleigh Rd. L25—1A 92
Holmrook Rd. L11—3B 32
Holmside Clo. Mor L46—3D 61
Holmside La. Birk L43—4D 83
Holm View Clo. Birk L43—3D 83
Holmville Rd. Beb L63—3C 107
Holmway. Beb L63—4C 107
Holmwood Av. Thing L61—4B 104
Holmwood Dri. Thing L61—4B 104
Holt Av. Mor L46—3C 61
Holt Hill. Birk L41—2C 85
Holt Hill Ter. Birk L41—2C 85
Holt La. L27—4C 73 & 1C 93
Holt La. Run WA7—4D 133
Holt La. Whis L35—4D 53
Holt Rd. L7—2A 68
Holt Rd. Birk L41—3C 85
Holt Way. Kir L32—1B 22
Holy Cross Clo. L3—1B 66
Holyrood Av. Wid WA8—2D 97
Home Farm Clo. Upt L49—4B 82
Home Farm Rd. Kno L34—4D 35
Home Farm Rd. Upt L49—4A 82
Homer Rd. Kno L34—3D 35
Homerton Rd. L6—1B 68
Homestall Rd. L11—4B 32
Homestead Av. Orr L30—4A 10
Homestead M. W Kir L48—4A 78
Honey Hall Rd. Hal L26—2C 115
Honey's Grn. Clo. L12—4B 48
Honey's Grn. La. L12—4B 48
Honey St. St H WA9—2B 54
Honeysuckle Dri. L9—3C 31
Honister Av. WA2—4D 141
Honister Av. St H WA11—3C 27
Honister Clo. L27—3D 93
Honister Gro. Run WA7—2A 138
Honiston Av. Rain L35—4A 54
Honiton Rd. L17—1C 111
Honiton Way. WA5—1B 154
Hood Av. WA5—4A 148
Hood La. N. WA5—4A 148 to 3D 147
Hood Rd. Wid WA8—1D 119
Hood St. L1—2B 66
Hood St. Wal L44—1C 65

Invincible Way. L10—1D 33
Inwood Rd. L19—2B 112
Ionic Rd. L13—1D 69
Ionic St. Birk L42—4D 85
Ionic St. Cro L21—4D 17
Irby Av Wal L44—4A 42
Irby Rd. L4—1A 46
Irby Rd. Irby, Hes & Pen L61
—4B 102 to 2B 122
Irbyside Rd. Fra L48—1A 102
Ireland Rd. Hale L24—3A 130
(in two parts)
Ireland St. WA2—2D 149
Ireland St. Wid WA8—4B 98
Irene Av St H WA11—4C 27
Irene Rd. L16—1B 90
Ireton St. L4—4B 30
Iris Av. Birk L41—4D 63
Irlam Dri. Kir L32—1C 23
Irlam Pl. Boo L20—3C 29
Irlam Rd. Boo L20—3C 29
Ironside Rd. Huy L36—1C 73
Irvine Rd. Birk L42—4B 84
Irvine St. L7—2A 68
Irvine Ter Beb L62—1A 108
Irwell Clo. L17—3C 89
Irwell La. L17—3C 89
Irwell La. Run WA7—2C 135
Irwell Rd. WA4—2C 157
Irwell St. L3—3A 66
Irwell St. Wid WA8—4D 119
Irwin Rd. St H WA9—2B 56
Isaac St. L8—2D 87
Isabel Gro. L13—2C 47
Isherwood Dri. WA2—4C 143
Island Pl. L19—3B 112
Island Rd. L19—3B 112
Island Rd. S. L19—3B 112
Islands Brow. St H WA11—1A 38
Islington. L3
Islington. Cro L23—4C 7
Islington Sq. L3—1D 67
Islip Clo. Irby L61—2C 103
Ismay Dri. Wal L44—3B 42
Ismay Rd. Lith L21—4A 18
Ismay St. L4—4B 30
Ivanhoe Rd. L17—3A 88
Ivanhoe Rd. Cro L23—4B 6
Ivanhoe St. Boo L20—3C 29
Ivatt Way. L7—3B 68
Iveagh Clo. Run WA7—4A 134
Iver Clo. Cron WA8—1B 96
Ivernia Rd. L4—4C 31
Ivor Rd. Wal L44—4B 42
Ivory Dri. Kir L33—3C 13
Ivy Av L19—2A 112
Ivy Av. Beb L63—4C 107
Ivy Av Whis L35—4D 53
Ivydale Rd. L9—2C 31
Ivydale Rd. L18—2D 89
Ivydale Rd. Birk L42—3C 85
Ivy Farm Rd. Rain L35—4A 54
Ivyhurst Clo. L19—1D 111
Ivy La. Mor L46—2C 61
Ivy Leigh. L13—3C 47
Ivy Rd WA1—2A 152
Ivy St. Birk L41—1D 85
Ivy St. Run WA7—3D 131

Jackfield Way. L19—3D 111
Jack McBain Ct. L3—4B 44
Jackson Av WA1—3B 150
Jackson Clo. Beb L63—2D 107
Jackson Clo. Rain L35—3C 77
Jackson Ho. Birk L42—4D 85
Jackson Quay L3—1B 86
Jackson St. L19—3B 112
Jackson St. Birk L41—1C 85
Jackson St. St H WA9—3A 38
Jacob St. L8—2D 87
Jacqueline Dri. Huy L36—4D 51
Jamaica St. L1—4C 67
Jamesbrook Clo. Birk L41—3A 64
James Clarke St. L5—4B 44
James Clo Wid WA8—4D 119
James Ct L25—4A 92
James Gro St H WA10—3C 37

James Holt Av. Kir L32—2B 22
James Hopkins Way. L4—2C 45
James Horrigan Ct. Orr L30—1B 18
James Larkin Way. L4—2C 45
James Rd. L25—4A 92
James Simpson Way Orr L30—4D 9
James St. L2—3B 66
James St. L19—3B 112
James St. Birk L43—2A 84
James St. Wal L44—2C 65
Jamieson Av. Cro L23—4A 8
Jamieson Rd. L15—4C 69
Jane St. St H WA9—2C 57
Janet St. L7—2A 68
Jarrett Rd. Kir L33—4D 13
Jarrett Wlk. Kir L33—4A 14
Jarrow Clo. Birk L43—2A 84
Jasmine Clo. L5—4D 45
Jasmine Clo. Upt L49—4D 61
Jasmine Gro. Wid WA8—1B 118
Jason St. L5—3C 45
Java Rd. L4—4D 31
Jay Clo. WA3—3C 145
Jay's Clo. Run WA7—4C 135
Jean Wlk. Kir L10—4A 22
Jedburgh Dri. Kir L33—3B 12
Jeffereys Cres. Huy L36—2A 72
Jeffreys Dri. Gre L49—2C 81
Jeffreys Dri. Huy L36—1D 71
Jellicoe Clo. Cal L48—3B 100
Jenkinson St. L3—1C 67
Jensen Rd. Run WA7—2B 132
Jericho Clo. L17—4C 89
Jericho Farm Clo. L17—1B 110
Jericho La. L17—1B 110
Jermyn St. L8—1A 88
Jerningham Rd. L11—3D 31
Jerome Gdns. St H WA9—2B 56
Jersey Av. Lith L21—2A 18
Jersey Clo. Boo L20—3D 29
Jersey St. Boo L20—3D 29
Jersey St. St H WA9—4B 56
Jervis Clo. WA2—4C 143
Jesmond St. L15—4C 69
Jessamine Rd. Birk L42—3C 85
Jessica Ho. L20—1B 44
Jeudwine Clo. L25—1A 114
Joan Av Gre L49—2C 81
Joan Av Mor L46—3C 61
Jocelyn Clo. Poul L63—1B 124
Jockey St. WA2—2D 149
John Bagot Clo. L5—3C 45
John Hunter Way Orr L30—1D 19
John Lennon Dri. L6—1A 68
John Middleton Clo. Hale L24—3A 130
John Rd. Lymm WA13—2D 161
Johns Clo. Run WA7—3D 131
Johnson Av Pres L35—4B 52
Johnson Gro. L14—3C 49
Johnson Rd. Birk L43—1D 105
Johnson's La. Wid WA8—1C 121
Johnson St. L3—2B 66
Johnson St. St H WA9—2B 38
Johnston Av Orr L20—4C 19
John St. L3—1C 67
John St. WA2—4D 149
John St. Birk L41—4D 65
John Willis Ho. Birk L42—4D 85
Jolley St. WA1—4C 149
Jones Farm Rd. L25—2B 92
Jonville Rd. L9—4D 30
Jordan St. L1—4B 66
Joseph Lister Clo. Orr L30—1D 19
Joseph St. St H WA9—2C 57
Joseph St. Wid WA8—4A 98
Joyce Wlk. Kir L10—4A 22
Jubilee Av L14—2B 70
Jubilee Av L41—2B 150
Jubilee Av WA5—1B 154
Jubilee Cres. Beb L62—3A 108
Jubilee Dri. L7—2A 68
Jubilee Dri Orr L30—2D 19
Jubilee Dri W Kir L48—3A 78
Jubilee Dri. Whis L35—2B 74
Jubilee Gro. Lymm WA13—1D 161
Jubilee Gro Wal L44—1C 65
Jubilee Rd Cro L23—1B 16
Jubilee Rd Lith L21—4A 18

Jubilee Way. Wid WA8—4C 97
Jubit's La. Bold, Rain & St H WA8 &
WA9—4D 77
Juddfield St. Hay WA11—1D 39
Judges Dri. L6—4B 46
Judges Way. L6—4B 46
Julian Way. Wid WA8—2D 97
Julie Gro. L14—4C 49
Juliet Av. Beb L63—2C 107
Juliet Gdns. Beb L63—2C 107
July Rd. L6—3B 46
July St. Boo L20—1D 29
Junction La. St H WA9—2C 57
June Av Beb L62—3D 125
June Rd. L6—3B 46
June St. Boo L20—2D 29
Juniper Clo. Gre L49—4B 80
Juniper Cres. L12—1D 49
Juniper Gdns. Cro L23—3A 8
Juniper La. WA3—2C 153
Juniper St. L20—2B 44
Jupiter Clo. L6—3A 46
Jurby Ct. WA2—1B 150
Justan Way. Rain L35—4A 54
Juvenal Pl. L3—1C 67
Juvenal St. L3—1C 67

Kaigh Av. Cro L23—3B 6
Kale Clo. W Kir L48—1A 100
Karan Way. Mell L31—1A 22
Karonga Rd. L10—4C 21
Karonga Way. L10—4D 21
Karslake Rd. L18—2D 89
Karslake Rd. Wal L44—1B 64
Katherine Wlk. Kir L10—4A 22
Kean St. WA5—4C 149
Kearsley Clo. L4—2C 45
Kearsley St. L4—2C 45
Keates St. St H WA9—1C 57
Keats Av. Whis L35—1D 75
Keats Gro. WA2—4D 141
Keats Gro. Huy L36—3D 73
Keble Dri. Ain L10—1B 20
Keble Dri. Wal L45—3B 40
Keble Rd. Boo L20—4D 29
Keble St. L6—1A 68
Keble St. Wid WA8—2A 120
Keckwick La. Run & Dar WA7 & WA4
—1D 135
Kedleston St. L8—3D 87
Keele Clo. Birk L43—2B 62
Keenan Dri. Orr L20—1A 30
Keene Ct. Orr L30—4B 8
Keepers La. Stor L63—4A 106
Keepers Wlk. Run WA7—2D 133
Keighley Av. Wal L45—4C 41
Keightley St. Birk L41—4B 64
Keir Hardie Av Boo L20—1A 30
Keith Av. L4—4B 30
Keith Av WA5—3A 146
Keithley Wlk. L24—1C 129
Kelday Dri. Kir L33—1C 23
Kelkbeck Clo. Mag L31—3D 5
Kellet's Pl. Birk L42—3D 85
Kellett Rd. Mor L46—1A 62
Kellitt Rd. L15—4C 69
Kelly Dri. Boo L20—2A 30
Kelly St. Pres L34—3C 53
Kelmscott Dri. Wal L44—4C 41
Kelsall Av. St H WA9—4A 56
Kelsall Clo. WA3—3A 144
Kelsall Clo. Birk L43—3D 83
Kelsall Clo. Wid WA8—4C 97
Kelso Clo. Kir L33—2B 12
Kelso Rd. L6—1B 68
Kelton Gro. L17—4C 89
Kelvin Clo. WA3—1A 144
Kelvin Gro. L8—1A 88
Kelvin Rd. Birk L41—3C 85
Kelvin Rd. Wal L44—2C 65
Kelvinside. Cro L23—1D 17
Kelvinside. Wal L44—2D 65
Kemberton Dri. Wid WA8—2D 97
Kemble St. L6—1A 68
Kemble St. Pres L34—3B 52
Kemlyn Rd. L4—2D 45
Kemmel Av WA2—2D 157

Kempsell Wlk. Hal L26—3D 115
Kempsell Way. Hal L26—3D 115
Kempson Ter. Beb L63—1A 124
Kempston St. L3—2C 67
Kempton Clo. Huy L36—3B 72
Kempton Clo. Run WA7—1D 137
Kempton Pk. Rd. Ain L10—1C 21
Kempton Rd. L15—3C 69
Kempton Rd. Beb L62—2A 108
Kemsley Rd. L14—1D 71
Kenbury Clo. Kir L33—4D 13
Kenbury Rd. Kir L33—4D 13
Kendal Av. WA2—4A 142
Kendal Clo. Beb L63—3D 107
Kendal Dri. Mag L31—3C 5
Kendal Dri. Rain L35—1D 75
Kendal Dri. St H WA11—3C 27
Kendal Rise. Run WA7—2D 137
Kendal Rd. L16—4C 71
Kendal Rd. Wal L44—2A 64
Kendal Rd. Wid WA8—1B 118
Kendal St. Birk L41—1C 85
Kendrick St. WA1—4C 149
Kenilworth Av. Run WA7—4A 132
Kenilworth Clo. L25—3C 91
Kenilworth Dri. WA1—2C 151
Kenilworth Dri. Pen L61—4C 103
Kenilworth Gdns. Upt L49—1C 81
Kenilworth Rd. L16—4C 71
Kenilworth Rd. Cro L23—4B 6
Kenilworth Rd. Wal L44—1C 65
Kenilworth St. Boo L20—3C 29
Kenilworth Way. L25—3C 91
Kenley Av. Cron WA8—1B 96
Kenley Clo. L6—4B 46
Kenmare Rd. L15—1C 89
Kenmay Wlk. Kir L33—1D 23
Kenmore Rd. Birk L43—4C 83
Kennelwood Av. Kir L33—1D 23
Kennessee Clo. Mag L31—1C 11
Kenneth Clo. Orr L30—1C 19
Kenneth Rd. Wid WA8—2B 118
Kennet Rd. Beb L63—4C 107
Kennford Rd. L11—1D 33
Kensington. L7—1A 68
Kensington Av. WA4—2D 159
Kensington Av. St H WA9—2A 56
Kensington Gdns. Mor L46—3C 61
Kensington St. L6—1A 68
Kent Av. Lith L21—3B 18
Kent Clo. Beb L63—4C 125
Kent Clo. Boo L20—2D 29
Kent Gro. Run WA7—3A 132
Kentmere Av. St H WA11—3D 27
Kentmere Dri. Pen L61—1B 122
Kentmere Pl. WA2—3C 141
Kenton Rd. L26—2D 115
Kent Pl. Birk L41—1C 85
Kent Rd. WA5—1D 155
Kent Rd. St H WA9—2B 56
Kent Rd. Wal L44—1D 63
Kents Bank. L12—4D 33
Kent St. L1—4C 67
Kent St. WA4—1D 157
Kent St. Birk L43—2A 84
Kent St. Wid WA8—1A 120
Kenview Clo. Wid WA8—4D 117
Kenwright Cres. St H WA9—2B 56
Kenwyn Rd. Wal L45—3A 42
Kenyon Av. WA5—4A 146
Kenyon Rd. L15—1D 89
Kenyons La. Lyd & Mag L31—2C 5
Kenyon's Lodge. Lyd L31—3C 5
Kenyon Ter. Birk L43—2A 84
Kepler St. L5—4D 45
Kepler St. Cro L21—1C 29
Kerfoot St. Wal L44—2C 149
Kerr Gro. St H WA9—3C 39
Kerr St. L6—4A 46
Kersey Rd. Kir L32—3D 23
Kersey Wlk. Kir L32—3D 23
Kershaw Av. Cro L23—1D 17
Kershaw St. Wid WA8—4C 97
Keston Wlk. Hal L26—3C 115
Kestrel Clo. Upt L49—1B 80
Kestrel Dene. L10—4D 21
Kestrel La. WA3—3B 144
Kestrel Rd. Barn L60—4D 123

Kestrel Rd. Mor L46—3B 60
Kestrels View. Run WA7—1A 138
Keswick Av. WA2—4D 141
Keswick Clo. Mag L31—3C 5
Keswick Clo. Wid WA8—1B 148
Keswick Cres. WA2—4D 141
Keswick Dri. Lith L21—3C 19
Keswick Pl. Birk L43—3C 63
Keswick Rd. L18—4B 90
Keswick Rd. St H WA10—2C 37
Keswick Rd. Wal L45—2C 41
Keswick Way. Huy L16—3D 71
Kevelioc Clo. Poul L63—2A 124
Kew St. L5—4C 45
Keybank Rd. L12—4C 49
Keyes Clo. WA3—3C 145
Keyes Gdns. WA3—2C 145
Kiddman St. L9—3B 30
Kilburn Gro. St H WA9—2C 55
Kilburn St. Lith L21—1C 29
Kildale Clo. Mag L31—3B 4
Kildare Clo. Hale L24—3A 130
Kildonan Rd. L17—4C 89
Kildonan Rd. WA4—2C 159
Kilford Clo. WA5—1B 148
Kilgraston Gdns. L17—1C 111
Killarney Gro. Wal L44—1D 63
Killarney Rd. L13—1A 70
Killester Rd. L25—2A 92
Killington Way. L4—2C 45
Killingworth La. WA3—2C 145
Kilmalcolm Clo. Birk L43—2D 83
Kilmory Av. L25—4B 92
Kiln Clo. Ecc WA10—2C 36
Kilncroft. Run WA7—2C 139
(in two parts)
Kiln La. Ecc, Win & St H WA10—1A 36
Kiln Rd. Upt L49—3A 82
Kilnyard Rd. Cro L23—4C 7
Kilrea Rd. L11—1C & 1D 47
Kilsail Rd. Kir L32—4D 23
Kilshaw St. L6—4A 46
(in two parts)
Kilsyth Clo. WA2—3C 143
Kimberley Av. Cro L23—1B 16
Kimberley Av. St H WA9—2C 55
Kimberley Clo. L8—4D 67
Kimberley Dri. WA4—3D 157
Kimberley Dri. Orr L23—4C 7
Kimberley Rd. Wal L45—3A 42
Kimberley St. WA5—4B 148
Kimberley St. Birk L43—3D 63
Kindale Rd. Birk L43—1C 105
Kinder St. L6—1D 67
King Arthur's Wlk. Run WA7—3D 133
King Av. Orr L20—1A 30
King Edward Clo. Rain L35—4A 54
King Edward Dri. Beb L62—3A 108
King Edward Rd. Rain L35—4A 54
King Edward St. St H WA10—1C 37
King Edward St. L3—2A 66
King Edward Dri. WA1—3B 150
Kingfield Rd. L9—1B 30
Kingfisher Clo. WA3—3B 144
Kingfisher Clo. Kir L33—2C 13
Kingfisher Clo. Run WA7—2B 138
Kingfisher Way. Upt L49—1B 80
King George Cres. WA1—3B 150
King George Dri. Wal L44—3B 42
King George's Dri. Beb L62—3A 108
King George's Way. Birk L43—4C 63
Kingham Clo. L25—4B 92
Kingham Clo. Wid WA8—1C 121
King James Sq. Run WA7—1A 138
Kinglake Rd. Wal L44—4C 43
Kinglake St. L7—3A 68
Kinglass Rd. Beb L62—1C 125
King's Av. Hoy L47—3C 59
King's Brow. Beb L63—3B 106
Kingsbury. Gra L48—4B 78
Kings Clo. L17—4B 88
Kings Clo. Beb L63—2B 106
Kings Ct. Cro L21—4D 17
Kings Ct. Hoy L47—4A 58
Kingscourt Rd. L12—3B 48
Kingsdale Av. Birk L42—4C 85

Kingsdale Av. Rain L35—1B 76
Kingsdale Rd. L18—2A 90
Kingsdale Rd. WA5—2C 147
Kings Dock Rd. L1—4B 66
Kingsdown Rd. L11—1A 48
Kingsdown St. Birk L41—2C 85
Kings Dri. L25—3B 92 *
(Gateacre)
Kings Dri. L25—3A 92
(Woolton)
King's Dri. Cal L48—2B 100
King's Dri. Irby L61—3D 103
King's Dri. N. Cal L48—1C 101
Kingsfield Rd. Mag L31—2B 10
King's Gap, The. Hoy L47—1A 78
Kingshead Clo. Run WA7—2D 133
Kingsheath Av. L14—4C 49
Kingsland Cres. L11—3A 32
Kingsland Grange. WA1—1A 152
Kingsland Rd. L11—3A 32
Kingsland Rd. Birk L42—3B 84
King's La. Beb L63—2C 107
Kingsley Clo. Lyd L31—2A 4
Kingsley Clo. Pen L61—1B 122
Kingsley Cres. Run WA7—3D 131
Kingsley Dri. WA4—4D 157
Kingsley Rd. L8—1A 88 to 4A 68
Kingsley Rd. Run WA7—3D 131
Kingsley Rd. St H WA10—1B 36
Kingsley Rd. Wal L44—1A 64
Kingsley St. Birk L41—4D 63
Kingsmead Dri. L25—2A 114
Kingsmead Gro. Birk L43—1D 83
Kings Meadow. Run WA7—4B 134
Kingsmead Rd. Birk L43—1D 83
Kingsmead Rd. Mor L46—2D 61
Kingsmead Rd. N. Birk L43—1D 83
Kingsmead Rd. S. Birk L43—2D 83
Kings Mt. L43—2A 84
Kingsnorth. Whis L35—2D 75
Kings Pde. L3—4B 66
King's Pde. Wal L45—1C 41 to 1A 42
Kings Rd. WA2—4C 143
King's Rd. Beb L63—1B 106
King's Rd. Boo L20—4D 29
Kings Rd. Cro L23—4B 6
Kings Rd. St H WA10—4B 36
King's Sq. Birk L41—1D 85
Kingsthorne Rd. L25—3B 114
Kingston Av. WA5—4B 146
Kingston Clo. L12—4C 49
Kingston Clo. Mor L46—3C 61
Kingston Clo. Run WA7—2C 133
King St. L19—4A 112
King St. Birk L42—1D 107
King St. Cro L22—3C 17
King St. Pres L34—3B 52
King St. Run WA7—1D 131
King St. St H WA10—2D 37
King St. Wal L44—4B 42
Kingsville Rd. Beb L63—4C 107
King's Wlk. Birk L42—1D 107
Kings Wlk. Gra L48—4B 78
Kingsway. L44—1D 65
(Second Mersey Tunnel)
Kingsway. Beb L63—2B 106
Kingsway. Cro L22—2C 17
Kingsway. Huy L36—4B 50
Kingsway. Pres L35—4B 52
Kingsway. St H WA11—3B 26
Kingsway. Wal L45—3D 41
Kingsway. Wid WA8—2D 119
Kingsway N. WA1—3B 150
Kingsway Pde. Huy L36—4B 50
Kingsway Pk. L3—4C 45
Kingsway. S. WA1 & WA4
—4B 150 to 2B 158
Kingsway Tunnel App. Wal L44
—1C 63 to 2C 65
Kingswood Av. L9—4A 20
Kingswood Av. Cro L22—2D 17
Kingswood Boulevd. Beb L63—2C 107
Kingswood Dri. L23—1C 17
Kingswood Rd. WA5—1C 147
Kingswood Rd. Wal L44—4B 42
Kington Rd. W Kir L48—3A 78
Kinley Gdns. Boo L20—1A 30
Kinloss Rd. Gre L49—3B 80

Kinmel Clo. Birk L41—4C 65
Kinmel St. L8—1D 87
Kinmel St. St H WA9—1B 56
Kinnaird Rd. Wal L45—3D 41
Kinnaird St. L8—3A 88
Kinross Clo. WA2—3B 142
Kinross Rd. L10—4C 21
Kinross Rd. Cro L22—3C 17
Kinross Rd. Wal L45—3C 41
Kinsale Dri. WA3—3A 144
Kintore Dri. WA5—3A 146
Kintore Rd. L19—2A 112
Kinver Clo. Hal L26—3C 115
Kipling Av. WA2—1D 149
Kipling Av. Birk L42—1D 107
Kipling Av. Huy L36—3D 73
Kipling Cres. Wid WA8—1D 119
Kipling Gro. St H WA9—1D 77
Kipling St. Boo L20—1C 29
Kirby Clo. W Kir L48—1B 100
Kirby Mt. W Kir L48—1B 100
Kirby Pk. W Kir L48—1B 100
Kirby Pk. Mans. W Kir L48—1A 100
Kirby Rd. Boo L20—1D 29
Kirkbride Clo. L27—2D 93
Kirkby Bank Rd. Kir L33—2A 24
Kirkby Dri. Kir L32—2C 23
Kirkby Ind. Est. Kir L33—2A 24
Kirkby Rank La. Kir L33—2C 25
Kirkby Row. Kir L32—1B 22
Kirkcaldy Av. WA3—3A 146
Kirkdale Vale. L4—2C 45
Kirket Clo. Beb L63—4D 107
Kirket La. Beb L63—4D 107
Kirkham Rd. Wid WA8—4A 98
Kirkland Av. Birk L42—4C 85
Kirkland Rd. Wal L45—1B 42
Kirklands, The. W Kir L48—4B 78
Kirkland St. St H WA10—2C 37
Kirkmaiden Rd. L19—1A 112
Kirkmore Rd. L18—4A 90
Kirk Rd. Lith L21—1C 29
Kirkside Clo. L12—3D 33
Kirkstone Av. WA2—4D 141
Kirkstone Av. St H WA11—3C 27
Kirkstone Cres. Run WA7—2B 138
Kirkstone Rd. N. Lith L21—2B 18
Kirkstone Rd. S. Lith L21—3B 18
Kirkstone Rd. W. Lith L21—2A 18
Kirk St. L5—2C 45
Kirkwall Dri. WA5—2C 155
Kirkway. Beb L63—2B 106
Kirkway. Gre L49—2D 81
Kirkway. Upt L49—1D 81
Kirkway. Wal L45—2A 42
Kitchener Dri. L9—1B 30
Kitchener St. St H WA10—2C 37
Kitchen St. L1—4B 66
Kitling Rd. Kno L34—1C 35
Knaresborough Rd. Wal L44—4D 41
Knighton Rd. L4—4D 31
Knightsbridge Av. WA4—2D 159
Knight St. L1—3C 67
Knights Way. Cro L22—2D 17
Knoclaid Rd. L13—2C 47
Knoll, The. Birk L43—3A 84
Knoll, The. Run WA7—4D 133
Knowles St. Birk L41—4B 64
Knowles St. Wid WA8—4B 98
Knowl Hey Rd. Hey L26—3D 115
Knowsley Clo. Birk L42—1D 107
Knowsley Heights. Huy L36—4C 51
Knowsley Ind. Est. L34—1B 34
Knowsley Pk. La. Pres L34—2A 52
Knowsley Rd. L19—3D 111
Knowsley Rd. Birk L42—1D 107
Knowsley Rd. Boo L20—1B 28
Knowsley Rd. Rain L35—3D 76
Knowsley Rd. St H WA10—3A 36
Knowsley Rd. Wal L45—3D 41
Knowsley St. L4—4B 30
Knox Clo. Beb L62—3A 108
Knox St. Birk L41—1D 85
Knutsford Grn. Mor L46—3C 61
Knutsford Old Rd. WA4—2C 159

Knutsford Rd. Lymm WA4 & WA13
—1D 157 to 4B 160
Knutsford Rd. Mor L46—3C 61
Knutsford Wlk. Lyd L31—2B 4
Kramar Wlk. Kir L33—1D 23
Kremlin Dri. L13—4D 47
Kylemore Av. L18—3D 89
Kylemore Clo. Pen L61—1A 122
Kylemore Dri. Pen L61—1A 122
Kylemore Rd. Birk L43—3A 84
Kylemore Way. Hal L26—3C 115
Kylemore Way Pen L61—1A 122
(in two parts)
Kynance Rd. L11—1A 34

Laburnum Av. WA1—2A 152
Laburnum Av. Huy L36—3C 73
Laburnum Av. St H WA11—4D 27
Laburnum Cres. Kir L32—1B 22
Laburnum Gro. Irby L61—3C 103
Laburnum Gro. Mag L31—4C 5
Laburnum Gro. Run WA7—4A 132
Laburnum La. WA5—4A 146
Laburnum Rd. L7—1C 69
Laburnum Rd. Birk L43—2A 84
Laburnum Rd. Wal L45—2A 42
Lace St. L3—1B 66
Lacey Ct. Wid WA8—2A 120
Lacey Rd. Pres L34—3C 53
Lacey St. St H WA10—1B 54
Lacey St. Wid WA8—2D 119
Ladies' Wlk. WA2—1C 141
Lad La. L3—2A 66
Ladycroft Clo. WA1—3B 152
Ladyewood Rd. Wal L44—1B 64
Ladyfields. L12—4A 48
Lady La. WA3—1D 143
Ladypool. Hale L24—3A 130
Ladysmith Rd. L10—4C 21
Ladywood Rd. WA5—1A 148
Laffak Rd. St H WA11—3A 28
Laggan St. L7—2A 68
Lagrange Arc. St H WA10—3D 37
Laira St. WA2—3D 149
Laird Clo. Birk L41—3D 63
Lairds Pl. L3—4B 44
Laird St. Birk L41—3D 63
Lakeland Clo. L1—3B 66
Lakenheath Rd. Hal L26—3C 115
Lake Pl. Hoy L47—4A 58
Lake Rd. L15—4B 69
Lake Rd. Hoy L47—4A 58
Lakeside Clo. Wid WA8—2D 117
Lakeside Ct. Wal L45—1B 42
Lakeside View. Cro L22—3C 17
Lake St. L4—2D 45
Lamber Ct. Wid WA8—2A 120
Lambert St. L3—2C 67
Lambeth Rd. L5 & L4—2B 44
Lambeth Wlk. L4—2C 45
Lambourn Av. Cron WA8—1B 96
Lambourne Gro. St H WA9—3D 39
Lambourne Rd. L4—4A 32
Lambshear La. Lyd L31—2B 4
Lambsickle Clo. Run WA7—1B 136
Lambsickle La. Run WA7—1B 136
Lambs La. WA1—2C & 3C 151
Lambton Rd. L17—3A 88
Lammermore Rd. L18—4A 90
Lampeter Rd. L6—3B 46
Lamport Clo. Wid WA8—3C 99
Lamport St. L8—1C 87
Lancaster Av. L17—1B 88
Lancaster Av. L45—4A 42
Lancaster Av. Cro L23—1B 16
Lancaster Av. Run WA7—4C 131
Lancaster Av. Tar WA8—4D 95
Lancaster Av. Whis L35—1B 74
Lancaster Clo. L5—3C 45
Lancaster Clo. Mag L31—4D 5
Lancaster Rd. Huy L36—1D 73
Lancaster Rd. Wid WA8—3A 98
Lancaster St. L5—3C 45
Lancaster St. L9—3B 30
Lancaster St. WA5—4B 148
Lancaster Wlk. L5—3C 45
Lancaster Wlk. Huy L36—1D 73

Lance Clo. L5—4D 45
Lancefield Rd. L9—1B 30
Lance Gro. L15—4A 70
Lance La. L15—4A 70
Lancelyn Ter. Beb L63—1A 124
Lancing Av. WA2—3C 141
Lancing Clo. L25—1B 114
Lancing Dri. Ain L10—2C 21
Lancing Rd. L25—1B 114
Lancing Way. L25—1B 114
Lancots La. St H WA9—2B 56
Landcut La. WA3—3A 144
Lander Clo. WA5—2A 148
Lander Rd. Lith L21—1C 29
Landford Av. L9—2A 32
Landford Pl. L9—2A 32
Landican La. Upt & Stor L49 & L63
—1B 104 to 4A 106
Landican Rd. Upt L49—2A 104
Landseer Av. WA4—3D 157
Landseer Rd. L5—4D 45
Lanfranc Clo. L16—3C 71
Lanfranc Wlk. L16—3C 71
Langbar. Whis L35—2C 75
Langdale Av. Pen L61—1B 122
Langdale Clo. WA2—4B 142
Langdale Clo. Wid WA8—1A 118
Langdale Dri. Mag L31—4C 5
Langdale Gro. St H WA11—4C 27
Langdale Rd. L15—1C 89
Langdale Rd. Beb L63—1A 124
Langdale Rd. Run WA7—3A 132
Langdale Rd. Wal L45—2D 41
Langdale St. Boo L20—3D 29
Langford Rd. L19—2D 111
Langford Rd. Hale L24—3A 130
Langham Av. L17—3B 88
Langham St. L4—1D 45
Langholme Heights. L11—2B 32
Langland Clo. WA5—1B 148
Lang La. W Kir & Gra L48—3A 78
Lang La. S. W Kir & Gra L48—4B 78
Langley Clo. Poul L63—2B 124
Langley Rd. Poul L63—2B 124
Langley St. L8—1C 87
Langrove St. L5—4C 45
Langsdale St. L3—1C & 1D 67
Langshaw Lea. L27—2D 93
Langstone Av. Gre L49—4B 80
Langton Clo. Wid WA8—3A 96
Langton Grn. WA1—3A 152
Langton Rd. L15—4B 68
Langton St. Boo L20—4B 28
Langtree St. St H WA9—3A 38
Langtry Clo. L4—1C 45
Langtry Rd. L4—1C 45
Langwell Clo. WA3—2C 145
Lansbury Av. St H WA9—3C 39
Lansbury Rd. Huy L36—2D 73
Lansdowne. L12—3A ¹8
Lansdowne Clo. Birk L41—3D 63
Lansdowne Ct. Birk L43—3D 63
Lansdowne Pl. L5—3D 45
Lansdowne Pl. Birk L43—3D 63
Lansdowne Rd. Birk L43 & L41—3D 63
Lansdowne Rd. Wal L45—2D 41
Lansdowne Way. Huy L36—2C 73
Lanville Rd. L19—1A 112
Lanyork Rd. L3—1A 66
Lapford Cres. Kir L33—4D 13
Lapwing Gro. Run WA7—1B 138
Lapwing La. WA4—4B 154 to 4D 155
Lapworth St. L5—3B 44
Larch Av. WA5—4B 146
Larch Av. Wid WA8—4A 98
Larch Clo. Run WA7—4B 132
Larchdale Gro. L9—2C 31
Larchfield Rd. Cro L23—3A 8
Larch Lea. L6—4A 46
Larch Rd. Birk L42—2B 84
Larch Rd. Huy L36—2B 72
Larch Rd. Run WA7—4B 132
Larch Rd. Wal L44—2B 64
Larchways. WA4—2A 162
Larchwood Av. Mag L31—2B 10
Larchwood Clo. L25—2A 92
Larchwood Clo. Pen L61—2B 122

Lilac Gro. WA4—3A 158
Lilac Gro. Hay WA11—1D 39
Lilac Gro. Huy L36—3B 72
Lilford Av. L9—1B 30
Lilford Av. WA5—2B 148
Lilford Dri. WA5—3B 146
Lilford St. WA5—3C 149
(in two parts)
Lilian Rd. L4—3A 46
Lilley Rd. L7—1B 68
Lillie Clo. Birk L43—3B 62
Lilly Grn. L4—4C 31
Lilly Gro. L4—4C 31
Lilly St. Birk L42—4D 85
Lily Vale. L7—1B 68
Lily Rd. Lith L21—4A 18
Limbo La. Irby L49 & L61—1D to 3D 103
Lime Av. Beb L63—4C 107
Lime Av. Wid WA8—4A 98
Limedale Rd. L18—2A 90
Lime Gro. L8—1A 88
Lime Gro. Cro L21—1B 28
Lime Gro. Run WA7—4B 132
Limekiln La. L5 & L3—4B 44
Limekiln La. Wal L44—1D 63
Limekiln Row. Run WA7—3D 133
Limes, The. Upt L49—1D 81
Lime St. L1—2C 67
Limetree Av. WA1—2C 151
Lime Tree Av. WA4—3B 158
Limetree Clo. L9—2C 31
Lime Tree Gro. Barn L60—3D 123
Lime Vale Rd. Bill WN5—1D 27
Linacre Ho. Boo L20—3D 29
Linacre La. Boo L20—1D 29
Linacre La. Orr L20—1A 30
Linacre Rd. Lith L21—4A 18
Linbridge Rd. L14—3D 49
Lincoln Clo. L6—4A 46
Lincoln Clo. Huy L36—1A 74
Lincoln Clo. Run WA7—1C 139
Lincoln Cres. St H WA11—1A 38
Lincoln Dri. Ain L10—1B 20
Lincoln Dri. Wal L45—3B 42
Lincoln Grn. Mag L31—1A 10
Lincoln Rd. St H WA10—2D 37
Lincoln Rd. St H WA10—4B 36
Lincoln Sq. Wid WA8—4A 98
Lincoln St. L8—4B 112
Lincoln St. Birk L41—3D 63
Lincoln Way. Rain L35—3B 76
Lincombe Rd. Huy L36—1A 72
Lindale Rd. L7—1C 69
Lindby Clo. Kir L32—3A 24
Lindby Rd. Kir L32—3D 23
Linden Av. Cro L23—4B 6
Linden Av. Orr L30—1C 19
Linden Clo. WA1—2A 152
Linden Ct. Wid WA8—2D 97
Linden Dri. Birk L43—1C 105
Linden Dri. Huy L36—3C 73
Linden Gro. Bill WN5—1D 27
Linden Gro. Wal L45—2A 42
Lindens, The. Mag L31—2B 10
Linden Way. Ecc WA10—2A 36
Linden Way. Wid WA8—2D 97
Lindeth Av. Wal L44—1A 64
Lindi Av. WA4—3D 159
Lindley Av. WA4—1B 158
Lindley Clo. L7—4B 68
Lindley St. L8—4B 68
Lindrick Clo. Whis L35—4D 53
Lindsay Rd. L4—1B 46
Lind St. L4—4B 30
Lindsworth Clo. WA5—3D 147
Lindwall Clo. Birk L43—3B 62
Lineside Clo. L25—1A 92
Linford Gro. St H WA11—1B 38
Lingdale Av. Birk L43—1D 83
Lingdale Rd. Birk L43—4D 63
Lingdale Rd. W Kir L48—3A 78
Lingdale Rd. N. Birk L41—4D 63
Lingfield Clo. Huy L36—3B 72
Lingfield Gro. L14—2B 70
Lingfield Rd. L14—2B 70
Lingfield Rd. Run WA7—3C 131
Lingham Clo. Mor L46—2B 60
Lingham La. Mor L46—1B & 2B 60

Lingholme Rd. St H WA10—2C 37
Lingley Grn. Av. WA5—3A 146
Lingley Rd. WA5—3A 146
Lingmell Av. St H WA11—2C 27
Lingmell Rd. L12—1A 48
Ling St. L7—2A 68
Lingtree Rd. Kir L32—1A 22
Lingwood Rd. WA5—3B 146
Linhope Way. L17—3A 88
Link Av. Cro L23—3A 8
Link Av. St H WA11—1C 39
Link Rd. Huy L36—3A 74
Links Clo. Beb L63—2B 106
Links Clo. Wal L45—2D 41
Links Hey Rd. Cal L48—3C 101
Linkside Av. L12—2D 49
Linkside Av. WA2—1D 141
Linkside Ct. Cro L23—3A 6
Linkside Rd. L25—1B 114
Links Rd. Kir L32—3D 23
Linkstor Rd. L25—4D 91
Links View. Birk L43—2C 83
Links View. Wal L45—1C 41
Links View Clo. L25—4C 91
Linksway. Wal L45—2D 41
Linkway. Run WA7—4A 132
Link Way. Win WA10—1A 36
Linner Rd. L24—2B 128
Linnet Clo. L17—2B 88
Linnet Clo. WA2—4A 142
Linnet Gro. WA3—3B 144
Linnet La. L17—2A 88
Linnets Way. Hes L60—4A 122
Linnet Way. Kir L32—2C 13
Linosa Clo. L6—4B 46
Linslade Clo. Kir L33—4D 13
Linslade Cres. Kir L33—4D 13
Linton St. L4—4B 30
Linville Av. Cro L23—4A 6
Linwood Clo. Run WA7—2C 139
Linwood Rd. Birk L42—3C 85
Lionel St. St H WA9—2C 57
Lions Clo. Birk L43—1D 83
Lipton Clo. Boo L20—4C 29
Lisburn La. L13—2C to 3C 47
Lisburn Rd. L17—4C 89
Liscard Cres. Wal L45—4A 42
Liscard Gro. Wal L44—4A 42
Liscard Rd. L15—4B 68
Liscard Rd. Wal L44—4A 42
Liscard Village. Wal L45—4A 42
Liskeard Clo. Run WA7—1C 139
Lisleholme Cres. L12—2B 48
Lisleholme Rd. L12—3B 48
Lismore Rd. L18—4A 90
Lister Cres. L7—2B 68
Lister Dri. L13—4C 47
Lister Rd. L7—1B 68
Lister Rd. Run WA7—2B 132
Liston St. L4—3B 30
Litcham Clo. Upt L49—4A 62
Litherland Av. Mor L46—3C 61
Litherland Cres. St H WA11—4C 27
Litherland Pk. Lith L21—3A 18
Litherland Rd. Boo L20—1D 29
Lit. Acre. Mag L31—1C 11
Lit. Barn Hey. Orr L30—4B 8
Littlebourne. Run WA7—1A 140
Lit. Brook La. Kir L32—3B 22
Lit. Canning St. L8—4D 67
Lit. Catharine St. L8—4D 67
Lit. Croft. Whis L35—1C 75
Lit. Crosby Rd. Cro L23—1C 7
Littledale. L14—1B 70
Littledale Rd. WA5—3C 147
Littledale Rd. Wal L44—1B 64
Littlegate. Run WA7—4C 133
Lit. Hardman St. L1—3C 67
Lit. Heath Rd. L24—2C 129
Lit. Heys La. Thor L23—1D 7
Lit. Howard St. L3—1A 66
Lit. Huskisson St. L8—4D 67
Littlemoor Clo. Upt L49—2B 80
Lit. Moss Hey. Kno L28—2A 50
Lit. Parkfield Rd. L17—2A 88
Littler Rd. Hay WA11—1D 39
Lit. Saint Bride St. L8—4D 67
Littlestone Clo. Wid WA8—3D 97
Lit. Storeton La. Stor L63—3A 106

Little St. St H WA9—1C 57
Littleton Clo. WA5—1A 156
Littleton Clo. Birk L43—2C 63
Lit. Woolton St. L7—2D 67
Littondale Av. Rain L35—2C 77
Liver Ind. Est. L9—2D 31
Livermore Clo. L8—4B 68
Liverpool Outer Ring Rd. Ain, Mell, Kir,
Kno, Pres & Whis L31, L32, L34, L28 &
L35—4B 10 to 4B 74
Liverpool Pl. Wid WA8—1B 118
Liverpool Rd. WA5 & WA1
—3A 146 to 4C 149
Liverpool Rd. Cro L23—4C 7
Liverpool Rd. Huy, Kno & Pres L36 &
L34—4B 50 to 3A 52
Liverpool Rd. Lyd L31—3B 4
Liverpool Rd. Pres L34—3A 52
Liverpool Rd. St H WA10—3C 37
Liverpool Rd. Wid WA8—1A 118
Liverpool Rd. N. Mag L31—3B 4
Liverpool Rd. S. Mag L31
—4B 4 to 2B 10
Liverpool Rd. St H WA10—3D 37
Liversidge Rd. Birk L42—2C 85
Liver St. L1—3B 66
Livingston Av. L17—3B 88
Livingston Dri. L17—3B 88
Livingston Dri. N. L17—3B 88
Livingston Dri. S. L17—3B 88
Livingstone Clo. WA5—3A 148
Livingstone Gdns. Birk L41—4B 64
Livingstone Rd. Mor L46—1A 62
Livingstone St. Birk L41—4B 64
Llanrwst Clo. L8—2C 87
Lloyd Av. Birk L41—4A 64
Lloyd Clo. L6—4D 45
Lloyd Dri. Gre L49—3B 80
Lloyd St. Hay WA11—1D 39
Lobelia Av. L9—2C 31
Lobelia Gro. Run WA7—2B 138
Lochinver St. L9—3B 30
Lochmore Rd. L18—1A 112
Lochryan Rd. L19—1A 112
Loch St. Run WA7—2D 131
(in two parts)
Locker Av. WA2—4D 141
Lockerbie Clo. WA2—3B 142
Lockerby Rd. L7—1B 68
Locker Pk. Gre L49—3B 80
Locke St. L19—4B 112
Lockett Rd. Wid WA8—4A 98
Lockett St. WA2—2D 158
Lockgate E. Run WA7—2B 134
Lockgate W. Run WA7—2A 134
Locking Stumps La. WA2 & WA3
—3D 143
Lock Rd. WA1—3C 151
Lock St. St H WA9—1A 38
Loddon Clo. Upt L49—4A 62
Lode Rd. L11—1D 33
Lodge La. L8—4A 68
Lodge La. WA5—2B 148
Lodge La. Beb L62—3A 108
Lodge La. Cron WA8—2A 96
Lodge La. Run WA7—3C 133
Lodge Rd. Wid WA8—1A 118
Lodwick St. L20—1A 44
Logan Rd. Wal L44—2A 64
Lognor Rd. Kir L32—1B 22
Lognor Wlk. Kir L32—1B 22
Logwood Rd. Tar L36—4D 73
Lombard Rd. Mor L46—2D 61
Lombardy Av. Gre L49—4A 80
Lomond Gro. Mor L46—3D 61
Lomond Rd. L7—2C 69
Londonderry Rd. L13—2C 47
London Rd. L3—2C 67
London Rd. WA4—3A 158 to 4A 162
Longacre Clo. Wal L45—4C 41
Long Acre Wlk. St H WA9—4A 56
Long Av. L9—4B 20
Longbarn Boulevd. WA2—4D 143
Long Barn La. WA1—1A 152
(in two parts)
Long Barn La. WA2—4D 143
Longborough Rd. Kno L34—3D 35
Longcroft Av. L19—2C 113
Longcroft Sq. L19—2C 113

Longdale La. Sef L29—1B 8
Longdin St. WA4—1B 158
Longfellow St. L8—4A 68
Longfellow St. Boo L20—2C 29
Longfield Av. Cro L23—3C 7
Longfield Clo. Gre L49—2C 81
Longfield Rd. Lith L21—1C 29
Longfield Wlk. Cro L23—3C 7
Longfold. Mag L31—4C 5
Longford St. L8—3A 88
Longford St. WA2—2D 149
Long Hey. Whis L35—2B 74
Long Hey Rd. Cal L48—2C 101
Longland Rd. Wal L45—3A 42
Long La. L9—1C 31 to 2B 32
Long La. L15—3C 69
Long La. L19—2B 112
Long La. WA2—1D 149
Long La. Thor L29—1A 8
Longmeadow Rd. Kno L34—2D 35
Longmoor Clo. L10—4C 21
Longmoor Gro. L9—4A 20
Longmoor La. Kir L9 & L10
—4A 20 to 4D 21
Long Moss. Orr L30—1B 18
Longreach Rd. L14—1D 71
Longridge Av. St H WA11—1B 38
Longridge Wlk. L4—2C 45
Longshaw St. WA5—1B 148 to 2C 149
Longsight Clo. Birk L43—2C 105
Long Spinney. Run WA7—4B 134
Longstone Wlk. L7—3A 68
Longton La. Rain L35—4A 54
Longview Av. Wal L45—4A 42
Longview Cres. Huy L36—1D 73
Longview Dri. Huy L36—1D 73 & 1A 74
Longview La. Huy L36—4C 51
Longview Rd. Huy L36—1D 73
Long View Rd. Whis L35—4D 53
Longville St. L8—2C 87
Longwood Rd. WA4—1A to 4A 162
Longworth Way. L25—3D 91
Lonie Gro. St H WA10—1B 54
Lonsborough Rd. Wal L44—1B 64
Lonsdale Av. St H WA10—2A 54
Lonsdale Av. Wal L45—3A 42
Lonsdale Clo. Lith L21—1A 18
Lonsdale Rd. Hal L26—3C 115
Lonsdale Rd. Lith L21—1A 18
Looe Clo. Wid WA8—4C 97
Loomsway. Irby L61—3B 102
Loraine St. L5—3D 45
Lordens Clo. Huy L14—4A 50
Lordens Rd. Huy L14—4A 50
Lord Nelson St. L3—2C 67
Lord Nelson St. WA1—4D 149
Lords La. WA3—2D 143
Lord St. L2—3B 66
Lord St. L19—4B 112
Lord St. Birk L41—4C 65
Lord St. Run WA7—1D 131
(in two parts)
Lord St. St H WA10—2D 37
Loreburn Rd. L15—1A 90
Lorenzo Dri. L11—4A 32
Loretto Dri. Upt L49—1D 81
Loretto Rd. Wal L44—4D 41
Lorne Ct. Birk L43—2A 84
Lorne Rd. Cro L22—2C 17
Lorne St. L7—1C 69
Lorn St. Birk L41—1C 85
Lorton Av. St H WA11—3B 26
Lorton St. L8—4A 68
Lostock Av. WA5—2C 149
Lothair Rd. L4—2D 45
Lothian St. L8—1D 87
Loudon Gro. L8—1D 87
Lough Grn. Poul L63—2B 124
Loughrigg Av. St H WA11—3C 27
Louis Braille Clo. Orr L30—4D 9
Louis Pasteur Av. Orr L30—4D 9
Loushers La. WA4—2D 157
Lovage Clo. WA2—1D 151
Lovelace Rd. L19—2A 112
Love La. L3—1A 66

Love La. Wal L44—1A 64
(in two parts)
Lovel Rd. L24—2B 128
Lovel Ter. Wid WA8—3A 118
Lovel Way. L24—1B 128
Lovely La. WA5—4B 148
Lowden Av. Lith L21—2A 18
Lowe Av. WA4—1C 159
Lowell St. L4—4B 30
Lwr. Appleton Rd. Wid WA8—4A 98
Lwr. Bank View. L20—1A 44
Lwr. Breck Rd. L6—3B 46
Lwr. Castle St. L2—2B 66
Lwr. Church St. Wid WA8—4D 119
Lower Clo. Hal L26—1A 116
Lwr. Farm Rd. L25—4D 71
Lwr. Flaybrick Rd. Birk L43—3C 63
Lower Grn. Upt L49—3A 82
Lower Hey. Cro L23—3A 8
Lwr. Hill Top Rd. WA4—2B 158
Lwr. House La. L11—2B 32
Lwr. House La. Wid WA8—2D 119
Lwr. House La. E. Wid WA8—2D 119
Lower La. L9—4C 21
Lwr. Mersey View. L20—1A 44
Lwr. Milk St. L3—2B 66
Lower Rd. Beb L62—3A 108
Lower Rd. Hal L26—1A 116
Lwr. Sandfield. L25—3A 92
Lowerson Cres. L11—1C 47
Lowerson Rd. L11—1C 47
Lwr. Thingwall La. Thing L61—3B 104
Lwr. Wash La. WA4—1B 158
Lowe St. St H WA10—2D 37
Loweswater Cres. Hay WA11—1D 39
Loweswater Way. Kir L33—4C 13
Lowfield La. St H WA9—3C 55
Lowfield Rd. L14—1B 70
Low Hill. L6—1D 67
Lowlands Rd. Run WA7—2D 131
Lowndes Rd. L6—3B 46
Lowry Bank. Wal L44—1C 65
Lowry Clo. WA5—3A 148
Lowther Av. Ain L10—1C 21
Lowther Av. Mag L31—3C 5
Lowther Cres. St H WA10—1A 54
Lowther Dri. Rain L35—1A 76
Lowther St. L8—4D 67
Low Wood Gro. Barn L61—4B 104
Lowwood Rd. Birk L41—1C 85
Lowwood Rd. Birk L41—2C 85
Low Wood St. L6—1D 67
Loyola Hey. Rain L35—3C 77
Lucania St. L19—4B 112
Lucan Rd. L17—4C 89
Lucerne Rd. Wal L44—2B 64
Lucerne St. L17—3B 88
Lucknow St. L17—3B 88
Ludlow Ct. W Kir L48—1A 100
Ludlow Cres. Run WA7—4A 132
Ludlow Dri. W Kir L48—1A 100
Ludlow Gro. Beb L62—3D 125
Ludlow St. L4—1C 45
Ludwig Rd. L4—3A 46
Lugard Rd. L17—4C 89
Lugsdale Rd. Wid WA8—2A 120
Lugsmore La. St H WA10—1B 54
Luke St. L8—1D 87
Luke St. Wal L44—2C 65
Lully St. L17—3D 67
Lulworth Av. Cro L22—2B 16
Lulworth Rd. L25—2B 92
Lumb Brook Rd. WA4—4B 158
Lumber St. L3—2B 66
Lumby Av. Huy L36—1C 73
Lumley Rd. Wal L44—1B 64
Lumley St. L19—3A 112
Lumley Wlk. Hale L24—3A 130
Lunar Dri. Orr L30—4D 9
Lundie Pl. L6—4D 45
Lune Dri. Mag L31—3C 5
Lunesdale Av. L4—4A 20
Lune St. Cro L23—4C 7
Luneway. Wid WA8—1B 118
Lunsford Rd. L14—4D 49
Lunt Av. Orr L30—2D 19
Lunt Av. Whis L35—1C 75

Lunt Rd. Boo L20—1D 29
Lunt Rd. Sef L29—1C 9
Lunt's Heath Rd. Wid WA8—1D 97
Lunt's Heath Rd. Ind. Est. Bold WA8
—2B 98
Lupin Way. Huy L14—4A 50
Lupton Dri. Cro L23—4D 7
Luscombe Clo. Hal L26—1D 115
Lusitania Rd. L4—4C 31
Luton Gro. L4—2C 45
Luton St. L5—3A 44
Luton St. Wid WA8—2D 119
Lutyens Clo. L4—2D 45
Luxmore Rd. L4—4B 30
Luxor St. L7—3A 68
Lycett Rd. L4—2A 46
Lycett Rd. Wal L44—4C 41
Lychgate WA4—4B 156
Lycroft Clo. Run WA7—1C 137
Lydbrook Clo. Birk L42—4D 85
Lydbury Clo. WA5—1A 148
Lydbury Cres. Kir L32—3D 23
Lydd Clo. L24—4A 114
Lydford Rd. L12—1A 48
Lydia Ann St. L1—3B 66
Lydiate La. Hal L25 & L26—4B 92
Lydiate La. Run WA7—1A 136
Lydiate La. Thor & Sef L23 & L29—2A 8
Lydiate Pk. Cro L23—3A 8
Lydiate Rd. Boo L20—1D 29
Lydiate, The. Hes L60—4B 122
Lydia Wlk. Kir L10—4A 22
Lydieth Lea. L27—1C 93
Lydney Rd. Huy L36—4A 50
Lydstep Ct. WA5—1B 148
Lyelake Clo. Kir L32—2D 23
Lyelake Rd. Kir L32—2D 23
Lyle St. L5—3B 44
Lyme Clo. Kno L36—3D 51
Lyme Cross Rd. Kno L36—3C 51
Lyme Gro. Huy & Kno L36—3C 51
Lyme Gro. Lymm WA13—2D 161
Lyme Rd. St H WA10—1B 54
Lymington Rd. Wal L44—4D 41
Lymmington Av. Lymm WA13—2D 161
Lymm Rd. WA4—1B 160
Lynas Gdns. L19—2A 112
Lynas St. Birk L41—4B 64
Lynbank. Birk L43—2A 84
Lyncot Rd. L9—3A 20
Lyncroft Rd. Wal L44—2B 64
Lyndale WA2—4C 143
(Fearnhead)
Lyndale WA2—2A 150
(Orford)
Lyndene Rd. L25—4D 71
Lyndhurst. W Kir L48—3A 78
Lyndhurst Av. L18—3D 89
Lyndhurst Av. Pen L61—1B 122
Lyndhurst Clo. Thing L61—4D 103
Lyndhurst Rd. L18—3D 89
Lyndhurst Rd. Cro L23—4D 7
Lyndhurst Rd. Hoy L47—3C 59
Lyndhurst Rd. Irby L61—3B 102
Lyndhurst Rd. Wal L45—2D 41
Lyndhurst Way. Huy L36—2C 73
Lyndon Dri. L18—2A 90
Lyndon Gro. Run WA7—3A 132
Lyndor Clo. L25—1A 114
Lyndor Rd. L25—1A 114
Lyneham. Whis L35—1D 75
Lynham Av. WA5—4D 147
Lynholme Rd. L4—2A 46
Lynmouth Rd. L17—1C 111
Lynnbank Rd. L18—2B 90
Lynn Clo. Run WA7—1C 137
Lynn Clo. St H WA10—2B 36
Lynscott Pl. L16—3B 70
Lynsted Rd. L14—1D 71
Lynton Clo. L19—1A 112
Lynton Clo. WA5—1B 154
Lynton Clo. Gay L60—4C 123
Lynton Ct. Cro L23—4A 6
Lynton Cres. Wid WA8—4C 97
Lynton Dri. Beb L63—1B 124
Lynton Gdns. WA4—3A 162
Lynton Grn. L25—2D 91
Lynton Gro. St H WA9—4B 56

Lynton Rd. Huy L36—1A 74
Lynton Rd. Wal L45—3C 41
Lynton Way. Win WA10—1A 36
Lynwood Av. Wa4—4D 157
Lynwood Av. Wal L44—1A 64
Lynwood Dri. Irby L61—3C 103
Lynwood Gdns. L9—1B 30
Lynwood Rd. L9—1B 30
Lynxway. L12—4C 49
Lyon Clo. St H WA10—3C 37
Lyon Rd. L4—3A 46
Lyons Clo. Mor L46—3C 61
Lyons La. WA4—1A to 2B 162
Lyons Rd. WA5—1C 155
Lyons Rd. Mor L46—3C 61
Lyon St. L19—1B 126
Lyon St. Wa4—2B 158
Lyon St. Run WA7—2D 131
Lyon St. St H WA10—3C 37
Lyra Rd. Cro L22—2C 17
Lyster Clo. WA3—4B 144
Lyster Rd. Boo L20—3C 29
Lytham Clo. Ain L10—3D 21
Lytham Rd. Wid WA8—4A 98
Lythgoes La. WA2—3D 149
Lyttleton Rd. L17—4C 89
Lytton Av. Birk L42—1D 107
Lytton Gro Cro L21—4D 17
Lytton St. L6—1D 67

Mab La. L12—1C 49
McAlpine Av. Upt L49—1A 82
Macbeth St. L20—1B 44
McBride St. L19—3B 112
McCarthy Clo. WA3—3C 145
McCormack Av. St H WA9—2C 39
McCulloch St. St H WA9—3A 38
MacDermot Rd. Wid WA8—4D 119
Macdona Dri. W Kir L48—1A 100
Macdonald Av. St H WA11—1C 39
Macdonald Dri. Gre L49—3B 80
Macdonald Rd. Mor L46—3B 60
Macdonald St. L15—4C 69
Mace Rd. L11—3D 33
McFarlane Av. St H WA10—2B 36
Macfarran St. L13—1D 69
McKee Av. WA2—4D 141
Mackenzie Clo. L6—4D 45
Mackenzie Rd. Mor L46—1A 62
Mackenzie St. L6—4D 45
Mackenzie Wlk. L6—4D 45
McKeown Clo. L5—4B 44
Mackets Clo L25—1B 114
Mackets La. L25—4B 92
Mack Gro. Orr L30—1B 18
McMinnis Av St H WA9—4D 39
McVinnie Rd Whis L35—3D 53
Maddock Rd. Wal L44—3B 42
Maddocks St. L13—2D 69
Maddock St. Birk L41—4B 64
Maddrell St. L3—4A 44
Madelaine St. L8—1D 87
Madeley Clo W Kir L48—1A 100
Madeley Dri W Kir L48—1A 100
Madeley St. L6—1B 68
Madryn Av Kir L33—2D 23
Madryn St. L8—1D 87
Magazine Av Wal L45—2A 42
Magazine Brow. Wal L45—2B 42
Magazine La. Wal L45—2A 42
Magazine Rd. Beb L62—1D 125
Magazines Prom. Wal L45—1B 42
Magdala St. L8—4A 68
Magdalen Ho Boo L20—3D 29
Magdalen Sq. Orr L30—4C 9
Maghull La. Mell L31—1B 12
Maghull St. L1—3B 66
Magnolia Clo WA1—3B 152
Magnolia Clo Hay WA11—1C 39
Magnolia Dri Run WA7—2B 138
Magnolia Wlk Gre L49—4B 80
Magnum St. L5—4C 45
Maguire Av Boo L20—2A 30
Mahon Av Boo L20—1D 29
Maiden La L13—2C 47

Maidford Rd. L14—4C 49
Main Av. St H WA10—1A 54
Main Clo. Hay WA11—1D 39
Main Rd. Beb L62—4A 108
Mainside Rd. Kir L32—2D 23
Main St. Run WA7—3D 133
Maintree Cres. L24—1D 129
Mainwaring Rd. Beb L62—3D 125
Mainwaring Rd. Wal L44—1C 65
Mairesfield Av. Wal—2D 159
Maitland Clo. L8—4A 68
Maitland St. Wal L45—1B 42
Maitland St. L8—4A 68
Major Cross St. Wid WA8—2A 120
Major St. L5—3C 45
Makepeace Wlk. L8—1D 87
Makin St. L4—3A 30
Malcolm Av. WA2—1A 150
Malcolm Gro. L20—4D 29
Malcolm Pl. L15—3D 69
Malcolm St. Run WA7—2A 132
Malden Rd. L6—1A 68
Maldon Clo. Hal L26—3D 115
Maldwyn Rd. Wal L44—4A 42
Mathamdale Av. Rain L35—2C 77
Malin Clo. Hale L24—3A 130
Maliston Rd. WA5—4D 147
Mallaby St. Birk L41—4D 63
Mallard Clo. WA2—4A 142
Mallard Clo. Run WA7—2B 138
Mallard La. WA3—3B 144
Mallard Way. Mor L46—3B 60
Malleson Rd. L13—2C 47
Mallory Av. Lyd L31—2A 4
Mallory Gro. St H WA11—4D 27
Mallory Rd. Birk L42—4B 84
Mallow Rd. L6—1B 68
Mallow Way Tar L36—4D 73
Mall, The. L6—4A 46
Malmesbury Clo. Gre L49—3B 80
Malmesbury Rd. L11—4A 32
Malpas Av. Birk L43—4D 83
Malpas Dri. WA5—1A 156
Malpas Gro. Wal L45—3D 41
Malpas Rd. L11—1D 33
Malpas Rd. Run WA7—1C 137
Malpas Rd. Wal L45—3D 41
Malpas Way. WA5—1A 156
Malta St. L8—2D 87
Maltby Clo. Hal L26—3D 115
Malton Clo Cron WA8—1B 96
Malton Rd. L25—4A 92
Malvern Av Huy L14—2D 71
Malvern Clo. L6—2B 46
Malvern Clo. Kir L32—4B 12
Malvern Cres. Huy L14—2D 71
Malvern Gro. Ain L10—2B 20
Malvern Gro. Birk L42—4B 84
Malvern Rd. L6—1B 68
Malvern Rd. Boo L20—1D 29
Malvern Rd. St H WA9—3D 39
Malvern Rd. Wal L45—3C 41
Malwood St L8—3D 87
Manchester Rd. WA1 & WA3
—4A 150 to 2D 153
Manchester Rd Pres L34—3A 52
Manchester St. L1—2B 66
Mandeville St. L4—4B 30
Manesty's La. L1—3B 66
Manfred St. L6—1D 67
Manica Cres. L10—4D 21
Manley Rd. Cro L22—2B 16
Manley Rd. Huy L36—4D 73
Mannering Rd. L17—2A 88
Manners La. Hes L60—4A 122
Manningham Rd. L4—3A 46
Manning St. St H WA10—3C 37
Mannion Av. Lyd L31—1A 4
Mannion Clo Lyd L31—1A 4
Mann Island L3—3A 66
Mann St. L8—1C 87
Manor Av Cro L23—2C 7
Manor Av. Rain L35—3B 76
Manorbier Cres. L9—3B 30
Manor Clo. WA1—3A 152
Manor Clo Boo L20—3A 30
Manor Cres. L25—4A 92

Manorcroft Clo. WA1—2B 152
Manor Dri. Cro L23—3B 6
Manor Dri. Mor & Upt L46 & L49—4D 61
Manor Dri. Orr L30—1A 20
Manor Dri. Upt L49—4D 61
Manor Farm Rd. Huy L36—3D 73
Manor Hill. Birk L43—1D 83
Manor Ho. Clo. Mag L31—4B 4
Manor Ho. Clo. St H WA11—1C 27
Manor Ho., The. Upt L49—4D 61
Manor La. Birk L42—4D 85
Manor La. Wal L45—3B 42
Manor Pk. Av. Run WA7—1B 134
Manor Pk. Business Pk. Run WA7
—1A 134
Manor Pl. Beb L62—4B 108
Manor Pl. Wid WA8—1A 118
Manor Rd. L25—4A 92
Manor Rd. Beb L62—4D 125
Manor Rd. Cro L23—2B 6
Manor Rd. Frod WA6—4D 137
Manor Rd. Hoy L47—4B 58
Manor Rd. Irby L61—3B 102
Manor Rd. Run WA7—2B 132
Manor Rd. Wal L45—4A 42
Manor Rd. Wid WA8—1A 118
Manorside Clo. Upt L49—1D 81
Manor St. St H WA9—4B 38
Manor View. L12—1D 49
Manor Way. L25—4A to 4B 92
Mansell Dri. Hal L26—3C 115
Mansell Rd. L6—1A 68
Mansfield Clo. WA3—3C 145
Mansfield St. L3—1C 67
Manston Rd. WA5—2B 154
Manton Rd. L6—1B 68
Manvers Rd. L16—3C 71
Manville Rd. Wal L45—2A 42
Manville St. St H WA9—4B 38
Manx Rd. WA2—2D 157
Maple Av. Run WA7—3B 132
Maple Av. Sut W WA7—3C 139
Maple Av. Wid WA8—4A 98
Maple Clo. L12—3A 34
Maple Clo. Cro L21—1B 28
Maple Clo. Whis L35—1C 75
Maple Cres. WA5—1C 155
Maple Cres. Huy L36—1B 72
Mapledale Rd. L18—2A 90
Maple Gro. L8—1B 88
Maple Gro. Beb L62—4C 125
Maple Gro. Pres L35—4C 53
Maple Gro. St H WA10—3B 36
Maple Rd. WA1—2B 152
Maple Rd. WA2—1D 141
Maples Ct. Birk L43—3A 84
Mapleton Clo. Birk L43—1C 105
Mapleton Dri. Sut W WA7—3A 138
Maple Tree Gro. Barn L60—3D 123
Maplewell Cres. WA5—4C 147
Marathon Clo. L6—4D 45
Marble Clo. Boo L20—4D 29
Marbury Rd Kir L32—2B 22
Marbury St. WA1—1D 157
Marc Av Mell L31—4A 12
Marcham Way L11—4C 33
Marchfield Rd. L9—1B 30
March Rd. L6—3B 46
Marchwood Way L25—4D 71
Marcot Rd. L6—1B 68
Marcus St. Birk L41—4C 65
(in two parts)
Mardale Av WA2—4D 141
Mardale Av St H WA11—3C 27
Mardale Clo L27—3D 93
Mardale Lawn L27—3D 93
Mardale Rd L27—3D 93
Mardale Rd Huy L36—3B 50
Mardale Wlk L27—3D 93
Mardale Wlk Huy L36—4B 50
Mareth Clo L18—4A 90
Marford Rd L12—2A 48
Marfords Av Beb L63—4C 125
Margaret Av WA1—2D 151
Margaret Av Orr L20—4B 18
Margaret Av St H WA9—2B 56

Margaret Clo. L6—4D 45
Margaret Ct. Wid WA8—2A 120
Margaret Rd. L4—4A 30
Margaret St. L6—4D 45 & 1D 67
Margery Rd. St H WA10—1B 54
Marian Clo. Mor L46—4C 61
Marian Clo, The. Orr L30—4C 9
Marian Dri. Rain L35—2A 76
Marian Rd. Lain L35—2A 76
Marian Sq. Orr L30—4C 9
Marian Way. The. Orr L30—4C 9
Maria Rd. L9—3B 30
Marie Curie Av. Orr L30—4D 9
(in two parts)
Marie Dri. WA4—3A 160
Marina Av. WA5—1D 155
Marina Av. Lith L21—4A & 3A 18
Marina Av. St H WA9—2B 56
Marina Cres. Huy L36—3B 72
Marina Cres. Orr L30—2D 19
Marina Dri. WA2—1D 149
Marina Gro. Run WA7—2A 132
Marina Village. Run WA7—4C 135
Marine Cres. Cro L22—3B 16
Marine Dri. Hes L60—4A 122
Marine Pk. W Kir L48—3A 78
Marine Prom. Wal L45—1A 42
Marine Rd. Hoy L47—4A 58
Marion Dri. Run WA7—1B 136
Marion Gro. L18—4A 90
Marion Rd. Orr L20—4B 18
Marion St. Birk L41—1C 85
Maritime Ct. L12—2A 48
Maritime Grange. Wal L44—2C 65
Maritime Gro. Birk L43—1A 84
Maritime Pk. Birk L43—1B 84
Maritime Pl. L3—1C 67
Maritime Way. L1—3B 66
Marius Clo. L4—1D 45
Market Pl. Pres L34—3B 52
Market Pl. S. Birk L41—1C 85
Market Sq. Kir L32—2C 23
Market St. Birk L41—1C 85
Market St. Hoy L47—4A 58
Market St. St H WA10—3D 37
Market St. Wid WA8—2D 119
Markfield Cres. L25—1B 114
Markfield Cres. St H WA11—1B 38
Markfield Rd. Boo L20—1C 29
Mark Rake. Beb L62—3D 125
Mark St. L5—2C 45
Mark St. Wal L44—2C 65
Marks Way. Pen L61—1B 122
Marldon Av. Cro L23—1C 17
Marldon Rd. L12—1A 48
Marled Hey. Kno L28—1D 49
Marley Clo. Rain L35—3D 77
Marlfield La. Barn L61—4A 104
Marlfield Rd. L12—3A 48
Marlfield Rd. WA4—3C 33
Marline Av. Beb L63—4C 125
Marlow Clo. WA3—2A 144
Marlowe Clo. L19—4B 112
Marl Rd. Kir L33—1B 24
Marl Rd. Orr L30—1A 20
Marlsford St. L6—1B 68

Marlston Av. Irby L61—3D 103
Marlston Pl. Run WA7—1C 137
Marlwood Av. Wal L45—3C 41
Marmaduke St. L7—2A 68
Marmion Av. Orr L20—4C 19
Marmion Rd. L17—2A 88
Marmion Rd. Hoy L47—4A 58
Marmonde St. L4—1C 45
Marnwood Rd. Kir L32—2B 22
Marnwood Wlk. Kir L32—2B 22
Marple Clo. Birk L43—3C 83
Marquis St. L3—2C 67
Marquis St. Beb L62—2A 108
Marquis St. Birk L41—2C 85
Marron Av. WA2—4D 141
Marsden Av. St H WA10—2B 36
Marsden Clo. Wal L44—4B 42
Marsden Rd. Hal L26—3D 115
Marsden St. L6—1D 67
Marsden Way. L6—1D 67
Marshall Av. WA5—1C 149
Marshall Av. St H WA9—1A 56
Marshall Rd. WA3—1A 152
Marshalls Clo. Lyd L31—2B 4
Marshalls Cross Rd. St H WA9—3A 56
Marshall St. Birk L41—4B 64
Marsham Clo. Upt L49—4D 61
Marsham Rd. L25—2B 92
Marsh Av. Orr L20—1A 30
Marshfield Clo. Huy L36—1C 73
Marshfield Rd. L11—4C 33
Marshgate. Wid WA8—3A 118
Marsh Hall Pad. Wid WA8—3A 98
Marsh Hall Rd. Wid WA8—3A 98
Marsh Ho. La. WA2 & WA1—3D 149
Marshlands Rd. Wal L45—3C 41
Marsh La. WA5—3A 154
Marsh La. Boo L20—2C 29
Marsh La. Stor L63—2B 106
Marsh St. L20—1B 44
Marsh St. WA1—3A 150
Marsh St. St H WA9—3B 38
Marsh St. Wid WA8—3D 119
Marsland Gro. St H WA9—1C 57
Marston Clo. Birk L43—4D 83
Marten Av. Beb L63—4C 125
Martensen St. L7—2A 68
Martham Clo. WA4—2C 159
Martin Av. WA2—1A 150
Martin Av. St H WA10—1C 37
Martin Clo. Irby L61—3B 102
Martin Clo. Rain L35—4A 54
Martin Clo. Run WA7—4A 134
Martindale Gro. Run WA7—2A 138
Martindale Rd. L18—2B 90
Martindale Rd. St H WA11—2C 27
Martine Clo. Mell L31—4A 12
Martinhall Rd. L9—2B 32
Martin Rd. L19—1B 112
Martinscroft Grn. WA1—3B 152
Martin's La. Wal L44—4B 42
Martland Av. Ain L10—1C 21
Martland Rd. L25—2B 92
Martlesham Cres. Gre L49—3A 80
Martlett Rd. L12—3B 48
Martock Clo. Whis L35—2D 75
Martock Clo. L24—2C 129
Marton Grn. L24—2C 129
Marton Rd. Kno & Huy L36—3C 51
Marvin St. L6—1A 68
Marwood Tower. L5—3C 45
Marybone. L3—1B 66
Maryhill Rd. Run WA7—4D 131
Maryland Clo. Mor L46—3C 61
Maryland St. L1—3C 67
Marylebone Av. St H WA9—3C 55
Mary Rd. Orr L20—1D 29
Mary St. Wid WA8—2B 120
Maryville Rd. Pres L34—3C 53
Masefield Av. Wid WA8—2D 119
Masefield Cres. Orr L30—3C 19
Masefield Gro. St H WA10—1B 36
Masefield Pl. Orr L30—3C 19
Masefield Rd. Cro L23—3A 8
Maskell Rd. L13—1D 69
Mason Av. WA1—2B 150

Mason Av. Birk L41—2C 63
Mason Av. Wid WA8—3A 98
Mason St. L7—2A 68
Mason St. L25—4A 92
Mason St. WA1—4A 150
Mason St. Birk L41—2D 85
Mason St. Cro L22—3B 16
Mason St. Lith L21—4B 18
Mason St. Run WA7—2A 132
Mason St. Wal L45—1A 42
Massey Av. WA5—1B 148
Massey Av. Lymm WA13—2C 161
Massey Brook La. Lymm WA13
—2C 161
Masseyfield Rd. Run WA7—2B 138
Massey Pk. Wal L45—3A 42
Massey St. Birk L41—3B 64
Massey St. St H WA9—1B 56
Mather Av. L18 & L19—2A 90 to 2C 113
Mather Av. Run WA7—4C 131
Mather Av. St H WA9—3C 39
Mather Rd. Birk L43—2A 84
Mathers Clo. WA2—3C 143
Mathew St. L2—2B 66
Mathieson Rd. Wid WA8—4C 119
Matlock Av. L9—1B 30
Matthews St. WA1—3A 150
Matthew St. Wal L44—2C 65
Maud St. L8—1D 87
Maunders Ct. Cro L23—3D 7
Maureen Wlk. Kir L10—4A 22
Mauretania Rd. L4—4C 31
Maurice Jones Ct. Mor L46—2C 61
Mavis Dri. Upt L49—3D 81
Mawdsley Av. WA1—2B 152
Mawdsley St. L20—2B 44
Mawson Clo. WA5—2A 148
Max Rd. L14—3D 49
Maxton Rd. L6—1B 68
Maxwell Clo. Upt L49—1A 82
Maxwell Pl. L13—3D 47
Maxwell Rd. L13—3D 47
Maxwell St. St H WA10—3C 37
May Av. Wal L44—1B 64
Maybank Gro. L17—1C 111
Maybank Rd. Birk L42—2B 84
Maybury Way. L17—4B 88
May Clo. Lith L21—1C 29
Mayer Av. Beb L63—1A 124
Mayew Rd. Irby L61—3D 103
Mayfair Av. Cro L23—3C 7
Mayfair Av. Huy L14—1D 71
Mayfair Clo. L6—4A 46
Mayfair Clo. WA5—3A 146
Mayfair Gro. Wid WA8—1C 119
Mayfayre Av. Lyd L31—1A 4
Mayfield Av. Wid WA9—1C 55
Mayfield Av. Wid WA8—1A 118
Mayfield Clo. L12—3B 48
Mayfield Gdns. L19—2D 111
Mayfield Rd. L19—2D 111
Mayfield Rd. WA4—2C 159
Mayfield Rd. Beb L63—1B 124
Mayfield Rd. Wal L45—3C 41
Mayfields. L4—1C 45
Mayfields N. Beb L62—2A 108
Mayfields S. Beb L62—2A 108
Mayfields, The. Beb L62—2A 108
Maynard St. L8—4A 68
Maypole Ct. Wid WA3—3C 9
May Rd. Hes L60—3B 122
May St. L3—3C 67
May St. Boo L20—2D 29
Maythorn Av. WA3—1C 143
Mayville Rd. L18—1A 90
Mazenod Ct. L3—1B 66
Mazzini St. L5—4C 45
Mead Av. Lith L21—3B 18
Meade Clo. Rain L35—3B 76
Meade Rd. L13—3C 47
Meadfoot Rd. Mor L46—2C 61
Meadow Av. WA4—2C 157
Meadow Bank. Mag L31—4A 4
Meadowbank Clo. L12—4C 49
Meadowbrook Rd. Mor L46—4B 60
Meadow Cres. L25—3A 92
Meadow Cres. Upt L49—4A 82

Meadow Croft. Barn L60—3D 123
Meadowcroft. St H WA9—3B 56
Meadowcroft Pk. L12—4B 48
Meadowcroft Rd. Hoy L47—3C 59
Meadowcroft Rd. Wal L45—2D 41
Meadow Dri. Huy L36—3D 73
Meadowfield Clo. Birk L42—4D 85
Meadow Hey Clo. L25—3A 92
Meadow La. L12—1A 48
Meadow La. WA2—4C 143
Meadow La. Birk L42—4D 85
Meadow La. Mag L31—4C 5
Meadow Rd. St H WA9—4C 39
Meadow Rd. Gra L48—4D 79
Meadow Row. Run WA7—3D 133
Meadowside. Mor L46—4A 40
Meadowside Rd. Beb L62—4D 125
Meadows, The. Rain L35—1B 76
Meadow St. Wal L45—1D 41
Meadow, The. Upt L49—4A 82
Meadow View. Lith L21—1A 18
Meadow View. Lymm WA13—1D 161
Meadow Wlk. Pen L61—1A 122
Meadow Way. L12—1A 48
Mead Rd. WA1—2C 151
Meadway. L15—3A 70
Meadway. Beb L62—2C 125
Meadway. Hes L60—4B 122
Meadway. Mag L31—1A 10
Meadway. Orr L30—2D 19
Meadway. Run WA7—3C 133
Meadway. Upt L49—1A 82
Meadway. Wal L45—3D 41
Meadway. Whis L35—4C 53
Meadway. Wid WA8—1A 118
Meander, The. L12—1C 49
Measham Clo. WA11—1B 38
Medbourne Cres. Kir L32—3D 23
Medea St. L5—3C 45
Medlock St. L4—2C 45
Medway. Boo L20—3D 29
Medway Clo. WA2—4A 142
Medway Rd. Birk L42—4D 85
Meeting La. WA5—4A 146
Melbourne St. St H WA9—2C 55
Melbourne St. Wal L41—1D 41
Melbreck Rd. L18—1A 112
Melbury Ct. WA3—1B 144
Melbury Rd. Huy L14—3A 50
Melda Clo. L6—1D 67
Meldrum Rd. L15—1A 90
Melford Ct. WA1—2A 152
Melford Dri. Birk L43—1C 105
Meliden Gdns. Birk L42—3C 85
Melksham Dri. Irby L61—2B 102
Melling Av. L9—4A 20
Melling Dri. Kir L32—1C 23
Melling La. Mag L31—2C 11
Melling Rd. Ain L9—3A 20
Melling Rd. Boo L20—2D 29
Melling Rd. Wal L45—2B 42
Melling Way. Kir L32—1C 23
Melloncroft Dri. W Kir L48—2B 100
Melloncroft Dri. W. W Kir L48—2B 100
Mellor Clo. Tar L35—4D 73
Mellor Rd. Birk L42—2A 84
Melly Rd. L17—4A 88
Melrose Av. WA4—4A 158
Melrose Av. Cro L23—1C 17
Melrose Av. Ecc WA10—1A 36
Melrose Av. Hoy L47—4A 58
Melrose Rd. L4—1B 44
Melrose Rd. Cro L22—3C 17
Melrose Rd. Kir L33—3B 12
Melton Av. WA4—4D 157
Melton Clo. Upt L49—2C 81
Melton Rd. Run WA7—1C 137
Melverley Rd. Kir L32—1A 22
Melville Av. Birk L42—1D 107
Melville Clo. St H WA10—2B 36
Melville Clo. Wid WA3—1B 120
Melville Pl. L7—3D 67
Melville Rd. Beb L63—4C 107
Melville Rd. Orr L20—4B 18
Melville St. L8—2D 87
Melwood Dri. L12—2A 48
Memphis St. L7—3A 68

Menai Rd. Orr L20—1D 29
Menai St. Birk L41—1B 84
Mendell Clo. Beb L62—4D 125
Mendip Av. WA2—4D 141
Mendip Clo. Birk L42—4B 84
Mendip Gro. St H WA9—3D 39
Mendip Rd. L15—1A 90
Mendip Rd. Birk L42—4B 84
Menin Av. WA4—2D 157
Menlo Av. Irby L61—3D 103
Menlo Clo. Birk L43—2C 83
Menlove Av. L18 & L25—2A 90 to 4D 91
Menlove Gdns. N. L18—1A 90
Menlove Gdns. S L18—2A 90
Menlove Gdns. W L18—2A 90
Menlove Mans. L18—1B 90
Menlow Clo. WA4—3D 159
Menstone Rd. L13—4D 47
Mentmore Cres. L11—4C 33
Mentmore Rd. L18—4D 89
Menzies St. L8—3D 87
Meols Ct. Hale L24—3A 150
Meols Dri. W Kir & Hoy L48 & L47
                        —3A 78
Meols Pde. Hoy L47—3B 58
Mercer Av. Kir L32—2B 22
Mercer Ct. L12—3C 49
Mercer Dri. L4—2C 45
Mercer Pl. L12—2B 48
Mercer Rd. Birk L43—3C 63
Mercer St. L19—3B 112
Merecliff. Kno L28—1A 50
Merecroft Av. Wal L44—2B 64
Meredale Rd. L18—2D 89
Meredith Av. WA4—2D 159
Meredith St. L19—4C 113
Mere Farm Gro. Birk L43—2D 83
Mere Farm Rd. Birk L43—2C 83
Mere Grn. L4—1D 45
Mere Gro. St H WA11—3C 27
Mere Hey. Ecc WA10—3A 36
Mereland Way. St H WA9—4D 39
Mere La. L5—3D 45
Mere La. Hes L60—4A 122
Mere La. Wal L45—2C 41
Mere Park Rd. Gre L49—3B 80
Mere Rd. WA2—4C 143
Merevale Clo. Run WA7—4A 138
Mereview Cres. L12—3A 34
Meribel Clo. Cro L23—3D 7
Meriden Clo. St H WA11—4D 27
Meriden Rd. L25—1A 92
Merlin Av. Upt L49—1B 80
Merlin Clo. Run WA7—3D 133
Merlin Clo. Upt L49—1B 80
Merlin St. L8—1D 87
Merrick Clo. WA2—4B 142
Merrills La. Upt L49—2A 82
Merrilocks Grn. Cro L23—3A 6
Merrilocks Rd. Cro L23—3A 6
Merrilox Av. Lyd L31—3B 4
Merrion Clo. L25—3D 91
Merritt Av. Birk L41—3A 64
Merrivale Rd. L25—4B 92
Merriwood Cro. L23—3A 6
Mersey Av. L19—2D 111
Mersey Av. Mag L31—4D 5
Merseybank Rd. Beb L62—2A 108
Mersey Ct. Cro L23—1B 16
Mersey Ho. Boo L20—2C 29
Mersey La. S. Birk L42—4A 86
Mersey Mt. Birk L42—3C 85
Mersey Rd. L17—2C 111
Mersey Rd. Birk L42—4D 85
Mersey Rd. Cro L23—1B 16
Mersey Rd. Run WA7—1D 131
Mersey Rd. Wid WA8—1D 131
Mersey St. WA1—1D 157
Mersey St. St H WA9—3D 39
Mersey St. Wal L44—2C 65
Mersey View. L19—3B 112
Mersey View. Beb L63—3B 106
Mersey View. Cro L22—1B 16
Mersey View. Run WA7—4B 130
Mersey View. Wid WA8—1D 131
Mersey View Rd. Wid WA8—4A 118
Mersey Wlk. WA4—4C 151
Mersey Way. Wid WA8—4B 118

Merthyr Gro. L16—3C 71
Merton Bank Rd. St H WA9—1B 38
Merton Clo. Huy L36—2A 72
Merton Cres. Huy L36—2A 72
Merton Dri. Huy L36—1D 71
Merton Dri. Upt L49—3A 82
Merton Gro. Boo L20—3D 29
Merton Gro. Cro L23—1A 16
Merton Ho. Boo L20—3D 29
Merton Pl. Birk L43—1B 84
Merton Rd. Boo L20—3D 29
Merton Rd. Wal L45—4A 42
Merton St. St H WA9—2A 38
Mertoun Rd. WA4—3D 157
Mervin Way. Kir L32—2B 22
Mesham Clo. Upt L49—2C 81
Meteor Cres. WA2—4A 142
Methuen St. L15—4C 69
Methuen St. Birk L41—1D 63
Mevagissey Rd. Run WA7—2D 139
Mews, The. L17—1D 111
Mews, The. Kno L28—2B 50
Meyrick Rd. L11—4A 32
Micawber Clo. L8—1D 87
Michael Dragonetti Ct. L3—4B 44
Micklefield Rd. L15—1D 89
Micklegate. Run WA7—1A 140
Middlefield Rd. L15—1D 89
Middlehey Av. Kno L34—2D 35
Middlehurst Av. St H WA10—2D 37
Middlehurst Clo. Ecc L34—2D 53
Middlehurst Rd. WA4—2C 159
Middlemas Hey. L27—2C 93
Middle Rd. L24—4D 115
Middle Rd. Beb L62—3A 108
Middle Rd. Wal L44—2B 64
Middlesex Rd. Boo L20—2A 30
Middle St. L5—3B 44
Middleton Rd. L7—1C 69
Middleton Rd. Cro L22—2D 17
Middle Way. L11—2D 33
Midghall St. L3—1B 66
Midland St. Birk L43—2B 84
Midland St. Wid WA8—1A 120
Midland Ter. Cro L22—3B 16
Midlothian Dri. Cro L23—4B 6
Midway Rd. Huy L36—4C 51
Mid Wirral Motorway. Stor Beb & Poul
              L63—1B 62 to 2A 124
Midwood St. Wid WA8—2A 120
Mildenhall Rd. L25—1A 92
Mildenhall Way. L25—4A 72
Mildmay Rd. L11—4A 32
Mildmay Rd. Boo L20—1C 29
Mile End. L5—4B 44
Miles Clo. WA3—4B 144
Miles Clo. Gre L49—4B 80
Miles La. Gre L49—4B 80
Miles St. L8—2D 87
Milford Dri. L12—3A 34
Milford Gdns. WA4—3A 162
Milford St. L5—3A 44
Milk St. St H WA10—3D 37
Millar Cres. Wid WA8—2D 119
Mill Av. WA5—3B 146
Mill Bank. L13—3D 47
Millbank Cotts. Mag L31—3C 5
Millbank Est. Mag L31—3D 5
Millbank La. Mag & Aug L31 & L39
              —3D 5
Millbank Rd. Wal L44—1A 64
Millbeck Gro. St H WA11—2C 27
Millbrook Cres. Kir L32—1C 23
Millbrook Dri. Kir L32—1C 23
Millbrook La. Ecc WA10—2A 36
Millbrook Wlk. Kir L32—1C 23
Mill Brow. Beb L63—3B 106
Mill Brow. Ecc WA10—4A 36
Mill Brow. St H WA9—3B 56
Mill Brow. Wid WA8—4B 98
Mill Brow Clo. St H WA9—3B 56
Millbut Clo. Beb L63—3B 106
Mill Clo. WA2—3B 142
Mill Clo. Cro L23—3C 7
Mill Ct. Orr L30—4C 9
Millcroft. Cro L23—3D 7
Millcroft Rd. L25—1B 114
Miller Av. Cro L23—3C 7

Miller Clo. L8—3D 87
Millers Bri. Boo L20—4C 29
Millers Clo. Mor L46—4A 60
Millersdale Av. L9—4A 20
Millersdale Gro. Run WA7—2D 137
Millersdale Rd. L18—3D 89
Miller St. WA4—1D 157
Millers Way. Mor L46—4B 60
Millfield Clo. L13—3D 47
Millfield Clo. Beb L63—3B 106
Millfield Rd. Wid WA8—4A 98
Millfields Ecc & St H WA10—3A 36
Millgreen Clo. L12—3A 34
Mill Grn. La. Bold WA8—2B 98 to 2C 99
Mill Gro. Lith L21—3A 18
Mill Hey. Rain L35—3C 77
Mill Hey Rd. Cal L48—3C 101
Mill Hill. Birk L43—3A 84
Mill Hill Rd. Irby L61—1B 102
Millhouse Av. WA4—3A 158
Mill House La. Mor L46—3A 60
Millhouse La. Mor L46—3A 60
Mill House WA3—1C 143
Millington Clo. Birk L43—1C 105
Mill La. L12—3D 47
Mill La. L13 & L15—2D to 4D 69
Mill La. WA2—3B 142
  (Houghton Green)
Mill La. WA2—3C 141
  (Winwick)
Mill La. WA4—4B 156
  (Higher Walton)
Mill La. WA4—3A & 3B 158
  (Stockton Heath)
Mill La. WA5—4B 148
Mill La. Bold WA8—2B 98
Mill La. Boo L20—3D 29
Mill La. Cron WA8—1B 96
Mill La. Gay L60—4C 123
Mill La. Gre L49—3B 80
Mill La. Kir L32—4B 12
Mill La. Kno L34—2D 35
Mill La. Rain L35—2A 76
Mill La. St H WA9—4A 56
Mill La. Sut W WA6—4A 138
Mill La. Wal L44—1D 63
Millom Av. Rain L35—4A 54
Millom Gro. L12—4D 33
Millom Gro. St H WA10—1B 54
Mill Pl. St H WA10—3D 37
Mill Rd. L6—1D 67
Mill Rd. Beb L62—1D 125
Mill Rd. Thing L61—3A 104
Millstead Rd. L15—4A 70
Millstead Wlk. L15—4A 70
Mill Stile. L25—4D 91
Mill St. L8—1C to 3D 87
Mill St. L25—4A 92
Mill St. Birk L42—2C 85
Mill St. Pres L34—3B 52
Mill St. St H WA10—2D 37
Mill Ter. Beb L63—3B 106
Millthwaite Rd. Wal L44—4D 41
Millvale St. L6—1A 68
Mill View Dri. Beb L63—3B 106
Millway Rd. L24—1D 129
Millwood Beb L63—3B 106
Millwood Est. L24—1D 129
Millwood Rd. L24—1C 129
Milman Clo. Upt L49—2D 81
Milman Rd. L4—4B 30
Milner Cop. Hes L60—4B 122
Milne Rd. L13—2C 47
Milner Rd. L17—4C 89
Milner Rds. Hes. Gay & Barn L60
  —4B 122
Milner St. L8—4A 68
Milner St. WA5—4B 148
Milner St. Birk L41—3D 63
Milnthorpe Clo L4—2C 45
Milnthorpe St. L19—3B 112
Milroy St. L7—3A 68
Milton Av. Huy L14—2C 71
Milton Av Whis L35—1C 75
Milton Av Wid WA8—2D 119
Milton Clo Whis L35—1C 75
Milton Cres Hes L60—3B 122
Milton Gro WA4—2A 158
Milton Pavement Birk L41—1C 85

Milton Rd. L4—3A 30
Milton Rd. L7—2C 69
Milton Rd. Birk L42—2B 84
Milton Rd. Cro L22—2C 17
Milton Rd. W Kir L48—3A 78
Milton Rd. Wid WA8—2D 119
Milton Rd. E. Birk L42—2B 84
Milton St. Boo L20—2C 29
Milton St. St H WA9—2D 77
Milton St. Wid WA8—4D 119
Milton Way. Mag L31—4A 4
Milvain St. WA2—1D 149
Milverton St. L6—1B 68
Mimosa Rd. L15—4A 70
Mindale Rd. L15—3D 69
Minehead Gro. St H WA9—4B 56
Minehead Rd. L17—1C 111
Miners Way. Wid WA8—2A 120
Minerva Clo. WA4—2A 158
Mines Av. L17—2D 111
Mine's Av. Pres L34—3C 53
Minshull St. L7—2D 67
Minstead Av. Kir L33—2D 23
Minster Ct. L7—3D 67
Minto Clo. L7—2A 68
Minton St. Wid WA8—2A 98
Mintor Rd. Kir L33—2D 23
Minto St. L7—1A 68
Minver Rd. L12—2B 48
Miranda Av. Beb L63—2C 107
Miranda Pl. L20—1B 44
Miranda Rd. Boo L20—4D 29
Mirfield Clo. Hal L26—3D 115
Mirfield St. L6—1A 68
Miriam Pl. Birk L41—3D 63
Miriam Rd. L4—2A 46
Miskelly St. L20—1B 44
Mission Wlk. L6—1A 68
Missouri Rd. L13—2B 46
Miston St. L20—2B 44
Mitchell Cres. Lith L21—3A 18
Mitchell Rd. Pres L34—3A 52
Mitchell St. St H WA10—1A 54
Mitchell St. Wal L44—4B 40
Mitre Clo. Whis L35—3B 74
Mitylene St. L5—3C 45
Mobberley Clo. WA4—1A 160
Mockbeggar Dri. Wal L45—2C 41
Modred St. L8—1D 87
Moffatdale Rd. L4—1B 46
Moffatt Rd. L9—4A 20
Moira St. L6—2D 67
Molesworth Gro. L16—3C 71
Molineux Av. L14—2B 70
Molland Clo. L12—2B 48
Mollington Av. L11—4B 32
Mollington Rd. Wal L44—1B 64
Mollington St. Birk L41—2C 85
Molly's La. Kir L33—4B 24
Molton Rd. L16—3B 70
Molyneux Av. WA5—2B 148
Molyneux Clo. Huy L36—2D 73
Molyneux Clo. Pres L35—4B 52
Molyneux Clo. Upt L49—2D 81
Molyneux Dri. Pres L35—4B 52
Molyneux Dri. Wal L45—1A 42
Molyneux Rd. L6—1A 68
Molyneux Rd. L18—2D 89
Molyneux Rd. Cro L22—2C 17
Molyneux Rd. Mag L31—2D 11
Molyneux Way. Ain L10—1B 20
Monash Rd. L11—2C 47
Monastery La. St H WA9—2C 57
Monastery Rd. L6—2B 46
Monastery Rd. St H WA9—2C 57
Mona St. Birk L41—4D 63
Mona St. Orr L20—4B 18
Mona St. St H WA10—3B 36
Mond Rd. L10—4D 21
Mond Rd. Wid WA8—1D 119
Monfa Rd. Orr L20—4B 18
Monica Dri. Wid WA8—2D 97
Monica Rd. L25—1A 114
Monkfield Way. L19—1B 126
Monk Rd. Wal L44—4A 42
Monksdown Rd. L11—1D 47
Monksferry Wlk. L19—3D 111

Monks St. WA5—3B 148
Monk St. L5—3D 45
Monk St. Birk L41—1D 85
Monks Way.·L25—4A 92
Monks Way. Beb L63—4D 107
Monks Way. W Kir L48—4A 78
Monkswell Dri. L15—4D 69
Monkswell St. L8—3D 87
Monkswood Clo. WA5—1B 148
Monmouth Clo. WA1—3A 152
Monmouth Dri. Ain L10—2D 21
Monmouth Gro. St H WA9—4B 38
Monmouth Rd. Wal L44—4D 41
Monro Clo. L8—2D 87
Monroe Clo. WA1—2D 151
Monro St. L8—3D 87
Mons Sq. Boo L20—3D 29
Montague Rd. L13—4A 70
Montclair Dri. L18—1A 90
Montclare Cres. WA4—3B 158
Montcliffe Clo. WA3—2A 144
Monteray Rd. L13—1A 70
Montfort Dri. L19—2D 111
Montgomery Clo. Whis L35—1B 74
Montgomery Hill. Cal & Fra L48
  —2D 101
Montgomery Rd. L9—4D 19
Montgomery Rd. Huy L36—4C 51
Montgomery Rd. Wid WA8—2B 118
Montgomery Way. L6—4A 46
Montpelier Av. Run WA7—1B 136
Montpellier Cres. Wal L45—1D 41
Montrose Av. Wal L44—2C 65
Montrose Clo. WA2—3B 142
Montrose Pl. Hal L26—3D 115
Montrose Rd. L13—2C 47
Montrovia Cres. L10—4D 21
Monville Rd. L9—4B 20
Moon St. Wid WA8—1A 120
Moor Clo. Cro L23—3D 7
Moor Coppice. Cro L23—3D 7
Moor Ct. Kir L10—4A 22
Moorcroft Rd. L18—4B 90
Moorcroft Rd. Huy L36—4C 51
Moorcroft Rd. Wal L44—4C 41
Moor Dri. Cro L23—3C 7
Moore Av. WA4—2A 160
Moore Av. Birk L42—4C 85
Moore Av. St H WA9—3D 39
Moore Clo. Wid WA8—4C 99
Moore La. WA4—4D 154
Moore St. Boo L20—2C 29
Mooreway. Rain L35—2C 77
Moorfield. Kir L33—3D 13
Moorfield Rd. Cro L23—4D 7
Moorfield Rd. St H WA10—1B 36
Moorfield Rd. Wid WA8—2B 98
Moorfields. L2—2B 66
Moorfoot Rd. St H WA9—3D 39
Moorgate Av. Cro L23—1C 17
Moorgate La. Kir L32—3A 24
Moorgate Rd. Kir L32—4D 23
Moor Hey Rd. Mag L31—3B 10
Mooring Clo. Run WA7—1D 139
Moorings, The. Birk L41—2C 85
Moorland Av. Cro L23—3C 7
Moorland Clo. Hes L60—4B 122
Moorland Dri. Run WA7—4C 135
Moorland Pk. Gay L60—4C 123
Moorland Rd. Birk L42—3C 85
Moorland Rd. Mag L31—2B 10
Moorlands Rd. Thor L23—2A 8
Moor La. L4—3B 30
Moor La. Cro & Thor L23—4C to 3D 7
Moor La. Hes L60—3B 122
Moor La. Kir L10—4A 22
Moor La. Sef L29—1B 8
Moor La. Wid WA8—2D 119
  (in two parts)
Moor La. S. Wid WA8—3D 119
Moor Pl. L3—2C 67
Moorside Clo. Cro L23—4D 7
Moorside Ct. Wid WA8—2D 119
Moorside Rd. Cro L23—4D 7
Moor St. L2—3B 66
Moorway. Gay & Barn L60—4C 123
Moray Clo. St H WA10—1C 37
Morcott La. Hale L24—3A 130

Morden St. L6—1A 68
Morecambe St. L6—4B 46
Morecroft Rd. Birk L42—4D 85
Morella Rd. L4—1B 46
Morello Dri. Poul L63—2B 124
Moret Clo. Cro L23—3D 7
Moreton Av. St H WA9—4A 56
Moreton Gro. Wal L45—3C 41
Moreton Rd. Upt L49—1D 81
Morgan Av. WA2—4D 141
Morgan St. St H WA9—3B 38
Morland Av. Beb L62—4D 125
Morley Av. Birk L41—4A 64
Morley La. L4—2C 45
Morley Rd. WA4—3C 157
Morley Rd. Run WA7—3D 131
Morley Rd. Wal L44—1D 63
Morley St. L4—2C 45
Morley St. WA1—3A 150
Morley St. St H WA10—1D 37
Morley St. Wid WA8—2B 120
Morley Way. St H WA10—2D 37
Morningside. Cro L23—1D 17
Morningside Rd. L11—1C 47
Morningside Rd. Boo L20—3D 29
Morningside View. L11—1D 47
Morningside Way. L11—1D 47
Mornington Av. Cro L23—1C 17
Mornington Rd. Wal L45—2A 42
Mornington St. L8—2C 87
Morpeth Clo. Mor L46—3A 60
Morpeth Rd. Hoy L47—1A 78
Morris Av. WA4—1B 158
Morris Clo. Hay WA11—1D 39
Morris Ct. Birk L43—2D 83
Morrissey Clo. St H WA10—2B 36
Morris St. St H WA9—1C 57
Morston Av. Kir L32—3C 23
Morston Cres. Kir L32—3C 23
Morston Wlk. Kir L32—3C 23
Mort Av. WA4—1C 159
Mortimer Av. WA2—2D 149
Mortimer St. Birk L41—1D 85
Mortlake Clo. Wid WA8—3B 96
Morton Clo. WA5—2D 147
Morton Ho. L18—3D 89
Morton Rd. Run WA7—3B 134
Morton St. L8—1D 87
Mortuary Rd. Wal L45—3A 42
Morval Cres. L4—4A 30
Morval Cres. Run WA7—3B 132
Morven Clo. WA2—4B 142
Moscow Dri. L13—4D 47
Mosedale Av. St H WA11—2C 27
Mosedale Gro. Run WA7—2A 138
Mosedale Rd. L9—1B 30
Moseley Av. WA4—1C 159
Moseley Av. Wal L45—4A 42
Moseley Rd. Poul L63—3B 124
Moses St. L8—2D 87
Moss Bank Pl. Lith L21—3A 18
Moss Bank Rd. St H WA11—3B 26
Moss Bank Rd. Wid WA8—3B 120
Mossbrow Rd. Huy L36—4C 51
Moss Clo. WA4—3B 158
Mosscraig. Kno L28—2B 50
Mosscroft Clo. Huy L36—4A 52
Mossdale Dri. Rain L35—1B 76
Mossdene Rd. Wal L44—4D 41
Moss End Way. Kir L33—1C 25
Mossfield Rd. L9—1A 30
Moss Ga. WA3—2C 145
Moss Ga. Rd. L14—1D 71
Moss Grn. Way. St H WA9—4D 39
Moss Gro. L8—1A 88
Moss Gro. Birk L42—4A 84
Mosshill Clo. Mag L31—3B 4
Mosslands Dri. Wal L45 & L44—4C 41
Moss La. WA1—2A 152
Moss La. Birk L42—4A 84
Moss La. Cro L23—1B 6
Moss La. Kir L33—1A 24
Moss La. Lith L21—3A 18
Moss La. Lyd L31—1A 4
Moss La. Mag L31—3C 5
Moss La. Orr L20 & L9—1A to 1B 30
Moss La. St H WA9—4D 39

Moss La. Sim L33—1D 13
(in two parts)
Moss La. Wid WA8—2C 121
Mosslawn Rd. Kir L32—3D 23
Mosslea Pk. L18—3D 89
Mossley Av. L18—1C 89
Mossley Av. Beb L62—4D 125
Mossley Ct. L18—3D 89
Mossley Hill Dri. L17—2B 88
Mossley Hill Rd. L18 & L19
—3D 89 to 1D 111
Mossley Rd. Birk L42—3C 85
Moss Nook La. Mag & Mell L31—1A 12
Moss Pits Clo. L10—4C 21
Moss Pits Clo. L10—4C 21
Moss Pits La. L15—1A 90
Moss Rd. WA4—2C 159
Moss Side. L14—1D 71
Moss Side La. WA4—4B 154
Moss St. L6—2D 67
Moss St. L19—3B 112
Moss St. Pres L34—2B 52
Moss St. Wid WA8—2D 119
Moss View. Lith L21—3B 18
Moss View. Mag L31—4D 5
Mossville Clo. L18—4A 90
Mossville Rd. L18—4A 90
Moss Way. L11—2D 33
Mossy Bank Rd. Wal L44—4B 42
Moston St. Lymm WA13—2D 161
Mostyn Av. L19—2B 112
Mostyn Av. Ain L10—1B 20
Mostyn Av. Hes L60—4A 122
Mostyn Av. W Kir L48—1A 100
Mostyn Clo. L4—2C 45
Mostyn St. Wal L44—1A 64
Motorway M53. Wal, Upt, Stor, Beb &
Poul L44, L45, L46, L49 & L63—1C 63 to
4A 124
Motorway M56. Frod, Sut W Run & Pres
B WA6, WA7 & WA4—4C 137 to 4D 135
Motorway M57. Neth, Ain, Mell, Kir,
Kno, Pres & Whis L31, L32, L34, L28 &
L35—4B 10 to 3B 74
Motorway M58. Mell & Mag L31
—3B 10 to 1A 12
Motorway M62. Huy, Tar, Whis, Cron &
Rain L14, L36, L35 & WA8—2B 70 to 3D
77
Mottershead Rd. Wid WA8—2D 119
Mottram Clo. Kir L33—2D 23
Moughland La. Run WA7—3D 131
Moulders La. WA1—1D 157
Moulton Clo. Sut W WA3—3B 138
Mounsey Rd. Birk L42—2B 84
Mount Av. Beb L63—2B 106
Mount Av. Hes L60—4B 122
Mount Av. Orr L30—4B 18
Mount Clo. Kir L32—4B 12
Mount Cres. Kir L32—4A 12
Mountdene. Kno L28—2A 50
Mount Dri. Beb L63—2B 106
Mount Gro. Birk L41—2B 84
Mt. Haven Clo. Upt L49—2A 82
Mt. Merrion. L25—2A 92
Mount Pk. L25—3D 91
Mount Pk. Beb L63—2B 106
Mount Pk. Ct. L25—3D 91
Mt. Pleasant. L3—3C 67
Mt. Pleasant. Cro L22—3B 16
Mt. Pleasant. Wid WA8—4A 98
(in two parts)
Mt. Pleasant Av. St H WA9—3D 39
Mt. Pleasant Rd. Wal L45—2D 41
Mount Rd. Birk, Stor, Beb & Poul L42 &
L63—4B 84 to 3A 124
Mount Rd. Kir L32—1A 22
Mount Rd. Run WA7—3D 133
Mount Rd. Upt L49—2A 82
Mount Rd. Wal L45—1D 41
Mount Rd. W Kir L48—1B 100
Mount St. L1—3C 67
Mount St. L25—4D 91
Mount St. Cro L22—2B 16
Mount, The. Hes L60—4B 122
Mount, The. Wal L44—4B 42
Mt. Vernon. L7—2A 68

Mt. Vernon Grn. L7—2A 68
Mt. Vernon Rd. L7—2D 67
Mt. Vernon St. L7—2D 67
Mt. Vernon View. L7—2D 67
Mountway. Beb L63—2B 106
Mt. Wood Rd. Birk L42—1B 106
Mowbray Av. St H WA11—1B 38
Mowbray Gro. L13—2D 69
Mowcroft La. WA5—2A 154
Mowcroft La. Cuer WA5—3D 99
Moxen Dale. L27—2D 93
Moxon Av. WA4—4B 150
Moxon St. St H WA10—3B 36
Mozart Clo. L8—1A 88
Muirfield. WA2—3C 143
Muirfield Rd. Huy L36—3B 72
Muirhead Av. L11—1D 47
Muirhead Av. L13—3C 47
Muirhead Av. E. L11—1D 47
Mulberry Av. St H WA10—3B 36
Mulberry Clo. WA1—3B 152
Mulberry Clo. Kir L33—3D 13
Mulberry Ct. WA4—3A 158
Mulberry Gro. Wal L44—1C 65
Mulberry Rd. Birk L42—4D 85
Mulberry St. L7—3D 67
Mulcrow Clo. St H WA9—2B 38
Mulgrave Sq. L8—4D 67
Mulgrave St. L8—4D 67
Mullen Clo. WA5—1C 149
Mulliner St. L7—4B 68
Mullion Clo. Hal L26—1C 115
Mullion Clo. Run WA7—1C 139
Mullion Gro. WA2—1C 151
Mullion Rd. L11—2D 33
Mullion Wlk. L11—2D 33
Mulveton Rd. Poul L63—2A 124
Mumfords Gro. Hoy L47—3C 59
Mumfords La. Hoy L47—3C 59
Muncaster Clo. Birk L62—3D 125
Munster Rd. L13—1A 70
Murat Gro. Cro L22—2B 16
Murat St. Cro L22—2B 16
Murcote Rd. L14—4D 49
Murdishaw Av. Run WA7—2D 139
Murdishaw Av. S. Run WA7—1A 140
Murdoch St. L7—3B 68
Muriel Clo. WA5—3A 146
Muriel St. L4—1D 45
Murphy Gro. St H WA9—2C 39
Murrayfield Dri. Mor L46—1D 61
Murrayfield Rd. L25—1A 92
Murrayfield Wlk. L25—1A 92
Murray Gro. W Kir L48—3A 78
Museum St. WA1—1C 157
Musker Dri. Orr L30—1B 18
Musker St. Cro L23—1D 17
Muspratt Rd. Cro L21—1B 28
Muttocks Rake. Orr L30—3C 9
Myddleton La. WA2—1C 141
Myerscough Av. Boo L20—2A 30
Myers Gdns. St H WA9—2B 56
(in two parts)
Myers Rd. E. Cro L23—1C 17
Myers Rd. W. Cro L23—1C 17
Mynsule Rd. Poul L63—2A 124
Myrtle Gro. WA4—2A 158
Myrtle Gro. Cro L22—1B 16
Myrtle Gro. Wal L44—1C 65
Myrtle Gro. Wid WA8—1B 118
Myrtle Pde. L7—3D 67
Myrtle St. L7—3D 67

Nairn Clo. WA2—3C 143
Nansen Clo. WA5—3A 148
Nansen Gro. L4—4B 30
Nant Pk. Ct. Wal L45—1B 42
Nantwich Clo. Upt L49—4A 82
Napier Clo. St H WA10—3C 37
Napier Dri. Mor L46—4D 61
Napier Rd. Beb L62—2A 108
Napier St. WA1—4D 149
(in two parts)
Napier St. Boo L20—4C 29
Napier St. St H WA10—3C 37
Naples Rd. Wal L44—1B 64
Napps Clo. L25—4D 71
Napps Way. L25—4D 71

Napps Way. Barn L61—2B 122
Nares Ct. WA5—1A 148
Narrow Arpley La. WA1—1C 157
Narrow La. WA4—3D 159
Naseby Clo. Birk L43—2B 82
Naseby St. L4—4B 30
Nasty La. Rd. Mell L31—4D 5
Natal Rd. L9—1C 31
Naughton Lea. Wid WA8—3B 96
Naughton Rd. Wid WA8—2D 119
Navigation Clo. Run WA7—1D 139
Navigation St. WA1—4A 150
Naylor Rd. Birk L43—3C 63
Naylor Rd. Wid WA8—1B 120
Naylorsfield Dri. L27—1B 92
Naylors Rd. L27—1B 92
Naylor St. L3—1B 66
Naylor St. WA1—4D 149
Nazeby Av. Cro L23—1D 17
Neale Dri. Gre L49—3C 81
Nedens Gro. Lyd L31—2B 4
Nedens La. Lyd L31—3B 4
Needham Cres. Birk L43—2B 82
Needham Rd. L7—2B 68
Needwood Dri. Beb L63—1A 124
Neilson Rd. L17—3A 88
Neil St. Wid WA8—4A 98
Nell's La. Augh L39—1D 5
Nelson Av. Whis L35—2C 75
Nelson Ct. Birk L42—1D 107
Nelson Dri. Pen L61—1A 122
Nelson Dri. Run WA7—1B 136
Nelson Pl. Whis L35—2C 75
Nelson Rd. L7—3A 68
Nelson Rd. WA3—2A 144
Nelson Rd. Birk L42—1D 107
Nelson Rd. Lith L21—4A 18
Nelson's Croft. Beb L63—1B 124
Nelson St. L1—4C 67
Nelson St. L15—4C 69
Nelson St. Boo L20—4C 29
Nelson St. St H WA9—2B 56
Nelson St. Wal L45—2B 42
Nelson St. Wid WA8—3D 119
Nelville Rd. L9—4B 20
Neptune Clo. Run WA7—4C 135
Neptune St. Birk L41—4B 64
Neston Av. St H WA9—4A 56
Neston Gdns. Birk L41—4A 64
Neston St. L4—1D 45
Netherby St. L8—3D 87
Netherfield. Wid WA8—2C 119
Netherfield Clo. Birk L43—2B 82
Netherfield Rd. N. L5—2C 45
Netherfield Rd. S. L5—4C 45
Netherley Rd. Tar L35 & WA8
      —1D 93 to 4D 95
Netherton Grange. Orr L30—1A 20
Netherton Grn. Orr L30—4D 9
Netherton La. Neth L30—3D 9
Netherton Pk. Rd. Lith L21—3C 19
Netherton Rd. L8—1D 111
Netherton Rd. Boo L20—1D 29
Netherton Rd. Mor L46—3C 61
Netherton Way. Orr L30—3C 19
Netherwood Rd. L11—4A 32
Netley St. L4—1C 45
Nettlestead Rd. L11—1A 48
Neva Av. Mor L46—3B 60
Neville Av. WA2—1A 150
Neville Av. St H WA9—4D 39
Neville Clo. Birk L43—2B 82
Neville Cres. WA5—1C 155
Neville Rd. Beb L62—4D 125
Neville Rd. Cro L22—2C 17
Neville Rd. Wal L44—4D 41
Neville St. L5—3B 44
Nevin St. L6—1D 67
Nevison St. L7—3A 68
Nevitte Clo. L28—1D 49
Newark Clo. Birk L43—2B 82
Newark Clo. Neth L30—4A 10
Newark St. L4—1C 45
New Bank Pl. Wid WA8—1A 118
New Bank Rd. Wid WA8—1A 118
New Bird St. L1—4C 67
Newbold Cres. Gra L48—3C 79

Newborough Av. L18—2D 89
Newborough Av. Cro L23—4D 7
Newbridge Clo. Run WA7—1C 139
Newbridge Clo. Upt L49—3A 82
Newburgh Clo. Run WA7—3B 134
Newburn. Birk L43—2A 84
Newburns La. Birk L43—3A 84
Newburn St. L4—4B 30
Newbury Clo. Huy L36—3B 72
Newbury Clo. Wid WA8—3D 97
Newbury Way. L12—4C 49
Newby Av. Rain L35—1D 75
Newby Dri. Huy L36—1A 72
Newby Gro. L12—4D 33
Newby Pl. St H WA11—3B 26
Newby St. L4—1D 45
Newcastle Rd. L15—1D 89
New Chester Rd. Birk & Beb L41, L42 &
      L62—2D 85 to 4D 125
Newcombe Av. WA2—2A 150
Newcombe St. L6—3A 46
Newcroft Rd. L25—3D 91
New Cross St. Pres L34—2C 53
New Cross St. St H WA10—2D & 3D 37
(in two parts)
New Cut La. WA1—3D 151
New Cut La. Kir L33—4D 25
Newdown Rd. L11—1D 33
Newdown Wlk. L11—1D 33
Newell Rd. Wal L44—4A 42
Newenham Cres. L14—1C 71
New Ferry By-Pass. Beb L62—2A 108
New Ferry Rd. Beb L62—2A 108
Newfield Clo. Cro L23—3B 8
Newfield Rd. Lymm WA13—2D 161
New Glade Hill. St H WA11—1C 39
New Hall La. L11—1C 47
New Hall La. Hoy L47—1A 78
Newhall St. L1—4C 67
Newhaven Rd. WA2—3D 141
Newhaven Rd. Wal L45—2B 42
New Henderson St. L8—1C 87
New Hey. L12—4A 48
New Hey Rd. Upt L49—3A 82
Newholme Clo. L12—3A 34
Newhouse Rd. L15—4C 69
New Hutte La. L26—3C 115
Newick Rd. Kir L32—2B 22
Newington. L1—3C 67
New Islington. L3—2C & 1C 67
Newland Clo. Wid WA8—3B 96
Newland Ct. L17—3B 88
Newland Dri. Wal L44—4D 41
Newlands Clo. L6—4D 45
Newlands Rd. WA4—2B 158
Newlands Rd. Beb L63—4A 108
Newlands St. St H WA11—4C 27
Newlands St. L6—4D 45
Newlands Wlk. L6—4D 45
New La. WA3—1C 143
Newling St. Birk L41—4B 64
Newlyn Av. Lith L21—2A 18
Newlyn Av. Mag L31—4C 5
Newlyn Clo. Hoy L47—2C 59
Newlyn Clo. Run WA7—1C 139
Newlyn Gro. St H WA11—4D 27
Newlyn Rd. L11—1D 33
Newlyn Rd. Hoy L47—2C 59
New Manor Rd. Pres B WA4—1B 140
Newman St. L4—2B 44
Newman St. WA4—1C 159
New Mill Stile. L25—3D 91
Newport Av. Wal L45—2C 41
Newport Clo. Birk L43—2B 82
Newport St. L5—3A 44
New Quay. L3—2A 66
Newquay Clo. Run WA7—1C 139
New Rd. L13—3C 47
New Rd. WA4—1D 157
(in two parts)
New Rd. Ecc L34—2C 53
Newsham Clo. Wid WA8—3A 96
Newsham Dri. L6—4B 46
Newsham St. L5—4C 45
Newstead Av. Cro L23—1A 16
Newstead Rd. L8—4B 68
Newstet Rd. Kir L33—1A 24
New Strand. Boo L20—3D 29

New St. Run WA7—2D 131
New St. St H WA9—3B 56
New St. Wal L44—2C 65
New St. Wid WA8—1A 120
Newton Clo. L12—1A 48
Newton Ct. L7—2C 69
Newton Cross La. Gra L48—4C 79
Newton Dri. Gra L48—4C 79
Newton Pk. Rd. Gra L48—4C 79
Newton Rd. L13—1C 69
Newton Rd. WA2—1C 141
Newton Rd. Hoy L47—4B 58
Newton Rd. St H WA9—3D 39
Newton Rd. Wal L44—4A 42
Newton St. Birk L41—4B 64
Newton Wlk. Boo L20—2C 29
Newton Way. Upt L49—2D 81
New Tower Ct. Wal L45—1B 42
New Town Gdns. Kir L32—2C 23
Nicander Rd. L18—1D 89
Nicholas Rd. Cro L23—4A 6
Nicholas Rd. Wid WA8—1B 118
Nicholas St. L3—1B 66
Nichol Av. WA3—1B 152
Nicholls Dri. Pen L61—1B 122
Nicholls St. WA4—2D 159
Nichol Rd. Ecc WA10—1A 36
Nicholson St. WA1—4C 149
Nicholson St. St H WA9—3C 39
Nickleby Clo. L8—1D 87
Nicola Ct. Wal L45—3B 42
Nidderdale Av. Rain L35—1B 76
Nigel Rd. Barn L60—3D 123
Nigel Wlk. Run WA7—2D 133
Nightingale Clo. WA3—3B 144
Nightingale Clo. Run WA7—2B 138
Nimrod St. L4—1D 45
Nithsdale Rd. L15—1C 89
Nixon St. L4—4B 30
Noble Clo. WA3—3B 144
Noctorum Av. Birk L43—2B 82
Noctorum Dell. Birk L43—3C 83
Noctorum La. Birk L43—1C 83
Noctorum Rd. Birk L43—1C 83
Noctorum Way. Birk L43—3C 83
Noel St. L8—4A 68
Nook La. WA2—4D 143
Nook La. WA4—1C 159
Nook La. St H WA9—1C 57
Nook Rise. L15—3A 70
Nook, The. L25—3A 92
Nook, The. Birk L43—1A 84
Nook, The. Fra L48—4A 80
Nora St. WA1—4A 150
Norbreck Av. Huy L14—2C 71
Norbury Av. L18—2D 89
Norbury Av. WA2—2A 150
Norbury Av. Beb L63—4C 107
Norbury Clo. Beb L63—4C 107
Norbury Clo. Kir L32—1B 22
Norbury Clo. Wid WA8—4C 99
Norbury Fold. Rain L35—3C 77
Norbury Gdns. Birk L42—3C 85
Norbury Rd. Kir L32—1B 22
Norbury Wlk. Kir L32—1B 22
Norcliffe Rd. Rain L35—4A 54
Norcott Av. WA4—3A 158
Norden Clo. WA3—2D 143
Norfolk Clo. Birk L43—2B 82
Norfolk Clo. Boo L20—2D 29
Norfolk Dri. WA5—3B 146
Norfolk Dri. W Kir L48—1B 100
Norfolk Pl. Cro L21—4A 18
Norfolk Pl. Wid WA8—2B 118
Norfolk Rd. Mag L31—2B 10
Norfolk Rd. St H WA10—4B 36
Norfolk St. L1—4B 66
Norfolk St. Run WA7—2A 132
Norgate St. L4—2D 45
Norgrove Clo. Run WA7—4C 135
Norland's La. Rain L35—3C 77
Norlands La. Rain & Wid WA8—4C 77
Norlands La. Wid WA8—1D 97
Norland St. Wid WA8—4B 98
Norleane Cres. Run WA7—4A 132
Norley Dri. Ecc WA10—3C 36
Norley Pl. Hal L26—3C 115
Normanby Sq. L8—4A 68

Normandale Rd. L4—1C 47
Normandy Rd. Huy L36—1C 73
Norman Rd. Cro L23—1C 17
Norman Rd. Orr L20—4B 18
Norman Rd. Run WA7—3D 131
Norman Rd. Wal L44—2C 65
Normans Rd. St H WA9—2D 57
Normanston Rd. Birk L43—2A 84
Norman St. L3—2D 67
Norman St. WA2—3D 149
Norman St. Birk L41—3D 63
Normanton Av. L17—3B 88
Norma Rd. Cro L22—2C 17
Normington Clo. Lyd L31—2B 4
Norreys Av. WA5—2B 148
Norris Clo. Birk L43—2B 82
Norris Grn. Cres. L11—4B 32
Norris Grn. Rd. L12—3A 48
Norris Grn. Way. L11—1D 47
Norris Rd. Pres L34—3B 52
Norris St. WA2—2A 150
North Av. L24—3A 114
North Av. WA2—2D 149
North Av. Ain L10—2C 21
N. Barcombe Rd. L16—4C 71
Northbrook Clo. L8—4A 68
Northbrooke Way. Upt L48—3A 82
Northbrook Rd. Wal L44—1B 64
Northbrook St. L8—4D 67 & 4A 68
N. Cantril Av. L12—1C 49
N. Cheshire Trading Est. L43—1C 105
North Clo. Beb L62—2C 125
Northcote Clo. L5—4D 45
Northcote Rd. Wal L45—3C 41
Northdale Rd. L15—3D 69
Northdale Rd. WA1—2C 151
N. Dingle. L4—1C & 2C 45
North Dri. L23—3A 48
North Dri. L15—3D 69
North Dri. Hes L60—4B 122
North Dri. Wal L45—1D 41
N. Eaton Rd. L12—2A 48
N. End La. Hal L26—3C 93
Northern La. Wid WA8—3A 96
Northern Perimeter Rd. Orr & Neth L30
—3C 9 to 4A 10
Northern Rd. L24—1C 129
Northern Rd. The. Cro L23—4C 7
Northfield Rd. Orr L20 & L9—1A 30
Northgate Rd. L13—4D 47
North Gro. L18—1B 112
N. Hill St. L8—2D 87
N. John St. L2—2B 66
N. John St. St H WA10—3D 37
N. Linkside Rd. L25—1B 114
N. Manor Way. L25—4B 92
N. Meade. Mag L31—3A 4
Northmead Rd. L19—2C 113
N. Mount Rd. Kir L32—4A 12
Northolt Ct. WA2—1B 150
Northop Rd. Wal L45—3D 41
North Pde. L24—2C 129
North Pde. Wal L47—4A 58
North Pde. Kir L32—2C 23
N. Park Brook Rd. WA5—3B 148
N. Park Ct. Wal L44—1C 65
N. Park Rd. Kir L32—4A 12
N. Parkside Way. L12—1A 48
N. Perimeter Rd. Kir L33—4A 14
Northridge Rd. Pen L61—4D 103
North Rd. L9—3B 30
North Rd. L14—3B 70
North Rd. L19—3D 111
North Rd. L24—3C 115
North Rd. Birk L42—3B 84
North Rd. St H WA10—1D 37
North Rd. W Kir L48—4A 78
North St. L3—2B 66
N. Sudley Rd. L17—4C 89
North Ter. Hoy L47—3C 59
Northumberland Gro. L8—2C 87
Northumberland St. L8—2C & 1D 87
(in two parts)
Northumberland Ter. L5—3C 45
Northumberland Way Orr L30—1B 18
N. View. L7—2A 68
N. View WA5—3B 146
N. View Huy L36—2A 74

N. Wallasey App. Wal L45—3B & 4B 30
Northway. L15—3A 70
Northway WA2—1D 149
Northway Barn L60—3D 123
Northway. Mag, Lyd & Augh L31 & L31
—2B 10 to 1D 5
Northway Wid WA8—1B 118
Northways. Beb L62—1D 125
Northwich Clo. Thor L23—2A 8
Northwich Rd. WA4—4A 162
Northwich Rd. Run & Dut WA7 & WA4
—3A 140
Northwood Rd. Birk L43—4D 83
Northwood Rd. Huy L36—4C 51
Northwood Rd. Run WA7—2C 133
Norton Av WA5—4B 146
Norton Dri. Irby L61—2B 102
Norton Ga. Run WA7—4B 134
Norton Gro. Mag L31—3B 10
Norton Gro. St H WA9—2B 54
Nortonhill. Run WA7—2B 134
Norton La. Run WA7—3A 134
Norton Rd. W Kir L48—3A 78
Norton Sta. Rd. Run WA7—4B 134
Norton St. L3—2C 67
Norton St. Boo L20—2C 29
Norton View. Run WA7—4D 133
Norton Village. Run WA7—3B 134
Nortonwood La. Run WA7—3B 134
Norville Rd. L14—2B 70
Norwich Dri. Upt L49—4D 61
Norwich Rd. L15—1D 89
Norwich Way. Kir L32—2C 23
Norwood Av. Lith L21—3A 18
Norwood Clo. L6—4A 46
Norwood Ct. Gre L49—3C 81
Norwood Gro. L6—4A 46
Norwood Rd. Gre L49—3C 81
Norwood Rd. Wal L44—1A 64
Norwyn Rd. L11—3A 32
Nottingham Rd. Huy L36—3B 72
Nowshera Av. Irby L61—3D 103
Nun Clo. Birk L43—3A 84
Nunn St. St H WA9—3C 39
Nunsford Clo. Lith L21—2B 18
Nurse Rd. Thing L61—3A 104
Nursery Clo. L25—2B 114
Nursery Clo. Birk L43—3A 84
Nursery Clo. Wid WA8—3C 99
Nursery La. L19—2B 112
Nursery Rd. WA1—2B 150
Nursery Rd. Lyd L31—2A 4
Nursery Rd. St H WA9—2B 54
Nutfield Rd. L24—1D 129
Nutgrove Av. St H WA9—2B 54
Nutgrove Hall Dri. St H WA9—2B 54
Nutgrove Rd. St H WA9—3B 54
Nut St. St H WA9—2B 54
Nuttall Ct. WA3—3D 143
Nuttall St. St H WA10—4C 37
Nuttal St. L7—3A 68
Nylands Rd. Huy L36—4C 51

Oak Av. L9—1C 31
Oak Av. Upt L49—1B 80
Oak Bank. Birk L41—2B 84
Oakbank Rd. L18—2C 89
Oakbank St. Wal L44—1B 64
Oak Clo. L12—1D 49
Oak Clo. Mor L46—4C 61
Oak Clo. Whis L35—1C 75
Oakdale Av. WA4—3A 158
Oakdale Av. Wal L44—2B 64
Oakdale Dri. Gre L49—4B 80
Oakdale Rd. L18—2D 89
Oakdale Rd. Cro L22—2C 17
Oakdale Rd. Wal L44—2B 64
Oakdene Av. WA3—1D 151
Oakdene Ct. Rain L35—3B 76
Oakdene Rd. L4—2A 46
Oakdene Rd. Birk L42—3B 84
Oak Dri. Run WA7—4B 132
Oakenholt Rd. Mor L46—3C 61
Oakes St. L3—2D 67
Oakfield. L4—3A 46
Oakfield Av L25—2A 92
Oakfield Clo. St H WA9—2B 54

Oakfield Dri. Huy L36—3D 73
Oakfield Dri. Wid WA8—2D 117
Oakfield Gro. Huy L36—3D 73
Oakfield Rd. L4—3A 46
Oakfield Rd. Beb L62—4C 125
Oakfield View. Birk L41—4B 64
Oakham Dri. Ain L10—2D 21
Oakham St. L8—1C 87
Oakhill Clo. L12—3D 33
Oakhill Cottage La. Lyd L31—2B 4
Oakhill Dri. Lyd L31—2B 4
Oakhill Pk. L13—2A 70
Oakhill Rd. L13—2A 70
Oakhill Rd. Mag & Lyd L31—3B,4
Oakhurst Clo. L25—2A 92
Oakland Clo. Lith L21—4A 18
Oakland Dri. Upt L49—1A 82
Oakland Rd. L19—1D 111
Oaklands. Rain L35—1B 76
Oaklands Av. Cro L23—3C 7
Oaklands Dri. Barn L61—2B 122
Oaklands Dri. Beb L63—3D 107
Oaklands Ter. Barn L61—2B 122
Oakland St. WA1—2B 150
Oakland St. Wid WA8—4D 119
Oak La. L11—4C 33
Oaklea Rd. Irby L61—3D 103
Oak Leigh. L13—3C 47
Oakleigh Gro. Beb L63—3D 107
Oakley Clo. L12—3A 34
Oakmere Dri. WA5—1B 154
Oakmere Dri. Gre L49—3B 80
Oakmere St. Run WA7—2D 131
Oakridge Clo. Beb L62—2C 125
Oakridge Rd. Beb L62—2C 125
Oak Rd. WA5—1B 154
Oak Rd. Beb L63—2D 107
Oak Rd. Huy L36—3B 72
Oak Rd. Lymm WA13—2D 161
Oak Rd. Whis L35—1C 75
Oaks La. Pen L61—1B 122
Oaksmeade Clo. L12—3B 34
Oaks, The. Beb L62—3C 125
Oakston Av. Rain L35—2B 76
Oak St. Boo L20—2D 29
Oak St. St H WA9—1C 57
Oak Ter. L7—2B 68
Oak Tree Pl. Birk L42—3D 85
Oaktree Rd. Ecc WA10—1A 36
Oak Vale. L13—2A 70
Oak View. L24—1D 129
Oakways. WA4—2A 162
Oakwood Av. WA1—3A 150
Oakwood Dri. Huy L36—2D 73
Oakwood Ga. WA3—3A 144
Oakwood Mt. WA3—3C 145
Oakwood Rd. Hal L26—2C 115
Oakworth Dri. Beb L62—2B 108
Oakworth Dri. Tar L35—4D 73
Oarside Dri. Wal L45—2A 42
Oatfield La. Lith L21—1A 18
Oatlands Rd. Kir L32—2A 22
Oatlands, The. W Kir L48—4B 78
Oban Dri. Hes L60—4B 122
Oban Gro. WA2—3C 143
Oban Rd. L4—3A 46
Oberon St. L20—1B 44
O'Brien Gro. St H WA9—2C 39
Observatory Rd. Birk L43—3C 63
Oceanic Rd. L13—2D 69
Ocean Rd. Lith L21—4A 18
O'Connell Rd. L3—4B 44
Octavia Hill Rd. Lith L21—2B 18
Odsey St. L7—2B 68
Ogden Clo. L13—2D 47
Oglet La. L24—2B 128 to 3D 129
Oil St. L3—1A 66
O'Keeffe Rd. St H WA9—2B 38
Okehampton Rd. L16—3B 70
Okell Dri. Hal L26—4C 93
Okell's La Hal L26—4C 93
Okell St. Run WA7—2D 131
Old Barn Rd. L4—3A 46
Old Barn Rd. Wal L44—1A 64
Old Bidston Rd. Birk L41—3A 64
Oldbridge Rd. L24—2D 129

Old Chester Rd. Birk & Beb L41, L42 &
   L63—2C 85 to 3A 108
Old Church Yd. L2—2A 66
Old Colliery Rd. Whis L35—1B 74
Old Dover Rd. Huy L36—3B 72
Old Eccleston La. St H WA10—3A 36
Old Farm Rd. Cro L23—4D 7
Old Farm Rd. Kir L32—4D 23
Oldfield. Whis L35—4D 53
Oldfield Clo. Hes L60—2A 122
Oldfield Dri. Hes L60—2A & 3A 122
Oldfield Farm La. Hes L60—2A 122
Oldfield La. Gra L48—2D 79
Oldfield Rd. L19—1A 112
Oldfield Rd. Hes L60—2A 122
Oldfield Rd. Lymm WA13—1D 161
Oldfield Rd. Wal L45—3D 41
Oldfield Way. Hes L60—2A 122
Oldgate. Wid WA8—3A 118
Old Gorsey La. Wal L44—2A 64
Old Hall Clo. Mag L31—2B 10
Old Hall La. Kir L32—1B 22
Old Hall Rd. WA5—2A 148
Old Hall Rd. Beb L62—3D 125
Old Hall Rd. Mag L31—1B 10
Old Hall St. L3—2A 66
Oldham Pl. L1—3C 67
Oldham St. WA4—1A 158
Old Haymarket. L1—2B 66
Old Higher Rd. Hal WA8—4B 116
Old Hutte La. Hal L24 & L26—3D 115
Old La. Ecc & Whis L34 & L35—2C 53
Old La. Lyd L31—2C 5
Old La. Rain L35—1A to 2A 76
Old La. Wid WA8—1B 118
Old Leeds St. L3—2A 66
Old Marylands La. Mor L46—3C 61
Old Meadow Rd. Pen L61—1A 122
Old Mill Av. St H WA9—3B 56
Old Mill Clo. L15—3A 70
Old Mill Clo. Gay L60—4C 123
Old Mill La. L15—3A 70
Old Mill La. Kno L34—2D 35
Old Nook La. St H WA11—1C 39
Old Northwich Rd. Run WA7—2C 139
Old Quay St. Run WA7—1A 132
Old Racecourse Rd. Mag L31—1A 10
Old Rectory Grn. Sef L29—2C 9
Old Riding. L14—3D 49
Old Rd. WA4—1D 157
Old Ropery. L2—2B 66
Old Rough La. Kir L33—1C 23
Old School Ho. La. WA2—1C 141
Old Smithy La. Lymm WA13—2D 161
Old Thomas La. L14—2B 70
Old Whint Rd. Hay WA11—1D 39
Old Wood Rd. Pen L61—1B 122
O'Leary St. WA2—3A 150
Olga Rd. St H WA9—2B 56
Olinda St. Beb L62—2A 108
Olive Cres. Birk L41—2C 85
Olivedale Rd. L18—2D 89
Olive Gro. L15—3D 69
Olive Gro. Huy L36—2B 72
Olive Gro. Orr L30—3A 20
Olive La. L15—3D 69
Olive Mt. Birk L41—2C 85
Olive Mt. Rd. L15—3A 70
Olive Mt. Wlk. L15—3A 70
Oliver Lyme Rd. Pres L34—3C 53
Olive Rd. Cro L22—3C 17
Oliver Rd. St H WA10—1B 54
Oliver St. WA2—3D 149
Oliver St. Birk L41—1B 84
Oliver St. E. Birk L41—1C 85
Olive St. L7—3D 67
Olivetree Rd. L15—3A 70
Olive Vale. L15—4D 69
Olivia Clo. Birk L43—2B 82
Olivia M. Birk L43—2B 82
Olivia St. Boo L20—4D 29
Ollerton Clo. Birk L43—3B 82
Ollery Grn. Orr L30—4A 10
Olney St. L4—4B 30
Olton St. L15—3C 69

O'Neil St. Boo L20—2C 29
Onslow Rd. L6—1B 68
Onslow Rd. Beb L62—1A 108
Onslow Rd. Wal L45—2A 42
Oppenhiem Av. St H WA10—2A 54
Orange Gro. WA2—4B 142
Oran Way. Huy L36—1C 73
Orb Clo. L11—3D 33
Orb Wlk. L11—3D 33
Orchard Clo. Ecc L34—2D 53
Orchard Clo. St H WA11—4D 27
Orchard Ct. Birk L41—3D 85
Orchard Ct. Mag L31—4C 5
Orchard Dale. Cro L23—4D 7
Orchard Dene. Rain L35—1B 76
Orchard Grange. Mor L46—4B 60
Orchard Hey. Ecc WA10—3A 36
Orchard Hey. Mag L31—1C 11
Orchard Hey. Orr L30—4B 18
Orchard Rd. Mor L46—3C 61
Orchard St. WA1—4D 149
Orchard St. WA2—4C 143
Orchard St. WA4—4A 158
Orchard, The. L17—1D 111
Orchard, The. Huy L36—2C 73
Orchard, The. Rain L35—4A 54
Orchard, The. Wal L45—2A 42
Orchard Way. Beb L63—3B 106
Orchard Way. Wid WA8—3A 96
Ordnance Av. WA3—3B 144
Orford Av. WA2—2D 149
Orford Clo. Hale L24—3A 130
Orford Grn. WA2—1A 150
Orford La. WA2—3D 149
Orford Rd. WA2 & WA1—2A 150
Orford St. L1—3B 66
Orford St. L15—4D 69
Orford St. WA1—4D 149
Oriel Clo. Ain L10—1C 21
Oriel Cres. L20—1B 44
Oriel Dri. Ain L10—1B 20
Oriel Lodge. Boo L20—3D 29
Oriel Rd. L20—1B 44
Oriel Rd. Birk L42—3C 85
Oriel Rd. Boo L20—1B 44
Oriel St. L3—1B 66
Orient Dri. L25—3A 92
Origen Rd. L16—3C 71
Oriole Clo. St H WA10—2A 54
Orkney Clo. St H WA11—4D 27
Orkney Clo. Wid WA8—3C 99
Orlando Clo. Birk L43—2B 82
Orlando St. Boo L20—4D 29
Orleans St. L13—1A 70
Ormande St. St H WA9—4A 38
Ormesby Gro. Raby L63—4B 124
Ormiston Rd. Wal L45—2A 42
Ormonde Av. Mag L31—1B 10
Ormonde Cres. Kir L33—2D 23
Ormonde Dri. Mag L31—1B 10
Ormond M. Birk L43—2B 82
Ormond St. L3—2B 66
Ormond St. Wal L45—3A 42
Ormond Way. Birk L43—3B 82
Ormsby St. L15—4C 69
Ormskirk Rd. L9, L10 & L30—3A 20
Ormskirk Rd. Kno L34—1D 35
Ormskirk Rd. St H WA10—2D & 3D 37
Orphan Dri. L6—4C 47 to 1C 69
Orphan St. L7—3D 67
Orrell Clo. WA5—4C 147
Orrell La. Orr L9 & L20—4C 19
Orrell Mt. Orr L20—4B 18
Orrell Mt. Ind. Est. Orr L20—4B 18
Orrell Rd. Lith & Orr L21 & L20—3B 18
Orrell Rd. Wal L45—2B 42
Orrell St. St H WA9—3B 38
Orret's Meadow Rd. Upt L49—3A 82
Orrysdale Rd. W Kir L48—3A & 4A 78
Orry St. L5—3B 44
Orsett Rd. Kir L32—3C 23
Orston Cres. Poul L63—2B 124
Ortega Clo. Beb L62—2B 108
Orthes St. L3—3D 67
Orton Rd. L16—3B 70
Orville St. St H WA9—2C 57
Orwell Rd. L4—2B 44

Osbert Rd. Cro L23—4A 6
Osborne Av. Wal L45—2A 42
Osborne Gro. Wal L45—2A 42
Osborne Rd. L13—3C 47
Osborne Rd. WA4—3D 157
Osborne Rd. Birk L43—1A 84
Osborne Rd. Ecc WA10—1A 36
Osborne Rd. Lith L21—3A 18
Osborne Rd. Wal L45—2B 42
Osborne Vale. Wal L45—2A 42
Osbourne Av. WA2—1A 150
Osmaston Rd. Birk L42—4A 84
Osprey Clo. WA2—4A 142
Osprey Clo. Run WA7—2B 138
Ossett Clo. Birk L43—3B 82
Osterley Gdns. L9—1B 30
O'Sullivan Cres. St H WA11—1C 39
Oswalds Clo. WA2—1D 141
Oteley Av. Beb L62—4D 125
Othello Clo L20—1B 44
Otterburn Clo. Wal WA4—4A 60
Otterspool Dri. L17—1B 110
Otterspool Rd. L17—1C 111
Otterton Rd. L11—1D 33
Ottley St. L6—1B 68
Otway St. L19—4B 112
Oulton Clo. Birk L43—3C 83
Oulton Clo. Lyd L31—2A 4
Oulton Rd. L16—1B 90
Oulton Way. Birk L43—4C 83
Oundle Dri. Ain L10—1B 20
Oundle Rd. Mor L46—2C 61
Ounley Clo. WA2—2C 145
Ouse St. L8—2D 87
Outer Central Rd. L24—4C 115
Outer Forum. L11—3A 32
Out La. L25—4A 92
Outlet La. Sim L31—1C 13
Oval, The. Wal L45—3D 41
Overbury St. L7—3A 68
Overchurch Rd. Upt L49—1C 81
Overdale Av. Barn L61—4B 104
Overdene Wlk. Kir L32—2D 23
Overgreen Gro. Mor L46—3C 61
Overton Av. Lith L21—2A 18
Overton Clo. Birk L43—3D 83
Overton Clo. Kir L32—2B 22
Overton Grn. Kir L32—2B 22
Overton Rd. Wal L44—4A 42
Overton St. L7—3A 68
Overton Way. Birk L43—3D 83
Ovolo Rd. L13—4A 48
Owen Rd. L4—1B 44
Owen Rd. Kir L33—4B 24
Owen Rd. Rain L35—2B 76
Owen St. WA2—3C 149
Owen St. Beb L62—3A 108
Owen St. St H WA10—1B 54
Oxbow Rd. L12—1C 49
Oxenham Rd. WA2—3C 141
Oxenholme Cres. L11—4B 32
Oxford Av. Boo L20—3A 30
Oxford Av. Lith L21—3A 18
Oxford Clo. L17—4B 88
Oxford Dri. Cro L22—2B 16
Oxford Dri. Hal L26—1D 115
Oxford Gdn. L9—3A 20
Oxford Rd. Boo L20—3A 30
Oxford Rd. Cro L22—2B 16
Oxford Rd. Huy L36—1D 73
Oxford Rd. Run WA7—4A 132
Oxford Rd. Wal L44—4B 42
Oxford St. L7—3D 67
Oxford St. WA4—1A 158
Oxford St. St H WA10—2D 37
Oxford St. Wid WA8—2A 120
Oxford St. E. L7—3A 68
Ox La. Tar L35—2A 94 to 4B 74
Oxley Av. Mor L46—1A 62
Oxley St. St H WA9—2B 56
Oxmead Clo. WA2—1D 151
Oxmoor Clo. Run WA7—2B 138
Oxton Clo. L17—4B 88
Oxton Clo. Wid WA8—3B 96
Oxton Rd. Birk L41—2B 84
Oxton Rd. Wal L44—1A 64

Oxton St. L4—1D 45

Pacific Rd. Birk L41—4D 65
Pacific Rd. Boo L20—2C 29
Packenham Rd. L13—3D 47
Paddington. L7—2D 67 & 2A 68
Paddington Bank. WA1—3B 150
Paddock Clo. Cro L23—2A 6
Paddock Hey. L27—1B 92
Paddock Rise. Run WA7—3A 138
Paddock, The. L25—2A 92
Paddock, The. Barn L60—4D 123
Paddock, The. Ecc L34—2D 53
Paddock, The. Kir L32—4C 23
Paddock, The. Mor L46—4B 60
Paddock, The. Upt L49—2A 82
Padgate La. WA1—3A & 2B 150
Padstow Clo. WA5—1B 154
Padstow Clo. Hai L26—1C 115
Padstow Dri. Win WA10—1A 36
Padstow Rd. L16—3B 70
Padstow Rd. Gre L49—4B 80
Padstow Sq. Run WA7—2C 139
Pagebank Rd. L14—1D 71
Pagefield Rd. L15—1D 89
Page Grn. Huy L36—1A 72
Page La. Wid WA8—1B 120
Page Moss Av. Huy L36—4A 50
Page Moss La. Huy L14—1D 71
Page Moss Pde. Huy L36—1A 72
Page St. L3—1C 67
Pagett Clo. Birk L43—3B 82
Page Wlk. L3—1C 67
Pagewood Clo. Birk L43—3B 82
Paignton Clo. WA5—1B 154
Paignton Clo. Huy L36—1A 74
Paignton Rd. L16—3B 70
Paignton Rd. Wal L45—3C 41
Paisley Av. St H WA11—4D 27
Paisley St. L3—1A 66
Palace Fields Av. Run WA7—1B 138
Palace Rd. L9—4A 20
Palantine, The. Boo L20—3D 29
Palatine Arc. St H WA10—3D 37
Palatine Ind. Est. WA4—2D 157
Palatine Rd. Beb L62—3C 125
Palatine Rd. Wal L44—2C 65
Paley Clo. L4—2D 45
Palin Dri. WA5—3C 147
Palladio Rd. L13—4A 48
Palliser Clo. WA3—3C 145
Pall Mall. L3—1A 66
Palm Clo. L4—3C 31
Palmer Cres. St H WA10—2C 37
Palmer Cres. WA5—2A 148
Palmerston Av. Lith L21—4A 18
Palmerston Cres. L19—3B 112
Palmerston Dri. Lith L21—4A 18
Palmerston Clo. L18—3D 89
Palmerston Rd. L18—3D 89
Palmerston Rd. L19—3B 112
Palmerston Rd. Wal L44—1D 63
Palmerston St. Birk L42—3D 85
Palm Gro. L25—1A 114
Palm Hill. Birk L43—2A 84
Palmwood Av. Rain L35—2C 77
Palmwood Clo. Birk L43—4C 83
Palmyra Ho. WA1—4C 149
Palmyra Sq. N. WA1—4C 149
Palmyra Sq. S. WA1—4C 149
Paltridge Way. Pen L61—1B 122
Pamela Clo. Kir L10—4A 22
Pampas Gro. L9—2C 31
Pankhurst Rd. Lith L21—2B 18
Pansy St. L5—2B 44
Parade Cres. L24—2C 129
Parade St. St H WA10—2D 37
Parade, The. L15—3A 70
Paradise Gdns. L15—4D 69
Paradise La. Whis L35—2B 74
Paradise St. L1—3B 66
Paragon Clo. Wid WA8—2A 98
Parbold Av St H WA11—1B 38
Parbold Ct. Wid WA8—2B 118
Parbrook Clo Kno L36—3B 50
Parbrook Rd. Huy L36—3B 50

Park Av. L9—4B 20
Park Av. L18—3C 89
Park Av. WA4—2A 158
Park Av. Cro L23—3C 7
Park Av. Ecc L34—2D 53
Park Av. Hay WA11—1D 39
Park Av. Lyd L31—3C 5
Park Av. Rain L35—1A 76
Park Av. Wal L44—1B 64
Park Av. Wid WA8—4A 98
Parkbourn. Mag L31—3D 5
Parkbourn Dri. Mag L31—3D 5
Parkbourn N. Mag L31—3D 5
Parkbourn Sq. Mag L31—3D 5
Parkbridge Rd. Birk L42—3B 84
Park Brow Dri. Kir L32—3D 23
Park Clo. Birk L41—1B 84
Park Clo. Kir L32—4A 12
Park Ct. Cro L22—3C 17
Park Ct. Kir L32—1B 22
Park Cres. WA4—1A 162
Parkdale Rd. Wal L44—3C 41
Parkdale Rd. WA3—4C 151
Park Dri. Birk L43 & L41—4D 63 to 1B 84
Park Dri. Cro L23—2A 6
Parkend Rd. Birk L42—3B 84
Parker Av. Cro L21—4C 17
Parkers Sq. Run WA7—1A 138
Parker St. L1—3C 67
Parker St. WA1—1C 157
Parkfield Av. WA4—1C 159
Parkfield Av. Birk L41—1C 85
Parkfield Av. Orr L30—3A 20
Parkfield Dri. Wal L44—4A 42
Parkfield Gro. Mag L31—4B 4
Parkfield Pl. Birk L41—1B 84
Parkfield Rd. L17—2A 88
Parkfield Rd. Beb L63—1B 124
Parkfield Rd. Cro L22—2C 17
Parkfields La. WA2—4C 143
Parkgate Rd. WA4—3A 158
Parkgate Way. Run WA7—1D 139
Park Gro. Birk L41—2B 84
Park Hill Ct. L8—3D 87
Park Hill Rd. L8—3D 87
Parkhill Rd. Birk L42—4B 84
Park Ho. St. St H WA9—2A 38
Parkhurst Rd. L11—4B 32
Parkhurst Rd. Birk L42—4B 84
Parkinson Rd. L9—2B 30
Parklands. Kno L34—3D 35
Parklands. Wid WA8—3B 96
Parklands Dri. Gay L60—4C 123
Park La. L1—3B 66
Park La. Hoy L47—2D 59
Park La. Orr L30—4C 19
Park La. Orr & Ain L30—2D 19
Park La W. Orr L30—1C 19
Park Pl. L8—1C 87
Park Pl. WA1—4C 149
Park Pl. Boo L20—3D 29
Park Rd. L8—1D 87
Park Rd. WA2—1A 150
Park Rd. WA5—3A 146
Park Rd. Barn L60—3C 123
Park Rd. Beb L62—4A 108
(in two parts)
Park Rd. Birk L42—3C 85
Park Rd. Cro L22—2C 17
Park Rd. Hoy L47—3C 59
Park Rd. Kir L32—1A 22
Park Rd. Pres L34—2B 52
Park Rd. Run WA7—4D 131
Park Rd. St H WA9 & WA11—2B 38
Park Rd. Wal L44—1B 64
Park Rd. W. Kir L48—4A 78
Park Rd. E. Birk L41—1B 84
Park Rd. N. Birk L41—4D 63
Park Rd. S. Birk L43—1A 84
Park Rd W. Birk L43—4D 63
Parkside. Boo L20—3D 29
Parkside. Wal L44—1B 64
Parkside Av St H WA9—4A 56
Parkside Clo. Beb L63—3D 107
Parkside Dri. L12—1A 48
Parkside Rd. Beb L63—3A 108

Parkside Rd. Birk L42—3C 85
Parkstile La. L11—2C 33
Parkstone Rd. Birk L42—3B 84
Park St. L8—2C 87
Park St. Birk L41—1C 85
Park St. Boo L20—3D 29
Park St. Hay WA11—1D 39
Park St. St H WA9—3B 38
Park St. Wal L44—4A 42
Parksway WA1—3A 152
Park Ter. Cro L22—3C 17
Park, The. WA5—2A 154
Park, The. Huy L36—3C 73
Parkvale Av. Birk L43—1C 105
Park Vale Rd. L8—1C 31
Park View. L6—4B 46
Park View. Beb L62—3C 125
Park View. Cro L22—2B 16
Park View. Huy L36—4B 50
Park View. Thor L23—2A 8
Parkview Rd. L11—1D 33
Park Wall Rd. Ince B L29—1D 7
Park Way. L8—4D 67
(in two parts)
Park Way. Huy L47—3C 59
Parkway. Irby L61—3D 103
Parkway. Kno L36—2B 50
Parkway. Orr L30—3C 9
Parkway. Wal L45—2C 41
Parkway Clo. Irby L61—3D 103
Parkway E. Kir L32—1A 22
Parkway W. Kir L32—1A 22
Park W. Hes L60—4A 122
Parkwood Rd. Beb L62—3D 125
Parkwood Rd. L25—3D 91
Parlane St. St H WA9—2B 88
(in two parts)
Parliament Clo. L1—4C 67
Parliament Pl. L8—4D 67
Parliament St. L8—4C 67
Parliament St. St H WA9—2C 55
Parlington Clo. Wid WA8—2B 118
Parlow Rd. L11—1C 47
Parren Av. Whis L35—3B 74
Parr Gro. Gre L49—3B 80
Parr Gro. Hay WA11—1D 39
Parr Mt. Ct. St H WA9—3B 38
Parr Mt. St. St H WA9—3B 38
Parr's Rd. Birk L43—3A 84
Parr Stocks Rd. St H WA9—3B 38
Parr St. L1—3C 67
Parr St. WA1—1D 157
(in two parts)
Parr St. Lith L21—3B 18
Parr St. St H WA9—3A 38
Parr St. Wid WA8—4A 98
Parry Dri. WA4—2A 160
Parry's La. Run WA7—3C 131
Parry St. Wal L44—2C 65
Parsonage Rd. Wid WA8—1D 131
Parsonage Way. WA5—4C 147
Parthenon Dri. L11—3A 32
Partington Av. Boo L20—2A 30
Parton St. L6—1B 68
Partridge Clo. WA3—3B 144
Partridge Rd. Cro L23—4A 6
Passway. St H WA11—3C 27
Pasture Av. Mor L46—2C 61
Pasture Clo. L25—1A 114
Pasture Clo. St H WA9—4A 56
Pasture Cres. Mor L46—2C 61
Pasture Dri. WA3—1C 143
Pasture La. WA2—1D 151
Pasture Rd. Mor L46—1C 61
Pastures, The. Gra L48—4D 79
Pateley Wlk. L24—1C 129
Paterson St. Birk L41—1B 84
Paton Clo. Gra L48—3B 78
Patricia Av. Birk L41—2D 63
Patricia Gro. Orr L20—4B 18
Patrick Av. Orr L20—4C 19
Patrivale Clo. WA1—3C 151
Pattens Clo. Orr L30—4C 9
Patten St. Birk L41—3A 64
Patten's Wlk. Kno L34—2D 35
Patterdale Av WA2—4D 141
Patterdale Cres. Mag L31—4C 5

Patterdale Dri. St H WA10—1A 54
Patterdale Rd. L15—1C 89
Patterdale Rd. Beb L63—1A 124
Patterson Clo. WA3—4B 144
Paul Clo. WA3—3A 146
Pauldings La. Lith L21—3A 18
Pauline Wlk. Kir L10—4A 22
Paul McCartney Way. L6—1A 68
Paul Orr Ct. L3—4B 44
Paulsfield Dri. Mor L46—4D 61
Paul St. L3—1B 66
Paul St. WA2—3C 149
Paulton Clo. L8—2D 87
Paveley Bank. L27—1B 92
Paxton Rd. Huy L36—1C 73
Paxton St. L5—3C 45
Paxton Way. Birk L43—2B 82
Payne Clo. WA5—4A 148
Peach Gro. Mell L31—4A 12
Peach St. L7—3D 67
Peach Tree Clo. Hale L24—3B 130
Peacock Av. WA1—3B 150
Pearce Clo. L25—1D 91
Pear Gro. L6—1A 68
Pearson Av. WA4—2A 158
Pearson Dri. Orr L20—4C 19
Pearson Rd. Birk L41—2C 85
Pearson St. L15—4D 69
Pear Tree Av. L2—1D 49
Pear Tree Av. Run WA7—4B 132
Pear Tree Clo. Barn L60—3D 123
Pear Tree Clo. Hale L24—3A 130
Peartree Gro. Wal L44—4A 42
Pear Tree Pl. WA4—1D 157
Pear Tree Rd. Huy L36—3C 73
Peasefield Rd. L14—4D 49
Peasley Clo. WA2—1C 151
Peasley Cross La. St H WA9—3A 38
Peasley View. St H WA9—4B 38
(in two parts)
Peatwood Av. Kir L32—4D 23
Peckers Hill Rd. St H WA9—2C 57
Peckfield Clo. Run WA7—2C 139
Peckforton Dri. Sut W WA7—3A 138
Peckmill Grn. L27—2D 93
Pecksniff Clo. L8—1D 87
Peebles Av. St H WA10—4D 27
Peebles Clo. L33—3B 12
Peel Av. Birk L42—3D 85
Peel Clo. WA1—3A 152
Peel Cottage. Mag L31—4A 4
Peel Ho. La. Wid WA8—3A 98
Peel Pl. St H WA10—2D 37
Peel Rd. Boo L20—2B 28
Peel St. L8—2D 87
Peel St. Run WA7—2D 131
Peel Wlk. Mag L31—4A 4
Peet Av. St H WA10—3A 36
Peet St. L7—2A 68
Pelham Gro. L17—3B 88
Pelham Rd. Wal L44—1D 63
Pemberton Rd. L13—1A 70
Pemberton Rd. Upt L49—3A 82
Pemberton St. St H WA10—3C 37
Pembrey Way. L25—1B 114
Pembroke Av. Mor L46—4C 61
Pembroke Ct. Birk L41—2C 85
Pembroke Gdns. L3—2D 67
Pembroke Gdns. WA4—3A 162
Pembroke Pl. L3—2C 67
Pembroke Rd. Boo L20—3D 29
Pembroke St. L3—2D 67
Penarth Clo. L7—2A 68
Pencombe Rd. Huy L36—4A 50
Pendennis Rd. Wal L44—1B 64
Pendennis St. L6—3A 46
Pendine Clo. L6—4B 46
Pendine Clo. WA5—1A 148
Pendle Av. St H WA11—1B 38
Pendlebury St. WA4—1C 159
Pendlebury St. St H WA9—4B 56
Pendle Dri. Lith L21—4B 8
Pendleton Grn. Hal L26—2C 115
Pendleton Rd. L4—4C 31
Penfold. Mag L31—4C 5
Penfolds. Run WA7—3C 133
Pengallow Hey. L27—1C 93

Pengwern Gro. L15—3C 69
Pengwern St. L8—2D 87
Peninsula Ho. WA2—2A 150
Penketh Av. WA5—2B 148
Penketh Ct. Run WA7—2A 132
Penketh Grn. L24—1C 129
Penketh Rd. WA5—1C 155
Penketh's La. Run WA7—2A 132
Penkett Ct. Wal L45—3B 42
Penkett Gdns. Wal L45—3B 42
Penkett Gro. Wal L45—3B 42
Penkett Rd. Wal L45—3A 42
Penlake La. St H WA9—2C 57
Penley Cres. Kir L32—1A 22
Penmann Clo. Hal L26—2D 115
Penmann Cres. Hal L26—2D 115
Penmon Dri. Pen L61—1B 122
Pennant Av. L12—1A 48
Pennant Clo. WA3—3C 145
Pennard Av. Huy L36—3B 50
Pennine Clo. St H WA9—3C 39
Pennine Dri. St H WA9—3C 39
Pennine Rd. WA2—4B 142
Pennine Rd. Birk L42—1B 106
Pennine Rd. Wal L44—4D 41
Pennine Way. Kir L32—4B 12
Pennington Av. Orr L20—4C 19
Pennington Pl. Huy L36—2C 73
Pennington Rd. Lith L21—1C 29
Pennington St. L4—4B 30
Penn La. Run WA7—2C 131
Pennsylvania Rd. L13—2B 46
Penny La. L18—2D 89
Penny La. Cron WA8—1A 96
Penny La. Tar & Cron L35 & WA8
    —4D 75 to 1B 96
Pennystone Clo. Upt L49—1C 81
Penrhos Rd. Hoy L47—1A 78
Penrhyd Rd. Irby L61—4B 102
Penrhyn Av. Lith L21—4A 18
Penrhyn Av. Thing L61—3A 104
Penrhyn Cres. Run WA7—4A 132
Penrhyn Rd. Kno L34—1C 35
Penrhyn St. L5—4C 45
Penrith Av. WA2—4D 141
Penrith Cres. Mag L31—3C 5
Penrith Rd. St H WA10—2A 54
Penrith St. Birk L41—2B 84
Penrose Av. E. Huy L14—2C 71
Penrose Av. W. Huy L14—2C 71
Penrose St. L5—3C 45
Penryn Av. St H WA11—4D 27
Penryn Clo. WA5—1B 154
Pensall Dri. Pen L61—2B 122
Pensarn Rd. L13—2D 69
Pensby Clo. Irby L61—4D 103
Pensby Hall La. Pen L61—2B 122
Pensby Rd. Hes, Pen, Barn, Irby &
    Thing L60 & L61—3B 122 to 3A 104
Pentire Av. Win WA10—1A 36
Pentland Av. L4—4B 30
Pentland Av. WA2—3D 141
Pentland Av. St H WA9—3D 39
Pentland Pl. WA2—3D 141
Pentland Rd. Kir L33—4D 13
Penton Wlk. L6—1A 68
Penuel Rd. L4—4B 30
Peover St. L3—1C 67
Peploe Rd. L4—4D 31
Peplow Rd. Kir L32—2A 22
Pepper St. Hale L24—3A 130
Percival La. Run WA7—3C 131
Percival St. WA1—4D 149
Percy Rd. Wal L44—2C 65
Percy St. L8—4D 67
Percy St. WA5—4B 148
(in two parts)
Percy St. Boo L20—2C 29
Percy St. St H WA9—2D 57
Perimeter Rd. Kir L33—3B 24
Perrey St. Run WA7—2A 132
Perriam Rd. L19—2C 113
Perrin Av. Run WA7—4C 131
Perrin Rd. Wal L45—4C 41
Perry St. L8—1C 87
Pershore Rd. Kir L32—3C 23
Perth Av. St H WA9—2C 55
Perth Clo. WA2—3B 142

Perth Clo. Kir L33—3B 12
Perth St. L6—1A 68
Peterborough Dri. Orr L30—4C 9
Peterborough Rd. L15—1D 89
Peterlee Clo. St H WA9—2D 55
Peterlee Way. Orr L30—2D 19
Peter Mahon Way. Boo L20—2C 29
Peter Price's La. Beb L63—1A 124
Peter Rd. L4—4A 30
Petersfield Clo. Orr L30—2D 19
Petersgate. Run WA7—4C 135
Peter's La. L1—3B 66
Peter St. L1—2B 66
Peter St. St H WA10—2C 37
Peter St. Wal L44—2C 65
Peterwood. Birk L42—1A 108
Petherick Rd. L11—2D 33
Petton St. L5—3D 45
Petworth Av. WA3—3D 141
Petworth Clo. L24—4A 114
Peveril Clo. WA4—4A 158
Peveril St. L9—3B 30
Pewterspear La. WA4—3A 162
(in two parts)
Pheasant Clo. WA3—3B 144
Pheasantfields. Hale L24—3A 130
Philbeach Rd. L4 & L11—4D 31
Philip Gro. St H WA9—2B 56
Philip Rd. Wid WA8—2A 118
Phillimore Rd. L6—1B 68
Phillip Gro. L14—3C 49
Phillips Clo. Thor L23—3A 8
Phillips Dri. WA5—3B 146
Phillips St. L3—1B 66
Phillips Way. Hes L60—4A 122
Phoenix Av. WA5—1B 148
Phythian Clo. L6—1A 68
Phythian Cres. WA5—1C 155
Phythian St. L6—1D 67
Phythian St. Hay WA11—1D 39
Pichael Nook. WA4—1C 159
Pickerill Rd. Gre L49—3C 81
Pickering Cres. WA4—2A 160
Pickering Rake. Orr L30—4B 8
Pickering Rd. Wal L45—1A 42
Pickerings Clo. Run WA7—1C 137
Pickerings Rd. Wid WA8—4A 118
Pickering St. L6—4A 46
Pickmere Dri. Run WA7—2C 139
Pickmere St. WA5—1B 156
Pickop St. L3—1B 66
Pickwick St. L8—1D 87
Picow Farm Ind. Est. Run WA7—3C 131
Picow Farm Rd. Run WA7—3C 131
Picow St. Run WA7—2D 131
Picton Av. Run WA7—3A 132
Picton Clo. WA3—3A 144
Picton Rd. Birk L43—3D 83
Picton Cres. L15—3C 69
Picton Gro. L15—3C 69
Picton Rd. L15—3C 69
Picton Rd. Cro L22—2B 16
Pier Head L3—3A 66
Pierpoint St. WA5—3C 149
Pighue La. L13—2C 69
Pighue St. Run WA7—2D 131
Pigot Pl. WA4—4C 151
Pigot St. St H WA10—3C 37
Pigotts Rake. Orr L30—3C 9
Pike Ho. Rd. Ecc WA10—2A 36
Pike Pl. Ecc WA10—2A 36
Pikes Hey Rd. Cal L48—2D 101
Pike St. WA4—3A 158
Pilchbank Rd. L14—4C 49
Pilch La. L14—4C 49
Pilch La. E. Huy L36—2D 71
Pilgrim Clo. WA2—1C 141
Pilgrim St. L1—4C 67
Pilgrim St. Birk L41—1D 85
Pilkington Clo. Run WA7—1A 138
Pilling La. Lyd L31—1A 4
Pilot Gro. L15—3C 69
Pimbley Gro. E. Mag L31—3B 10
Pimbley Gro. W. Mag L31—3B 10
Pimhill Clo. L8—1D 87
Pincroft Way. L4—2B 44
Pine Av. Beb L63—1A 124
Pine Av. St H WA10—1C 37

Pine Av. Wid WA8—4A 98
Pine Clo. Huy L36—4B 50
Pine Clo. Kir L32—1B 22
Pine Clo. Whis L35—1C 75
Pine Ct. Birk L41—1C 85
Pine Gro. L8—4A 68
Pine Gro. Mar L42—2C 151
Pine Gro. Boo L20—2D 29
Pine Gro. Cro L22—1B 16
Pinehurst Av. L4—2A 46
Pinehurst Av. Cro L22—1B 16
Pinehurst Av. L4—2A 46
Pinemore Rd. L18—4D 89
Pineridge Clo. Beb L62—2C 125
Pine Rd. Barn L60—3C 123
Pine Rd. Run WA7—4B 132
Pines, The. Poul L63—1B 124
Pinetree Av. Birk L43—2B 82
Pine Tree Clo. Mor L46—3D 61
Pinetree Dri. Gra L48—1C 101
Pine Tree Gro. Mor L46—4D 61
Pinetree Rd. Huy L36—3B 72
Pine View Dri. Pen L61—2B 122
Pine Walks. Birk L42—1A 106
Pine Way. Hes L60—2A 122
Pineways. WA4—2A 162
Pinewood Av. L12—3D 33
Pinewood Av. WA3—4A 150
Pinewood Dri. Barn L60—4C 123
Pinewood Gdns. Kir L33—3C 13
Pinfold Clo. Orr L30—3C 9
Pinfold Ct. W Kir L48—3A 78
Pinfold Cres. Kir L32—3D 23
Pinfold Dri. Ecc WA10—3A 36
Pinfold La. Kno L34—3C 35
Pinfold La. W. Kir L48—3A 78
Pinfold La. L25—2B 114
Pingwood La. Kir L33—3D 13
Pinners Brow. WA2—3D 149
Pinnington Rd. Whis L35—1C 75
Piper's Clo. Hes L60—3A 122
Piper's La. Hes L60—3A 122
Pipit La. WA3—3B 144
Pippits Row. Run WA7—2A 138
Pirrie Rd. L9—3D 31
Pitchbank Rd. L14—4C 49
Pitch Clo. Gre L49—2B 80
Pit La. Wid WA8—3D 97
Pitsmead Rd. Kir WA8—3C 23
Pitt Pl. L25—4D 91
Pitt St. L1—3B 66
Pitt St. WA5—3C 149
Pitt St. St H WA9—3A 38
Pitt St. Wid WA8—3D 119
Pitville Av. L18—3D 89
Pitville Clo. L18—4A 90
Pitville Gro. L18—3A 90
Pitville Ter. Wid WA8—2A 118
Plane Clo. L4—3C 31
Planetree Rd. L12—2C 49
Plane Tree Rd. Beb L63—4C 107
Plantation Rd. Run WA7—3D 133
Planters, The. Gre L49—2B 80
Planters, The. Neth L30—4A 10
Platt Gro. Birk L42—1A 108
Platts St. Hay WA11—1D 39
Plattsville Rd. L18—1A 90
Playfield Rd. L12—2D 49
Pleasant Hill St. L8—1C 87
Pleasant St. L3—3C 67
Pleasant St. Boo L20—3C 29
Pleasant St. Wal L45—2A 42
Pleasant View. L7—2C 69
Pleasant View. Boo L20—3C 29
Pleasington Clo. Birk L43—3C 83
Pleasington Dri. Birk L43—3C 83
Plemont Rd. L13—4D 47
Plimsoll St. L7—2A 68
Plinston Av. WA4—1B 158
Pluckington Rd. Huy L36—1A 74
Plumbers Way. Huy L36—2D 73
Plumer St. L15—4C 69
Plumer St. Birk L41—3D 63
Plumpton St. L6—1D 67
Plumpton St. WA5—1A 156
Plumpton Wlk. L6—1D 67
Plumpton St. L6—1D 67
Plumtree Av WA5—2C 149

Plum Tree Clo. Ecc L35—3D 53
Plymouth Clo. Run WA7—1A 140
Plymyard Av. Beb L62—4C 125
Poachers La. WA4—1C 159
Pocket Nook St. St H WA9—2A 38
Pocklington Ct. WA2—1B 150
Podium Rd. L13—4A 48
Poets Corner. Beb L62—4A 108
Poets Grn. Whis L35—1D 75
Pollard Rd. L15—3A 70
Poll Hill Rd. Hes L60—3B 122
Pollitt Sq. Beb L62—2A 108
Pollitt Cres. St H WA9—4B 56
Pollitt St. St H WA9—4B 56
Polperro Clo. WA5—2B 154
Pomfret St. L8—1D 87
Pomona St. L3—3C 67
Pond Grn. Way. St H WA9—4D 39
Pond View Clo. Barn L60—4D 123
Pond Wlk. St H WA9—4D 39
Ponsonby Rd. Wal L45—3C 41
Ponsonby St. L8—1A 88
Pool Bank. Beb L62—3A 108
Poolbank Rd. Beb L62—3A 108
Poole Av. WA2—4D 141
Poole Cres. WA2—4D 141
Pool End. St H WA9—4C 39
Poole Rd. Wal L44—3B 42
Poole Wlk. L8—2D 87
Pool Hey. Kno L28—1A 50
Pool La. WA4—3C 157
Pool La. Beb L62—4B 108
Pool La. Lymm WA13—1D 161
Pool La. Run WA7—1A 132
Pool La. Upt L49—4A 82
Poolside Rd. Run WA7—3A 132
Pool St. Birk L41—4C 65
Pool St. Wid WA8—2A 120
Poolwood Rd. Upt L49—3A 82
Pope St. Boo L20—1C 29
Poplar Av. WA5—1B 154
Poplar Av. Cro L23—3D 7
Poplar Av. Run WA7—4B 132
Poplar Av. Upt L49—2D 81
Poplar Bank. Huy L36—2C 73
Poplar Clo. Run WA7—1D 137
Poplar Dri. L5—4D 45
Poplar Dri. Beb L63—4A 108
Poplar Dri. Kir L32—1B 22
Poplar Farm Clo. Mor L46—1B 80
Poplar Gro. L8—3A 88
Poplar Gro. Birk L42—2B 84
Poplar Gro. Cro L21—1B 28
Poplar Gro. Pres L35—4C 53
Poplar Gro. St H WA10—3B 36
Poplar Rd. L25—4D 91
Poplar Rd. Birk L43—3A 84
Poplars Av. WA2—3C 141 to 1A 150
Poplars Pl. WA2—4A 142
Poplars, The. Lymm WA13—1D 161
Poplar Ter. Wal L45—2A 42
Poplar Way. L4—1C 45
Porchester Rd. L11—4B 32
Porlock Av. L16—1C 91
Porlock Av. St H WA9—4B 56
Porlock Clo. WA5—1B 154
Porlock Clo. Gay L60—4D 121
Portal Rd. Pen L61—1B 122
Port Causeway. Beb L62—1D 125
Portelet Rd. L13—4D 47
Porter Clo. Rain L35—2C 77
Porter St. L3—4A 44
Porter St. Run WA7—2B 132
Porthcawl Clo. Wid WA8—3B 96
Porthleven Rd. Run WA7—2C 139
Portia Av. Beb L63—2C 107
Portia St. L20—1B 44
Portico Av. Ecc L35—3D 53
Portico La. Whis & Ecc L35 & L34—3D 53
Portland Av. Cro L22—2B 16
Portland Ct. Wal L45—1D 41
Portland Pl. L5—4C 45
Portland St. L5—4B 44
(in two parts)
Portland St. Birk L41—4D 63
Portland St. Run WA7—1D 131
Portland St. Wal L45—1D 41

Portland Way. St H WA9—4D 39
Portlemouth Rd. L11—1D 33
Portloe Dri. Hal L26—1D 115
Portman Rd. L15—4B 68
Porto Hey Rd. Irby L61—4C 103
Portola Clo. WA4—3D 159
Porton Rd. Kir L32—2B 22
Portreath Way. Win WA10—1A 36
Portree Clo. L9—2B 30
Portrush Clo. L13—2C 47
Portsmouth Pl. Run WA7—1A 140
Portway. L25—2B 114
Post Office La. Run WA7—4B 130
Potter's La. Wid WA8—4D 117
Pottery Clo. Whis L35—1B 74
Pottery Fields. Pres L34—3C 53
Pottery La. L8—3C 87
Pottery La. Whis L35—1A 74
Poulsom Dri. Orr L30—1B 10
Poulter Rd. L9—4A 20
Poulton Bri. Rd. Wal L41 & L44—2D 63
Poulton Clo. Hal L26—3C 115
Poulton Cres. WA1—1A 152
Poulton Dri. Wid WA8—2B 118
Poulton Hall Rd. Poul L63—4B 124
Poulton Hall Rd. Wal L44—1D 63
Poulton Rd. Poul L63—2B 124
Poulton Rd. Wal L44—1A 64
Poulton Royd Dri. Poul L63—2A 124
Poverty La. Mag L31—1C 11
Povey Rd. WA2—1A 150
Powell Dri. Bill WN5—1D 57
Powell St. WA2—2B 158
Powell St. Birk L43—3D 63
Powell St. St H WA9—2C 57
Power Rd. Birk L42—1D 107
Powis St. L8—1D 87
Pownall St. L1—3B 66
Pownall St. L3—2B 66
Powys St. WA5—4B 148
Poynter St. St H WA9—2C 55
Pratt Rd. Pres L34—3B 52
Precincts, The. Cro L23—4C 7
Preesall Way. L11—1D 33
(in two parts)
Premier St. L5—4D 45
Prentice Rd. Birk L42—1C 107
Prenton Av. St H WA9—4A 56
Prenton Dell Av. Birk L43—1D 105
Prenton Dell Rd. Birk L43—1C 105
Prenton Farm Rd. Birk L43—1A 106
Prenton Grn. L24—1C 129
Prenton Hall Rd. Birk L43—4D 83
Prenton La. Birk L42—1A 106
Prenton Pk. Rd. Birk L42—3B 84
Prenton Rd. E. Birk L42—4B 84
Prenton Rd. W. Birk L42—4A 84
Prenton Village Rd. Birk L43—1D 105
Prenton Way. Birk L43—1C 105
Prentonwood Ct. Birk L42—1B 106
Prescot By-Pass. Pres, Kno & Ecc L34—3A 52
Prescot Dri. L6—1C 69
Prescot Rd. L7 & L13—1B 68
Prescot Rd. Mell L31—1B 12
Prescot Rd. St H WA10—1A 54 to 3C 37
Prescot Rd. Tar WA8 & L35—2D 95
Prescot Rd. Wid WA8—4B 96
Prescot Row. L2—2B 66
Prescot St. L7—2D 67
Prescot St. Wal L45—1D 41
Prescott St. WA4—2A 158
Preseland Rd. Cro L23—4C 7
Prestbury Av. Birk L43—4C 83
Prestbury Dri. WA4—1A 160
Prestbury Rd. L11—2B 32
Preston Av. Pres L34—3B 52
Preston Gro. L6—4B 46
Preston St. L1—2B 66
Preston St. St H WA9—2D 77
Preston Way. Cro L23—4A 8
Prestwick Dri. Cro L23—3B 6
Prestwood Ct. WA3—1D 145
Prestwood Cres. L14—4D 49
Prestwood Rd. L14—4D 49
Pretoria Rd. L9—4A 20
Price Gro. St H WA9—4D 39
Price's La. Birk L43—2A 84

Raglan Ct WA3—1B 144
Raglan St. L19—4B 112
Raglan Wlk L19—4B 112
Raikes Clo WA5—4D 147
Railton Av Rain L35—2B 76
Railton Clo Rain L35—2B 76
Railton Rd L11—4A 32
Railway Cotts. L25—2B 114
Railway Rd Birk L42—4D 85
Railway St. L19—4B 112
Railway St St H WA10—2A 38
Railway Ter St H WA9—2C 57
Rainbow Dri Wid WA8—3B 96
Rainbow Dri Hal L26—1C 115
Rainbow Dri Mell L31—4A 12
Raines Clo. Gre L49—3C 81
Rainford Av Orr L20—1A 30
Rainford Gdns L2—2B 66
Rainford Rd Win & St H WA10—1B 36
Rainford Sq. L2—2B 66
Rainham Clo. L19—1B 112
Rainhill Rd Rain L35—1A 76 to 3B 54
Rake Clo Upt L49—2D 81
Rake Hey Mor L46—3A 60
Rake Hey Clo Mor L46—4B 60
Rake La. Upt L49—2D 81
Rake La. Wal L45—3A 42
Rake M Upt L49—2D 81
Rakersfield Ct. Wal L45—1B 42
Rakersfield Rd Wal L45—1B 42
Rakes La. Sef L23 & L29—2B 8
Rake, The. Beb L62—3D 125
Raleigh Av. Whis L35—2C 75
Raleigh Clo. Wal L44—3A 42
Raleigh Rd. Mor L46—4A 40
Raleigh St. Boo L20—4C 29
Ramford St St H WA9—4B 38
Ramilies Rd. L18—1D 89
Ramsbrook Clo. L24—1B 128
Ramsbrook La. Hale L24—2A 130
Ramsbrook La. Hal & Hale WA8
—4B 116
Ramsbrook Rd. L24—1B 128
Ramsey Clo. L19—2B 112
Ramsey Clo. WA3—3B 144
Ramsey Clo. Whis L35—1C 75
Ramsey Clo. Wid WA8—3C 99
Ramsey Ct. W Kir L48—1A 100
Ramsey Rd. L19—2B 112
Ramsfield Rd. L24—1D 129
Randall Dri Orr L30—1B 18
Randle Clo. Poul L63—2B 124
Randles Rd. Kno L34—1B 34
Randolph St. L4—2D 45
Randon Gro. St H WA10—2D 37
Ranelagh Av. Lith L21—3D 17
Ranelagh Dri N. L19—2D 111
Ranelagh Dri. S. L19—2D 111
Ranelagh St. L1—3C 67
Ranfurly Rd. L19—2A 112
Rangemoor Clo. WA3—2C 145
Rangemore Rd. L18—4D 89
Rankin St. L8—2D 87
Rankin St. Wal L44—2A 64
Ranworth Clo. L11—3A 32
Ranworth Pl. L11—3A 32
Ranworth Sq. L11—3A 32
Ranworth Way. L11—3A 32
Rappart Rd. Wal L44—1C 65
Ratcliff Pl. Rain L35—4A 54
Rathbone Rd. L15 & L13—3D 69
Rathlin Clo. Wid WA8—3C 99
Rathmore Av L18—3D 89
Rathmore Clo. Birk L43—3A 84
Rathmore Dri. Birk L43—3A 84
Rathmore Rd. Birk L43—3D 83
Ravenfield Clo. Hal L26—2C 115
Ravenfield Dri. Wid WA8—3B 96
Ravenglass Av. Mag L31—4C 5
Ravenhead Av. Kir L32—4C 23
Ravenhead Rd St H WA10—4C 37
Ravenhill Cres. Mor L46—1D 61
Ravenhurst Ct. WA3—2B 144
Ravenhurst Way Whis L35—3B 74
Ravenna Rd. L19—1C 113
Ravenscourt Hal L26—2D 115
Ravenscroft Kir L33—3C 13

Ravenscroft Rd. Birk L43—1B 84
Ravenside Retail Warehouse Pk. &
Depot. L24—4D 113
Ravensthorpe Grn. L11—3B 32
Ravenstone Rd. L19—2A 112
Ravenswood Av. Birk L42—1D 107
Ravenswood Rd. L13—1A 70
Ravenswood Rd. Barn L61—2B 122
Raven Way Boo L20—3D 29
Rawcliffe Rd. L9—2B 30
Rawcliffe Rd. Birk L42—2B 84
Rawdon Clo. Run WA7—4D 133
Rawdon St. L7—2C 69
Rawlings Clo WA3—4B 144
Rawlinson Clo. Hal L26—1A 116
Rawlinson Rd. L13—1D 69
Rawlins St. L7—1C 69
Rawson Clo. Cro L21—4D 17
Rawson Rd. Cro L21—4D 17
Raydale Clo. L9—3C 31
Raymond Av. WA4—3A 158
Raymond Av. Orr L30—3A 20
Raymond Pl. L5—4B 44
Raymond Rd. Wal L44—1B 64
Raymond Way. Birk L43—2B 82
Raynham Rd. L13—1D 69
Reade Clo. Poul L63—3B 124
Reading Clo. L5—2B 44
Reading St. L5—2B 44
Reaper Clo. WA3—3A 148
Reapers Way. Neth L30—4A 10
Reay St. Wid WA8—4A 98
Recreation St. St H WA9—3B 38
Rector Rd. L6—2B 46
Rectory Clo. WA2—1C 141
Rectory Clo. Birk L42—2C 85
Rectory Clo. Hes L60—4A 122
Rectory La. WA2—1C 141
Rectory La. Hes L60—4A 122
Rectory Rd. W Kir L48—4B 78
Red Banks. Cal L48—3C 101
Redbourn Av. Hal L26—2D 115
Redbourne Dri. Wid WA8—3A 96
Redbourn Rd. L6—3B 46
Redbrook St. L6—3A 46
Red Brow La. Pres B WA4—4C 135
Redburn Clo. L8—2D 87
Redcar Clo. Birk L43—2B 82
Redcar Rd. Wal L45—3B 40
Redcar St. L6—3A 46
Redcross St. L1—3B 66
Red Cut La. Kir L33—3C 25
Redditch Clo. Gre L49—3B 80
Redesdale Clo. WA2—4B 142
Redesmere Clo. WA4—3B 158
Redfern St. L20—1B 44
Redford Clo. Gre L49—3B 80
Redford St. L6—3B 46
Redgate Av. Cro L23—4A 8
Redgate Dri. St H WA9—3B 38
Redgrave St. L7—2B 68
Redhill Av. Kir L32—3D 23
Red Hill Rd. Stor L63—4A 106
Redhouse Bank. W Kir L48—3A 78
Redhouse La. W Kir L48—3A 78
Redington Rd. L19—1C 113
Redland Rd. L9—3A 20
Red La. WA4—4D 157
Red Lion Clo. Mag L31—4B 4
Red Lomes. Orr L30—4B 8
Redmain Way L12—3A 34
Redmere Dri. Barn L60—4D 123
Redmont St. Birk L41—2C 85
Redpoll La. WA3—3B 144
Red Rock Clo. L6—4A 46
Red Rock St. L6—4A 46
Redruth Av St H WA11—4D 27
Redruth Clo. Run WA7—1C 139
Redruth Rd. L11—2D 33
Redshank La. WA3—3A 148
Redstone Pk. Wal L45—1D 41
Redvales St. WA3—3D 143
Redvers Dri. L9—1B 30
Redwing La. L25—2D 91
Redwood Av. Lyd L31—3B 4
Redwood Clo L25—2A 92

Redwood Clo WA1—3B 152
Redwood Dri. Hay WA11—1C 39
Redwood Rd. L25—2A 92
Redwood Way. Kir L33—3C 13
Reedale Clo. L18—2A 90
Reedale Rd. L18—2A 90
Reeds Av. E. Mor L46—1D 61
Reeds Av W. Mor L46—1D 61
Reeds Ct. Mor L46—2D 61
Reeds La. Mor L46—1D 61
Reeds Rd. Huy L36—4C 51
Reedville. Birk L43—2A 84
Reedville Gro. Mor L46—2D 61
Reedville Rd. Beb L63—4D 107
Reeves Av. Boo L20—1A 30
Reeves St. St H WA9—3C 39
Refuge Sq. WA5—3C 149
Regal Cres. Wid WA8—1A 118
Regal Dri. Win WA10—1B 36
Regal Rd. L11—3D 33
Regal Wlk. L4—2C 45
Regent Av. WA1—2C 151
Regent Av. Huy L14—2C 71
Regent Rd. Boo L20, L5 & L3
—2B 28 to 4A 44
Regent Rd. Cro L23—4B 6
Regent Rd. Wal L45—3C 41
Regent Rd. Wid WA8—1A 120
Regents Clo. Thing L61—3A 104
Regents Rd. St H WA10—4B 36
Regent St. L3—4A 44
Regent St. WA1—4C 149
Regent St. Run WA7—2D 131
Regents Way. Beb L63—2B 106
Regina Av. Cro L22—1B 16
Reginald Rd. St H WA9—3C 57
Reginald Rd. Ind. Est. St H WA9—3D 57
Regina Rd. L9—1C 31
Reid Av. WA5—2B 148
Reigate Clo. L25—4B 92
Rendal Clo. L5—4D 45
Rendcombe Grn. L11—3B 32
Rendel St. Birk L41—4C 65
Rendlesham Clo. WA2—2C 145
Rendlesham Clo. Upt L49—2C 81
Renfrew Av St H WA11—4D 27
Renfrew St. L7—2D 67
Rennell Rd. L14—1B 70
Rennie Av St H WA10—3B 36
Renown Clo. WA3—3A 144
Renshaw St. L1—3C 67
Renton Av. Run WA7—2C 133
Renville Rd. L14—2B 70
Renwick Av. Rain L35—1D 75
Renwick Clo. Birk L43—2B 82
Renwick M. Birk L43—2B 82
Renwick Rd. L9—1C 31
Repton Clo. Birk L43—2B 82
Repton Gro. Ain L10—2B 20
Repton M. Birk L43—2B 82
Repton Rd. L16—4B 70
Reservoir Rd. L25—3D 91
Reservoir Rd. Birk L42—1A 106
Reservoir Rd. N. Birk L42—4A 84
Reservoir St. L6—4D 45
Reservoir St. St H WA9—2B 54
Rest Hill Rd. Stor L63—4A 106
Retford Rd. Kir L33—1D 23
Retford Wlk. Kir L33—1D 23
Reva Rd. Huy L14—1C 71
Rexmore Rd. L18—4D 89
Rexmore Way. L15—4C 69
Reynolds St. WA4—1B 158
Reynolds Way. L25—4A 92
Rhiwlas St. L8—1A 88
Rhodesia Rd. L9—4A 20
Rhodes St. WA2—2D 149
Rhodesway. Gay & Barn L60—4C 123
Rhona Dri. WA5—4B 146
Rhosemor Clo. Kir L32—4D 23
Rhosemor Rd. Kir L32—4D 23
Rhyl St. L8—2D 87
Rhyl St. Wid WA8—2D 119
Ribble Av. Mag L31—3C 5
Ribble Av Rain L35—1A 76
Ribble Clo. Wid WA8—3C 99
Ribble Cres. Bill WN5—1D 27
Ribbledale Rd. L18—3D 89

Ribble Rd. L25—3B 92
Ribbler's Ct. Kir L32—4D 23
Ribbler's La. Kir L32—4B 22
Ribbler's La. Kno L34—1B 34
Ribblesdale Av. L9—4A 20
Ribble St. Birk L41—3D 63
Ribchester Way. Tar L35—4A 74
Rice Hey Rd. Wal L44—4B 42
Rice La. L9—3B 30
Rice La. Wal L44—4B 42
Rice St. L1—3C 67
Richard Allen Way. L5—4C 45
Richard Chubb Dri. Wal L44—3B 42
Richard Clo. Run WA7—3D 133
Richard Gro. L14—3C 49
Richard Hesketh Dri. Kir L32—2A 22
Richard Kelly Clo. L4—1C 47
Richard Kelly Clo. L4—1C 47
Richard Kelly Dri. L4—3D 31 to 1B 46
Richard Kelly Pl. L4—2C 47
Richard Martin Rd. Lith L21—2B 18
Richard Rd. Cro L23—3A 6
Richards Gro. St H WA9—2C 39
Richardson Rd. Birk L42—1C 107
Richardson St. L7—4B 68
Richardson St. WA2—2D 149
Richland Rd. L13—4C 47
Richmond Av. WA4—1B 158
Richmond Av. Lith L21—3D 17
Richmond Av. Run WA7—2C 133
Richmond Clo. Beb L63—3D 107
Richmond Gro. Lyd L31—2C 5
Richmond Pk. L6—3A 46
Richmond Rd. Beb L63—3D 107
Richmond Rd. Cro L23—3C 7
Richmond Rd. Wal L45—1A 42
Richmond Row. L3—1C 67
Richmond St. L1—2B 66
Richmond St. WA4—2C 159
Richmond St. Wid WA8—4A 98
Richmond Ter. L6—4A 46
Richmond Way. Pen L61—2B 122
Richmond Way.Tar L35—4D 73
Richmond Way. Thing L61—3A 104
Rich View. Birk L43—3A 84
Rickaby Clo. Beb L63—4C 125
Rickman St. L4—2C 45
Ridding La. Run WA7—2C 139
Riddock Rd. Lith L21—1C 29
Ridgefield Rd. Pen L61—4D 103
Ridgemere Rd. Pen L61—4D 103
Ridge, The. Hes L60—2A 122
Ridgetor Rd. L25—3D 91
Ridgeway. Run WA7—1D 139
Ridgeway Dri. Lyd L31—2C 5
Ridgeway, The. L25—3D 91
Ridgeway, The. Beb L63—2B 106
Ridgeway, The. Cron WA8—1B 96
Ridgeway, The. Gay L60—4C 123
Ridgeway, The. Hoy L47—4C 59
Ridgewood Dri. Pen L61—4C 103
Ridgmont Av. L11—3B 32
Ridgway St. WA2—2A 150
Riding Hill La. Kno L34—3D 35
Ridings, The. Birk L43—2B 82
Riding St. L3—2C 67
Ridley Dri. WA5—1D 155
Ridley Gro. W Kir L48—3A 78
Ridley La. Mag L31—4C 5
Ridley Rd. L6—1B 68
Ridley St. Birk L43—2B 84
Ridsdale. Wid WA8—1A 118
Rigby Dri. Gre L49—4B 80
Rigby Rd. Mag L31—3A 4
Rigby St. L3—2A 66
Rigby St. St H WA10—2D & 3D 37
Riley Av. Boo L20—1A 30
Riley Dri. Run WA7—3D 131
Rimmer Gro. St H WA9—3C 39
Rimmer Gro. St H WA9—3C 39
Rimmington Rd. L17—4C 89
Rimrose Rd. Boo L20—2B 28
Rimrose Valley Rd. Cro L23—1A 18
Rindlebrook La. Pres L34—3B 52
Ringcroft Rd. L13—1A 70
Ringo Starr Dri. L6—1A 68
Ringsfield Rd. L24—2D 129
Ringway Rd. L25—2B 92
Ringways. Beb L62—1D 125

Ringwood. Birk L43—3D 83
Ringwood Av. Huy L14—2D 71
Ripley Av. Lith L21—2A 18
Ripley Clo. Mag L31—4C 5
Ripley St. WA5—3B 148
Ripon Clo. Orr L30—2D 19
Ripon Rd. Wal L45—3C 41
Ripon St. L4—4B 30
Ripon St. Birk L41—2C 85
Risbury Rd. L11—4B 32
Risley Rd. WA3—2B 144
Rishton Clo. L5—4D 45
Risley Employment Area. WA3-1C 145
Ritchie Av. L9—4A 20
Ritherup La. Rain L35—1B 76
Ritson St. L8—1A 88
River Avon St. L8—4A 68
River Bank Rd. Beb L62—1A 108
River Rd. WA4—1D 157
Riversdale. WA1—3B 142
Riversdale Ct. L19—2D 111
Riversdale M. L19—2D 111
Riversdale Rd. L19—2C 111
Riversdale Rd. Cro L21—4D 17
Riversdale Rd. Run WA7—3C 133
Riversdale Rd. Wal L44—4C 43
Riversdale Rd. W Kir L48—4A 78
Riverside. L12—1C 49
Riverside. Beb L62—4A 108
River Side. W Kir L48—1A 100
Riverside Business Pk. L3—3D 87
Riverside Dri. L3—4D 87
Riverside Wlk. L3—1B 86
Riverside Walkway. L3—3A 66
Riverslea Rd. Cro L23—1A 16
River View. Beb L62—1B 108
River View. Cro L22—2A 16
Riverview Rd. Wal L44—1C 65
Riverview Wlk. L8—3D 87
River Way. L25—3B 92
Riviera Dri. Birk L42—1C 107
Rivington Av. Birk L43—3C 83
Rivington Ct. WA1—2B 152
Rivington Rd. Run WA7—3A 140
Rivington Rd. St H WA10—3B 36
Rivington Rd. Wal L44—1B 64
Rivington St. St H WA10—3B 36
Rixton Av. WA5—2B 148
Roberts Rd. L4—3A 46
Robeck Rd. L13—2A 70
Robert Dri. Gre L49—3C 81
Robert Gro. L14—3C 49
Roberts Av. Hay WA11—1D 39
Roberts Dri. Orr L20—4C 19
Robertson St. L8—1C 87
Roberts Sq. Run WA7—1A 138
Roberts St. L3—1A 66
Robert St. WA5—4B 148
Robert St. Birk L41—4C 65
Robert St. Run WA7—2A 132
Robert St. Wid WA8—1A 120
Robina Rd. St H WA9—2B 56
Robin Clo. Run WA7—4B 134
Robins La. St H WA9—1B 56
Robinson Pl. St H WA9—3B 38
Robinson Rd. Lith L21—2B 18
Robinson St. St H WA9—3B 38
Robin Way. Upt L49—4A 82
Robsart St. L5—4C 45
Robson St. L5—2D 45
Robson St. L13—2D 69
Robson St. St H WA10—4B 36
Rochester Av. Orr L30—2D 19
Rochester Clo. WA5—4D 147
Rochester Gdns. St H WA10—4B 36
Rochester Rd. Birk L42—4D 85
Rock Av. Hes L60—3B 122
Rock Bank. Gre L49—2D 81

Rockbank Rd. L13—4C 47
Rockbourne Av. L25—2D 91
Rockbourne Gro. L25—2D 91
Rockbourne Way. L25—2D 91
Rock Ct. L13—1D 69
Rocket Ind. Est. L14—2B 70
Rock Ferry By-Pass. Birk L41—3D 85
Rockfield Gdns. Mag L31—4B 4
Rockfield Rd. L4—2D 45
Rockford Av. Kir L32—4C 23
Rockford Clo. Kir L32—4C 23
Rockford Wlk. Kir L32—4C 23
Rock Gro. L13—1D 69
Rockhill Rd. L25—4A 92
Rockhouse St. L6—4B 46
Rockingham Clo. WA3—2D 145
Rockingham Gro. L5—2B 44
Rockland Rd. Cro L22—2C 17
Rockland Rd. Wal L45—2D 41
Rocklands Av. Beb L63—2D 107
Rock La. Mell L31—2D 11
Rock La. Wid WA8—3C 97
Rock La. E. Birk L42—1A 108
Rock La. W. Birk L42—1D 107
Rockley Clo. Birk L43—2B 82
Rockley M. Birk L43—2B 82
Rockley St. L4—1C 45
(in two parts)
Rockmount Clo. L25—3D 91
Rockmount Rd. L17—1D 111
Rock Pk. Birk L42—4A 86
Rock Pk. Rd. Birk L42—1A 108
Rockpoint Av. Wal L45—2B 42
Rockside Rd. L18—4D 89
Rock St. L13—1D 69
Rock St. St H WA10—2B 54
Rock View. Mell L31—4A 12
Rock View. Mell L31—4A 12
Rockville Rd. L14—2B 70
Rockville St. Birk L42—4D 85
Rockwell Clo. L12—2C 49
Rockwell Rd. L12—1C 49
Rockwood Way. L6—1A 68
Rockybank Rd. Birk L42—3B 84
Rocky La. L6—4B 46
Rocky La. Hes L60—4B 122
Rocky La. S. Hes L60—4B 122
Roderick Rd. L4—4B 30
Roderick St. L3—1C 67
Rodick St. L25—4D 91
Rodney St. L1—3C 67
Rodney St. WA2—3D 149
Rodney St. Birk L41—2C 85
Rodney St. Boo L20—4C 29
Rodney St. St H WA10—3C 37
Roe All. L1—3C 67
Roeburn Way. WA5—2A 154
Roedean Clo. L25—1A 114
Roedean Clo. Mag L31—3B 4
Roehampton Dri. Cro L23—3B 6
Roemarsh Clo. Run WA7—1A 138
Roe St. L1—2B 66
Roe St. Birk L41—4A 64
Rogers Av. Boo L20—1A 30
Rokeby Clo. L3—1C 67
Rokeby St. L3—1C 67
Roker Av. Wal L44—1A 64
Rokesmith Av. L7—4B 68
Roland Av. Beb L63—3C 107
Roland Av. Run WA7—3D 131
Roland Av. St H WA11—4C 27
Rolands Wlk. Run WA7—2C 133
Roleton Av. Neth L30—4A 10
Rolleston Dri. Beb L63—4D 107
Rolleston Dri. Wal L45—2D 41
Rolleston St. WA2—4C 149
Rolling Mill La. St H WA9—1D 57
Rollo St. L4—2C 45
Roman Clo. Run WA7—2C 133
Roman Rd. WA4—3D 157
Roman Rd. Birk L43—1D 105
Roman Rd. Hoy L47—3B 58
Roman Rd. Stor L63—3A 106
Romer Rd. L6—1B 68
Romford Way. Hal L26—3D 115

Romilly St. L6—1A 68
Romilly St. Birk L41—1C 85
Romley St. L4—4B 30
Romney Clo. Wid WA8—4C 99
Romulus St. L7—2C 69
Ronald Clo. Cro L22—2D 17
Ronald Dri. WA2—4C 143
Ronald Rd. Cro L22—3D 17
Ronald Ross Av. Orr L30—1D 19
Ronaldshay. Wid WA8—4C 99
Ronald St. L13—1D 69
Ronaldsway. Hal L26—1D 115
Ronaldsway. Hes L60—4B 122
Ronaldsway. Kir WA4 22
Ronaldsway. Thor L23—3A 8
Ronaldsway. Upt L49—1D 81
Ronan Clo. Boo L20—2C 29
Ronan Rd. Wid WA8—4C 119
Rone Clo. Mor L46—4C 61
Rook Rd. WA4—1B 158
Rooks Way. Hes L60—4A 122
Rooley, The. Huy L36—2C 73
Roome St. WA2—2D 149
Roosevelt Dri. L9—3A 20
Roper's Bri. Clo. Whis L35—1C 75
Roper St. L8—2D 87
Roper St. St H WA9—2B 38
Rosalind Av. Beb L63—2C 107
Rosalind Wlk. L20—4D 29
Rosam Gro. Run WA7—1A 138
Rosclare Dri. Wal L45—3D 41
Roscoe Av. WA2—2A 150
Roscoe Clo. Tar L35—4A 74
Roscoe Cres. Run WA7—4C 131
Roscoe La. L1—3C 67
Roscoe Pl. L1—3C 67
Roscoe St. L1—3C 67
Roscoe St. St H WA10—3B 36
Roscommon St. L5—4C 45
(in two parts)
Roscote Clo. Hes L60—4B 122
Roscote, The. Hes L60—4B 122
Roseacre. W Kir L48—3A 78
Rose Av. Orr L20—4B 18
Rose Av. St H WA9—2B 56
Rose Bank Rd. L16—4B 70
Rosebank. Huy L36—3B 50
Rosebank Way. Huy L36—3B 50
Roseberry Av. Wal L44—4B 42
Rosebery Av. Cro L22—1B 16
Rosebery Gro. Birk L42—4A 84
Rosebery St. St H WA10—1B 36
Rosebery St. L8—4D 67 & 4A 68
Rosebery Wlk. L8—4D 67
Rose Brae. L18—3A 90
Rose Brow. L25—2A 92
Rose Clo. Run WA7—2D 139
Rose Ct. L15—4C 69
Rose Cres. Wid WA8—2D 119
Rosecroft Clo. Hoy L47—1A 78
Rosedale Av. WA1—2A 152
Rosedale Av. Wal L44—4A 152
Rosedale Clo. L9—2C 31
Rosedale Rd. L18—2A 90
Rosedale Rd. Birk L42—3C 85
Rosefield Av. Beb L63—2C 107
Rosefield Rd. L25—1B 114
Roseheath Dri. Hal L26—3D 115
Rose Hill. L3—1C 67
Rosehill Av. St H WA9—3D 57
Rosehill Ct. L25—2D 91
Roseland Clo. Lyd L31—2A 4
Roselands Ct. Birk L42—1C 107
Rose La. L18—3D 89·
Rose Lea Clo. Wid WA8—2D 97
Rosemary Av. WA4—3A 158
Rosemary Av. Run WA7—2B 138
Rosemary Clo. WA5—4D 147
Rosemead Av. Pen L61—1B 122
Rosemont Rd. L17—4C 89
Rosemoor Dri. Cro L23—3D 7
Rose Mt. Birk L43—3A 84
Rose Mt. Clo. Birk L43—3A 84
Rose Mt. Dri. Wal L45—2A 42
Rose Pl. L3—1C 67
(in two parts)
Rose Pl. Birk L42—3D 85
Rose St. L25—4D 91

Rose St. Wid WA8—2D 119
Rose Vale. L5—4C 45
(in two parts)
Rose View Clo. Wid WA8—4D 97
Rose Vs. L15—4D 69
Rosewood Av. WA1—3B 150
Rosewood Gdns. L11—4C 33
Roskell Rd. L25—2B 114
Roslin Rd. Birk L43—3A 84
Roslin Rd. Irby L61—3C 103
Roslyn St. Birk L42—3D 85
Rosall Av. Ain L10—1B 20
Rossall Clo. Hale L24—3A 130
Rossall Rd. L13—2A 70
Rossall Rd. WA5—1D 155
Rossall Rd. Mor L46—2D 61
Rossall Rd. Wid WA8—4B 98
Ross Av. Mor L46—1B 62
Rossclare Clo. Birk L43—2B 82
Ross Clo. WA5—2A 148
Ross Clo. Kno L34—3D 35
Rossendale Clo. Birk L43—3C 83
Rossendale Dri. WA3—2C 145
Rossett Av. L17—1C 89
Rossett Clo. WA5—1B 148
Rossett Rd. Cro L23—1B 16
Rossett St. L6—4B 46
Rossini St. Cro L21—1B 28
Rosslyn Av. Mag L31—1A 10
Rosslyn Cres. Mor L46—3C 61
Rosslyn Dri. Mor L46—3C 61
Rosslyn Pk. Mor L46—4C 61
Rosslyn St. L17—3A 88
Rossmore Gdns. L4—2A 46
Ross St. St H WA9—2B 38
Ross St. Wid WA8—1A 120
Ross Tower Ct. Wal L45—1B 42
Rostherne Av. Wal L44—1A 64
Rostherne Clo. WA5—1A 156
Rostherne Cres. Wid WA8—4B 96
Rosthwaite Gro. St H WA11—2C 27
Rosthwaite Rd. L12—3A 48
Roswell Ct. Kno L28—2A 50
Rothay Dri. WA5—2A 154
Rothbury Clo. Mor L46—3B 60
Rothbury Clo. Run WA7—1A 138
Rothbury Rd. L14—3D 49
Rotherwood Clo. Beb L63—3B 106
Rothesay Clo. Run WA7—2D 133
Rothesay Dri. Cro L23—1C 17
Rothesay Dri. Cro L23—1C 17
Rothesay Sq. L5—4C 45
Rothwells La. Thor L23—2A 8
Rotunda St. L5—3C 45
Roughdale Av. Kir L32—4D 23
Roughdale St H WA9—4A 46
Roughdale Clo. Kir L32—4D 23
Roughley Av. WA5—1A 156
Roughsedge Hey. Kno L28—2A 50
Roughsedge Ho. Kno L28—1A 50
Roughwood Dri. Kir L33—1D 23
Roundabout, The. Cron WA8—1B 96
Round Hey. Kno L28—1D 49
Round Meade, The. Mag L31
—3A & 4A 4
Roundwood Dri. St H WA9—4A 38
Routledge St. Wid WA8—1A 120
Rowan Av. L12—1C 49
Rowan Clo. WA5—3B 146
Rowan Clo. Hay WA11—1D 39
Rowan Clo. Run WA7—4A 132
Rowan Clo. St H WA11—4D 27
Rowan Ct. L17—4C 89
Rowan Dri. Kir L32—1B 22
Rowan Gro. Beb L63—4C 107
Rowan Gro. Huy L36—3B 72
Rowan Tree Rd. Gre L49—3A 80
Rowena Clo. Cro L23—4C 7
Rowland Clo. WA2—3C 143
Rowsley Gro. L9—4A 20
Rowson St. Pres L34—2C 53
Rowson St. Wal L45—1A to 2A 42
Roxburgh Av. L17—3B 88
Roxburgh Av. Birk L42—4C 85
Roxburgh St. Boo L20 & L4—4A 30
Royal Av. Wid WA8—1A 118
Royal Gro. St H WA10—1B 54

Royal Mail St. L3—2C 67
Royal Pl. Wid WA8—1A 118
Royal St. L4—2C 45
Royden Av. Wal L44—3B 42
Royden Rd. Upt L49—1C 81
Royden St. L8—3D 87
Royden Way. L3—3C 87
Royle St. St H WA9—2C 57
Royston Av. WA1—3C 151
Royston Rd. Wal L44—4B 42
Royston St. L7—2A 68
Royton Clo. Hal L26—3D 115
Royton Rd. Cro L22—2C 17
Rozel Cres. WA5—1D 155
Rubbing Stone. Cal L48—3B 100
Rudd Av. St H WA9—4D 39
Rudd St. Hoy L47—4A 58
Rudgate. Whis L35—2C 75
Rudgrave Clo. Birk L43—2B 82
Rudgrave Pl. Wal L44—4B 42
Rudgrave Sq. Wal L44—4B 42
Rudley Wlk. L24—2D 129
Rudloe Ct. WA2—1B 150
Rudston Rd. L16—4B 70
Rudyard Clo. L14—1B 70
Rudyard Rd. L14—1B 70
Rufford Av. Mag L31—3C 5
Rufford Clo. Ain L10—3D 21
Rufford Rd. WA1—2A 152
Rufford Rd. L6—1B 68
Rufford Rd. Boo L20—1D 29
Rufford Rd. Wal L44—1A 64
Rufford Way. St H WA11—1C 39
Rugby Dri. Ain L10—2C 21
Rugby Rd. L9—3A 20
Rugby Rd. Wal L44—4D 41
Ruislip Clo. L25—4B 92
Ruislip Ct. WA2—1B 150
Rullerton Rd. Wal L44—4D 41
Rumford Pl. L3—2A 66
Rumford St. L2—2B 66
Rumney Pl. L4—1C 45
Rumney Rd. L4—1C 45
Rumney Rd. W. L4—1B 44
Runcorn Dock Rd. Run WA7—2C 131
Runcorn Rd. Moo WA4—1C 135
Runcorn Spur Rd. Run WA7—2A 132
Runcorn St. L1—3B 66
Rundle Rd. L17—4C 89
Rundle St. Birk L41—3D 63
Runic St. L13—2D 69
Runnell's La. Cro & Sef L23—3A 8
Runnymede. WA1—3A 152
Runnymede. Huy L36—4B 50
Runnymede Clo. L25—3A 92
Runnymede Dri. Hay WA11—1D 39
Runton Rd. L25—1B 92
Rupert Dri. Huy L36—1B 72
Rupert Row. Run WA7—3D 133
Ruscolm Clo. WA5—3A 146
Ruscombe Rd. L14—3D 49
Rushden Rd. Kir L32—2D 23
Rushey Hey Rd. Kir L32—2C 23
Rushfield Cres. Run WA7—2C 139
Rushmere Rd. L11—4B 32
Rushmore Gro. WA1—3C 151
Rusholme Clo. Hal L26—3D 115
Rushton Pl. L25—4D 91
Rushtons Wlk. Orr L30—4B 8
Ruskin Av. WA2—1D 149
Ruskin Av. Birk L42—4D 85
Ruskin Av. Wal L44—1A 64
Ruskin Dri. St H WA10—2B 36
Ruskin St. L4—1C 45
Ruskin Way. Huy L36—3C 73
Rusland Av. Pen L61—1B 122
Rusland Rd. Kir L32—3C 23
Russell Ct. Wid WA8—3A 98
Russell Pl. L3—2C 67
Russell Rd. L19—3B 112
Russell Rd. L18—1D 89
Russell Rd. L19—3B 112
Russell Rd. Birk L42—4D 85
(in two parts)
Russell Rd. Huy L36—2A 74
Russell Rd. Run WA7—3C 131
Russell Rd. Wal L44—4C 41
Russell St. L3—2C 67

Russel St. Birk L41—4C 65
Russian Av L13—4D 47
Russian Dri. L13—4D 47
Rutherford Rd. L18—1A 90
Rutherford Rd. Mag L31—1C 11
Rutherford Rd. Win WA10—1A 63
Rutherglen Av Cro L23—2D 17
Ruth Evans Ct. Rain L35—4D 53
Ruthin Wlk. L6—1A 68
Ruthven Rd. L13—2A 70
Ruthven Rd. Lith L21—4A 18
Rutland Av L17—1C 89
Rutland Av. WA4—4D 157
Rutland Av. Hal L26—1D 115
Rutland Clo. L5—3D 45
Rutland St. Boo L20—2D 29
Rutland St. Run WA7—2D 131
Rutland St. H W WA10—1D 37
Rutland Way. Huy L36—1A 74
Rutter Av. WA5—1B 148
Rutter St. L8—2C 87
Rycot Rd. L24—4A 114
Rycroft Rd. L10—4C 21
Rycroft Rd. Hoy L47—4C 59
Rycroft Rd. Wal L44—1B 64
Rydal Av. WA4—2C 157
Rydal Av. Birk L43—1B 82
Rydal Av. Cro L23—1D 17
Rydal Av. Pres L34—3C 53
Rydal Bank. Beb L63—2D 107
Rydal Bank. Wal L44—4B 42
Rydal Clo. Ain L10—2C 21
Rydal Clo. Kir L33—4B 12
Rydal Clo. Pen L61—1B 122
Rydal Gro. Run WA7—4A 132
Rydal Gro. St H WA11—4B 26
Rydal Rd. Huy L36—2C 73
Rydal St. L5—3A 46
Rydal St. Lith L21—1D 29
Rydal Way. Wid WA8—1B 118
Ryder Clo. Whis L35—4D 53
Ryder Rd. WA1—2A 152
Ryder Rd. Wid WA8—2A 98
Ryecote. Kir L32—4C 23
Rye Croft. Lith L21—1A 18
Ryecroft Rd. Barn L60—4D 123
Ryefield La. Lith L21—1A 18
Ryegate Rd. L19—2A 112
Rye Hey Rd. Kir L32—2C 23
Ryland Pk. Thing L61—4D 103
Rylands Hey. Gre L49—3B 80
Rylands St. WA1—4D 149
Rylands St. Wid WA8—1A 120
Rymer Gro. L4—4B 30
Ryton Rd. Kir L32—2B 22

Sabre Clo. Run WA7—4C 135
Sackville Rd. Win WA10—1B 36
Saddlers Rise. Run WA7—3B 134
Sadler St. Wid WA8—1B 120
Saffron Clo. WA2—1D 151
Saffron M. Cro L23—3A 8
Sage Clo. WA2—1D 151
St Agnes Rd. L4—1B 84
St Agnes Rd. Huy L36—2C 73
St Aidan's Ct. Birk L43—1D 83
St Aidan's Ter Birk L43—1D 83
St Aidan's Way. Orr L30—4C 9
St Alban Rd. WA5—4B 146
St Albans. L6—4A 46
St Alban's Rd. Birk L43—1D 83
St Alban's Rd. Boo L20—3D 29
St Albans Rd. Wal L44—4A 42
St Alban's Sq. Boo L20—2D 29
St Ambrose Croft. Orr L30—4C 9
St Ambrose Rd. L4—3A 46
St Ambrose Rd. Wid WA8—1B 120
St Ambrose Way. L5—1C 67
St Andrew Rd. L4—3A 46
St Andrews Clo. WA2—3C 143
St Andrews Ct. Cro. L22—3C 17
St Andrew's Dri. Cro L23—2A 6
St Andrew's Gro. Orr L30—1B 18
St Andrew's Gro. St H WA11—4C 27
St Andrew's Rd. Birk L43—1A 84
St Andrew's Rd. Boo L20—1D 29
St Andrew's Rd. Cro L23—2A 6

St Andrew's Rd. Poul & Beb L63
                    —1B 124
St Andrew St. L3—2C 67
St Anne Gro. Birk L41—4B 64
St Anne Pl. Birk L41—4B 64
St Anne's Av. WA4—2D 159
St Anne's Av. E. WA4—3D 159
St Anne's Clo. Birk L41—4C 65
St Anne's Ct. L17—1C 111
St Anne's Cres. L17—1D 111
St Anne's Gdns. L17—1C 111
St Anne's Gro. L17—1C 111
St Anne's Ho. Boo L20—3D 29
St Anne's Rd. L17—1C 111
St Anne's Rd. Huy L36—2C 73
St Anne's Rd. Wid WA8—4A 98
St Anne St. L3—1C 67
St Anne St. Birk L41—4B 64
 (in three parts)
St Anne's Way. Birk L41—4B 64
St Anne Ter. Birk L41—4B 64
St Ann Pl. Rain L35—4B 54
St Ann's Rd. St H WA10—3B 36
St Anthony's Gro. Orr L30—1B 18
St Anthony's Pl. L5—4C 45
St Anthony's Rd. Cro L23—4A 6
St Asaph Gro. Orr L30—2D 19
St Augustine's Av. WA4—1B 158
St Augustine St. L5—4B 44
St Augustine's Way. Orr L30—4C 9
St Austell Clo. WA5—1B 154
St Austell Clo. Run WA7—1C 139
St Austells Rd. L4—4A 30
St Austins La. WA1—1C 157
St Barnabas Pl. WA5—4B 148
St Benedict's Pl. WA2—3D 149
St Benet's Way. Orr L30—1C 19
St Bernards Clo. L8—4A 68
St Bernard's Clo. Orr L30—1B 18
St Bernard's Dri. Orr L30—1B 18
St Brides Clo. WA5—2B 154
St Bride's Rd. Wal L44—4B 42
St Bride St. L8—4D 67
St Bridget's Clo. WA2—4B 142
St Bridget's Gro. Orr L30—1B 18
St Bridget's La. W Kir L48—1A 100
St Brigids Cres. L5—4B 44
St Catherine's Rd. Boo L20—3D 29
St Catherines Way. WA1—4A 150
St Chad's Dri. Kir L32—2C 23
St Chad's Pde. Kir L32—2C 23
St Christopher's Av. Orr L30—4B 8
St Chrysostom's Way. L6—4D 45
St Clare Rd. L15—4C 69 ·
St Columa's Clo. Wal L44—4B 42
St Columbia's Clo. Wal L44—4B 42
St Cuthberts Clo. L12—3A 34
St Damian's Croft. Orr L30—1C 19
St David Clo. Rain L35—1B 76
St David Rd. Birk L43—1D 83
St David's Clo. Birk L43—1C 83
St David's Dri. WA5—1B 148
St David's Gro. Orr L30—1B 18
St David's La. Birk L43—1C 83
St David's Rd. L4—3A 46
St David's Rd. Huy L14—3A 50
St Domingo Gro. L5—3D 45
St Domingo Rd. L5—2C 45
St Domingo Vale. L5—3D 45
St Dunstan's Gro. Orr L30—1B 18
St Edmond's Rd. Boo L20—3D 29
St Edmunds Rd. Beb L63—4D 107
St Elmo Rd. Wal L44—4B 42
St Elphins Clo. WA1—4A 150
St Gabriel's Av. Huy L36—2D 73
St George's Av. Birk L42—4C 85
St George's Av. Win WA10—1B 36
St Georges Ct. Wid WA8—1B 118
St Georges Ct. Wid WA8—1B 118
St George's Gro. Mor L46—3C 61
St George's Gro. Orr L30—1B 18
St George's Hill. L5—4C 45
St George's Mt. Wal L45—1A 42
St George's Pk. Wal L45—1A 42
St George's Pl. L1—2C 67
St George's Rd. Huy L36—3C 51
St George's Rd. St H WA10—4B 36
St George's Rd. Wal L45—3C 41

St Gerard Clo L5—3B 44
St Gregory's Croft. Orr L30—4C 9
St Helens Rd. Pres, Ecc & St H L34 &
                  WA10—2C 53 to 1A 54
St Hilary Brow. Wal L44—4D 41
St Hilary Dri. Wal L44—4D 41
St Hugh's Ho. Boo L20—3D 29
St Ives Ct. Birk L43—4D 63
St Ives Gro. L13—1D 69
St Ives Rd. Birk L43—1D 83
St Ives Way. Hal L26—1C 115
St James' Clo L12—3A 48
St James Ct. Wal L45—1A 42
St James Mt. Rain L35—2B 76
St James Pl. L8—1C 67
St James Rd. L1—4C 67
 (in two parts)
St James Rd. Birk L41—3D 63
St James' Rd. Ecc & Pres L34
                          —2C to 3C 53
St James Rd. Huy L36—3C 73
St James Rd. Rain L35—2B 76
St James Rd. Wal L45—1A 42
St James's Dri. Boo L20—2C 29
St James St. L1—4C 67
St James Way. Orr L30—4C 9
St Jerome's Way. Orr L30—4C 9
St John Av. WA3—3D 157
St John's Av. L9—1B 30
St John's Brow Run WA7—2A 132
St John's Clo. Hoy L47—3C 59
St John's Ct. Cro L22—2B 16
St John's Ho. Boo L20—3D 29
St John's La. L1—2C 67
St John's Pavement. Birk L41—1B 84
St John's Pl. Cro L22—2B 16
St John's Precinct. L1—2C 67
St John's Rd. Boo L20—4C 29
St John's Rd. Cro L22—2C 17
St John's Rd. Huy L36—3C 73
St John's Rd. Wal L45—3C 41
St John's Sq. Birk L41—1C 85
St John's St. Birk L41—1C 85
St John's St. Run WA7—2A 132
St John's Ter. Boo L20—4C 29
St John St. St H WA10—1C 55
St Joseph's Clo. WA5—4B 146
St Josephs Cres. L3—1C 67
St Kilda's Rd. Mor L46—4C 61
St Lawrence Clo. L8—2D 87
St Leonard's Clo. Orr L30—4B 8
St Lucia Rd. Wal L44—4A 42
St Luke Cres. Wid WA8—2A 98
St Luke's Gro. Orr L30—4B 8
St Luke's Rd. Cro L23—4C 7
St Lukes Rd. St H WA10—3B 36
St Margaret's Av. WA2—1A 150
St Margaret's Gro. Orr L30—1B 18
St Margaret's Rd. Hoy L47—1A 78
St Mark's Gro. Orr L30—4B 8
St Mark's Rd. Huy L36—2C 73
St Mark's St. Hay WA11—1D 39
St Martin's Ho. Boo L20—3D 29
St Martin's La. Run WA7—1D 139
St Martin's Mkt. L5—4C 45
St Mary's Arc. St H WA10—3D 37
St Mary's Av. L4—4B 30
St Mary's Av. Bill WN5—1D 27
St Mary's Av. Wal L44—4A 42
St Mary's Clo. WA4—1A 162
St Mary's Clo. Hale L24—3A 130
St Mary's Ct. L25—4D 91
St Mary's Ga. Birk L41—1D 85
St Mary's Gro. L4—4B 30
St Mary's Gro. Orr L30—1B 18
St Mary's Ho. St H WA10—3D 37
St Mary's La. L4—4B 30
St Mary's Mkt. St H WA10—3D 37
St Mary's Pl. L4—4B 30
St Mary's Rd. L19—2A 112
St Mary's Rd. WA5—4B 146
St Mary's Rd. Cro L22—3D 17
St Mary's Rd. Huy L36—2C 73
St Mary's Rd. Run WA7—3D 133
St Mary's Rd. Wid WA8—4D 119
St Mary's St. L25—4D 91
St Mary's St. WA4—1D 157
St Mary's St. Wal L44—4A 42

St Matthew's Av. Lith L21—3B 18
St Matthews Clo. WA4—1A 162
St Matthew's Gro. St H WA10—1B 54
St Mawe's Clo. Wid WA8—4C 97
St Mawes Way. Win WA10—1A 36
St Mawgan Ct. WA2—1B 150
St Michael's Church Rd. L17—4A 88
St Michael's Clo. L17—4B 88
St Michael's Clo. Wid WA8—3B 118
St Michael's Gro. Mor L46—3C 61
St Michael's Gro. Orr L30—2D 19
St Michael's Ind. Est. Wid WA8
    —3A 118
St Michael's Rd. L17—3A 88
St Michael's Rd. Cro L23—3A 6
St Michael's Rd. Wid WA8—2B 118
St Monica's Clo. WA4—4A 158
St Monica's Dri. Orr L30—4C 9
St Nathaniels St. L8—4A 68
St Nicholas' Dri. Orr L30—4C 9
St Nicholas Gro. St H WA9—2B 56
St Nicholas Pl. L3—2A 66
(in two parts)
St Nicholas' Rd. Wal L45—3B 40
St Nicholas Rd. Whis L35—3B 74
St Oswald Gdns. L13—1D 69
St Oswald's Av. Birk L43—3B 62
St Oswald's Ct. Orr L30—1D 19
St Oswald's La. Orr L30—1C 19
St Oswald's M. Birk L43—4B 62
St Oswald's St. L13—2D 69
St Patrick's Dri. Orr L30—4B 8
St Paul's Av. Wal L44—2C 65
St Paul's Clo. Birk L42—4C 85
St Pauls Pl. Boo L20—3D 29
St Paul's Rd. Birk L42—4D & 3D 85
St Paul's Rd. Wal L44—2C 65
St Paul's Rd. Wid WA8—2D 119
St Paul's Sq. L3—2A 66
St Paul St. St H WA10—3C 37
St Paul's Vs. Birk L42—4C 85
St Peter's Clo. Hes L60—4B 122
St Peter's Ct. Birk L42—1A 108
St Peter's Ho. Boo L20—4D 29
St Peter's M. Birk L42—1A 108
St Peter's Rd. L9—4B 20
St Peter's Rd. Birk L42—1A 108
St Peter's Way. WA2—3D 149
St Peter's Way. Birk L43—2B 82
St Philip's Av. Lith L21—3B 18
St Saviour's Sq. L8—4D 67
St Seiriol Gro. Birk L43—1D 83
St Stephen Rd. WA5—4B 146
St Stephen's Av. WA2—4D 141
St Stephen's Clo. L25—2B 92
St Stephen's Ct. Birk L42—1A 106
St Stephen's Gro. Orr L30—1B 18
St Stephen's Pl. L3—1B 66
St Stephen's Rd. Birk L42—4A 84
St Teresa's Rd. St H WA10—3B 36
St Thomas's Dri. Orr L30—4B 8
St Thomas Rd. Birk L43—1D 83
St Vincent Rd. Birk L43—1D 83
St Vincent Rd. Wal L44—4B 42
St Vincents Clo. L12—3C 69
St Vincent's Rd. WA5—4B 146
St Vincent St. L3—2C 67
St Vincent Way. L3—2C 67
St Wilfrid's Dri. WA4—3D 159
St William Rd. Cro L23—3A 8
St William Way. Cro L23—3A 8
St Winifred Rd. Rain L35—4A 54
St Winifred Rd. Wal L45—2A 42
Saker Clo. L4—2D 45
Salacre Clo. Upt L49—2A 82
Salacre Cres. Upt L49—2D 81
Salacre La. Upt L49—2D 81
Salacre Ter. Upt L49—2D 81
Salcombe Dri. L25—2A 114
Salem View. Birk L43—3A 84
Salerno Dri. Huy L36—1C 73
Saleswood Av. Ecc WA10—3A 36
Salisbury Av. Orr L30—3D 19
Salisbury Av. W Kir L48—4A 78
Salisbury Dri. Beb L62—2A 108
Salisbury Ho. Boo L20—2C 29
Salisbury Ho. St H WA9—3A 38
Salisbury Pk. L16—1C 91

Salisbury Rd. L5—3D 45
Salisbury Rd. L9—3B 30
Salisbury Rd. L15—4B 68
Salisbury Rd. L19—3D 111
Salisbury Rd. Boo L20—2C 29
(in two parts)
Salisbury Rd. Wal L45—1A 42
Salisbury St. L3—1C & 1D 67
Salisbury St. WA1—3A 150
Salisbury St. Birk L41—1B 84
Salisbury St. Pres L34—2C 53
Salisbury St. Run WA7—3D 131
Salisbury St. Wid WA8—1A 120
Salisbury Ter. L15—3D 69
Salop St. L4—1C 45
Saltash Clo. Hal L26—1C 115
Saltash Clo. Run WA7—1C 139
Saltburn Rd. Wal L45—3B 40 & 3C 41
Salthouse Quay. L3—3B 66
Saltney St. L3—4A 44
Saltpit La. Mag L31—1C 11
Saltwood Dri. Run WA7—2C 139
Samaria Av. Beb L62—2B 108
Samuel St. WA5—1B 156
Samuel St. St H WA9—2B 54
Sandbeck St. L8—3C 87
Sandbrook La. Mor L46—3C 61
Sandbrook Rd. L25—4D 71
Sandcliffe Rd. Wal L45—1C 41
Sandeman Rd. L4—1B 46
Sanderling Rd. Kir L33—1D 23
Sanders Hey Clo. Run WA7—2C 139
Sanderson St. L5—4C 45
Sandfield. Huy L36—2B 72
Sandfield Av. Hoy L47—3B 58
Sandfield Clo. L12—4B 48
Sandfield Cres. St H WA10—3D 37
Sandfield Pk. Hes L60—4A 122
Sandfield Pk. E. L12—3B 48
Sandfield Pl. Boo L20—2C 29
Sandfield Rd. L25—3A 92
Sandfield Rd. Beb L63—3C 107
Sandfield Rd. Boo L20—3A 30
Sandfield Rd. Ecc WA10—1A 36
Sandfield Rd. Upt L49—4A 82
Sandfield Rd. Wal L45—2A 42
Sandfield Ter. Wal L45—2A 42
Sandfield Wlk. L12—4A 48
Sandford Dri. Mag L31—3B 4
Sandford St. Birk L41—4C 65
Sandforth Clo. L12—3A 48
Sandforth Rd. L12—3A 48
Sandgate Clo. L24—1A 128
Sandham Gro. Barn L60—4D 123
Sandham Rd. L24—1D 129
Sandhead St. L7—4B 68
Sandhey Rd. Hoy L47—3B 58
Sandheys Av. Cro L22—2B 16
Sandheys Clo. L4—2C 45
Sandheys Gro. Cro L22—2B 16
Sandheys Rd. Wal L45—2A 42
Sandheys Ter. Cro L22—2B 16
Sandhills La. L5—2A 44
Sandhill Ter. WA4—2A 158
Sandhurst Dri. Ain L10—1C 21
Sandhurst Rd. Rain L35—4A 54
Sandhurst St. L17—3A 88
Sandhurst St. WA4—2C 159
Sandhurst Way. Lyd L31—1A 4
Sandicroft Rd. L12—4A 34
Sandiway. Hoy L47—3B 58
Sandiway. Huy L36—3D 73
Sandiway. Whis L35—2B 74
Sandiway Av. Wid WA8—1D 117
Sandiways. Mag L31—4C 5
Sandiways Av. Orr L30—2D 19
Sandiways Rd. Wal L45—3C 41
Sandlea Pk. W Kir L48—4A 78
Sandon Clo. Rain L35—4A 54
Sandon Pl. Wid WA8—4C 99
Sandon Prom. Wal L4—4C 43
Sandon Rd. Wal L44—4C 43
Sandon St. L8—4D 67
Sandon St. Cro L22—3B 16
Sandon St. St H WA9—2B 54
Sandon Way. L5—3A 44
Sandown Clo. Run WA7—1C 137

Sandown La. L15—4D 69
Sandown Pk. Rd. Ain L10—1C 21
Sandown Rd. L15—3D 69
Sandown Rd. Cro L21—4D 17
Sandpiper Clo. Upt L49—1B 80
Sandridge Rd. Pen L61—4D 103
Sandridge Rd. Wal L45—2A 42
Sandringham Av. Cro L22—3C 17
Sandringham Av. Hoy L47—4B 58
Sandringham Clo. Beb L62—2A 108
Sandringham Clo. Hoy L47—4B 58
Sandringham Dri. L17—3A 88
Sandringham Dri. WA5—1D 155
Sandringham Dri. St H WA9—3A 56
Sandringham Dri. Wal L45—1A 42
Sandringham Rd. L13—3C 47
Sandringham Rd. Cro L22—3C 17
Sandringham Rd. Mag L31—1B 10
Sandringham Rd. Wid WA8—3D 97
Sandrock Rd. Wal L45—2A 42
Sands of Dee. Cal L48—3C 101
Sands Rd. L18—3D 89
Sandstone Clo. Rain L35—2B 76
Sandstone Dri. Gra L48—4C 79
Sandstone Rd. L13—4D 47
Sandstone Wlk. Gay L60—4C 123
Sandway Cres. L11—4C 33
Sandy Brow La. Kir L33—4C 25
Sandy Grn. L9—1D 31
Sandy Gro. L13—3D 47
Sandy La. L9—4A 20
Sandy La. L13—3D 47
Sandy La. WA2—4D 141 to 1A 150
Sandy La. WA4—4A 158
Sandy La. WA5—1C 155
Sandy La. Bold WA8 & WA5—1D 99
Sandy La. Cron & Wid WA8—2B 96
Sandy La. Hes L60—3B 122
Sandy La. Irby L61—1B to 3B 102
Sandy La. Lyd L31—1A 4
Sandy La. Mell L31—3D 11
Sandy La. Run WA7—1A 140
(Preston Brook)
Sandy La. Run WA7—4B 130
(Weston Point)
Sandy La. St H WA11—3A 26
Sandy La. Wal L45—3C 41
Sandy La. W Kir L48—1A 100
Sandy La. W. WA2—4C 141
Sandymoor. Run WA7—2B 134
Sandymoor Dri. Beb L63—4D 107
Sandymoor Dri. Wal L45—2D 41
Sandy Rd. Cro L21—3D 17
Sandyville Gro. L4—1C 47
Sandyville Rd. L4—1C 47
Sandy Way. Birk L43—1D 83
Sankey La. Hay WA11—1C 39
Sankey Rd. Mag L31—2B 10
Sankey St. L1—4C 67
Sankey St. WA1—4C 149
Sankey St. St H WA9—3B 38
Sankey St. Wid WA8—3D 119
Sankey Way. WA5—4C 147 to 4B 148
Santon Av. L13—3C 47
Sapphire St. L13—2D 69
Sarah's Croft. Orr L30—1C 19
Sarah St. L6—4D 45
Sark Rd. L13—4D 47
Sarum Rd. L25—4D 71
Saughall Massie Rd. Gre L48—3B 78
Saughall Massie Rd. Upt L49—1B 80
Saughall Rd. Mor L46—4B 60
Saunby St. L19—4B 112
Saunders Av. Pres L35—1B 74
Saundersfoot Clo. WA5—1B 148
Saville Av. WA5—2C 149
Saville Rd. L13—2A 70
Saville Rd. Lyd L31—3B 4
Savoy Ct. Cro L22—3C 17
Sawley Clo. Run WA7—4C 135
Sawpit La. Huy L36—2D 73
Saxby Rd. Huy L14—3D 49
Saxon Clo. L6—4A 46
Saxon Ct. St H WA10—2C 37
Saxonia Rd. L4—4C 31
Saxon Rd. Cro L23—1C 17
Saxon Rd. Hoy L47—3B 58

Saxon Rd. Mor L46—2D 61
Saxon Rd. Run WA7—2A 132
Saxon Ter. Wid WA8—1A 120
Saxon Way. Kir L33—2C 13
Saxony Rd. L7—2A 68
Sayce St. Wid WA8—1A 120
Scafell Av. WA2—4D 141
Scafell Clo. L27—3A 94
Scafell St H WA11—3B 26
Scafell Wlk. L27—3D 93
Scape La. Cro L23—3C 7
Scargreen Av. L11—3B 32
Scarisbrick Av. Lith L21—4A 18
Scarisbrick Clo. Mag L31—3C 5
Scarisbrick Cres. L11—3A 32
Scarisbrick Dri. L11—3A 32
Scarisbrick Pl. L11—3A 32
Scarisbrick Rd. L11—3D 31
Scarsdale Rd. L11—4B 32
Sceptre Rd. L7—4B 68
Sceptre Wlk. L11—3D 33
Scholar St. L7—4B 68
Scholes La. St H WA10 & WA9—2A 54
Scholes Pk. St H WA10—2A 54
Schomberg St. L6—1A 68
School Brow. WA1—4D 149
School Clo. Mor L46—2C 61
Schoolfield Clo. Upt L49—4A 42
Schoolfield Rd. Upt L49—4A 82
School Hill. Hes L60—4B 122
School La. L1—3B 66
School La. L25—2A 114
School La. WA3—2D 145
School La. Ain L10—1C 21
School La. Beb L62—2A 108
School La. Birk L43—2B 62
School La. Cro L21—4A 18
School La. Hoy L47—3C 59
  (Great Meols)
School La. Hoy L47—4A 58
  (Hoylake)
School La. Huy L36—2D 73
School La. Kno L38—1B 34
School La. Lith L21—3A 18
School La. Mag L31—4D 5
School La. Mell L31—3D 11
School La. Rain L35—3C 77
School La. Thur L61—3A 102
School La. Wal L44—4C 41
School Pl. Birk L41—4B 64
School Rd. WA2—1A 150
School St. WA4—1D 157
School St. Hay WA11—1D 39
School Way. L24—1A 128
School Way. Wid WA8—3B 98
Schooner Clo. Run WA7—1D 139
Scone Clo. L11—3D 33
Score La. L16—3B 70 to 4D 71
Scoresby Rd. Mor L46—1A 62
Score The. St H WA9—3D 55
Scorton St. L6—4B 46
Scotchbarn La. Pres & Whis L34 & L35
  —3C 53
Scoter Rd. Kir L33—1C 23
Scotia Av. Beb L62—2B 108
Scotia Rd. L13—4A 48
Scotland Rd. L3 & L5—1B 66
Scotland Rd. WA1—4D 149
Scots Pl. Birk L41—4D 63
Scott Av. Huy L36—3D 73
Scott Av. St H WA9—1D 77
Scott Av. Wid WA8—1D 119
Scott Clo. L4—2D 45
Scott Clo. Mag L31—4C 5
Scott St. WA2—3D 149
Scott St. Boo L20—2C 29
Scott St. Wal L45—3A 42
Scythes, The. Gre L49—2B 80
Scythes, The. Neth L30—4A 10
Scythia Clo. Beb L62—2B 108
Seabank Av. Wal L44—3B 42
Seabank Cotts. Hoy L47—2C 59
Seabank Rd. Hes L60—4A 122
Seabank Rd. Wal L45 & L44
  —2A to 4B 42
Sea Brow. L1—3B 66

Seabury St. WA4—1C 159
Seacombe Prom. Wal L44—1C 65
Seacombe Tower. L5—3C 45
Seacroft Clo. L14—3D 49
Seafield Av. Cro L23—4C 7
Seafield Dri. Wal L45—2D 41
Seafield Rd. L9—1B 30
Seafield Rd. Beb L62—1A 108
Seafield Rd. Boo L20—2C 29
Seaford Pl. WA2—3C 141
Seaforth Dri. Mor L46—4C 61
Seaforth Rd. Cro L21—1B 28
Seaforth Vale N. Cro L21—4D 17
Seaforth Vale. W. Cro L21—4D 17
Sea La. Run WA7—2C 133
Sealy Clo. Poul L63—3B 124
Seaman Rd. L15—4C 69
Sea Rd. Wal L45—1D 41
Seascale Av. St H WA10—1A 54
Seath Av. St H WA9—2C 39
Seathwaite Clo. Cro L23—1A 6
Seathwaite Clo. Run WA7—2A 138
Seathwaite Cres. Kir L33—4B 12
Seaton Gro. St H WA9—3B 54
Seaton Rd. Birk L42—2B 84
Seaton Rd. Wal L45—2A 42
Sea View. Hoy L47—4A 58
Seaview Av. Irby L61—3C 103
Seaview Av. Wal L45—4A 42
Seaview La. Irby L61—3B 102
Sea View Rd. Boo L20—2C 29
Sea View Rd. Wal L45—3D 41
Seaview Ter. Cro L22—2B 16
Seawood Av. Mor L46—4D 61
Secker Av. WA4—2A 158
Secker Cres. WA4—2A 158
Second Av. L9—4B 20
Second Av. Birk L43—1A 82
Second Av. Cro L23—4C 7
Second Av. Rain L35—4A 54
Second Av. Run WA7—4C 133
Sedbergh Gro. Huy L36—1A 72
Sedbergh Gro. Ain L10—1B 20
Sedbergh Gro. Run WA7—2A 138
Sedburn Rd. Kir L32—4D 23
Seddon Dri. L19—3A 112
Seddon Rd. St H WA10—1A 54
Seddons Ct. Pres L34—2B 52
Seddon St. L1—3B 66
Seddon St. St H WA10—4B 26
Sedgefield Clo. Mor L46—3D 61
Sedgefield Rd. Mor L46—3D 61
Sedgemoor Rd. L11—3A 32
Sedley St. L6—3A 46
Seeds La. L9—3B 20
Seeley Av. Birk L41—4D 63
Seel Rd. Huy L36—2D 73
Seel St. L1—3B 66
Sefton Av. Lith L21—4A 18
Sefton Av. Wid WA8—3D 97
Sefton Clo. Kir L32—1A 22
Sefton Dri. L8—1A 88
Sefton Dri. Ain L10—2C 21
Sefton Dri. Kir L32—1B 22
Sefton Dri. Mag L31—1A 10
Sefton Dri. Thor L23—2A 8
Sefton Gro. L17—3B 88
Sefton La. Mag L31—1A 10
Sefton La. Ind. Est. Mag L31—1A 10
Sefton Mill La. Sef L29—2D 9
Sefton Moss La. Orr L30—1C 19
Sefton Moss Vs. Lith L21—3A 18
Sefton Pk. Rd. L8—1A 88
Sefton Pl. St H WA10—3D 37
Sefton Rd. L9—2B 30
Sefton Rd. Beb L62—2A 108
Sefton Rd. Birk L42—1D 107
Sefton Rd. Boo L20—1D 29
Sefton Rd. Lith L21—3A 18
Sefton Rd. Wal L45—2A 42
Sefton St. L8—1B 86
Sefton St. Lith L21—4A 18
Sefton View. Cro L23—4D 7
Sefton View. Lith L21—3A 18
Seiont Ter. L8—2D 87

Selborne. Whis L35—2D 75
Selborne Clo. L8—4D 67
Selborne St. L8—4D 67
Selbourne Clo. Upt L49—3A 82
Selby Clo. St H WA10—4B 36
Selby Rd. L9—4D 19
Selby St. WA5—4B 148
Selby St. Wal L45—3A 42
Seldon St. L6—1A 68
Selina Rd. L4—4A 30
Selkirk Av. WA4—2C 159
Selkirk Dri. Ecc WA10—1A 36
Selkirk Rd. L13—1D 69
Sellar St. L4—2C 45
Selsdon Rd. Cro L22—1B 16
Selsey Clo. L7—3A 68
Selside Rd. L27—3D 93
Selside Wlk. L27—3D 93
Selston Clo. Poul L63—2B 124
Selworthy Dri. WA4—2A 160
Selworthy Grn. L16—1C 91
Selwyn Clo. Wid WA8—3C 99
Selwyn St. L4—4A 30
Seneschal Sq. Run WA7—1A 138
Sennen Clo. Run WA7—2C 139
Sennen Rd. Kir L32—3D 23
September Rd. L6—3B 46
Sergrim Rd. Huy L36—1B 72
Serpentine N., The. Cro L23—3A 6
Serpentine Rd. Wal L44—4B 42
Serpentine S., The. Cro L23—4A 6
Serpentine, The. L19—2D 111
Serpentine, The. Cro L23—4A 6
Servia Rd. Lith L21—4A 18
Servite Clo. Cro L22—2B 16
Servite Ct. L25—1B 114
Sessions Rd. L4—2C 45
Seth Powell Way. Kno & Huy L36
  —3B 50
Settrington Rd. L11—4B 32
Seven Acre Rd. Cro L23—4A 8
Seven Acres La. Thing L61—3A 104
Seventh Av. L9—4B 20
Seventh Av. Birk L43—4A 62
Seventh Av. Run WA7—4C 133
Severn Clo. WA2—4D 140
Severn Clo. Bill WN5—1D 27
Severn Clo. St H WA8—3C 56
Severn Clo. Wid WA8—3C 99
Severn Rd. Kir L33—3D 13
Severn Rd. Rain L35—1A 76
Severn St. L5—3D 45
Severn St. Birk L41—3D 63
Severs St. L6—4A 46
Sewell St. Pres L34—3B 52
Sextant Clo. Run WA7—1D 139
Sexton Way. Huy L14—2C 71
Seymour Ct. Birk L42—3C 85
Seymour Ct. Run WA7—1B 134
Seymour Dri. WA1—2C 151
Seymour Dri. Lyd L31—3C 5
Seymour Pl. E. Wal L45—1A 42
Seymour Pl. W. Wal L45—1A 42
Seymour Rd. L14—2B 70
Seymour Rd. Lith L21—4A 18
Seymour St. L3—2C 67
Seymour St. Birk L42—3C 85
Seymour St. Boo L20—4C 29
Seymour St. St H WA9—2C 57
Seymour St. Wal L45—1A 42
Shacklady Rd. Kir L33—4D 13
Shackleton Rd. Mor L46—4A 40
Shadewood Cres. WA4—3D 159
Shadwell Clo. L5—3A 44
Shadwell St. L5—3A 44
Shaftesbury Av. WA5—2B 154
Shaftesbury Rd. Cro L23—4B 6
Shaftesbury St. L8—1C 87
Shaftesbury Ter. L13—1D 69
Shakespeare Av. Birk L42—4D 85
Shakespeare Gro. WA2
  —4D 141 & 1D 149
Shakespeare Rd. St H WA9—1D 77
Shakespeare Rd. Wal L44—2B 64
Shakespeare Rd. Wid WA8—1D 119
Shakespeare St. L19—4B 112
  (in two parts)
Shakespeare St. Boo L20—2C 29
Shakspeare Clo. L6—4A 46

Shaldon Clo. Kir L32—3D 23
Shaldon Rd. Kir L32—4D 23
Shaldon Wlk. Kir L32—3D 23
Shalford Gro. Gra L48—4C 79
Shalicross St. L6—4A 46
Shallmarsh Clo. Beb L63—4B 106
Shallmarsh Ct. Beb L63—4B 106
Shallmarsh Rd. Beb L63—3B 106
Shamrock Rd. Birk L41—4D 63
Shand St. L19—4B 112
Shanklin Rd. L15—3D 69
Shard Clo. L11—2C 33
Sharon Pk. Clo. WA4—3A 160
Sharples Cres. Cro L23—4D 7
Sharp St. WA2—3D 149
Sharp St. Wid WA8—1D 119
Shavington Av. Birk L43—3D 83
Shawbury Av. Beb L63—3C 107
Shawell Ct. Wid WA8—4C 99
Shaw Entry. Whis L35—3D 75
Shaw La. Gre L49—4B 80
Shaw La. Pres & Whis L35—4B 52
Shaw Rd. L24—4B 114
Shaws All. L1—3B 66
Shaw's Av. WA2—2D 149
Shaws Dri. Hoy L47—3B 58
Shaw St. L6—1D 67
Shaw St. WA2—3D 149
Shaw St. Birk L41—2B 84
Shaw St. Hoy L47—4A 58
Shaw St. Run WA7—2D 131
(in two parts)
Shaw St. St H WA10—3A 38
Shawton Rd. L16—3B 70
Shearman Clo. Pen L61—4D 103
Shearman Rd. Pen L61—4D 103
Shearwater Clo. L27—2C 93
Sheen Rd. Wal L45—2B 42
Sheerwater Clo. WA1—2B 150
Sheffield Clo. WA5—4D 147
Sheila Wlk. Kir L10—4A 22
Sheil Pl. L6—1B 68
Sheil Rd. L6—4B 46
Shelagh Av. Wid WA8—1A 120
Sheldon Clo. Poul L63—3B 124
Sheldon Rd. L12—1C 49
Shelley Clo. Huy L36—3D 73
Shelley Gro. L19—4B 112
Shelley Gro. WA4—1C 159
Shelley Pl. Whis L35—1C 75
Shelley Rd. Wid WA8—4D 97
Shelley St. Boo L20—2C 29
Shelley St. St H WA9—2D 77
Shelley Way. W Kir L48—2A 100
Shellingford Rd. L14—4D 49
Shelton Clo. Wid WA8—3C 99
Shelton Rd. Wal WA5—3D 41
Shenley Clo. Beb L63—3D 107
Shenley Rd. L15—3B 70
Shenstone St. L7—3A 68
Shenton Av. St H WA11—4D 27
Shepcroft La. WA4—4A 162
Shepherd Clo. Gre L49—2B 80
Shepherds Row. Run WA7—2D 133
Shepherd St. L6—2D 67
Sheppard Av. Huy L14—3A 72
Shepston Av. L4—4B 30
Shepton Rd. Huy L36—3B 50
Sherborne Av. L25—1B 114
Sherborne Av. Orr L30—4C 9
Sherborne Rd. Wal L44—4D 41
Sherburn Clo. L9—3B 20
Sherdley Pk. Dri. St H WA9—2A 56
Sherdley Rd. St H WA9—2D 55
Sheridan St. L5—4C 45
Sheriff Clo. L5—4C 45
Sheringham Clo. Upt L49—4A 62
Sheringham Rd. WA5—4B 146
Sherlock La. Wal L44—2A 64
Sherlock St. L5—2D 45
Sherman Dri. Rain L35—2C 77
Sherry Ct. L17—1C 89
Sherry La. Upt L49—4A 82
Sherwood Av. Cro L23—3B 6
Sherwood Av. Irby L61—3B 102
Sherwood Clo. Wid WA8—1B 118
Sherwood Dri. Beb L63—2C 107
Sherwood Gro. Hoy L47—4D 59

Sherwood Rd. Cro L23—3B 6
Sherwood Rd. Hoy L47—4D 59
Sherwood Rd. Wal L44—1B 64
Sherwood's La. Ain L10—3C 21
Sherwood St. L3—4A 44
Sherwyn Rd. L4—2B 46
Shetland Clo. WA3—3B 142
Shetland Clo. Wid WA8—4C 99
Shetland Dri. Beb L62—3D 125
Shevington Clo. St H WA9—3C 99
Shevingtons La. Kir L33—3C 13
Shevington Wlk. Wid WA8—3C 99
Shewell Clo. Birk L42—2C 85
Shiel Rd. Wal L45—2A 42
Shiggins Clo. Wid WA8—1A 118
Shimmin Rd. L7—3A 68
Shimuin Gdns. St H WA9—2B 46
Shipley Wlk. L24—1C 129
Ship St. Frod WA6—4C 137
Shipton Clo. Wid WA8—3B 96
Shipton Clo. Wid WA8—3B 96
Shirdley Av. Kir L32—4D 23
Shirdley Wlk. Kir L32—4C 23
Shireburn Av. St H WA11—4C 27
Shirley Dri. WA4—2C 159
Shirley Rd. L19—2A 112
Shirley St. Wal L44—1C 65
Shirwell Gro. St H WA9—4B 56
Shop La. Mag L31—4B 4
Shop Rd. Kno L34—2D 35
Shore Bank. Beb L62—2B 108
Shore Dri. Beb L62—3B 108
Shorefields. Beb L62—2A & 2B 108
Shorefield Village. L8—3D 67
Shoreham Dri. WA5—2C 155
Shore La. Cal L48—2B 100
Shore Rd. Birk L41—4C 65
Shore Rd. Cal L48—2B 100
Shortfield Rd. Upt L49—2A 82
Shortfield Way. Upt L49—2A 82
Short St. Wal L44—1B 64
Short St. Wid WA8—4D 119
Shortwood Rd. L14—1D 71
Shottesbrook Grn. L11—3B 32
Shrewsbury Av. Ain L10—1B 20
Shrewsbury Av. Cro L22—1B 16
Shrewsbury Clo. Birk L43—1D 83
Shrewsbury Dri. Upt L49—1D 81
Shrewsbury Pl. L19—3B 112
Shrewsbury Rd. L19—3B 112
Shrewsbury Rd. Birk L43
                            —4D 63 to 2A 84
Shrewsbury Rd. Hes & Barn L60
                            —3B 122
Shrewsbury Rd. Wal L44—4D 41
Shrewsbury Rd. W Kir L48—4A 78
Shrewsbury St. WA4—2A 158
Shrewton Rd. L25—4A 72
Shropshire Clo. WA1—3B 152
Sibford Rd. L12—4B 48
Siddeley St. L17—3B 88
Side Kerfoot St. WA2—2C 149
Sidgreave St. St H WA10—3C 37
Siding La. Sim L33—2B 14
Sidlaw Av. St H WA9—3C 39
Sidmouth Clo. WA5—1B 154
Sidney Av. Wal L45—1A 42
Sidney Gdns. Birk L42—3C 85
Sidney Pl. L17—3A 68
Sidney Powell Av. Kir L32—2B 22
Sidney Rd. Birk L42—3C 85
Sidney Rd. Boo L20—4A 30
Sidney St. L4—2A 20
Sidney St. St H WA10—2C 37
Sidney Ter. Birk L42—3C 85
Sidwell St. L19—3B 112
Signal Works Rd. L9—3C 21
Silcroft Rd. Kir L32—3C 23
Silkstone Clo. St H WA10—3C 37
Silkstone St. St H WA10—3C 37
Silver Av. Hay WA11—1D 39
Silverbeech Av. L18—2A 90
Silverbeech Rd. Wal L44—1B 64
Silver Birch Way. Lyd L31—1A 4
Silverburn Av. Mor L46—3C 61
Silverdale Av L13—3C 47
Silverdale Clo. Huy L36—3C 73
Silverdale Dri. Lith L21—3C 19

Silverdale Gro. St H WA11—3B 26
Silverdale Rd. WA4—3C 157
Silverdale Rd. Beb L63—2D 107
Silverdale Rd. Birk L43—2D 83
Silver La. WA3—1B 144
Silverlea Av. Wal L45—4A 42
Silverstone Dri. Lyd L31—2A 4
Silver St. WA2—3D 149
Silverton Rd. L17—1C 111
Silverwell Rd. L11—1D 33
Silverwell Wlk. L11—1D 33
Silvester St. L5—4B 44
Simkin Av. WA4—1B 158
Simms Av. St H WA9—3C 39
Simm's Rd. L6—3B 46
Simonsbridge. Cal L48—3B 100
Simons Clo. Whis L35—3B 74
Simonside. Wid WA8—4B 96
Simonswood La. Kir L33—2D 23
Simonswood Wlk. Kir L33—2D 23
Simpson St. L1—4B 66
Simpson St. Birk L41—1B 84
Sinclair Av. WA2—4D 141
Sinclair Av. Pres L35—4C 53
Sinclair Av. Wid WA8—1D 119
Sinclair Clo. Pres L35—3C 53
Sinclair Dri. L18—1A 90
Sinclair St. L19—4B 112
Sineacre La. Sim & Bic L33 & L39
                            —2B 14
Singleton Av. Birk L42—3B 84
Singleton Av. St H WA11—1B 38
Singleton Dri. Kno L34—3D 35
Sirdar Clo. L7—3A 68
Sirdar St. L7—3A 68
Sir Howard St. L8—4D 67
Sir Thomas St. L1—3B 66
Siskin Grn. L25—2D 91
Sisters Way. Birk L41—1B 84
Sixpenny Wlk. WA1—3D 149
Sixth Av. L9—4B 20
Sixth Av. Birk L43—4B 62
Sixth Av. Run WA7—4C 133
Skeffington. Whis L35—2C 75
Skelhorne St. L3—2C 67
Skellington Fold. L27—1C 93
Skelton Clo. St H WA10—4C 27
Skerries Rd. L4—2A 46
Skiddaw Clo. Run WA7—2E 138
Skipton Rd. L4—2A 46
Skipton Rd. Huy L36—1A 74
Skirving Pl. L5—3C 45
Skirving St. L5—3C 45
Skye Clo. Wid WA8—3C 99
Skypark Ind. Est. L24—1A 128
Slade St. L5—3B 44
Slater Pl. L1—3C 67
Slater St. L1—3C 67
Slater St. WA4—1A 158
Slatey Rd. Birk L43—1A 84
Sleaford Rd. Huy L14—3A 50
Sleepers Hill. L4—2D 45
Slessor Av. Gra L48—3B 78
Slim Rd. Huy L36—1C 73
Slingsby Dri. Upt L49—2D 81
Slutchers La. WA1—1C 157
Small Av. WA2—4A 142
Small Cres. WA2—4A 142
Smallwood M. Hes L60—3A 122
Smeaton St. L4—1C 45
(in two parts)
Smilie Av. Mor L46—3B 60
Smith Av. Birk L41—3A 64
Smith Cres. WA2—2A 150
Smithdown Gro. L7—3A 68
Smithdown La. L7—3D 67
Smithdown Pl. L15—1D 89
Smithdown Rd. L7 & L15
                            —4A 68 to 1D 89
Smith Dri. WA2—2A 150
Smith Dri. Orr L20—1A 30
Smithfield St. L3—1B 66
Smithfield St. St H WA9—3B 38
Smithills Clo. WA3—2A 144
Smith Pl. L5—2C 45
Smith Rd. Wid WA8—2D 119
Smith St. L5—2C 45

Smith St. WA1—4D 149
Smith St. Pres L34—3C 53
Smith St. St H WA9—2C 57
Smithy Brow. WA3—1B 142
Smithy Clo. Cron WA8—1B 96
Smithy Hey. Gra L48—4B 78
Smithy La. L4—3B 30
Smithy La. WA3—1C 143
Smithy La. Cron WA8—1B 96
Smollett St. L6—1A 68
Smollett St. Boo L20—1C 29
Smyth Rd. Wid WA8—4B 98
Snaefell Av. L13—3C 47
Snaefell Rd. L13—4C 47
Snaefell Rise. WA4—4A 158
Snowberry Clo. Wid WA8—3C 99
Snowden Av. Mor L46—3B 60
Snowdon Clo. WA5—3B 146
Snowdon Gro. St H WA9—2A 56
Snowdon Rd. Birk L42—4B 64
Snowdrop Av. Birk L41—4D 63
Snowdrop Clo. Run WA7—2B 138
Snowdrop St. L5—2B 44
Soho Pl. L3—1C 67
Soho Sq. L3—1C 67
Soho St. L3—1C 67
Solar Rd. L9—1C 31
Solly Av. Birk L42—4C 85
Solomon St. L7—2A 68
Solva Clo. L6—4D 45
Solway Rd. WA2—2B 142
Solway Gro. Run WA7—2D 137
Solway St. Birk L41—3D 63
Solway St. E. L8—4A 68
Solway St. W. L8—4A 68
Soma Av. Lith L21—3B 18
Somerford Ho. Cro L23—1A 16
Somerford Rd. L14—4D 49
Somerset Pl. L6—3B 46
Somerset Rd. Boo L20—2A 30
Somerset Rd. Cro L23—1B 16
Somerset Rd. Gra L48—3B 78
Somerset Rd. Pen L61—1A 122
Somerset St. St H WA9—3B 38
Somerset Way. WA1—2D 151
Somerton St. L15—3C 69
Somerville Gro. Cro L22—2B 16
Somerville Rd. Cro L22—2B 16
Somerville Rd. Wid WA8—2B 118
Sommer Av. L12—2A 48
Sonning Av. Lith L21—2A 18
Sonning Rd. L4—4D 31
Sorany Clo. Cro L23—3A 8
Sorogold St. St H WA9—3B 38
Sorrel Clo. WA2—1D 151
Soulsby Gdns. St H WA9—2B 56
S. Albert Rd. L17—2A 88
Southampton Way. Run WA7—1A 140
South Av. WA2—2D 149
South Av. WA4—3D 157
South Av. Pres L34—3A 52
South Bank. Birk L43—3A 84
S. Bank Rd. L7—2C 69
S. Bank Rd. L19—2A 112
S. Bank Ter. Run WA7—1D 131
S. Barcombe Rd. L16—4C 71
S. Boundary Rd. Kir L33—3A 24
Southbourne Rd. Wal L45—4C 41
Southbrook Rd. L27—1B 92
Southbrook Way. L27—1B 92
S. Cantril Av. L12—2D 49
S. Chester St. L8—1C 87
Southcroft. Kir L33—4C 13
Southcroft Rd. Wal L45—4C 41
South Dale. WA5—4B 146
Southdale Rd. WA1—2C 151
Southdale Rd. Birk L42—4C 85
Southdean Rd. Huy L14—2D 49
South Dri. L12—4A 48
South Dri. L15—3D 69
South Dri. Hes L60—4C 123
South Dri. Irby L61—4B 102
South Dri. Upt L49—1A 82
Southern Cres. L8—1C 87
Southern Expressway. Run WA7
—1A 138

Southern Rd. L24—2C 129
Southern St. WA4—4D 157
Southey Gro. Mag L31—2B 10
Southey Rd. St H WA10—1B 54
Southey St. L15—4C 69
Southey St. Boo L20—2C 29
S. Ferry Quay. L3—1B 86
Southfield Rd. L9—1A 30
Southfields Av. WA5—4B 146
Southgate Clo. L12—3A 34
Southgate Rd. L13—1A 70
South Gro. L8—3D 87
South Gro. L18—1B 112
S. Hey Rd. Irby L61—4C 103
S. Highville Rd. L16—1B 90
S. Hill Gro. Birk L43—3A 84
S. Hill Rd. L8—3D 87
S. Hill Rd. Birk L43—2A 84
S. Hunter St. L1—3C 67
S. John St. L1—3B 66
S. John St. St H WA9—3B 38
Southlands Av. WA5—1B 154
Southlands Ct. Run WA7—3D 131
South La. Bold WA8—2C 99
South La. Entry. Bold WA8—2D 99
S. Manor Way. L25—4B 92
S. Meade. Mag L31—4A 4
Southmead Gdns. L19—3C 113
S. Moor Dri. Cro L23—4C 7
S. Mossley Hill Rd. L19—1A 112
South Pde. L24—2C 129
South Pde. Cro L23—1D 17
South Pde. Kir L32—2C 23
South Pde. Run WA7—4B 130
South Pde. W Kir L48—4A 78
S. Park Ct. Wal L44—1C 65
S. Park Rd. Kir L32—1A 22
S. Parkside Dri. L12—2A 48
S. Parkside Way. L12—1A 48
S. Park Way. Boo L20—4D 29
Southport Rd. Lyd L31—1A 4
Southport Rd. Orr & Boo L20—1A 30
Southport Rd. Thor L23—1A 8
Southport St. St H WA9—3D 39
Southridge Rd. Pen L61—4D 103
South Rd. L14—1B 70
South Rd. L19—3D 111
South Rd. L24—1C 129
South Rd. Birk L42—4B 84
South Rd. Cro L22—3B 16
South Rd. Run WA7—4B 130
South Rd. W Kir L48—1A 100
S. Station Rd. L25—2A 92
South St. L8—2D 87
South St. St H WA9—2B 54
South St. Wid WA8—1A 120
S. Sudley Rd. L19—1D 111
S. View. Beb L62—4B 108
S. View. Cro L22—3C 17
S. View. Huy L36—2A 74
S. View Ter. Cuer WA5—4D 99
Southwark Gro. Orr L30—2D 19
South Way. L14—3A 70
Southway. Wid WA8—1B 118
Southway. Cuer WA4—4A 158
Southwell Pl. L8—1C 87
Southwell St. L8—1C 87
Southwick Rd. Birk L42—3C 85
Southwood Av. Run WA7—2A 134
Southwood Rd. L17—4A 88
Southworth Av. WA5—2B 148
Southworth La. WA2—1A 142
Sovereign Clo. Run WA7—4C 135
Sovereign Ct. WA3—2D 143
Sovereign Rd. L11—3D 33
Sovereign Way. L11—3D 33
(in two parts)
Spark La. Run WA7—3D 133
Sparks La. Thing L61—3A 104
Sparling St. L1—4B 66
(in two parts)
Sparling St. WA4—1D 157
Sparrow Hall Clo. L9—2A 32
Sparrow Hall Rd. L9—2A 32
Sparrowhawk Clo. Run WA7—1C 139
Speakman Rd. St H WA10—1C 37
Speakman St. Run WA7—2D 131

Speedwell Clo. Barn L60—4D 123
Speedwell Dri. Barn L60—3D 123
Speedwell Rd. Birk L41—4D 63
Speke Boulevd. Hal L24—4A 114
Speke Church Rd. L24—1A 128
Speke Hall Av. L24—1A 128
Speke Hall Ind. Est. L24—1A 128
Speke Hall Rd. L24 & L25—4A 114
Speke Ho. L24—2D 129
Spekeland Rd. L7—3B 68
Spekeland St. L7—3A 68
Speke Rd. L19 & L24—3B 112
Speke Rd. L25—4A 92 to 2B 114
Speke Rd. Hal & Wid L26 & WA8
—3B 116 to 2C 119
Speke Town La. L24—1A 128
Spellow La. L4—1D 45
Spellow Pl. L3—2A 66
Spence Av. Boo L20—1A 30
Spencer Av. Mor L46—3D 61
Spencer Gdns. St H WA9—2B 56
Spencer Pl. Orr L20—4C 19
Spencers La. Mell L31—1C 21
Spencer St. L6—4D 45
Spenser Av. Birk L42—1D 107
Spenser St. Boo L20—2C 29
Spice St. L9—1C 31
Spike Rd. Birk L41—3C 65
Spindus Rd. L24—1A 128
Spinnaker Clo. Run WA7—2D 139
Spinney Av. Wid WA8—1D 117
Spinney Clo. Kir L33—3B 24
Spinney Clo. St H WA9—4A 56
Spinney Cres. Cro L23—3A 6
Spinney Grn. Ecc WA10—3A 36
Spinney Rd. Kir L33—3B 24
Spinney, The. Gra L48—4C 79
Spinney, The. Kno L28—2A 50
Spinney, The. Poul L63—1C 125
Spinney, The. Pres L34—2B 52
Spinney, The. Upt L49—1D 81
Spinney View. Kir L33—3B 24
Spinney Wlk. Run WA7—3D 133
Spinney Way. Huy L36—1B 72
Spital Heyes. Poul L63—1C 125
Spital Rd. Poul & Beb L63 & L62
—1B 124 to 2D 125
Spofforth Rd. L7—3B 68
Spooner Av. Lith L21—4B 18
Sprainger St. L3—4A 44
Sprakeling Pl. Orr L20—4C 19
Spray St. St H WA10—2C 37
Springbank Clo. Run WA7—1C 137
Spring Bank Rd. L4—3A 46
Springbook Clo. Ecc WA10—2A 36
Springbourne Rd. L17—4A 88
Spring Ct. Run WA7—2A 132
Springdale Clo. L12—2B 48
Springfield. L3—1C 67
(in two parts)
Springfield Av. WA1—2C 151
Springfield Av. WA4—2D 159
Springfield Av. Gra L48—4D 79
Springfield Av. Lith L21—3B 18
Springfield Clo. St H WA10—1B 54
Springfield La. Ecc WA10—2A 36
Springfield Rd. Augh L39—1D 5
Springfield Rd. St H WA10—1B 54
Springfield Rd. Wid WA8—1D 117
Springfield Sq. L4—1D 45
Springfield St. WA1—4C 149
Springfield Way. L12—1C 49
Spring Gdns. Mag L31—1C 11
Springholme Dri. WA4—4A 162
Spring La. WA3—2D 143
Springmeadow Rd. L25—2A 92
Spring St. Birk L42—3D 85
Spring St. Wid WA8—3D 119
Spring Vale. Wal L45—2C 41
Springville Rd. L9—4B 20
Springwell Rd. Orr L20—4B 18
Springwood Av. L19 & L25—2C 113
Springwood Gro. Kir L32—4D 23
Spruce Clo. WA3—1B 152
Spruce Gro. Kno L28—2A 50
Spur Clo. L11—3D 33

Spurgeon Clo. L5—4D 45
Spurrier's La. Mell & Sim L31—1B 12
Spurstow Clo. Birk L43—3D 83
Spur, The. Cro L23—1B 16
Squires Av. Wid WA8—1D 119
Squires St. L7—3A 68
Stable Clo. Gre L49—2B 80
Stackfield, The. Gra L48—3D 79
Stadium Rd. Beb L62—1D 125
Stafford Clo. Huy L36—4A 52
Stafford Moreton Way. Mag L31—4B 4
Stafford Rd. WA4—3A 158
Stafford Rd. St H WA10—4B 36
Stafford St. L3—2C 67
Stag La. Ain L30—2A 20
Stainburn Av. L11—3A 32
Stainer Clo. L14—3C 49
Staines Clo. WA4—2B 162
Stainmore Clo. WA3—1C 145
Stainton Clo. Hal L26—2C 115
Stainton Clo. St H WA11—3C 27
Stairhaven Rd. L19—1A 112
Stalbridge Av. L18—2D 89
Staley Av. Cro L23—1D 17
Staley St. Orr L20—1D 29
Stalisfield Av. L11—4B 32
Stalisfield Gro. L11—4B 32
Stalisfield Pl. L11—4B 32
Stalmine Rd. L9—2B 30
Stamfordham Dri. L19—2B 112
Stamfordham Gro. L19—2B 112
Stamfordham Pl. L19—2B 112
Stamford St. L7—2B 68
Stanbury Av. Beb L63—3D 107
Standale Rd. L15—3D 69
Standard Pl. Birk L42—3D 85
Standard Rd. L11—2D 33
Standen Clo. St H WA10—2C 37
Stand Farm Rd. L12—3A 34
Standish Ct. Wid WA8—2B 118
Standish St. L3—1B 66
Standish St. St H WA10 & WA9—2D 37
Stanfield Av. L5—4D 45
Stanfield Dri. Beb L63—1A 124
Stanford Av. Wal L45—2A 42
Stanford Cres. L25—1B 114
Stangate. Mag L31—4A 4
Stanhope Dri. Beb L62—2D & 3D 125
Stanhope Dri. Huy L36—1A 72
Stanhope St. L8—1C 87
  (in two parts)
Stanhope St. St H WA10—1D 37
Stanier Way. L7—3B 68
Stanley Av. WA4—2B 158
Stanley Av. WA3—1A 146
Stanley Av. Stor L63—2A 106
Stanley Av. Wal L45—3C 41
Stanley Clo. L14—2B 44
Stanley Clo. Wid WA8—4A 98
Stanley Ct. Birk L42—3D 85
Stanley Cres. Pres L34—3B 52
Stanley Gdns. L9—1B 30
Stanley Ho. Boo L20—2C 29
Stanley Ind. Est. L13—1C 69
Stanley Pk. Lith L21—3A 18
Stanley Pk. Av. N. L4—4C 31
Stanley Pk. Av. S. L4—1A 46
Stanley Pl. WA8—2B 158
Stanley Precinct. Boo L20—3D 29
Stanley Rd. Beb L62—2A 108
Stanley Rd. Birk L41—3D 63
Stanley Rd. Boo L20 & L5
  —1D 29 to 3B 44
Stanley Rd. Cro L22—3C 17
Stanley Rd. Hoy L47—1A 78
Stanley Rd. Huy L36—1C 73
Stanley Rd. Mag L31—3B 10
Stanley St. L1—2B 66
Stanley St. L7—1C 69
Stanley St. L19—4B 112
Stanley St. WA1—1C 157
Stanley St. Run WA7—1A 132
Stanley St. Wal L44—1C 65

Stanley Ter. L18—3D 89
Stanley Ter. Wal L45—2A 42
Stanley Yd. L9—3B 30
Stanlowe View. L19—3D 111
Stanmore Pk. Gre L49—3A 80
Stanmore Rd. L15—1A 90
Stanmore Rd. Run WA7—2C 133
Stannyfield Clo. Cro L23—3A 8
Stanny Field Dri. Cro L23—3A 8
Stansfield Av. WA1—3B 150
Stansfield Av. Mag L31—4D 5
Stanstead Av. WA5—2C 155
Stanton Av. Lith L21—3A 18
Stanton Clo. Orr L30—3C 9
Stanton Cres. Kir L32—2B 22
Stanton Rd. L18—2D 89
Stanton Rd. WA4—1A 160
Stanton Rd. Beb L63—1A 124
Staplands Rd. L14—2B 70
Stapleford Rd. L25—1B 92
Stapleton Av. L24—1B 128
Stapleton Av. WA2—2A 150
Stapleton Av. Gre L49—3B 80
Stapleton Av. Rain L35—4B 54
Stapleton Clo. Rain L35—4B 54
Stapleton Rd. Rain L35—4A 54
Stapleton Way. Wid WA8—4A 118
Stapley Clo. Run WA7—3C 131
Starkey Gro. WA4—1B 158
Star La. Lymm WA13—1D 161
Starling Clo. Run WA7—4B 134
Startham Av. Bill WN5—1D 27
Starworth Dri. Beb L62—2B 108
Statham Av. WA2—4D 141
Statham Av. Lymm WA13—1D 161
Statham La. Lymm WA13—4D 153
Statham Rd. Birk L43—3B 62
Station App. Hoy L47—3C 59
Station App. Mor L46—2C 61
Station Clo. L25—2B 114
Station Rd. L25—1A 92
Station Rd. WA2—1C 151
  (in two parts)
Station Rd. WA3—2A 158
Station Rd. WA5—4C 147
  (Great Sankey)
Station Rd. WA5—2A 154
  (Penketh)
Station Rd. Birk L41—3D 63
Station Rd. Hes L60—4B 122
Station Rd. Hoy L47—1A 78
Station Rd. Huy L36—2B 72
Station Rd. Lyd L31—1A 4
Station Rd. Mag L31—1C 11
Station Rd. Mell L31—1A 12
Station Rd. Pres L34—3B 52
Station Rd. Rain L35—1B 76
Station Rd. Run WA7—2D 131
Station Rd. St H WA9—2C 57
Station Rd. Stor L61 & L63—4C 105
Station Rd. Sut W WA7—2C 139
Station Rd. Wal L44—4D 41
Station Rd. Wid WA8—2B 98
  (in two parts)
Station St. Rain L35—1B 76
Statton Rd. L13—2A 70
Staveley Rd. L19—2A 112
Stavert Clo. L13—3C 33
Stavordale Rd. Mor L46—3D 61
Steble St. L8—2D 87
Steel Av. Wal L45—2B 42
Steel St. L5—3B 44
Steel St. WA1—2A 150
Steeple, The. Cal L48—3C 101
Steeple View. Kir L33—3C 13
Steers Croft. L28—1D 49
Steers St. L6—4D 45
Stenhills Cres. Run WA7—2A 132
Stephens La. L2—2B 66
Stephenson Rd. L13—2D 69
Stephen Way. Rain L35—4A 54
Step House La. WA3—1C 143
Stepney Gro. L4—4B 30
Sterling Way. L5—3C 45
Sterrix Av. Orr L30—1B 18
Sterrix Grn. Lith L21—1B 18
Sterrix La. Lith L21 & L30—1B 16

Stetchworth Rd. WA4—3D 157
Stevenage Clo. St H WA9—2C 55
Stevenson Cres. St H WA10—2B 36
Stevenson Dri. Poul L63—2A 124
Stevenson St. L15—3C 69
Stevens Rd. Barn L60—4D 123
Stevens St. St H WA9—2B 54
Steward Ct. Whis L35—4C 53
Stewards Av. Wid WA8—2C 119
Stewart Av. Boo L20—2A 30
Stewart Clo. Pen L61—2B 122
Stile Hey. Cro L23—3A 8
Stirling Av. Cro L23—1C 17
Stirling Clo. WA1—3B 152
Stirling Cres. St H WA9—3A 56
Stirling Rd. L24—1A 128
Stirling St. Wal L44—1A 64
Stirrup Clo. WA2—4C 143
Stockbridge La. Huy & Kno L36—4A 50
Stockbridge Pl. L5—3D 45
Stockbridge St. L5—3D 45
Stockham Clo. Run WA7—4D 133
Stockham La. Run WA7—4D 133
Stockmoor Rd. L11—3B 32
Stockpit Rd. Kir L33—2B 24
Stockport Rd. WA4—2A 160 & 1C 161
Stocks Av. St H WA9—3C 39
Stocks La. WA5—4A 146
Stockswell Rd. Tar WA8—3D 95
Stockton Gro. St H WA9—3B 54
Stockton La. WA4—3B 158
Stockton Wood Rd. L24—1B 128
Stockville Rd. L18—3C 91
Stoddart Rd. L4—4B 30
Stokesay. Birk L43—1B 82
Stoke St. Birk L41—4A 64
Stonebarn Dri. Mag L31—3B 4
Stone Barn La. Run WA7—1B 138
Stonebridge La. L10 & L11—1C 33
Stoneby Dri. Wal L45—2D 41
Stonechat Clo. Run WA7—2A 138
Stonecrop. L18—2C 91
Stonecrop Clo. WA3—3A 144
Stonecrop Clo. Run WA7—2B 138
Stonecross Dri. Rain L35—2B 76
Stonedale Cres. L11—2C 33
Stonefield Rd. L14—4D 49
Stonehaven Clo. WA2—3C 143
Stone Hey. Whis L35—2B 74
Stonehey Dri. W Kir L48—1B 100
Stonehey Rd. Kir L32—3C 23
Stonehey Wlk. Kir L32—3C 23
Stonehill Av. Beb L63—3D 107
Stonehills La. Run WA7—2B 132
Stonehill St. L4—3A 46
Stonehouse Rd. Wal L44—4C 41
Stonelea. Run WA7—2A 134
Stone Sq. Orr L20—1A 30
Stone St. Pres L34—3B 52
Stoneville Rd. L13—4D 47
Stoneycroft Clo. L13—4D 47
Stoneycroft Cres. L13—4D 47
Stoney Hey Rd. Wal L45—2A 42
Stoneyhurst Av. Ain L10—1B 20
Stoney La. Whis & Rain L35
  —4D 53 to 1A 76
Stoney View. Rain L35—1A 76
Stonham Clo. Upt L49—2C 81
Stonyfield. Orr L30—3C 9
Stonyhurst Clo. St H WA11—4C 27
Stonyhurst Rd. L25—1A 114
Stopford St. L8—3D 87
Stopgate La. L9—2D 31
Stopgate La. Kir & Sim L33—3D 13
Store St. L20—4A 30
Storeton Clo. Birk L43—3A 84
Storeton La. Barn L61—1D 123
Storeton Rd. Birk L43 & L42—3A 84
Stormont Rd. L19—3A 112
Storrington Av. L11—3C 33
Storrington Heys. L11—3C 33
Storrsdale Rd. L18—4A 90
Stour Av. Rain L35—1A 76
Stourcliffe Rd. Wal L44—1D 63
Stourport Clo. Gre L49—2B 80
Stourton Rd. Kir L32—3C 23
Stourton St. Wal L44—2B 64

Tarbock Rd. L24—1B 128
Tarbock Rd. Huy & Tar L36 & L35
　　　　　　　　　　　　　—2B 72

Tarbot Hey. Mor L46—4B 60
Tariff St. L5—3B 44
Tarleton St. L1—2B 66
Tarlton Clo. Rain L35—5A 54
Tarncliff. Kno L28—1A 50
Tarn Clo. L27—1B 92
Tarn Ct. WA1—3B 152
Tarn Gro. St H WA11—3C 27
Tarporley Clo. Birk L43—3D 83
Tarran Dri. Mor L46—2C 61
Tarran Rd. Mor L46—2C 61
Tarran Way E. Mor L46—1C 61
Tarran Way N. Mor L46—1B 60
Tarran Way S. Mor L46—2C 61
Tarran Way W. Mor L46—2B 60
Tarves Wlk. Kir L33—2D 23
Tarvin Clo. Run WA7—1D 137
Tarvin Clo. St H WA9—4A 56
Tasker Ter. Rain L35—1B 76
Tasman Clo. WA5—2A 148
Tasman Gro. St H WA9—2C 55
Tate St. L4—1D 45
Tatlock St. L5—4B 44
Tattersall Pl. Boo L20—4C 29
Tattersall Rd. Lith L21—4A 18
Tatton Ct. WA1—2A 152
Tatton Rd. L9—4D 19
Tatton Rd. Birk L42—2B 84
Taunton Av. St H WA9—4B 56
Taunton Clo. Birk L43—2B 82
Taunton Dri. Ain L10—2C 21
Taunton Rd. Huy L36—1A 74
Taunton Rd. Wal L45—3C 41
Taunton St. L15—3C 69
Tavistock Clo. Birk L43—2B 82
Tavistock Rd. WA5—1B 154
Tavistock Rd. Wal L45—3C 41
Tavistock Wlk. L8—2D 87
Tavlin Av. WA5—1C 149
Tawd St. L4—1C 45
Taylors Clo. L9—3A 30
Taylors La. L9—3A 30
Taylor's La. Cuer WA5—4D 99
Taylor's Row. Run WA7—2B 132
Taylor St. L5—3C 45
Taylor St. WA4—3C 157
Taylor St. Birk L41—4C 65
Taylor St. St H WA9—2C 57
Taylor Rd. WA8—4A 98
Teal Clo. WA2—4B 142
Teal Gro. WA3—3B 144
Teals Way. Hes L60—4A 122
Teasdale Way. Rain L35—4B 54
Teasville Rd. L18—3C 91
Tebay Clo. Mag L31—4C 5
Tebay Rd. Beb L62—4D 105
Teck St. L7—2A 68
Tedbury Clo. Kir L32—3C 23
Tedbury Wlk. Kir L32—3C 23
Tedder Sq. Wid WA8—2A 118
Teehey Clo. Beb L63—3B 106
Teehey Gdns. Beb L63—3C 107
Teehey La. Beb L63—3C 107
Tees Clo. L4—1C 45
Teesdale Rd. Beb L63—1A 124
Tees Pl. L4—1C 45
Tees St. L4—1C 45
Tees St. Birk L41—2D 63
Teilo St. L8—1D 87
Telegraph La. Wal L45—3A 40
Telegraph Rd. Cal, Thur, Irby, Hes &
　Gay L48, L61 & L60—2D 101 to 4C 123
Telegraph Way. Kir L32—1C 23
Telford Clo. Birk L43—2A 84
Tempest Hey. L2—2B 66
Temple Ct. L2—2B 66
Temple La. L2—2B 66
Templemore Av. L18—3D 89
Templemore Rd. Birk L43—3A 84
Temple Rd. Birk L42—4B 84
Temple St. L2—2B 66
Tenby Av. Lith L21—3D 17
Tenby Clo. WA5—1B 148
Tenby Dri. Mor L46—4D 61
Tenby Dri. Run WA7—2C 133

Tenby St. L5—3D 45
Tennis St. St H WA10—1C 37
Tennis St. N. St H WA10—1C 37
Tennyson Av. Birk L42—1D 107
Tennyson Dri. WA2—1D 149
Tennyson Rd. Huy L36—3D 73
Tennyson Rd. Wid WA8—4D 97
Tennyson St. Boo L20—2C 29
Tennyson St. St H WA9—2D 77
Tennyson Wlk. L8—1D 87
Tensing Rd. Mag L31—4C 5
Tenterden St. L5—4B 44
Terence Av. WA1—3B 150
Terence Rd. L16—1B 90
Terminus Rd. Beb L62—1D 125
Terminus Rd. Huy L36—4A 50
Tern Clo. Kir L33—2C 13
Tern Clo. Wid WA8—2A 98
Ternhall Rd. L9—2B 32
Ternhall Way. L9—2B 32
Tern Way. Mor L46—2A 60
Tern Way. St H WA10—2A 54
Terrace Rd. Wid WA8—4D 119
Terret Croft. Kno L28—2A 50
Tetbury St. Birk L41—2B 84
Tetlow St. L4—1D 45
Tetlow Way. L4—1D 45
Teulon Clo. L4—2C 45
Tewit Hall Clo. L24—1B 128
Tewit Hall Rd. L24—1B 128
Tewkesbury Clo. L25—4B 92
Teynham Av. Kno L34—2D 35
Teynham Cres. L11—4B 32
Thackeray Gdns. Orr L30—3B 18
Thackeray Pl. L8—1D 87
Thackeray Sq. L8—1D 87
Thackeray St. L8—1D 87
Thackray Rd. St H WA10—1B 54
Thames Clo. WA2—4A 142
Thames Rd. St H WA9—3B 56
Thames St. L8—1A 88
Thatto Heath Rd. St H WA10 & WA9
　　　　　　　　　　　　　—1B 54

Thelwall La. WA4—2B 158
Thelwall New Rd. WA4
　　　　　　　—2C 159 to 1A 160
Thermal Rd. Beb L62—4C 109
Thermopylae Ct. Birk L43—1C 83
Thermopylae Pass. Birk L43—1B 82
　(in two parts)
Thetford Rd. WA5—4B 146
Thewlis St. WA5—4B 148
Thingwall Av. L14—2B 70
Thingwall Dri. Irby L61—3D 103
Thingwall Hall Dri. Huy L14—2B 70
Thingwall La. Huy L14—1B 70
Thingwall Rd. L15—4B 70
Thingwall Rd. Irby L61—3B 102
Thingwall Rd. E. Thing L61—3D 103
Third Av. L9—4B 20
Third Av. Birk L43—1A 82
Third Av. Cro L23—4C 7
Third Av. Run WA7—4C 133
Thirlmere Av. WA2—3A 142
Thirlmere Av. Birk L43—1B 82
Thirlmere Av. Lith L21—3B 18
Thirlmere Av. St H WA11—3C 27
Thirlmere Clo. Mag L31—4C 5
Thirlmere Dri. Lith L21—3B 18
Thirlmere Dri. Wal L45—3A 42
Thirlmere Grn. L5—3D 45
Thirlmere Rd. L5—3D 45
Thirlmere Wlk. Kir L33—4C 13
Thirlmere Way. Wid WA8—1A 118
Thirlstone St. L17—3A 88
Thirsk Clo. Run WA7—1C 37
Thistleton Av. Birk L41—4D 63
Thistlewood Rd. L7—2C 69
Thistley Hey Rd. Kir L32—2C 23
Thomas Clo. Run WA7—1A 138
Thomas Dri. L14—2B 70
Thomas Dri. Pres L35—4B 52
Thomas La. L14—2B 70
Thomas St. L1—3B 66
Thomas St. Birk L41—1C 85
Thomas St. Run WA7—1A 132
Thomas St. Wid WA8—3D 119

Thomaston St. L5—3C 45
　(in three Parts)
Thompson St. Birk L41—2C 85
Thompson St. St H WA10—1B 54
Thomson Rd. Cro L21—4D 17
　(in two parts)
Thomson St. L6—4A 46
Thorburn Rd. Beb L62—1A 108
Thorburn St. L7—3A 68
Thornaby Gro. St H WA9—3B 54
Thornbeck Clo. L11—3B 32
Thornbridge Av. Lith L21—3B 18
Thornburn Clo. Beb L62—1A 108
Thornburn Ct. Beb L62—1A 108
Thornburn Cres. Beb L62—1A 108
Thornbury Rd. L4—2B 46
Thorncliffe Rd. Wal L44—1D 63
Thorn Clo. WA5—1C 155
Thorn Clo. Run WA7—4B 132
Thorncroft Dri. Barn L61—4A 104
Thorndale La. Wal L44—4D 41
Thorndale Rd. Cro L22—2C 17
Thorndale St. L5—2C 45
Thorndyke Clo. Rain L35—3C 77
Thorne Clo. Hal L26—3D 115
Thornes Rd. L6—1A 68
Thorness Clo. Gre L49—4B 80
Thorneycroft St. Birk L41—3D 63
Thornfield Hey. Poul L63—2B 124
Thornfield Rd. L9—1B 30
Thornfield Rd. Thor L23—3D 7
Thornham Av. St H WA9—1A 56
Thornham Clo. Upt L49—4A 62
Thornhead La. L12—3B 48
Thornhill Rd. L15—4A 70
Thornholme Cres. L11—4B 32
Thornhurst. Kir L32—4C 23
Thornley Clo. Lymm WA13—2D 161
Thornley Rd. Mor L46—4A 60
Thorn Rd. WA1—2C 151
Thorn Rd. Run WA7—4B 132
Thorn Rd. St H WA10—3B 36
Thorns Dri. Gre L49—4A & 4B 80
Thornside Wlk. L25—3A 92
Thorns, The. Mag L31—4A 4
Thornton. Wid WA8—2D 97
Thornton Av. Beb L63—1B 106
Thornton Av. Orr L20—4B 18
Thornton Comn. Rd. Thor H L63
　　　　　　　　　　　　　—4A 124
Thornton Cres. Gay L60—4C 123
Thornton Gro. Beb L63—2B 106
Thornton Gro. Huy L36—1A 72
Thornton Pl. L8—2C 87
Thornton Rd. L16—3C 71
Thornton Rd. WA5—1D 155
Thornton Rd. Beb & Birk L63 & L42
　　　　　　　　　　　　　—2B 106
Thornton Rd. Boo L20—2D 29
Thornton Rd. Wal L45—3D 41
Thornton St. Birk L41—4D 63
Thornton St. Lith L21—4A 18
Thorn Tree Clo. Hale L24—3B 130
Thornycroft Rd. L15—4C 69
Thorpe Bank. Birk L42—2D 107
Thorstone Dri. Irby L61—2B 102
Thorsway. Birk L42—4D 85
Thorsway. Cal L48—2B 100
Three But La. L12—2D 47
Threlfall St. L8—2A 88
Thresher Av. Gre L49—2B 80
Threshers, The. Neth L30—4A 10
Throne Rd. L11—3D 33
Throne Wlk. L11—3D 33
Thurne Way. L25—1D 91
Thurnham St. L6—4B 46
Thursby Clo. Kir L32—3D 23
Thursby Cres. Kir L32—3D 23
Thursby Rd. Beb L62—2D 125
Thursby Wlk. Kir L32—3D 23
Thurstaston Rd. Hes L60—3A 122
Thurstaston Rd. Thur & Irby L61
　　　　　　　　　　　　　—3A 102
Thurston Clo. WA5—3A 148
Thurston Rd. L4—2A 46
Thynne St. WA1—1C 157
Tichbourne Way. L6—1D 67
Tickle Av. St H WA9—3C 39

Tidal La. WA1—2B 150
Tide Way. Wal L45—1C 41
Tilbury Cle. Run WA7—1A 140
Tildesley Cres. Run WA7—1B 136
Tilley St. WA1—4D 149
Tillotson Clo. L8—2C 87
Tilney St. L9—1B 30
Tilstock Av. Beb L62—1A 108
Tilstock Cres. Birk L43—4D 83
Tilston Av. WA4—1C 159
Tilston Clo. L9—3A 32
Tilston Rd. L9—2A 32
Tilston Rd. Kir L32—2B 22
Tilston Rd. Wal L45—3D 41
Timmis Clo. WA2—4C 143
Timmis Cres. Wid WA8—1D 119
Timon Av. Boo L20—2A 30
Timor Av. St H WA9—2C 55
Timperley Av. Wal L44—1C 159
Timperley St. Wid WA8—2A 120
Timpron St. L7—4A 68
Timway Dri. L12—1C 49
Tinas Way. Upt L49—2D 81
Tinsley St. L4—2D 45
Tinsley St. WA4—1B 158
Tintagel Clo. Run WA7—2C 139
Tintagel Rd. L11—1D 33
Tintern Clo. WA5—1B 148
Titchfield St. L5 & L3—4B 44
Tithe Barn La. Kir L32—3B & 2B 22
Tithebarn La. Mell L31—3D 11
Tithebarn Rd. Cro L23—4D 7
Tithebarn St. Kno L34—2D 35
Tithebarn St. L2—2B 66
Tithings, The. Run WA7—3C 133
Tiverton Av. Wal L44—4A 42
Tiverton Clo. Huy L36—1A 74
Tiverton Clo. Wid WA8—3B 96
Tiverton Sq. WA5—1B 154
Tiverton St. L15—3C 69
Tobermory Clo. Hay WA11—1D 39
Tobin Clo. L5—4B 44
Tobin St. Wal L44—4C 63
Tobruk St. Huy L36—1B 72
Todd Rd. St H WA9—3A 38
Toft St. L7—2B 68
Toftwood Av. Rain L35—2C 77
Toftwood Gdns. Rain L35—2C 77
Toleman Av. Beb L63—4D 107
Toll Bar Pl. WA2—3C 141
Toll Bar Rd. WA2—3C 141
Tollemache Rd. Birk L41 & L43—4C 63
Tollemache St. Wal L45—1A 42
Tollerton Rd. L12—2D 47
Tolpuddle Rd. L25—3D 91
Tolpuddle Way. L4—1B 45
Tolver St. St H WA10—2D 37
Tomlinson Av. WA2—2A 150
Tonbridge Clo. L24—1A 128
Tonbridge Dri. Ain L10—1C 21
Tontine Ho. St H WA10—3D 37
Tontine Mkt. St H WA10—3D 37
Topgate Clo. Barn L60—3C 123
Topping Ct. WA3—3D 143
Top Sandy La. WA2—4D 141
Torcross Way. Hal L26—1C 115
Toronto Clo. Kno L36—2B 50
Toronto St. Wal L44—1C 65
Torridge Way. L24—1D 129
Torrington Dri. Hal L26—2C 115
Torrington Dri. Thing L61—3A 104
Torrington Gdns. Thing L61—3A 104
Torrington Rd. L19—2A 112
Torrington Rd. Wal L44—4A 42
Torrisholme Rd. L9—3D 31
Torr St. L5—3C 45
  (in two parts)
Torus Rd. L13—4A 48
Tor View. L15—1A 90
Torwood. Birk L43—1C 83
Tothale Turn. L27—3D 93
Totnes Av. Hal L26—1C 115
Totnes Rd. L11—1D 33
Towcester Rd. Lith L21—1C 29
Tower Garden. L2—2A 66

Tower Hill. Birk L42—3C 85
Tower Ho. Sim L33—2B 14
Towerlands St. L7—2A 68
Tower La. Run WA7—4A 134
Tower Prom. Wal L45—1B 42
Tower Rd. Birk L41—4C 65
Tower Rd. Birk L42—1A 106
  (Prenton)
Tower Rd. Birk L42—3C 85
  (Tranmere)
Tower Rd. N. Hes L60—2A 122
Tower Rd. S. Hes L60—3B 122
Towers Av. Mag L31—3B 4
Towers Ct. WA5—2B 148
Tower's Rd. L16—1B 90
Tower St. L3—2C 87
Tower Way. L25—3D 91
Townfield Clo. Birk L43—3C 83
Townfield La. Beb L63—2D 107
Townfield La. Birk L43—3C 83
Townfield Rd. Run WA7—2B 134
Townfield Rd. W Kir L48—4A 78
Townfield View. Run WA7—2B 134
Townfield Way. Wal L44—4A 42
Town Hall Dri. Run WA7—3A 132
Town Hill. WA1—4D 149
Town La. Beb L63—3C 107
Town La. Hale L24—3A 130
Town Meadow La. Mor L46—3A 60
Town Rd. Birk L42—3C 85
Town Row. L12—2A 48
Townsend Av. L11—4A 32
Townsend La. L6 & L13—3A 46
Townsend St. L5—3A 44
Townsend St. Birk L41—3C 63
Townsend View. L11—3A 32
Townshend Av. Irby L61—4B 102
Towson St. L5—3D & 2D 45
Toxteth Gro. L8—3D 87
Toxteth St. L8—2C 87
Trafalgar Av. Wal L44—4B 42
Trafalgar Dri. Beb L63—4A 108
Trafalgar Rd. Wal L44—4B 42
Trafalgar St. St H WA10—2C 37
Trafalgar Way. L6—1D 67
Trafford Av. WA5—2B 148
Trafford Cres. Run WA7—1D 137
Tragan Dri. WA5—1A 154
Tramway Rd. L17—3B 88
Trapwood Clo. Ecc WA10—3A 36
Travers Entry. Bold WA9—2D 57
Traverse St. St H WA9—3B 38
Travis St. Wid WA8—2A 120
Trawden Way. Lith L21—4B 8
Treborth St. L8—2D 87
Trecastle Rd. Kir L33—4A 14
Treebank Clo. Run WA7—3D 131
Tree View Ct. Mag L31—1C 11
Trefoil Clo. WA3—2D 143
Treforris Rd. Wal L45—2D 41
Trefula Pk. L12—3A 48
Trenance Clo. Run WA7—2C 139
Trendeal Rd. L11—2D 33
Trent Av. Huy L14—1D 71
Trent Av. Mag L31—3D 5
Trent Clo. L12—3A 34
Trent Clo. Rain L35—1A 76
Trent Clo. St H WA9—3B 56
Trent Clo. Wid WA8—2A 98
Trentham Av. L18—1D 89
Trentham Clo. Wid WA8—2A 98
Trentham Rd. Kir L32—2A 22
Trentham Rd. Wal L44—1B 64
Trentham St. Run WA7—1C 131
Trentham Wlk. Kir L32—2B 22
Trent Pl. Rain L35—1A 76
Trent Rd. Bill WN5—1D 27
Trent Rd. Rain L35—1A 76
Trent St. L5—3A 44
Trent St. Birk L41—3D 63
Trent St. Boo L20—2B 28
Trent Way. Gay L60—4C 123
Tressell St. L8—2D 87
Trevelyn St. L9—3B 30
Trevor Dri. Cro L23—4D 7
Trevor Rd. L9—1B 30
Trimley Clo. Upt L49—2C 81

Trinity Ct. WA3—2B 144
Trinity Gro. Cro L23—1A 16
Trinity La. Birk L41—4C 65
Trinity Pl. Boo L20—3D 29
Trinity Pl. Wid WA8—2A 120
Trinity Rd. Boo L20—4D 29
Trinity Rd. Hoy L47—4A 58
Trinity Rd. Wal L44—4A 42
Trinity St. Birk L41—4B 64
Trinity St. Run WA7—2A 132
Trinity St. St H WA8—3B 38
Trinity Wlk. L3—1C 67
Trispen Clo. Hal L26—1C 115
Trispen Rd. L11—2D 33
Trispen Wlk. L11—2D 33
Tristram's Croft. Orr L30—1B 18
Troon Clo. Hay WA11—1D 39
Trossach Clo. WA2—4B 142
Troutbeck Av. Mag L31—3C 5
Troutbeck Av. St H WA9—2B 148
Trout Beck Clo. Run WA7—2B 138
Troutbeck Gro. St H WA11—2C 27
Troutbeck Rd. L18—2B 90
Trouville Rd. L4—2B 46
Trowbridge St. L3—2C 67
Trueman Clo. Birk L43—3B 62
Trueman St. L3—2B 66
Truro Av. Orr L30—4D 9
Truro Clo. WA1—2D 151
Truro Clo. Birk L43—2B 82
Truro Clo. Run WA7—1D 139
Truro Clo. St H WA11—3D 27
Truro Rd. L15—1D 89
Tryon St. L1—2B 66
Tudor Av. Beb L63—1B 124
Tudor Av. Wal L44—2C 65
Tudor Clo. L7—3D 67
Tudor Clo. WA4—2C 159
Tudor Grange. Gre L49—3B 80
Tudor Rd. L25—2B 114
Tudor Rd. Birk L42—4C 85
Tudor Rd. Cro L23—1C 17
Tudor Rd. Run WA7—1A 134
Tudor St. L6—1A 68
Tudorville Rd. Beb L63—4B 107
Tudorway. Gay & Barn L60—4C 123
Tudwal St. L19—4B 112
Tue La. Crom WA8—1A 96
Tuffins Corner. L27—1B 92
Tulip Av. Birk L41—4D 63
Tulip Rd. L15—4A 70
Tullimore Rd. L8—1D 111
Tullis St. St H WA10—3C 37
Tulloch St. L6—1A 68
Tumilty Av. Boo L20—2A 30
Tunnel Rd. L7—4B 68
Tunstall Clo. Upt L49—2C 81
Tunstall St. L7—4B 68
Tupman St. L8—1D 87
Turmar Av. Thing L61—3A 104
Turnacre. Huy L14—1C 71
Turnall Rd. Wid WA8—2A 118
Turnberry Clo. Huy L36—3B 72
Turnberry Clo. Lymm WA13—1D 161
Turnbridge Rd. Mag L31—3B 4
Turnar Av. Orr L20—4C 19
Turner Clo. Wid WA8—3B 96
Turner St. WA2—3D 149
  (in two parts)
Turner St. Birk L41—4B 64
Turney Rd. Wal L44—4D 41
Turnstone Clo. L12—3A 34
Turret Rd. Wal L45—3A 42
Turton Clo. WA3—2A 144
Turton Clo. Hale L24—3A 130
Turton St. L5—3B 44
Tuscan Clo. Wid WA8—2A 98
Tuson Dri. Wid WA8—2D 97
Tweed Clo. L6—1A 68
Tweedsmuir Clo. WA2—3C 143
Tweed St. Birk L41—3D 63
Twenty Acre Rd. WA5—2D 147
Twickenham Dri. Huy L36—3B 72
Twickenham Dri. Mor L46—1D 61
Twickenham St. L6—3A 46
Twig La. Huy L36—1B 72
Twig La. Mag L31—4C 5

Victory Clo. Orr L30—3C 19
Vienna St. L5—3D 45
View Rd. Rain L35—2A 76
Village Clo. WA4—1A 160
Village Clo. Run WA7—4D 133
Village Clo. Wal L45—3C 41
Village Rd. Beb L63—3B 106
Village Rd. Birk L43—2D 83
Village Rd. Hes L60—4B 122
Village Rd. W Kir L48—4B 78
Village St. L6—4D 45
Village, The. Beb L63—4D 107
Village, The. Upt L49—2D 81
Village Way. Wal L45—3C 41
Villars St. L3—2C 67
Villars Rd. WA1—4A 150
Villiers Rd. Kno L34—1C 35
Vincent Rd. Lith L21—2B 18
Vincent Rd. Rain L35—4A 54
Vincent St. L13—2D 69
Vincent St. Birk L41—1B 84
Vincent St. St H WA10—3D 37
Vine Cres. WA5—3B 146
Vineries, The. L25—4C 91
Vineside Rd. L12—3C 49
Vine St. L7—3D 67
Vine St. Birk L41—4B 64
Vine St. Run WA7—2D 131
Vine St. Wid WA8—2A 120
Vine Ter. Tar WA8—4D 95
Vineyard St. L19—4C 113
Vining Rd. Whis L35—3D 53
Vining St. L8—1D 87
Viola St. Boo L20—4D 29
Violet Clo. WA3—2D 143
(in two parts)
Violet Rd. Birk L41—4D 63
Violet Rd. Lith L21—2C 17
Violet St. Wid WA8—3D 119
Virgil St. L5—4C 45
Virgil St. St H WA10—2C 37
Virginia Av. Lyd L31—2B 4
Virginia Gro. Lyd L31—2B 4
Virginia Rd. Wal L45—1A 42
Virginia St. L3—2A 66
Virgins La. Cro & Thor L23—2D 7
Vista Rd. Run WA7—4D 131
Vittoria Ct. Birk L41—4B 64
Vittoria St. Birk L41—4B 64
Vivian Av. Wal L44—2C 65
Voelas St. L8—1A 88
Vogan Av. Cro L23—1D 17
Volunteer St. Frod WA6—4D 137
Volunteer St. St H WA10—2D 37
Vose Clo. WA5—3A 148
Vronhill Clo. L8—1D 87
Vulcan Clo. WA2—4B 142
Vulcan Clo. Birk L41—3D 63
Vulcan St. L3—4A 44
Vulcan St. L19—4B 112
Vulcan St. Birk L41—3D 63
Vulcan St. Boo L20—2C 29
Vyner Clo. Birk L43—1C 83
Vyner Rd. Wal L45—3D 41
Vyner Rd. N. L25—2A 92
Vyner Rd. N. Birk L43—4B 62
Vyner Rd. S. L25—2A 92
Vyner Rd. S. Birk L43—1B 82
Vyrnwy St. L5—2D 45

Waddicar La. Mell L31—1A 22
Waddington Clo. WA2—1B 150
Wadeson Rd. L4—4D 31
Wadeson Way. WA3—1D 143
Wadham Rd. Boo L20—4D 29
Wadshelf Wlk. L7—3A 68
Waine St. Hay WA11—1D 39
Waine St. St H WA9—2B 38
Wainwright Clo. L7—4A 68
Wainwright Gro. L19—3A 112
Wakefield Dri. Mor L46—1D 61
Wakefield Rd. Orr L30—1A 20
Wakefield St. L3—1C 67
Walby Clo. Upt L49—4B 82
Walden Clo. WA4—2A 160
Walden Rd. L14—1B 70

Waldgrave Pl. L15—3A 70
Waldgrave Rd. L15—3A 70
Walford Clo. Poul L63—2A 124
Walker Av. St H WA9—4A 56
Walker Dri. Orr L20—4B 18
Walker M. Birk L42—3C 85
Walker Pl. Birk L42—3C 85
Walker Rd. Lith L21—4A 18
Walker's Croft. Wal L45—3D 41
Walkers La. WA5—2A 154
Walkers La. St H WA9—1D 77 & 4A 56
Walker St. L6—1D 67
Walker St. WA2—3C 149
Walker St. Beb L62—3A 108
Walker St. Birk L42—3C 85
Walker St. Hoy L47—4A 58
Walker Way. L9—1B 30
Walk, The. L24—2D 47
Wallace Av. Huy L36—1D 73
Wallace Dri. Huy L36—1D 73
Wallace St. L9—4A 20
Wallace St. Wid WA8—1A 120
Wallacre Rd. Wal L44—4C 41
Wallasey Bri. Rd. Birk L41—2D 63
Wallasey Rd. Wal L44 & L45—4D 41
Wallasey Village. Wal L45 & L44
—3C 41
Waller Clo. L4—2C 45
Waller St. Boo L20—1C 29
Wallgate Rd. L25—1D 91
Wallgate Way. L25—1D 91
Wallingford Rd. Upt L49—2D 81
Wallis St. WA4—2C 157
Wallrake. Hes L60—4B 122
Walmer Rd. Cro L22—3C 17
Walmesley Rd. Ecc WA10—1A 36
Walmesley St. L5—3A 44
Walmsley St. Wal L44—4B 42
Walmsley St. Wid WA8—1B 120
Walney Rd. L12—1A 48
Walnut Av. L4—3D 31
Walnut Clo. WA1—3B 152
Walpole Av. Whis L35—1C 75
Walpole Gro. WA2—4D 141
Walpole St. Run WA7—1C 137
Walsh Clo. L5—4B 44
Walsh Rd. L14—2B 70
Walsingham Rd. L16—3C 71
Walsingham Rd. WA5—4B 146
Walsingham Rd. Wal L44—1B 64
Walter Beilin Ct. L17—1C 89
Walter St. L5—4A 44
Walter St. WA1—2B 150
Walter St. Wid WA8—4B 98
Waltham Rd. L6—3A 46
Waltho Av. Mag L31—1C 11
Walton Av. WA5—4B 146
Walton Breck Rd. L4—2D 45 to 3A 46
Walton Hall Av. L4 & L11—4C 31
Walton Heath Rd. WA4—3D 157
Walton La. L4—2D 45
Walton Lea Rd. WA4—4C 157
Walton Pk. L9—2B 30
Walton Pk. Gdns. L9—2B 30
Walton Rd. L4—2C 45
Walton Rd. WA4—4C 157
Walton Rd. St H WA10—1B 36
Walton St. Birk L41—1C 85
Walton St. Run WA7—2D 131
Walton Vale. L9—1C 31
Walton Village. L4—4B 30
Wambo La. L25—2A 92
Wandsworth Rd. L11—4B 22
Wango La. Ain L10—2C 21
Wansfell Pl. WA2—3C 141
Wantage View. Huy L36—3B 72
Wapping. L1—3B 66
Wapping Quay. L3—4B 66
Wapshare Rd. L11—1C 47
Warbreck Av. L9—4D 19
Warbreck Moor. L9—4A 20
Warbreck Rd. L9—1B 30
Warburton Hey. Rain L35—1A 76
Warburton St. WA4—3A 158
Ward Clo. WA5—1D 147
Warden St. L4—1C 45
Wardgate Av. L12—3A 34
Ward Gro. Birk L42—1D 107

Wardley Rd. WA4—3D 157
Wardlow Wlk. L7—3A 68
Wardour St. WA5—3B 148
Ward Rake Orr L30—4B 8
Ward Rd. Cro L23—3A 6
Ward St. Pres L34—2B 52
Ward St. St H WA9—2C 57
Ward St. St H WA10—2D 37
Wareham Clo. WA1—2D 151
Wareing Rd. L9—1D 31
Wareing St. Wid WA8—2D 120
Waresley Cres. L9—2A 32
Warham Rd. L4—2B 46
Waring Av. WA4—4C 151
Waring Av. Birk L41—4C 85
Waring Av. St H WA9—4D 39
Warkworth Clo. Wid WA8—3B 96
Warmington Rd. L14—1B 70
Warner Dri. L4—1B 46
Warnerville Rd. L13—2A 70
Warren Dri. WA4—4A 158
Warren Dri. Birk L43—1B 82
Warren Dri. Wal L45—1D 41
Warren Hey. Poul L63—2B 124
Warrenhouse Rd. Cro L22—1A 16
Warrenhouse Rd. Kir L33—4A 14
Warren La. WA2—1A 152
Warren Rd. WA2—1A 150
Warren Rd. L4—1A 162
Warren Rd. Cro L23—3A 6
Warren Rd. Hoy L47—4A 58
Warren St. L3—2C 67
Warren, The. Upt L49—2A 82
Warren Way. Hes L60—3A 122
Warrington New Rd. St H WA9—3A 38
Warrington Old Rd. St H WA9—3A 38
Warrington Rd. WA4—3A & 2B 144
(in two parts)
Warrington Rd. WA5—1A 154 to 1C 155
Warrington Rd. Lymm WA13—1C 161
Warrington Rd. Pres, Whis & Rain L34
& L35—3C 53 to 3C 77
Warrington Rd. Run WA7
(Keckwick)   —1D 133 to 1C 135
Warrington Rd. Run WA7—2C 133
(The Brow)
Warrington Rd. Wid WA8—2A 120
Warrington St. Birk L41—2C 85
Warton Clo. L25—4B 92
Warton Clo. WA5—2C 155
Warton St. Boo L20—1C 29
Warton St. St H WA9—1A 56
Warton Ter. Boo L20—1C 29
Warwick Av. WA5—2B 148
(Bewsey)
Warwick Av. WA5—3A 146
(Lingley Green)
Warwick Av. Cro L23—1B 16
Warwick Clo. Birk L43—1B 84
Warwick Clo. Huy L36—1D 73
Warwick Dri. Wal L45—3B 42
Warwick Dri. W Kir L48—1B 100
Warwick Gdns. L8—1C 87
Warwick Rd. Boo L20—2A 30
Warwick Rd. Huy L36—1D 73
Warwick Rd. Upt L49—1C 81
Warwick St. L8—1C 87
Warwick St. St H WA10—3B 36
Wasdale Av. Mag L31—3C 5
Wasdale Av. St H WA11—3C 27
Wasdale Rd. L9—1B 30
Washbrook Av. Birk L43—3B 62
Washington Pde. Boo L20—2D 29
Wash La. WA4—2B 158
Washway La. St H WA10 & WA11
—4B 26
Wasley Clo. WA2—4C 143
Wastdale Ct. Mor L46—2B 60
Wastdale Dri. Mor L46—2B 60
(in two parts)
Wastdale Rd. Mor L46—2B 60
Wastle Bri. Huy L36—4C 51
Waterbridge Ct. WA4—4A 158
Waterdale Cres. St H WA9—2B 56
Waterdale Pl. St H WA9—2B 56
Waterfield Clo. Beb L63—3C 107
Waterford Rd. Birk L43—2C 83

West Gro. Hes L60—4B 122
Westhay Cres. WA3—2C 145
Westhead Av. Kir L33—1C 23
Westhead Clo. Kir L33—2D 23
Westhead Wlk. Kir L33—2D 23
  (in two parts)
W. Heath Gro. Lymm WA13—1D 161
West Hyde. Lymm WA13—2D 181
W Kirby Rd Gra & Mor L48 & L46
          —2A 80
West La. Run WA7—4C 133
Westleigh Pl St H WA9—4B 56
Westmains L24—1D 129
W. Meade. Mag L31—3A 4
Westminster Av. Orr L30—4C 9
Westminster Clo. L4—1C 45
Westminster Clo. WA4—2D 159
Westminster Clo. Wid WA8—2A 118
Westminster Ct. Birk L43—2D 83
Westminster Dri. Beb L62—4D 125
Westminster Pl WA1—4D 149
Westminster Rd. L4—4A 30 to 2C 45
Westminster Rd. Wal L44—4A 42
W. Moor Dri. Cro L23—4C 7
Westmoreland Pl. L5—4B 44
Westmoreland Rd Wal L45—2B 42
Westmoreland St. L5—4B 44
Westmorland Av. Orr L30—1B 18
Westmorland Av. Wid WA8—4A 98
Westmorland Rd. Huy L36—2C 73
W. Oakhill Pk. L13—2A 70
Weston Ct. Cro L23—1A 16
Weston Clo. Run WA7—4C 131
Weston Cres. Run WA7—1B 136
Weston Gro. Mag L31—2B 10
Weston Point Expressway. Run WA7
       —3C 131 to 2C 137
Weston Rd. Run WA7—4C 131
W. Orchard La. L9—3C 21
Westover Clo. Mag L31—4B 4
Westover Rd. Mag L31—4B 4
West'Pk Gdns. Birk L43—3B 62
W. Park Rd. St H WA10—3B 36
West Rd. L9—3B 30
West Rd. L14—2B 70
West Rd. L24—4C 115
West Rd. Birk L43—2C 83
West Rd. Run WA7—4B 130
West Side. St H WA9—4A 38
W Side Av Hay WA11—1D 39
W. Side Ind Est St H WA9—4A 38
West St WA2—3D 149
West St Pres L34—3B 52
West St. St H WA10—1B 54
West St. Wal L45—4A 42
West St. Wid WA8—4D 119
West View WA2—1C 151
W View Birk L41—3D 85
W View Huy L36—2A 74
W View Av Huy L36—2A 74
Westward Ho Cal L48—3C 101
Westward View Cro L22—2A 16
Westway L15—3A 70
West Way Birk L43—2C 83
Westway Gre L49—2C 81
Westway Mag L31—4B 4
West Way Mor L46—2C 61
W. Way Sq. Mor L46—2C 61
Westwick Pl Huy L36—1A 72
Westwood Run WA7—3A 134
Westwood Gro Wal L44—4D 41
Westwood Rd L18—1B 112
Westwood Rd. Birk L43—1B 82
Westy La. WA4—1B 158
Wetherby Av Wal L45—4C 41
Wethersfield Rd Birk L43—3C 83
Wexford Av Hale L24—3A 130
Wexford Clo Birk L43—2C 83
Wexford Rd Birk L43—2C 83
Weybourne Clo Upt L49—4A 62
Weybridge Clo WA4—1B 162
Weyman Av Whis L35—1C 75
Weymoor Clo Poul L63—2A 124
Weymouth Av St H WA9—4D 39
Weymouth Clo Run WA7—1A 140
Whaley La Irby L61—3D 103
Whalley La St H WA10—4A 26

Whalley Ct. Orr L30—4B 8
Whalley Gro. Wid WA8—3B 98
Whalley Rd. Birk L42—2B 84
Whalley St. L8—3D 87
Whalley St. WA1—4A 150
Wharfdale. Run WA7—1C 139
Wharfdale Av. Birk L42—4A 84
Wharfdale Dri. Rain L35—1B 76
Wharfdale St. L19—4C 113
Wharf Ind. Est. WA1—1A 158
Wharf Rd. Birk L41—2D 63
Wharf St. WA1—1D 157
Wharf St. Beb L62—4A 108
Wharncliffe Rd. L13—1A 70
Whatcroft Clo. WA5—3D 147
Wheatcroft Rd. L18—4B 90
Wheatear Clo. L27—2C 93
Wheatfield Clo. Mor L46—4D 61
Wheatfield Clo. Orr L30—1A 20
Wheatfield Rd. Cron WA8—1A 96
Wheatfield View. Lith L21—2A 18
Wheat Hill Rd. Huy & Tar L36 & L27
       —4C 73
Wheatland Clo. St H WA9—4A 56
Wheatland La. Wal L44—1C 65
Wheatland Rd. Barn L60—4D 123
Wheatlands. Run WA7—3C 133
Wheatlands Clo. L27—1B 92
Wheatley Av. Boo L20—1A 30
Wheatsheaf Av. St H WA9—3C 57
Wheeler Dri. Mell L31—4A 12
Whernside. Wid WA8—4B 96
Whetstone La. Birk L41—1B 84
Whetstone La. W Kir L48—1B 100
Whinbrel Clo. Run WA7—2B 138
Whinchat Dri. WA3—3B 144
Whincraig. Kno L28—2A 50
Whinfell Gro. Run WA7—2A 138
Whinfell Rd. L12—4A 48
Whinfield Rd. L9—1B 30
Whinfield Rd. Cro L23—3A 8
Whinhowe Rd. L11—4C 33
Whinmoor Clo. Birk L43—1C 83
Whinmoor Rd. L12—4B 48
Whinmoor Rd. Kir L10—4A 22
Whinney Gro. E. Mag L31—3B 10
Whinney Gro W. Mag L31—3B 10
Whiston La. Huy & Whis L36 & L35
       —4D 51 to 1A 74
Whitbarrow Rd. Lymm WA13—1D 161
Whitburn Rd. Kir L33—4D 13
Whitby Av. WA2—4A 142
Whitby Av. Wal L45—4C 41
Whitby Rd. Run WA7—3A 132
Whitby St. L6—3B 46
Whitchurch Way. Run WA7—1D 137
Whitcroft Rd. L6—1B 68
White Acre. St H WA9—4B 56
Whitebeam Clo. Kir L33—3D 13
Whitebeam Clo. Run WA7—3B 134
Whitebeam Dri. L12—3D 33
Whitebeam Wlk. Gre L49—4A 80
Whitechapel. L1—2B 66
Whitecross Rd. WA5—4B 148
Whitefield Av. L4—1C 45
Whitefield Dri. Kir L32—2A 22
Whitefield Gro Hay WA11—1D 39
Whitefield La. Tar L35—1D 93
Whitefield Rd. L6—4A 46
Whitefield Rd. WA4—4D 157
Whitefield Rd. St H WA10—1B 36
Whitefield Sq. Kir L32—2B 22
Whitefield Way. L6—4D 45
Whitegate Clo Kno L34—2D 35
Whitehall Clo. L4—1C 45
Whitehart Clo. L4—3C 31
Whitehealth Way Mor L46—1D 61
Whitehedge Rd L19—3A 112
White Ho Dri WA1—2B 152
Whitehouse Ind Est Run WA7—2A 140
Whitehouse La. Barn L60—3D 123
Whitehouse Rd L13—2A 70
Whitelands Meadow. Upt L49—2C 81
White Lodge Av Huy L36—1B 72
White Meadow Dri Cro L23—3A 8
White Rock Ct L6—4A 46

White Rock St. L6—4A 46
Whitesands Rd. Lymm WA13—1D 161
Whiteside Av. St H WA11—1C 39
Whiteside Clo. L5—4B 44
Whitestone Clo. Kno L34—3D 35
White St. L1—4C 67
White St. WA1—4C 149
White St. WA4—3D 157
White St. Wid WA8—4D 119
Whitethorn Av. WA5—4C 147
Whitethroat Wlk. WA3—3B 144
Whitewell Dri. Upt L49—1D 81
Whitfield Av. WA1—3B 150
Whitfield Ct. Birk L42—2B 84
Whitfield La. Hes & Barn L60—2B 122
Whitfield Rd. L9—2B 30
Whitfield St. Birk L42—2B 84 & 2C 85
Whitford Rd. Birk L42—3B 84
Whitham Av. Cro L23—1D 17
Withens, The. Kno L28—2A 50
Withhorn St. L7—4B 68
Whitland Rd. L6—1B 68
Whitley Av. WA4—1C 159
Whitley Clo. Run WA7—3D 131
Whitley Dri. Wal L44—3B 42
Whitley St. L3—4A 44
Whitman St. L15—4C 69
Whitmoor Clo. Rain L35—2C 77
Whitney Pl. L25—4A 92
Whitney Rd. L25—3A 92
Whittaker Av. WA2—4A 142
Whittaker Clo. L13—2D 69
Whittaker St. St H WA9—1C 57
Whittier St. L8—4B 68
Whittle Av. WA5—1C to 4C 147
Whittle Av. Hay WA11—1D 39
Whittle Clo. L5—2C 45
Whittle Hall La. WA5—3C 147
Whittle St. St H WA10—1B 54
Whittlewood Clo. WA3—2C 145
Whitworth Clo. WA3—4B 144
Wicket Clo. L11—1A 34
Wickham Clo. Wal L44—2C 65
Wicksten Dri Run WA7—2A 132
Widdale Av. Rain L35—1B 76
Widmore Rd. L25—2B 92
Widnes Rd. WA5—2A 154
Widnes Rd. Cuer WA8 & WA5—4D 99
Widnes Rd. Wid WA8—2A 120
Wiend, The. Beb L63—4A 108
Wiend, The. Birk L42—1B 106
Wightman St. L1A 68
Wigmore Clo. WA3—2C 145
Wilberforce Rd. L4—4C 31
Wilbraham Pl. L5—4C 45
Wilbraham St. L5—4C 45
Wilbraham St Birk L41—1C 85
Wilburn St. L4—1D 45
Wilbur St. St H WA9—2C 57
Wilderspool Causeway. WA4—1D 157
Wilderspool Cres. WA4—3D 157
Wilde St. L3—2C 67
Wilding Av. Run WA7—2A 132
Wild Pl. Orr L20—4C 19
Wildwood Gro. WA1—3C 151
Wilfer Clo. L7—4B 68
Wilkes Av Mor L46—1A 62
Wilkie St. L15—4C 69
Wilkinson Av. WA1—3B 150
Wilkinson Clo. Wid WA8—4D 119
Wilkinson St. WA2—2D 149
Wilkin St. L4—2C 45
Willan St Birk L43—2A 84
Willard St. Orr L20—1D 29
Willaston Rd L4—4C 31
Willaston Rd. Mor L46—3C 61
Willedstan Av Cro L23—1C 17
William Brown St. L1—2C 67
William Harvey Clo Orr L30—1D 19
William Henry St. L3—1C 67
William Henry St. Boo L20—4C 29
William Morris Av Boo L20—1A 30
William Moult St. L5—3C 45
William Penn Clo WA5—1B 154
William Rd Hay WA11—1D 39
William Roberts Av Kir L32—1B 22
Williams Av. Boo L20—2A 30

Williamson Sq. L1—2B 66
Williamson St. L1—2B 66
Williamson St. St H WA9—2B 38
Williams St. Pres L34—3B 52
William St. Birk L41—1C 85
(in two parts)
William St. St H WA10—2D 37
William St. Wal L44—2C 65
William St. Wid WA8—4B 98
William Wall Rd. Lith L21—2A 18
Willingdon Rd. L6—3C 71
Willink Rd. St H WA11—4C 27
Willis Clo. Whis L35—2B 74
Willis La. Whis L35—3B 74
Willis St. WA1—3A 150
Williton Rd. L16—1C 91
Willmer Rd. L4—2A 70
Willmer Rd. Birk L42—2B 84
Willoughby Clo. WA5—1A 148
Willoughby Dri St H WA10—1A 54
Willoughby Rd. Cro L22—2C 17
Willoughby Rd. Huy L14—2C 71
Willoughby Rd. Wal L44—1D 63
Willow Av. Huy L36—3C 73
Willow Av. Kir L32—1B 22
Willow Av. Whis L35—1C 75
Willow Av. Wid WA8—4A 98
Willowbank Rd. Beb L62—3A 108
Willowbank Rd. Birk L42—3B 84
Willow Clo. Run WA7—4A 132
Willow Cres. WA5—2D 91
Willowcroft Rd. Wal L44—1B 64
Willowdale Rd. L9—2C 31
Willowdale Rd. L18—2D 89
Willow Dri. WA4—3A 158
Willow Grn. L25—2D 91
Willow Gro. L15—3D 69
Willow Gro. Mor L46—4C 61
Willow Gro. Pres L35—4C 53
Willow Hey. Mag L31—2C 11
Willow La. WA4—3A 162
Willow Lea. Birk L43—2D 83
Willowmeade. L11—3C 33
Willow Pk. Gre L49—3B 80
Willow Rd. L15—3C 69
Willow Rd. St H WA10—3B 36
Willows. The. L6—4A 46
Willows, The. Wal L45—2C 41
Willow Tree Av. St H WA9—4B 56
Willow Way. L11—1D 33
Willow Way. Cro L23—3C 7
Wills Av. Mag L31—3B 4
Wilmere La. Wid, Rain & Bold WA8
—1D 97 to 4D 77
Wilmot Av. WA5—3B 146
Wilmott Wlk. L6—1D 67
Wilmslow Cres. WA4—1A 160
Wilne Rd. Wal L45—3A 42
Wilsden Rd. Wid WA8—1A 118
Wilson Av. Wal L44—1C 65
Wilson Clo. WA4—2A 160
Wilson Clo. St H WA10—3C 37
Wilson Clo. Wid WA8—4C 99
Wilson Gro. L19—3B 112
Wilson Patten St. WA1—1C 157
Wilson Rd. Huy & Tar L36 & L35
—2D 73 to 4A 74
Wilson Rd. Pres L35—1B 74
Wilson Rd. Wal L44—4C 43
Wilson's La. Lith L21—3A 18
Wilson St. L8—3D 87
Wilson St. WA5—2C 149
Wilstan Av. Beb L63—4C 107
Wilton Grange. W Kir L48—3A 78
Wilton Gro. L13—2D 69
Wilton Rd. Birk L42—1D 107
Wilton Rd. Huy L36—2B 72
Wiltons Dri. Kno L34—3D 35
Wilton St. Wal L44—4A 42
Wiltshire Clo. WA1—3A 152
Wiltshire Dri. Orr L30—1B 18
Wimbledon St. L15—4C 69
Wimbledon St. Wal L45—4A 42
Wimborne Av. Thing L61—4D 103
Wimborne Clo. Huy L14—3A 50
Wimborne Pl. Huy L14—3A 50
Wimborne Rd. Huy L14—3A 50
Wimborne Way. Irby L61—2B 102

Wimbrick Clo. Mor L46—3D 61
Wimbrick Hey. Mor L46—3D 61
Wimpole St. L7—2A 68
Winchester Av. WA5—4D 147
Winchester Av. Ain L10—1B 20
Winchester Dri. Wal L44—4D 41
Winchester Pl. Wid WA8—2B 118
Winchester Rd. L6—3B 46
Winchfield Rd. L15—1D 89
Windbourne Rd. L17—4A 88
Windermere Av. WA2—3A 142
Windermere Av. St H WA11—3C 27
Windermere Av. Wid WA8—3A 98
Windermere Dri. L12—4D 33
Windermere Dri. Kir L33—4B 12
Windermere Dri. Mag L31—4C 5
Windermere Pl. St H WA11—3B 26
Windermere Rd. Birk L43—1B 82
Windermere St. L5—3A 46
Windermere St. Wid WA8—3A 98
Windermere Ter. L8—2A 88
Windfield Grn. L19—1B 126
Windfield Rd. L19—1B 126
Windle Ash. Mag L31—3B 4
Windle Av. Cro L23—4D 7
Windlebrook Cres. Win WA10—1A 36
Windle City. St H WA10—1D 37
Windle Ct. WA3—3D 143
Windle Gro. Win WA10—1B 36
Windle Hall Dri. St H WA10—4A 26
Windlehurst Av. St H WA10—1C 37
Windleshaw Rd. St H WA10—1B 36
Windle. St. St H WA10—2D 37
Windle Vale. Mor L46—2C 37
Windmill Av. Cro L23—3D 7
Windmill Clo. WA4—1A 162
Windmill Hill Av. E. Run WA7—3B 134
Windmill Hill Av. N. Run WA7—1B 134
Windmill Hill Av. S. Run WA7—3B 134
Windmill Hill Av. W. Run WA7—2A 134
Windmill La. Wal L45—4B 146
Windmill La. WA5—4B 146
Windmill La. Pres B WA4
—4D 135 & 1B 140
Windmill St. Run WA7—2A 132
Window La. L19—1B 126
Windscale Rd. WA4—2C 161
Windsor Av. Lith L21—3D 17
Windsor Clo. Beb L62—2A 108
Windsor Clo. Gre L49—3C 81
Windsor Clo. Orr L30—3D 9
Windsor Dri. WA4—2C 159
Windsor Dri. Huy L36—1A 72
Windsor Gro. Run WA7—4A 132
Windsor Pk. Rd. Ain L10—1C 21
Windsor Rd. L9—1B 30
Windsor Rd. L13—3C 47
Windsor Rd. Cro L23—4C 7
Windsor Rd. Huy L36—2A 72
Windsor Rd. Mag L31—1B 10
Windsor Rd. Orr L20—1A 30
Windsor Rd. St H WA10—3B 36
Windsor Rd. Wal L45—1A 42
Windsor Rd. Whis L35—4C 53
Windsor Rd. Wid WA8—3D 97
Windsor St. L8—1D 87
Windsor St. WA5—3B 148
Windsor St. Birk L41—1B 84
Windsor View. L8—4A 68
Windus St. St H WA10—3C 37
Windy Arbor Brow. Whis L35—3B 74
Windy Arbor Clo. Whis L34—3B 74
Windy Arbor Rd. Whis L35—2B to 4B 74
Windy Bank. Beb L62—3A 108
Wineva Gdns. Cro L23—1D 17
Winford St. Wal L44—1B 64
Winfred St. WA2—3D 149
Winfrith Clo. Poul L63—2A 124
Winfrith Dri. Poul L63—2A 124
Winfrith Rd. L25—3B 92
Winfrith Rd. WA2—1C 151
Wingate Av. St H WA9—2B 54
Wingate Clo. Birk L43—3C 83
Wingate Rd. L17—4C 89
Wingate Rd. Kir L33—4D 13
Wingate Towers. Huy L36—4B 50
Wingate Wlk. Kir L33—1D 23

Wingfield Clo. Sef L29—1B 8
Wingrave Way. L11—4C 33
Winhill. L25—3D 91
Winifred Rd. Kir L10—4A 22
Winifred St. L7—2A 68
Winkle St. L8—1D 87
Winmarleigh St. WA1—4C 149
Winnington Rd. W Kir L48—2A 78
Winnows, The. Run WA7—3B 132
Winser St. Beb L62—3A 108
Winsford Rd. L13—3C 47
Winsham Clo. Kir L32—2C 23
Winsham Rd. Kir L32—2C 23
Winskill Rd. L11—1D 47
Winslade Ct. L4—4C 31
Winslade Rd. L4—4C 31
Winslow Clo. Run WA7—3B 134
Winslow St. L4—1D 45
Winstanley Clo. WA5—4D 147
Winstanley Rd. Beb L62—2A 108
Winstanley Rd. Cro L22—2C 17
Winster Dri. L27—2D 93
Winston Dri. Birk L43—2B 82
Winstone Rd. L14—4D 49
Winston Gro. Mor L46—3C 61
Winterburn Cres. L12—2B 48
Winterburn Heights. L12—2B 48
Winterhey Av. Wal L44—1A 64
Winter St. L6—1D 67
Winthrop Pk. Birk L43—1C 83
Winton Clo. Wal L45—1D 41
Winton Gro. Run WA7—3B 134
Winwick Link Rd. WA2—2D 141
Winwick Quay Employment Area. WA2
—3C 141
Winwick Rd. WA2—2C 141 to 3D 149
Winwick St. WA2 & WA1—4D 149
Winwood Hall. L25—1A 114
Wirral Business Centre. Wal L44
—2B 64
Wirral Clo. Beb L63—1A 124
Wirral Gdns. Beb L63—1A 124
Wirral Mt. Gra L48—4B 78
Wirral Mt. Wal L45—3D 41
Wirral View. L19—3D 111
Wirral Vs. Wal L45—3C 41
Wirral Way. Birk L43—1B 82
Wirral Way. Hes L60—4A 122
Wisenholme Clo. Run WA7—2A 138
Withensfield Wal. L45—3A 42
Withens Av. Wal L45 & L44—3A 42
Withens Rd. Lyd L31—3B 4
Withers Av. WA2—2A 150
Withers St. L7—2C 69
Wither Av. Beb L63—1C 107
Withington Rd. L24—2D 129
Withington Rd. Wal L44—1B 64
Within Way. Hale L24—4A 130
Withnell Clo. L13—2A 70
Withnell Rd. L13—2A 70
Withycombe Rd. WA5—1B 154
Witley Av. Mor L46—2C 61
Witley Clo. Mor L46—2C 61
Witney Clo. Gre L49—3B 80
Wittenham Clo. Upt L49—2D 81
Wittering La. Hes L60—4A 122
Witton Rd. L13—2C 47
Witt Rd. Wid WA8—2D 119
Wivern Pl. Run WA7—2A 132
Woburn Clo. L13—4D 47
Woburn Dri. Cron WA8—1B 96
Woburn Hill. L13—4D 47
Woburn Pl. Birk L42—4D 85
Woburn Rd. Wal L45—3A 42
Wolfenden Av. Boo L20—1A 30
Wolfe Rd. St H WA9—4C 39
Wolfe St. L8—1C 87
Wolfrick Dri. Poul L63—3B 124
Wolseley Rd. St H WA10—2C 37
Wolstenholme Sq. L1—3B 66 & 3C 67
Wolverton Dri. Run WA7—3B 134
Wolverton St. L6—3A 46
Woodall Dri. Run WA7—3A 132
Wood Av. Boo L20—2A 30
Woodbank Clo. L16—3D 71
Woodbank Pk. Birk L43—2C 83
Woodbank Rd. WA5—1C 155
Woodbine St. L5—2B 44

Woodbourne Rd. L14—4C 49
Woodburn Boulevd. Beb L63—2C 107
Woodchurch La. Birk L42—4A 84
Woodchurch La. Upt L49—1B 104
Woodchurch Rd. L13—1A 70
Woodchurch Rd. Birk L42 & L41—3B 84
Woodchurch Rd. Upt & Birk L49, L43 & L42—4A 82 to 4A 84
Wood Clo. Kir L32—2B 22
Woodcock St. St H WA9—2C 57
Woodcote Bank. Birk L42—2D 107
Woodcote Clo. WA2—1A 150
Woodcot La. Hes L60—3A 122
Woodcroft Dri. Pen L61—2B 122
Woodcroft La. Beb L63—2C 107
Woodcroft Rd. L15—4C 69
Woodend. Pen L61—4D 103
Woodend. Run WA7—4C 135
Woodend Av. L25 & L24—3B 114
Woodend Av. Cro L23—3C 7
Woodend Av. Mag L31—2A 10
Woodend Ct. Wid WA8—4B 98
Woodend La. WA3—4D 145
Woodfarm Hey. Kno L28—1A 50
Woodfield Av. Beb L63—2C 107
Woodfield La. Birk L42—4A 84
Woodfield Rd. Beb L63—1B 124
Woodfield Rd. Huy L36—1A 72
Woodfield Rd. Pen L61—4C 103
Woodford Clo. Run WA7—1C 137
Woodford Rd. L14—4C 49
Woodford Rd. Beb L62—2A 108
Woodford Rd. Win WA10—1A 36
Woodgate. L27—1B 92
Woodger St. L19—3B 112
Woodgreen Rd. L13—1A 70
Wood Gro. L13—2D 69
Woodhall Av. Wal L44—4B 42
Woodhall Rd. L13—1A 70
Woodhatch Rd. Run WA7—2C 139
Woodhead Rd. Beb L62—3B 108
Woodhead St. Beb L62—2A 108
Woodhey Ct. Beb L63—2D 107
Woodhey Rd. L19—2D 111
Woodhey Rd. Beb L63—2D 107
Woodhouse Clo. L4—2C 45
Woodhouse Clo. WA3—4B 144
Woodhouse St. L4—2C 45
Woodin Rd. Birk L42—1A 108
Woodkind Hey. Poul L63—2B 124
Woodland Av. Wid WA8—1D 119
Woodland Dri. Upt L49—3D 81
Woodland Dri. Wal L45—2B 42
Woodland Gro. Birk L42—1D 107
Woodland Rd. L4—1B 46
Woodland Rd. Birk L42—1D 107
Woodland Rd. Cro L21—4C 17
Woodland Rd. Gra L48—4C 79
Woodland Rd. Hal L26—2C 115
Woodland Rd. Mell L31—4A 12
Woodland Rd. Upt L49—3D 81
Woodlands. Ecc L34—2D 53
Woodlands Dri. WA4—2A 160
Woodlands Dri. Barn L61—4B 104
Woodlands Pk. L12—3A 48
Woodlands Rd. L17—4C 89
Woodlands Rd. Huy L36—2A 72
Woodlands Rd. Irby L61—4C 103
Woodlands Rd. St H WA11—4C 27
Woodlands, The. Birk L41—1C 85
Woodlands, The. Upt L49—1D 81
Woodland View. Thor L23—2D 7
Woodland Wlk. Beb L62—3C 125
Woodland Wlk. Run WA7—3D 133
Wood La. L27—2D 93
Wood La. WA4—4B 158
Wood La. Gre L49—2C 81
Wood La. Huy L36—2A 74
Wood La. Pres L34—3A 52
Wood La. Run WA7—3B 138
(Beechwood East)
Wood La. Run WA7—1D 139
(Murdishaw)
Wood La. Wal L45—3C 41
Wood Lea. L12—3A 34

Woodlee Rd. L25—2B 92
Woodleigh Clo. Lyd L31—1A 4
Woodley Fold. WA5—1B 154
Woodley Rd. Mag L31—2B 10
Woodpecker Clo. WA3—3B 144
Woodpecker Clo. Upt L49—1B 80
Woodridge. Run WA7—3A 134
Wood Rd. Hal L26—2C 115
Woodrock Rd. L25—4A 92
Woodruff St. L8—2D 87
Woodside Av. Mor L46—4C 61
Woodside Av. St H WA11—3B 26
Woodside Clo. L12—1A 48
Woodside Ferry App. Birk L41—4D 65
Woodside Rd. WA5—3B 146
Woodside Rd. Irby L61—3C 103
Woodside St. L7—3A 68
Woodsorrel Rd. L15—4A 70
Woodsorrel Rd. Birk L41—4D 63
Woodstock Rd. Wal L44—1A 64
Woodstock St. L5—4B 44
Wood St. L1—3C 67
Wood St. L19—3B 112
Wood St. WA1—3A 150
Wood St. Beb L62—4A 108
Wood St. Birk L41—4C 65
Wood St. Hoy L47—4A 58
Wood St. Lith L21—4A 18
Wood St. Pres L34—3B 52
Wood St. St H WA9—2B 38
Wood St. Wid WA8—1B 120
Woodvale Rd. L25—4A 92
Woodview. Kno L34—3D 35
Woodview Av. Wal L44—2C 65
Woodview Cres. Wid WA8—1D 117
Wood View Rd. L25—2B 92
Woodview Rd. Wid WA8—1D 117
Woodville Av. Cro L23—1B 16
Woodville Pl. Wid WA8—4B 96
Woodville Rd. Birk L42—2B 84
Woodville St. St H WA10—2A 38
(in two parts)
Woodville Ter. L6—4A 46
Woodward Rd. Birk L42—1D 107
Woodward Rd. Kir L33—4B 14
Woodway. Gre L49—2C 81
Woodyear Rd. Beb L62—4D 125
Woolacombe Av. St H WA9—4B 56
Woolacombe Clo. WA4—2A 158
Woolacombe Rd. L16—1C 91
Wooler Clo. Mor L46—3B 60
Woolfall Clo. Huy L36—4A 50
Woolfall Cres. Huy L36—4A 50
Woolfall Heath Av. Huy L36—4A 50
Woolhope Rd. L4—4C 31
Woolmer Clo. WA3—2D 145
Woolston Grange Av. WA2 & WA1—4D 143 to 2C 153
Woolton Hill Rd. L25—2C 91
Woolton Mt. L25—3A 92
Woolton Pk. L25—3D 91
Woolton Pk. Clo. L25—3D 91
Woolton Rd. L15 & L25—1A 90
Woolton Rd. L19 & L25—3B 112
Woolton St. L25—4A 92
Worcester Av. L13—2C 47
Worcester Av. Cro L22—1B 16
Worcester Clo. WA5—4D 147
Worcester Dri. L13—2C 47
Worcester Dri. N. L13—2C 47
Worcester Rd. Birk L43—3C 63
Worcester Rd. Boo L20—2A 30
Wordsworth Av. WA4—2D 157
Wordsworth Av. Birk L42—4D 85
Wordsworth Av. St H WA9—1D 77
Wordsworth Av. Wid WA8—1D 119
Wordsworth St. L8—4A 68
Wordsworth St. Boo L20—2C 29
Wordsworth Wlk. W Kir L48—2A 100
Wordsworth Way. Huy L36—3D 73
Worfield St. L3—1B 86
Worrow Clo. L11—3C 33
Worrow Rd. L11—3C 33
Worsborough Av. WA5—4C 147
Worsley Av. WA4—1B 158
Worsley Brow. St H WA9—1C 57
Worsley Rd. WA4—4C 157
Worsley St. WA5—2C 149

Worsley St. Hay WA11—1D 39
Worthing St. Cro L22—1A 16
Worthington Clo. Run WA7—4D 133
Worthington St. L8—1C 87
Wortley Rd. L10—4C 21
Wray Av. St H WA9—4B 56
Wrayburn Clo. L7—3B 68
Wrekin Clo. L25—1A 114
Wrekin Dri. Ain L10—2C 21
Wrenbury Clo. Birk L43—4D 83
Wrenbury Clo. Sut W WA7—3A 138
Wrenbury St. L7—2B 68
Wren Clo. WA3—3B 144
Wren Clo. Run WA7—1C 139
Wrenfield Gro. L17—4B 88
Wrexham Clo. WA5—1B 148
Wrexham St. L5—3C 45
Wright Cres. Wid WA8—4D 119
Wright's La. Cuer WA5—4D 99
Wright St. L5—4B 44
Wright St. Wal L44—4C 43
Wroxham Clo. Upt L49—2A 82
Wroxham Dri. Upt L49—2A 82
Wroxham Rd. WA5—3A 146
Wroxham Way. Upt L49—2A 82
Wryneck Clo. St H WA10—2A 54
Wrynose Rd. Beb L62—3D 125
Wulstan St. L4—2B 44
Wycherley Rd. Birk L42—3C 85
Wycherley St. Pres L34—2B 52
Wychwood Av. Lymm WA13—2D 161
Wycliffe Rd. L4—2B 46
Wycliffe St. Birk L42—4D 85
Wye Clo. Birk L42—3D 85
Wye St. L5—3D 45
Wykeham St. L4—2B 44
Wykeham Way. L4—2C 45
Wyken Gro. St H WA11—1B 38
Wyllin Rd. Kir L33—1D 23
Wylva Av. Cro L23—1D 17
Wylva Rd. L4—2A 46
Wyncroft Clo. Wid WA8—2A 118
Wyncroft Rd. Wid WA8—2A 118
Wyncroft St. L8—3D 87
Wyndale Clo. L18—3A 90
Wyndcote Rd. L18—2A 90
Wyndham Av. Huy L14—2D 71
Wyndham Rd. Wal L45—3C 41
Wyndham St. L4—4B 30
Wynne Rd. St H WA10—2C 37
Wynnstay Av. Lyd & Mag L31—3B 4
Wynnstay St. L8—1A 88
Wynstay Rd. Hoy L47—3B 58
Wyre Rd. L5—2D 45
Wyrescourt Rd. L12—3B 48
Wyresdale Av. St H WA10—4A 26
Wyresdale Rd. L9—4A 20
Wythburn Cres. St H WA11—3C 27
Wythburn Gro. Run WA7—2A 138
Wyvern Rd. Mor L46—3C 61

Yanwath St. L8—4A 68
Yarcombe Clo. Hal L26—1D 115
Yardley Av. WA5—2B 148
Yardley Rd. Kir L33—2B 24
Yarmouth Rd. WA5—4B 146
Yarrow Av. Mag L31—3D 5
Yates Ct. Pres L34—3B 52
Yates St. L8—2C 87
Yeadon Wlk. L24—1A 128
Yeald Brow. Lymm WA13—2D 161
Yelverton Clo. Hal L26—1D 115
Yelverton Rd. L4—2B 46
Yelverton Rd. Birk L42—3C 85
Yeoman Cotts. Hoy L47—1B 78
Yeoman Fold. L27—1C 93
Yeovil Clo. WA1—2D 151
Yew Bank Rd. L16—4B 70
Yewdale Av. St H WA11—3C 27
Yewdale Pk. Birk L43—3A 84
Yewdale Rd. L9—2C 31
Yew Tree Av. St H WA9—3B 56
Yew Tree Clo. L12—3C 49
Yew Tree Clo. Upt L49—4A 82
Yew Tree Grn. Mell L31—4A 12
Yew Tree La. L12—3C 49

HOSPITALS and major CLINICS in the area covered by this atlas.

Where the hospital or clinic is not shown on the map pages, the map reference given is to the road or place in which it is situated.

Arrowe Park Hospital—4D 81
Arrowe Pk. Rd., Upton, L49 5LN
Tel: 051-678 5111

Ashton House—2A 84
26 Village Rd., Birkenhead, L43 5SR
Tel: 051-653 9660

Broadgreen Hospital—1B 70
Thomas Dri., Liverpool, L14 3LB
Tel: 051-228 4878

Clatterbridge Hospital—3A 124
Poulton, Bebington, L63 4JY
Tel: 051-334 4000

Crow Wood Hospital—4B 98
Crow Wood La., Widnes, WA8 0LZ
Tel: 051-420 7187

Dutton Hospital—3B 140
Preston Brook,
Warrington, WA4 4JZ
Tel: Aston 201

Eccleston Hall Hospital—3A 36
Holme Rd., St Helens, WA10 5NW
Tel: St Helens 26232

Fazakerley Hospital—4B 20
Longmoor La., Liverpool, L9 7AL
Tel: 051-525 5980

Forensic Psychiatric Outpatient Dept—3C 67
36 Rodney St., Liverpool, L1 9AA
Tel: 051-709 7010

Halton General Hospital—1B 138
nr. Shopping City,
Runcorn, WA7 2DA
Tel: Runcorn 714567

Highfield Hospital—4D 97
Highfield Rd., Widnes, WA8 7DJ
Tel: 051-424 2103

Liverpool Dental Hospital—2D 67
Pembroke Pl., Liverpool, L3 5PS
Tel: 051-709 0141

Liverpool Maternity Hospital—3D 67
Oxford St., Liverpool, L7 7EN
Tel: 051-709 1000

Mill Road Maternity Hospital—1A 68
Mill Rd., Liverpool, L6 2AH
Tel: 051-260 8787

Mossley Hill—3C 89
Park Av., Liverpool, L18 8BU
Tel: 051-724 2335

Olive Mount Hospital—3A 70
Old Mill La., Liverpool, L15 8LW
Tel: 051-733 4020

Park Hospital—4C 47
Orphan Dri., Liverpool, L6 7UN
Tel: 051-260 8787

Park Day Hospital—4C 47
Park Hospital, Orphan Dri.,
Liverpool, L6 7UN
Tel: 051-260 8787

Rainhill Hospital—2A & 3B 54
Rainhill, Prescot, L35 4PQ
Tel: 051-426 6511

Rathbone Hospital—2D 69
Mill La., Liverpool, L13 4AW
Tel: 051-733 4020

Royal Liverpool Children's (Alder Hey)—4B 48
Eaton Rd., Liverpool, L12 2AP
Tel: 051-228 4811

Royal Liverpool Children's Hospital (City Branch)
Myrtle St., Liverpool, L7 7DE   —3D 67
Tel: 051-709 1000

Royal Liverpool Hospital—2D 67
Prescot St., Liverpool, L7 8XP
Tel: 051-709 0141

St Catherine's Hospital—3B 84
Church Rd., Birkenhead, L42 0LQ
Tel: 051-652 2281

St Helens Hospital—1B 56
Marshalls Cross Rd.,
St Helens, WA9 3EA
Tel: St Helens 26633

St Paul's Eye Hospital—2A 66
Old Hall St., Liverpool, L3 9PF
Tel: 051-260 8787

Scott Clinic—2A & 3B 54
Rainhill Hospital,
Rainhill, Prescot, L35 4PQ
Tel: 051-426 6511

Seaman's Dispensary—3B 66
Cleveland Sq., Liverpool, L1 5BH
Tel: 051-709 2165

Sefton General Hospital—1B 88
Smithdown Rd., Liverpool, L15 2HE
Tel: 051-733 4020

Sir Alfred Jones Memorial Hospital—3B 112
Church Rd., Liverpool, L19 2LP
Tel: 051-427 5111

Victoria Central Hospital—1A 64
Mill La., Wallasey, L44 5UP
Tel: 051-638 7000

Walton Hospital—3B 30
107 Rice La., Liverpool, L9 1AE
Tel: 051-525 3611

Warrington District General Hospital—3B 148
Lovely La., Warrington, WA5 1QC
Tel: 0925 35911

Whiston Hospital-4D 53
Warrington Rd., Whiston, L35 5DR
Tel: 051-426 1600

Widnes Mental Illness Resource Centre—2D 119
Chapel St., Widnes, WA7 5AW
Tel: 051-424 3362

Windsor Day Hospital—4C 67
40 Up. Parliament St.,
Liverpool, L8 7LF
Tel: 051-709 9061

Women's, The. Hospital—3D 67
Catherine St., Liverpool, L8 7NJ
Tel: 051-709 1000

NOTES

Printed and bound in Great Britain by
BPCC Hazells Ltd
Member of BPCC Ltd